마태복음

어떻게 설교할 것인가

두란노 HOW주석 시리즈 34

마태복음 어떻게 설교할 것인가

엮은이 | 목회와신학 편집부

펴낸곳 | 두란노아카데미
등록번호 | 제302-2007-00008호
주소 | 서울시 용산구 서빙고로 65길 38 두란노빌딩

편집부 | 02-2078-3484   academy@duranno.com http://www.duranno.com
영업부 | 02-2078-3333   FAX 080-749-3705
초판1쇄발행 | 2003. 5. 28. 12쇄 발행 | 2021. 8. 18

ISBN 978-89-6491-084-9   04230
ISBN 978-89-6491-045-0   04230(세트)

책값은 뒤표지에 있습니다.

두란노아카데미는 두란노의 '목회 전문' 브랜드입니다.

마태복음

어떻게 설교할 것인가

• 목회와신학 편집부 엮음 •

두란노 HOW 주석

HOW
COMMENTARY
SERIES
34

두란노아카데미

설교는 목회의 생명줄입니다

설교는 목회의 생명줄입니다. 교회 공동체를 향한 하나님의 음성입니다. 그래서 목회자는 설교에 목숨을 겁니다. 하나님의 말씀을 가감 없이 전하기 위해 최선을 다합니다.

이번에 출간한 「두란노 HOW주석 시리즈」는 한국 교회의 강단을 섬기는 마음으로 설교자를 위해 준비했습니다. 「목회와신학」의 별책부록 「그말씀」에 연재해온 것을 많은 목회자들의 요청으로 출간한 것입니다. 특별히 2007년부터는 표지를 새롭게 하고 내용을 더 알차게 보완하는 등 시리즈의 질적 향상을 추구하였습니다. 독자 여러분의 끊임없는 관심과 격려를 부탁드립니다.

「두란노 HOW주석 시리즈」는 성경 본문에 대한 주해를 기본 바탕으로 하면서도, 설교에 결정적으로 중요한 '적용'이라는 포인트를 놓치지 않았습니다. 또한 성경의 권위를 철저히 신뢰하는 복음주의적 관점을 견지하고자 노력했습니다. 또한 성경 각 권이 해당 분야를 전공한 탁월한 국내 신학자들에 의해 집필되었습니다.

학문적 차원의 주석서와는 차별되며, 현학적인 토론을 비껴가면서도 고밀도의 본문 연구와 해석이 전제된 실제적인 적용을 중요시하였습니다.

이 점에서는 목회자뿐만 아니라 성경공부를 인도하는 평신도 지도자들에게도 매우 귀중한 지침서가 될 것입니다.

오늘날 교회에게 주어진 사명은 땅 끝까지 이르러 예수 그리스도의 복음을 전파하는 것입니다. 사도행전적 바로 그 교회를 통해 새롭게 사도행전 29장을 써나가는 것입니다. 이 시리즈를 통해 설교자의 영성이 살아나고, 한국 교회의 강단에 선포되는 말씀 위에 성령의 기름부으심이 넘치기를 바랍니다. 이 땅에 말씀의 부흥과 치유의 역사가 일어나고, 설교의 능력이 회복되어 교회의 권세와 영광이 드러나기를 기도합니다.

바쁜 가운데서도 성의를 다하여 집필에 동참해 주시고, 이번 시리즈 출간에 동의해 주신 모든 집필자들에게 이 자리를 빌어 감사의 뜻을 전합니다.

두란노서원 원장

contents *

발간사

I. 배경연구

II. 본문연구

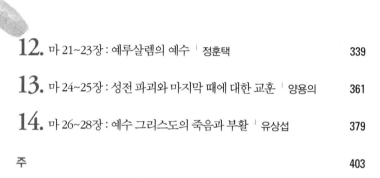

I. 배경연구

01

마태복음과 구약[1]
성취와 완성으로서의 마태복음

마태복음에는 다른 세 복음서들에 비해 구약성경에 대한 인용구와 언급들이 두드러지게 많이 포함되어 있다. 마태복음의 이러한 특징은 유대인 그리스도인들이 그 주된 독자들로 추정되는 점에 비추어 볼 때 그렇게 놀라운 것이 아니다. 따라서 마태복음은 예수를 그리스도로 제시하는 데 있어 다른 복음서들보다 예수의 생애와 가르침을 구약과의 연관성 속에서 다루어야 할 필요에 직면해 있었을 것이다. 그러므로 마태복음을 해석하는 데 있어 마태의 구약을 사용하는 원리와 목적 그리고 그 내용에 대한 적절한 이해는 결정적으로 중요한 것으로 보인다. 사실 마태의 구약 사용은 여러 가지 면에서 독특한 측면을 가지고 있으며, 이는 상당수 학자들의 관심의 대상이 되어 왔다.[2] 따라서 마태의 구약 사용의 특징들을 개관하면서, 그와 관련해서 문제시되어 왔던 논점들을 제시하고, 마태복음의 구약 사용의 신학적 의미들을 정리하고자 한다.

성취 형식 인용구

마태의 구약 사용에 대한 가장 특징적 형태는 복음서 전체를 통해 10회에 걸쳐 나타나는 '성취 형식 인용구들' 이다(1:22~23; 2:15; 2:17~18; 2:23;

4:14~16; 8:17; 12:17~21; 13:35; 21:4~5; 27:9~10; 참조. 2:5~6). 먼저 이 인용구들은 동일한 형식의 도입구를 갖는다는 점이 특이하다: '선지자 …로 하신 말씀을 성취하려 하심이라' (ἵνα πληρωθῇ τὸ ῥηθὲν ὑπὸ τοῦ κυρίου διὰ τοῦ προφήτου, λέγοντος).[3] 마태의 이 도입 형식구는 매우 독특하며 마태에게서 나온 것이 거의 분명하다.[4] 그 이유는 이와 동일한 도입구가 당대의 유대교 및 기독교 문헌들 가운데서 거의 발견되지 않으며, 단지 요한복음에서만 어느 정도 유사한 형태가 발견될 뿐이기 때문이다. '이는 성경이[또는 선지자 … 의 말씀이] 성취되기 위함이다' (ἵνα ἡ γραφὴ πληρωθῇ 요 12:38; 13:18; 15:25; 17:12; 19:24, 36; 참조. 요 18:9, 32).

마태의 도입 형식구의 특징은 모든 경우에 반복해서 나타나는 세 단어에 의해 잘 드러난다. 마태가 인용구를 언급할 때 사용하는 단어로 첫번째는 '토 레쎈' (τὸ ῥηθέν 말씀되어진 것')이라는 표현이다. 수동형 분사 '레쎈' (ῥηθέν)은 신약성경 전체를 통해 마태에 의해서만 사용되고 있는데(10개의 형식 인용구들과 3:3; 22:31; 24:15에서), 그 수동형에 내재된 주어는 하나님 자신인 것이 분명하다(참조. 1:22; 2:15).[5] 그러므로 마태는 구약의 여러 저자들을 통해 기록된 다양한 인용구들을 한결같이 하나님의 계획을 선포하고 있는 '하나님 자신의 말씀'으로 간주하고 있는 것이다. 둘째, 모든 경우에 '선지자' (ὁ προφήτης)가 하나님 말씀의 매개자로(διά '통하여') 언급되고 있다. 마태에게 선지자는 인용된 말씀의 진정한 저자가 아니라 단지 매개자일 뿐이다(참조. 겔 38:17; 단 9:10; 눅 1:70 등). 그런데 마태는 13:35에서 시편을 인용하는 상황에서도 그 인용구를 '선지자'에게로 돌린다. 이것은 마태가 '선지자'의 개념을 하나님의 계획을 앞서 보여주는 예견자로서의 기능과 관련하여 상당히 폭넓게 이해하고 있었음을 반증한다(참조. 11:13). 셋째, '선지자'라는 명사와 밀접하게 연관되어 있는 또 하나의 특징적인 단어인 '성취하다' (πληρόω)라는 동사이다. 이 동사는 마태복음의 핵심 주제를 매우 간략하면서도 분명하게 드러낸다.[6] 사실 구약성경에 약속된 이스라엘의 소망의 '성취' 주제는 신약성경 전체의 주제이다. 하지만 마태복음에서 이 주제가 보다 더 주도적인 역할을 하고 있는 것이다. 결론적으로 마태가 사용한 도입 형식구는 그가 구약의 인용구들을 활용한 목적이 예수의 생애를 구약 예언의 성취로 드러내 보여주고자 함이었음을 너무도 확고하게 시사한다.

한편, 마태의 성취 형식 인용구들과 관련하여 특이한 점은 21:4~5의 경우를 제외한[7] 모든 인용구들이 신약성경에서 인용된 적이 없는 독특한 것들이라는 사실이다. 뿐만 아니라 형식 인용구들과 직접 연관된 이야기들 대부분(역시 21:4~5의 경우를 제외하고)도 마태복음에서만 유일하게 나타나거나 (1:18~25; 2:1~12, 13~15, 16~18, 19~23; 27:3~10), 마가복음의 장황한 이야기를 매우 간략하게 요약한 형태이다(4:13~16; 8:16~17; 12:15~21; 13:34~35). 이러한 기본적인 사실들과 그밖의 몇몇 요인들을 검토한 후 상당수의 학자들은 이 형식 인용구들이 마태에게서 기인된 것이라는 결론을 내린다.[8] 그러므로 성취 형식 인용구들을 주의 깊게 관찰할 경우 마태의 신학적 강조점을 분명히 발견할 수 있을 것이다.

마태의 형식 인용구들과 그와 연관된 이야기들 사이의 관계를 살펴보는 것은 상당히 흥미롭다. 먼저 1:18~2:23의 경우 형식 인용구들을 삭제해 버린다 해도 이야기의 흐름에는 아무런 영향을 끼치지 않을 뿐 아니라 오히려 더 자연스럽기까지 하다. 이것은 이 형식 인용구들이 이야기 중간 중간에 첨가된 마태 자신의 논평들임을 시사한다. 하지만 논평들이 자주 삽입됨으로 말미암아 이야기의 흐름이 계속 단절되는 느낌이다. 마태가 이렇게 이야기의 단절을 감수하면서까지 자신의 논평들을 자주 삽입한 이유는 무엇이었을까? 여기서 우리는 마태가 그 이야기들 자체보다 오히려 그와 관련해 삽입된 논평으로서의 인용구들에 더 관심이 있지 않았는지 추측하게 된다. 만일 그렇다면 마태가 삽입하고 있는 형식 인용구들은 그의 신학적 관심을 드러내려는 목적을 가진 논평들임이 분명하다. 이러한 관점은 1:18~2:23 이외의 경우들에서 더욱 분명해진다. 4:13~16; 8:16~17; 12:15~21; 13:34~35의 경우, 그 마가복음 평행구들에서는 이야기 자체가 관심의 대상인데 반해 마태복음에서는 이야기들이 단지 인용된 구약의 내용을 확증해 주는 데 필요한 최소한의 내용만을 제공할 뿐이며, 따라서 마태의 관심의 초점은 이야기 자체보다는 인용구들에 맞추어져 있는 것이 명백하기 때문이다.

그런데 이처럼 그 신학적 목적이 분명한 '성취 형식 인용구들'의 구약 본문 형태는 마태의 다른 구약 인용들과 비교해 볼 때 매우 특이하다. 10개의 형식 인용구들(그리고 이와 유사한 2:5~6)을 제외한 다른 구약 인용구들에서 마태는 일반적으로 70인역 본문을 사용하고 있다. 이는 초대 교회 당시 70인역이 표준적인 헬라어역 구약성경이었다는 점을 감안해 볼 때 지극히 자연스런 현상이다. 하지만 성취 형식 인용구들의 경우 그 본문 형태들은(어쩌면 1:23의 경우를 제외하고) 70인역과 현저하게 다를 뿐 아니라 그 때 당시 존재하던 어떤 다른 히브리어 본문이나 번역본들과도 상당히 다르다.[9] 실제로 각 인용구들은 단순한 인용이라기보다 생략, 삽입, 대체, 통합, 요약 등의 다양한 방법들을 활용한 지극히 창의적인 방법들을 사용하고 있다.

그 구체적인 예를 유형별로 들어보면 다음과 같다. ①구약의 한 기본 구절에 다른 구절이나 구절들이 연결되어 인용된다. 2:6의 경우, 미가 5:2에 사무엘하 5:2이 첨가되고 있다. 또한 21:5의 경우, 스가랴 9:9에 이사야 62:11의 몇몇 단어들이 첨가되고 있다. ②구약의 긴 구절의 주제와 내용이 다른 구절을 활용하여 요약적으로 인용된다. 27:9~10의 경우, 예레미야 19:1~15(및 18:1~12; 32:6~9)의 긴 내용이 스가랴 11:12~13을 변형시켜 인용하는 가운데 적절히 반영되고 있다.[10] ③많은 경우에 마태의 인용구들은 마태의 이야기들의 내용과 상황에 적합하게 창의적으로 변형되거나 대체되거나 혹은 생략되고 있다. 대표적으로 2:6의 경우, '에브라다' 대신 '유대 땅'(γῆ Ἰούδα)이 대체되고 있으며, '결코'(οὐδαμῶς)가 첨가되고 있다. ④때로는 그 출처가 불분명하다. 2:23의 경우, 그 인용구의 출처는 몇몇 제안들에도 불구하고(참조. 사 4:3; 11:1; 삿 13:5, 7) 결코 명백하지 않다.[11]

그렇다면 마태가 형식 인용구들을 인용하는 데 있어 이와 같은 창의적인 방법을 사용한 이유는 무엇이었을까? 마태가 인용한 인용구들은 위에서 지적하였듯이 예수의 생애와 관련하여 교회 안에서 일반적으로 널리 사용되던 구절들이 아니었다. 그 결과 마태는 독자들의 이해를 돕기 위해 그 구절들을 예수에 관한 이야기 문맥들과 보다 의미 있게 연결시켜야 할 필요를 느꼈을 것이다. 이것을 위해 기존의 70인역 본문을 있는 그대로(혹은 히브리어 본문을 문자적으로 번역하여) 사용하기보다는 문제의 본문들을 문맥에 맞는 형태로 변형해서 인용하는 방법을 적극적으로 채택했던 것으로 보인다.[12] 그리고 자신의 인용들에 대해 독자들의 주의를 환기시키기 위해 그 모든 경우들마다 독특한 형식 도입구를 일관성 있게 사용했던 것 같다.[13]

사실 마태의 성취 형식 인용구들에 대한 논의는 그 인용구들에 대한 구체적인 해석적 작업 없이, 특히 그 신학적 중요성 및 의미와 관련하여 진정한 결론에 도달하기 어렵다. 하지만 위의 개괄적인 논의들을 기초로 우리는 다음 몇 가지 잠정적인 결론들을 정리해 볼 수 있다. 마태의 성취 형식 인용구(특히 그 도입구)는 구약성경이 당시 교회에게 진리를 가늠하는 '하나님의 말씀'으로서의 권위를 가지고 있었음을 보여준다. 또한 그 인용구들이 예수의 생애에서 성취되었다는 사실은 마태와 그의 교회가 추종하고 있는 종교가 과거 구약 종교에 대한 반발이 아니라 그 연속이자 완성이라는 점을 입증해 준다. 한편 마태는 구약을 인용하는 데 있어 딱딱한 정확성보다는 신학적 의미의 연결성에 더 무게를 두었다. 따라서 오늘날 우리의 잣대에는 무책임하고 부정확해 보일지 몰라도 당대의 잣대에는 크게 문제되지 않았던 탈굼적 변화들을 매우 적극적으로 활용하고 있다. 이러한 마태의 인용 방식 배후에는 어쩌면 예수의 생애가 구약성경의 문자적 의미에 의해 규정되는 것이 아니라 오히려 예수의 생애에 의해 구약성경의 그 궁극적이고 진정한 의미가 드러나게 된다는 마태의 신념이 깔려 있었는지도 모른다.[14]

구약 성경 내용에 관한 다른 언급/인용들

마태는 성취 형식 인용구들을 제외하고서도 다른 복음서 저자들에 비해 구약성경과 관련된 자료들을 매우 많이 포함하고 있다. 그 대표적인 예가 12:1~8에서 발견된다. 마태복음의 본 단락을 그 평행 단락들인 마가복음 2:23~28 및 누가복음 6:1~5과 비교해 보면, 마태는 마가나 누가에게서 발견되지 않는 자료들을 포함하고 있는데(5~7절) 그 자료들은 모두 구약성경과 밀접하게 관련된 것들이다. 그런데 마태의 이러한 자료 삽입은 결코 무의미한 것들이 아니라 지극히 중요한 신학적 의미를 갖는 것들임을 알게 된다. 본 장에서는 그 삽입된 자료들의 신학적 의미를 간략히 살펴봄으로써 마태의 구약 사용의 특징들을 예시하고자 한다.

12:1~8은 안식일에 밀밭에서 이삭을 잘라먹는 예수의 제자들을 자신들의 전통적 규례에 의거해서 비난하는 바리새인들과 그들에게 답변하시는 예수 사이의 대화를 다룬다. 그 예수의 답변들 중 두 번째 답변인 5절에서, 예수는 바리새인들의 규례보다는 구약의 율법 자체에서('율법에서') 호소하신다. 즉 그는 구약 율법에서도 안식일보다 더 큰 권위를 갖는 성전 안에서는 제사장들이 안식일을 범하여도 죄가 되지 않는다는 점을 지적하신다. 그리고 6절에서 예수는 자기 자신이 성전보다 더 큰 자라고 선언하신다. 본 문맥에서 이 선언의 의미는 분명하다: 만일 성전이 하나님 임재의 중심으로서의 역할 때문에 안식일보다 더 큰 권위를 가진다면, 성전의 역할을 성취하심으로써 성전 자체로 대체하신 예수 자신이 안식일보다 훨씬 더 큰 권위를 가지신다.

한편, 예수의 세 번째 응답인 7절의 호세아 6:6을 인용한 "나는 자비를 원하고 제사를 원치 아니하노라"는 말씀은 요구하는 분이라기보다 우선적으로 자비로운 분으로 이해되어야 하는 하나님의 성품을 보여준다. 우리는 여기서 하나님의 자비로운 성품과 안식일 사이에 어떤 관계가 있는지를 살필 필요가 있다. 안식일 제도는 하나님께서 창조 후 일곱째 되는 날을 축복하신 가운데 암시적으로 나타난 그의 백성들을 위한 '영원한 안식'의 계획을 반영하며(참조. 창 2:2~3; 출 20:8~11), 또한 이집트에서 이스라엘을 이끌어 내신 '구속적 구출' 사역 역시 반영한다(참조. 신 5:12~15). 이처럼 안식일은 그 기원을 살펴볼 때 짐이라기보다는 오히려 하나님의 은혜와 자비의 표현이었다. 그런데 마태복음 11:28~30은 안식일 제도 가운데 반영된 하나님의 자비로우심을 취하신 예수의 '자비로운 성품'과 안식일의 궁극적 목표를 성취하신 예수의 '종말론적 안식'(즉 구속) 사이에 연관이 있음을 분명히 보여준다. 그렇다면 7절은 이미 구약을 통해 존재해 왔으며 이제 11:28~30에서 보다 구체적으로 표현된 사상의 흐름에 비추어 이해되어야 한다. 게다가 본 인용구가 예수 자신이 성전보다 크다고 선언한 '성전 모형론'에 바로 뒤이어 나온다는 점을 주목하는 것은 매우 중요하다. 이러한 모든 점들을 종합해 볼 때, 그들이 무죄한 것은 그들이 바리새인들의 안식일 규례들을 범하지 않았기 때문이거나, 더 나아가서 '옛'(혹은 '성취되지 않은') 의미에서의 안식일 율법을 범하지 않았기 때문이 아니다. 그보다는 오히려 안식일을 성취하심으로써 그들에게 '종말론적 안식'(즉 구속)을 제공해 주신 '자비로우신' 예수의 권위 하에서 그들이 그렇게 했기(즉 범하였기) 때문인 것이다.[15]

마태는 이처럼 5~6절을 삽입함으로써 구약에 익숙한 그의 독자들에게 예수의 권위가 성전의 권위보다 크시며, 따라서 안식일(그리고 궁극적으로는 율법)의 권위를 능가한다는 기독론적 주장을 매우 대담하고 강력하게 펼치고 있다. 또 다른 한편 7절에서는 호세아 6:6을 인용함으로써 안식일에 대한 하나님의 원래 의도가 무엇인지를 보여주어 제자들이 무죄하다는 사실을 효과적으로 입증한다. 이처럼 적어도 우리가 살펴본 12:5~7에 나타난 마태의 구약 사용은, 그의 독자들이 구약성경에 익숙할 뿐 아니라 그 권위를 인정하는 유대인 그리스도인들이었다고 가정할 때 그 대담성과 적절성 그리고 유용성에 있어서 지극히 돋보인다는 사실을 부인하기 어렵다. 그밖의 다른 경우들은 다음 장들에서도 확인될 것이다.

모형론

우리가 이미 고찰한 성취 형식 인용구들에서 마태는 예수께서 구약의 성취시라는 사실을 대개 명시적으로 입증한다. 하지만 마태의 성취에 대한 관심은 그러한 명시적 방법에만 그치지 않는다. 자신의 모형론적 구약 사용에서도 매우 적절하고 효과적으로 보여준다. 마태는 이 모형론적 방법을 통해 예수를 구약의 몇몇 제한된 예언들만을 성취하신 분이 아니라 구약성경 전체를 성취하신 분으로 제시한다.

물론 '모형론'이라는 용어는 상당히 다양한 의미로 이해되어 왔으므로 그 정확한 의미를 정의한다는 것은 불가능하다. 하지만 복음서에서의 용례와 관련하여 다음과 같이 정의할 수 있을 것이다: 모형이란 하나님께서 역사하시는 원칙들의 특성은 시대에 따라 결코 변하지 않는다는 신념에 기초하여, 신약과 구약의 사건, 인물, 제도 사이에 서로 일치되는 점을 인식하고, 신약의 사건, 인물, 제도를 구약의 모형의 견지에서 이해하고 묘사하는 것이다.[16] 이러한 모형론적 구약 사용은 모든 복음서들에서 발견된다. 하지만 마태복음은 이 모형론에 있어서도 다른 복음서들보다 훨씬 두드러진다는 점을 부인할 수 없다.

1. 새로운 모세로서의 예수

마태복음에서 가장 중요하게 대두되는 모형론은 '모세 – 예수 모형론'이다. 이 주제와 관련해 추천할 만한 연구서는 앨리슨(D.C. Allison)의 *The New Moses: A Matthean Typology*이다.[17] 이 책의 가치는 마태의 모형론적 암시들을 확인하는 데 있어 마태복음 이전의 유대교 문서들 가운데서 모세가 모형론적 인물로 사용된 용례들을 균형있게 활용하고 있다는 점이다. 앨리슨은 먼저 모세가 다양한 기능적 측면에서 모형으로서의 역할을 담당하고 있음을 밝힌다: 지도자(여호수아, 요시아), 구출자(기드온, 메시아), 선생(에스라, 에스겔, 힐렐), 중보자(예레미야, 제2 – 이사야의 종).[18] 앨리슨은 마태가 이러한 모형론적 전통을 익히 알고 있었다고 전제하면서, 마태가 그의 복음서에서 제시하고 있는 모세 모형론적 암시가 무엇인지를 탐구해 나간다. 앨리슨은 마태복음 거의 전체에서 모세 모형론의 암시들을 발견해 내려고 시도한다: 유아기 내러티브, 시험, 산상설교, 팔복, 예수와 율법, 8~9장의 기적, 제자 파송 설교, 표적 요청, 광야에서 먹이신 기적들, 변화산 사건, 예루살렘 입성, 23장, 종말 강화, 최후의 만찬, 예수의 죽음 등. 여기서는 지면 관계상 앨리슨의 연구 모두를 다룰 수는 없기 때문에, 유아기 내러티브를 하나의 예로 들고자 한다.

앨리슨이 제안한 유아기 내러티브의 모세 모형론적 암시는 다음과 같다: 1. 명시적 인용: 마태복음 2:15에서 출애굽과 관련된 명시적 인용이 나타나는데(호 11:1), 이스라엘의 출애굽은 모세와 밀접한 관계가 있다. 2. 암시적 인용: 마태복음 2:19~21과 출애굽기 4:19~20 사이에는 상당한 유사성들이 존재한다. 특히 마태복음의 "아기의 목숨을 찾던 자들이 죽었느니라"와 출애굽기의 "네 목숨을 찾던 자들이 다 죽었느니라"는 축어적 일치를 보여준다. 그런데 마태복음의 경우 예수의 목숨을 찾던 자로서 죽은 자는 문맥상 헤롯 대왕 한 사람인데도(19절), 마태가 '찾던 자들'이라는 복수 형태를 사용하고 있는 것은 모세와 예수 사이의 모형론적 연관성을 암시하는 것이 분명하다. 이밖에도 앨리슨은 마태의 내러티브와 유대교 전통에 나타난 모세 이야기 사이의 상황적 유사성과 구조적 유사성 및 핵심 단어들과 어구들 사이의 유사성들에 주목함으로써 마태의 유아기 내러티브가 '모세 – 예수 모형론'을 얼마나 풍성하게 암시하고 있는지를 입증해 보이고 있다.[19]

하지만 앨리슨은 모세 모형론이 유아기 내러티브뿐 아니라 거의 마태복음 전체에 걸쳐 암시되고 있음에도 불구하고 그 모형론은 대부분 감추어져 있다는 점에 주목한다. 이는 마태의 기독론에 어떤 시사점을 던져 주는가? 여기서 우리는 마태가 모세를 예수의 모형으로서뿐 아니라 경쟁자로서도 제시하려 하고 있음을 주목하게 된다. 비록 마태는 모세가 예수의 선행자로서 모형적 기능을 가진다는 점을 인정하지만, 그러면서도 마태는 진정한 지도자, 선생, 권위자, 중보자, 구원자는 모세가 아니라 '하늘과 땅의 모든 권위'를 가지신(28:18) 예수 한 분뿐이심을 드러내 보이는 데 더 큰 관심을 가지고 있었던 것 같다. 그래서 마태는 모세의 다양한 모형론적 기능은 암시적으로만 제시하면서, 정작 모세 자신의 모습은 감추고 오로지 예수만을 두드러지게 제시하고자 했던 것으로 보인다. 마태의 이러한 암시적 모세 모형론으로부터 우리는 다음과 같은 결론을 내리게 된다: 예수는 모세의 모형들을 이어 받으셨을 뿐 아니라 그것들의 궁극적인 목표를 성취하신 분이시므로, 그는 모세와 유사할 뿐 아니라 그를 초월하신 분이시다.[20]

2. '더 큰이'

마태복음의 모형론에 대해 고찰할 때 빼놓을 수 없는 또 한 가지는 12장에서 발견되는 3중적 모형론이다: ①12:6 – 성전 모형론; ②12:41 – 요나 모형론; ③12:42 – 솔로몬 모형론. 그런데 여기서 발견되는 모형론들은 모세 모형론과 달리 '더 큰이'(μείζων / πλεῖον)라는 표현을 사용함으로써 보다 명시적인 성격을 띤다.

먼저 12:6에서 예수는 그 자신이 '성전'보다 크신 분이심을 밝히신다. 그런데 예수는 이러한 선언을 위한 근거를 다른 곳에서 찾지 않으시며, 오로지 그 자신의 권위로서 선언하신다. 예수는 이 선언적 '성전 모형론'을 통해 하나님의 임재의 초점으로서의 성전의 기능과 권위가 이제 자신에게 이전되었고 자신에 의해 성취되었음을 밝히신다. 하나님의 임재가 예수에게 이전되었고 그에 의해 성취되었다는 개념은 마태에게 특별히 의미심장한 것으로 보인다. 이는 단지 이 성전 모형론에 의해 명시적으로 선언될 뿐 아니라 복음서 전체가 1:23의 "하나님께서 우리와 함께 계시다"(Ἐμμανουήλ)와 28:20의 "내가 너희와 항상 있느니라"에 의해 둘러싸여 있다는 사실에 의해서도 암시되고 있기 때문이다.[21] 현 문맥에서 이 개념의 중요성은 명백하다. 만일 성전이 하나님의 임재의 초점으로서의 그 기능 때문에 안식일보다 더 권위가 있다면, 성전의 그 기능을 대체하시고 성취하신 예수는 안식일보다 얼마나 더 권위가 있겠는가? 한편 성전보다 더 높으신, 따라서 안식일보다 더 높으신 예수의 권위 개념은 8절에서 제시될 예수의 결정적인 메시아적 선포로의 길을 잘 예비해 준다: "인자는 안식일의 주인이니라."

12:39~41은 '요나 모형론'을 제시해 준다. 이는 아마도 예수께 적용되고 있는 모형론의 가장 좋은 본보기일 것이다. 40~41절은 요나와 예수 사이의 두 가지 역사적 일치점들을 소개한다. 첫째, 40절은 두 사람 모두 속박된 상태에 놓여 있다는 일치점을 말한다. 그들은 동일한 기간 동안(삼일 삼야), 자연적으로는 전혀 구출을 기대할 수 없는 상태에서 하나님의 초자연적 개입에 의해 구출되었던 자들이라는 공통점들을 갖는다. 둘째, 41절은 그들 모두가 회개의 설교를 선포하였다는 일치점을 보여준다.

하지만 이들 둘 사이에는 일치점 뿐 아니라 상이한 점들도 역시 발견된다. 요나의 속박 상태는 그의 사역 첫 단계에 속하는 데 비해 예수의 죽으심과 부활은 그의 사역의 절정부를 이루고 있다. 또한 보다 중요하게, 요나가 속박된 상태에 들어가게 된 것은 그의 불순종에 대한 형벌이었던 데 비해 예수께서 땅 속에 묻히신 것은 죽음까지도 감수한 순종의 결과였다. 이처럼 모형론은 모든 점들의 일치를 기대하지 않는다. 사실 모형론의 진정한 의미는 일치의 기반 위에 드러나게 되는 상이점들에 있다고 할 수 있다. 왜냐하면 모세 모형론에서도 언급하였듯이 모형론의 진정한 목표는 예수께서 모형과 유사하다는 점을 보여주는 데 있다기보다는 예수께서 모형을 훨씬 더 뛰어 넘으신 분이심을 드러내 보여 주는 데 있기 때문이다: "요나보다 더 큰이가 여기 있느니라."

12:42은 '솔로몬 모형론'을 제시한다. 이는 요나 모형론의 형식과 크게 다르지 않다. 솔로몬과 예수 사이의 일치점은 매우 분명하다. 솔로몬과 예수는 모두 다윗의 아들(자손)이다. 두 인물은 모두 지혜로 특징지워진다. 하지만 이들 사이의 상이점 역시 매우 분명하다. 솔로몬은 그 많던 지혜에도

불구하고 말년에 우상숭배에 빠졌던 것과 달리, 예수는 그의 전생애를 통해 하나님 아버지의 뜻에만 순종하며 사셨던 것이다. 그렇다면 예수의 선언은 지극히 당연하다: "솔로몬보다 더 큰이가 여기 있느니라."

12장의 이 3중적 모형론을 통해 마태는 예수께서 성전, 위대한 왕 솔로몬, 선지자 요나, 즉 구약성경의 세 가지 중심적인 역할들보다 더 큰 분이신 메시아라는 사실을 효과적으로 선언하고 있다. 그리고 이러한 선언은 예수께서 구약성경의 성취시라는 사실을 인상적으로 증거해 준다(참조. 5:17).

이러한 모든 모형론들은[22] 예수께서 구약을 성취하셨다는 개념을 몇몇 제한된 명시적 예언들의 성취 범주를 뛰어넘어, 구약의 인물, 사건, 제도에 걸친 거의 전포괄적인 영역으로 확장시켜 준다. 또한 마태의 모형론들은 예수를 구약과 연속선상에 서 있는 분으로 제시해 줄 뿐 아니라 보다 중요하게 구약을 초월하신 최종적 권위를 가지신 분으로 제시한다.

예수와 율법

마태의 구약 사용을 고찰하는 데 빼놓을 수 없는 또 한 가지 중요한 문제는 예수와 율법의 관계에 대한 마태의 제시 방식이다. 마태복음에 제시된 예수와 율법의 관계를 살피는 데 있어 마태복음 5:17~20이 결정적으로 중요하다는 점은 의심할 여지가 없다. 하지만 이 단락은 마태복음에 있어서 가장 심각한 석의적 문제들 중 몇 가지를 제기하고 있어서, 이 단락에 대한 수많은 제안들과 견해들이 상세하게 제시되어 왔다.[23] 하지만 지면의 한계 때문에 본 단락에 대한 상세한 논의를 할 수 없으므로 우리의 연구에 가장 밀접하게 연관된 몇몇 핵심 문제들에 대해서만 간략하게 다루고자 한다.

1. 5:17 – 구약성경의 성취자로서의 예수

'율법과/이나 선지자들'(τὸν νόμον ἢ τοὺς προφήτας)은 구약성경 전체를 지칭하는 전통적인 유대교적 어구이다(참조. 마카베우스 2서 15:9; 행 24:14 등). 11:13에서 마태는 동일한 어구를 '예언하다'(προφητεύειν)라는 동사와 함께 사용한다. 이는 선지자들뿐 아니라 율법도 '예수께서 이제 이루어 가시려는 바'를 내다보는 예언적 기능을 갖고 있음을 시사한다.

17절의 핵(核)은 의심할 여지없이 '플레로사이'(πληρῶσαι)라는 단어이다. 이 단어는 아마도 구약성경의 궁극적 목표를 '달성하다' 혹은 '성취하다'라는 것을 의미하는 것 같다.[24] 길리히(R. A. Guelich)가 적절히 지적한 바와 같이, 예레미야 31:31~34에서는 '마음에 쓰여진 율법'(즉 '시온-토라')을 동반한 새언약이 '돌 판들에 쓰여진 율법'(즉 '시내-토라')을 동반한 옛언약에 대조하여 약속되고 있다. 그렇다면 마태복음 5:17은 '시내-토라'가 내다보았던 이 '시온-토라'에 대한 약속이 예수의 오심 가운데서 성취된 것을 말하는 것으로 이해될 수 있다.[25]

마태에게 예수는 그리스도인의 관심과 헌신 그리고 순종의 구심점으로서 율법의 지위를 대신한다. 뱅크스(R. Banks)가 지적한 바와 같이, 마태가 기술하고자 하는 바는 "율법에 대한 예수의 태도라기보다는 오히려 율법이 예수와 연관하여 어떤 위치에 있는가 하는 것이다; 이 예수는 다름 아닌 그 율법을 성취하신 분이므로 이제 모든 관심이 그에게 돌려져야 한다."[26] 하지만 이는 율법의 규범적 성격이 본 단락 안에서 여전히 고려되고 있음을 부인하는 것은 아니다(참조. 18, 19절). 그러나 그 규범적 성격마저도 예수의 종말론적 성취 사역에 대한 보다 폭넓은 이해의 구도 안에 설정되고 있다.

그러므로 17절의 '플레로사이'라는 단어는 예수께서(그리고 특히 율법을 성취한 그의 가르침이) 율법 자체가 내다보았던 바와 여전히 연관되어 있다는 점에서 '연속성'의 요소를 포함하며, 동시에 예수께서(그리고 율법을 성취한 그의 가르침이) 이제 율법을 초월한다는 점에 있어서 '불연속성'의 요소를 포함한다고 할 수 있을 것이다.[27]

2. 5:18 - 율법의 지속적인 유효성

마태의 관심은 이제 성경 전체에서부터 율법으로 좁혀지고 있는데, 이 초점은 뒤따라오는 절들에서 지속된다. 18절의 구문은 특이한데, 문장 구조를 좀더 의미 있게 조정한 번역은 다음과 같다: "내가 진실로 너희에게 말한다. 하늘과 땅이 없어지기 전에는, 모든 것이 이루어질 때까지, 율법의 일점 일획도 없어지지 아니할 것이다."

'일점 일획' 이라는 표현은 가장 세부 사항에까지 미치는 율법의 양적 전체성을 강조해 준다. 그러므로 '율법으로부터 일점 일획도 없어지지 않을 것이다' 라는 구절 전체는 율법의 손상될 수 없는 전체적 유효성을 강조적으로 확증해 준다. 하지만 이 강조적 확증은 중앙 주절을 앞뒤로 감싸고 있는 두 헤오스(ἕως) 종속절들에 의해 한정되고 있다.

첫 번째 수식 종속절인 "하늘과 땅이 없어지기 전에는"은 특정 시한(時限)을 지칭한다기보다, '결코' 라는 의미의 통속적 과장법으로 보인다.[28]

두 번째 수식 종속절은 적어도 두 가지의 상호 연관된 문제를 제기한다: ① '기네스다이' (γίνεσθαι) 동사의 의미; ② '모든 것들' (πάντα)의 지시 대상. 첫째, '기네스다이' 동사는 마태복음에서 일반적으로 '일어나다', '발생하다' 의 의미로 사용되는데, 이러한 의미가 본 문맥에서도 적절한 것으로 보인다. 둘째, '모든 것들' 의 지시 대상은 예수의 전생애(즉 그의 잉태에서부터 재림에 이르기까지)를 지칭하는 것으로 보인다. 그렇다면 우리는 이 종속절의 시한(時限)이 예수의 초림 가운데서 성취되었던 '이미' 의 측면과 그의 재림시에 완성되어야 할 '아직' 의 측면을 동시에 포함한다고 결론 내릴 수 있을 것이다. 이러한 결론은 예수의 성취에 비추어 본 율법의 연속성과 불연속성 사이의 해결 불가능해 보이는 긴장을 부분적으로 설명해 준다.

결론적으로 18절에 따르면, 마태에게 있어서 율법은 구속사의 제한된 기간 동안 그 유효성을 갖는데, 그 기간의 끝은 이미 예수의 첫 번째 종말론적 강림에 의해 시작되었지만 최종적 완성은 아직 예수의 재림을 내다보고 있는 것이다.

3. 5:19 – 계명을 버림/행함

본 절의 해석에 대한 열쇠는 '이 계명들'(τῶν ἐντολῶν τούτων)이라는 구절에 놓여 있다. '이 계명들'이 18절의 '율법'(νόμος)를 지칭한다는 것은 거의 확실하다. 하지만 여기서 우리는 '이 계명들'의 성격을 보다 정확하게 규정할 필요가 있다. 만일 18절에 대한 필자의 해석이 옳다면, 구속사의 시간선상에 있어서 19절의 계명들의 지시 대상은 '성취 이후' 시기에 속하는데 반해,[29] 17, 18절에서의 율법의 지시 대상은 명백히 '성취 이전' 시기에 속한다. 여기서 17, 18절에서 '율법'(νόμος)이 19절에서는 '계명'(ἐντολαί)으로 바뀐 어휘 변화를 주목하는 것은 의미심장하다. 아마도 마태는 그러한 지시 대상의 변화를 시사하기 위해 의도적으로 어휘를 바꾸었던 것 같다. 그렇다면 '이 계명'은 단지 '있는 그대로의 율법'(즉 성취 이전의 율법)을 지칭한다기보다 오히려 '성취된 율법'을 지칭한다. 그런데 이 '성취된 율법'이란 옛 율법이 내다보았던 '새 율법'이고, 예수의 종말론적 생애와 사역에 의해 이미 성취된, 그리고 그의 재림에 의해 완성될 때까지 예수의 제자들에 의해 지켜질 것이 아직 기대되는 '메시아적 율법'이다. 바로 이 때문에 제자들이 토라의 모든 계율을 예수의 관점, 즉 예수의 초림에 비추어서뿐 아니라(참조. 5:21~48; 7:12; 11:28~30; 15:19~20; 19:7~9; 22:36~40), 또한 그의 재림을 내다보면서(참조. 5:29~30; 18:4, 8~9; 28:20) 지키는 것은 지극히 중요하다.

끝으로 19절에서 '하늘 나라' 구절의 반복적 출현은 율법 문제와 관련하여 종말론에 대한 마태의 관심을 보여주는 것 같다. 마이어(J. P. Meier)가 지적한 바와 같이, 마태복음에서는 '과거, 현재 그리고 미래 모두가 하늘 나라의 도래의 다양한 단계들에 연관된다.'[30] 하지만 5:19과 관련해 '클레쎄세타이'(κληθήσεται '불릴 것이다') 동사의 미래 시제는 하늘 나라의 미래적 측면, 즉 예수의 재림시에 완성될 하늘 나라의 마지막 단계를 지시해 준다.

그렇다면 19절 전체의 사상과 기능은 다음과 같이 정리될 수 있다. 두 쌍의 조건절들과 귀결절들은 율법(즉 '메시아적 율법')의 가장 사소하고 덜 중요한 사항들까지도 순종하느냐 아니면 제쳐놓느냐가 하나님께서 '하늘 나라의 마지막 단계에서의 지위'를 선언하게 될 근거가 된다는 점을 분명히 해 준다. 이처럼 본 절은 18절에서 진술된 바, 예수의 성취에 비추어 이해된 '율법의 지속적인 유효성'을 제자들의 행함과 관련하여 잘 설명해 준다.

4. 5:20 – 더 큰 의

본 절에서 '하늘 나라'는 다시 한번 역사의 마지막에 완성될 나라로 이해되어야 할 것이다. 제자들이 소유해야 할 '더 큰 의'는 이 완성된 하늘 나라에 들어가는 기준으로 제시되고 있다. 이 의가 없이는 누구도 그 나라에 들어 갈 수 없는 것이다.

본 절의 핵심은 분명 '너희 의'(ὑμῶν ἡ δικαιοσύνη) 구절이다. 여기서 '너희 의'(즉 제자들의 의)는 서기관들과 바리새인들의 의와 비교되고 있는데, 문제는 그 비교가 질적인 것인가 아니면 양적인 것인가이다. 21~48절의 대조법들은 양적 차이를 시사한다. 하지만 대부분의 학자들이 주장하는 바와 같이 제자들의 의는 서기관들과 바리새인들의 의와 질적인 차이를 갖는다는 점 역시 명백하다. 마이어가 신빙성 있게 주장한 것처럼 여기서 '제자들의 의'는 하나님과 맺게 된 인격적 관계에 기초한, 그리고 그것에 의해 가능케 된 '도덕적 행동'을 의미하는데, 이 근본적인 관계는 율법과 선지자에 의해 계시된 하나님의 뜻을 성취하심으로써 하나님의 나라(즉 하나님의 통치)를 도래케 하신 메시아 예수를 통하여 가능하게 된다.[31] 하지만 서기관들과 바리새인들의 의는 이러한 근본적인 관계를 결여하였던 것이다.

마태에게 있어서 '새로운 종말론적 관계'는 하나님나라에 들어가는 데 필요한 의의 시발점이자 기초이기 때문에, 이러한 새로운 관계를 결여한 바리새인들과 서기관들의 의는 그 나라에 들어가는 기준에 미치지 못한다. 마태가 율법경시론과 율법주의라는 이중적인 적과 대항하여 싸우고 있다는 점은 주지의 사실이다. 그런데 19절과 20절에서 마태가 문제를 다루는 바에 따르면, 20절에서 바리새인들과 서기관들로 대표되는 율법주의에 대한 예수의 경고(즉 하늘 나라로부터 제외됨)는 19절에서 제자들 사이에서 나타나는 율법경시론에 대한 경고(즉 하늘 나라에서 가장 낮은 지위)보다 훨씬 더 신랄하다. 하지만 좋은 제자는 19절과 20절의 상호 보완적인 경고들에 대해서도 공히 충분한 주의를 기울임으로써 율법주의뿐 아니라 율법경시론에 대해서도 경계를 게을리하지 말아야 한다. 좋은 제자는 성경 전체에 계시된 하나님의 뜻을 성취하신(17, 18절) 메시아 예수를 통하여 하나님과 새로운 관계를 우선적으로 갖추는 것이 필요하지만(20절), 동시에 메시아로 오신 예수에 의해 도래케 된 하나님의 통치의 필연적인 결과인 하나님의 뜻에 순종하는 행동도 결여해서는 안 된다(19절).

5:17~20에 나타난 마태의 예수와 율법에 대한 이러한 입장은 5:21~48에서 여섯 가지 대조법들을 통해 구체적으로 예증되고 있으며, 12:1~14; 15:1~20; 23:1~36 등에서도 특히 바리새인들의 율법주의적 태도와 대조적인 모습으로 일관성 있게 제시되고 있다. 마태는 이처럼 구약의 가장 핵심인 율법 문제를 다루는 가운데, 구약에 대한 자신의 입장을 가장 명백하고 확고하게 제시하고 있다. 그런데 그 입장은 앞의 경우들에서 살펴본 바와 전혀 다르지 않다. 즉 예수는 율법의 연속선상에 서 계시면서도 율법의 한계에 머물지 않으시고 율법의 궁극적 목표를 성취하심으로써 율법을 초월하신 분이라는 것이다.

결론

마태복음의 구약 사용에 대한 우리의 고찰은 상당히 다양하면서도 일관성 있는 그림을 그려 준다.

첫째, 마태의 성취 형식 인용구들은 그 도입구와 그 인용구들의 본문 형태에 있어서 다른 복음서들뿐 아니라 마태복음 자체 안에서도 매우 독특하다. 그 독특한 도입구들은 인용구들과 더불어 구약이 당시 교회에게 진리를 가늠하는 '하나님의 말씀'으로서의 권위를 가지고 있었음을 보여준다. 또한 그 인용구들이 예수의 생애에서 성취되었다는 사실은 마태와 그의 교회가 추종하고 있는 종교가 과거 구약 종교에 대한 반발이 아니라 그 연속이자 완성이라는 점을 입증해 준다. 이는 아마도 유대인들이었을 마태의 독자들에게는 다른 어떤 이방인 그리스도인들에게보다 의미심장하게 받아들여졌을 것이다. 한편 마태가 구약을 인용하는 데 있어 상당한 유연성을 보이고 있다는 사실은 어쩌면 예수의 생애가 구약성경의 문자적 의미에 의해 규정되기보다는 오히려 예수의 생애에 의해 구약성경의 그 궁극적이고 진정한 의미가 드러나게 된다는 신념을 반영해 주는지도 모른다.

둘째, 성취 형식 인용구들을 제외한 그밖의 많은 구약 인용들과 구약에 대한 언급들 중 한 예로 택한 12:5~7에 대한 고찰은 매우 인상적인 결과를 제공해 준다. 비록 제한된 예에 국한되기는 하지만 마태가 다른 복음서와 구별되게 구약을 인용하거나 그것에 대해 언급할 때 거기에는 상당히 대담하면서도 뜻깊은 신학적 의도가 있음이 확인되었다.[32] 마태의 구약 사용은 적어도 12:5~7의 경우에는 그의 유대 그리스도인 독자들에게 매우 효과적이고 유용하며 강력한 논증 효과를 가졌을 것임이 분명하다.

셋째, 마태는 모형론에 있어서도 매우 풍성한 자료들을 제공한다. 그는 모형론적 방법을 통해 예수께서 구약을 성취하셨다는 개념의 범주를 단지 몇몇 제한된 명시적 예언들의 범주를 뛰어넘어, 구약의 인물, 사건, 제도에 걸친 거의 전포괄적인 영역으로까지 확장시켜 준다. 뿐만 아니라 마태는 이 방법을 통해 예수를 구약과 연속선상에 서 있는 분으로 제시해 줄 뿐 아니라 더 중요하게 그 구약의 궁극적 목표를 성취하심으로써 구약을 초월하신 최종적 권위를 가지신 분으로 제시해 준다.

넷째, 5:17~20에서 마태는 구약성경의 가장 핵심인 율법 문제를 다루는 가운데 다른 경우들에서와 마찬가지로 예수를 율법의 연속선상에 서 있는 분으로서뿐 아니라, 그 율법의 한계에 머물지 않으시고 그것을 성취하심으로써 결국은 그것을 초월하신 분으로 제시하고 있다. 그와 더불어 그는 예수의 제자들도 예수의 율법 성취의 결과, 율법에 대한 새로운 관계를 설정해야 할 것을 요청하고 있다.

끝으로, 위의 모든 결론들을 종합해 볼 때, 마태의 구약 사용은 지극히 기독론적이다. 그는 구약을 사용한 대부분의 경우들에서 문제의 구약 내용을 예수와 연결시켜 제시하고 있다. 그렇게 하는 가운데 그는 예수와 구약의 관계를 연속성과 초월성의 양 측면에서 어느 정도 긴장을 유지하며 제시해 나간다. 이러한 긴장 관계는 5장 8절에 대한 우리의 해석이 보여주는 바와 같이 성취 개념의 종말론적 긴장관계와 무관하지 않다. 마태는 이 긴장 관계를 적절히 유지함으로써, 그의 유대 그리스도인 독자들에게 구약에 대한 관계를 단절도 아니고 예속도 아닌 예수의 성취 중심적 관계로 유지해 나가도록 인도하고 있다.

02

이스라엘의 특권과
위치를 이어가는 교회

마태는 예수님의 삶과 가르침을 이스라엘과 교회의 관련성 속에서 소개한다. 복음을 한 편으로는 구약성경, 구약시대, 하나님의 백성이었던 이스라엘과 관련하여 그 완성으로 소개하고, 다른 한 편으로는 새로운 시대, 새로운 백성인 교회와 관련하여 그 초석과 시작으로 소개한다. 교회는 이스라엘이 가지고 있던 요소, 즉 하나님의 축복과 약속을 이어가면서도 예수님을 믿고 따른다는 새로운 요소를 가진 집단으로 이해된다. 이스라엘과 비교할 때 교회는 연속성과 불연속성을 동시에 가지고 있는 것이다.

이러한 사실은 마태복음의 처음과 끝만 비교해도 쉽게 드러난다. 마태복음은 아브라함에게서 시작하여 다윗과 바벨론 포로시기를 거쳐 예수님에게 이르는 거룩한 족보를 가장 먼저 소개한다(마 1:1~17). 이 족보를 통해 마태는 족장들과 왕들을 포함하는 41개의 이름으로 대별되는 이스라엘의 역사를 세 시기, 즉 '약속과 기다림의 시기 – 왕국 시기 – 쇠퇴와 새로운 희망의 시기'로 나누고, 그 마지막에 '예수님의 탄생'을 소개함으로써 하나님의 약속이 예수님에게서 그 진정한 성취국면에 돌입했음을 증명한다. 예수님의 탄생은, 그 이름에 새겨진 대로 "자기 백성을 저희의 죄에서 구원하는 것"(1:21), "하나님이 우리와 함께 하는 것"(1:23)을 뜻한다. 하나님께서 아브라함과 다윗에게 하신 약속과 이 약속에 근거한 구약적 희망이 드디어 예수님의 출현으로 실현되었다는 것이다.

마지막 장으로 가면, 부활하신 예수님께서 제자들에게 주신 말씀이 복음서의 결론처럼 수록되어 있다. 예수님은 이스라엘이 아니라 이제 자신의 열 한 제자들에게 "하늘과 땅의 모든 권세가 자신에게 주어졌음"(28:18)을 알리시고, "모든 민족을 제자로 만들라"고 명령하신다. 예수님을 믿는 사람들에게 아버지와 아들과 성령의 이름으로 세례를 주고 또 세례를 받음으로써 제자들의 집단은 점점 커지게 될 것이다. 하나님의 아들 예수 그리스도는 이제 이스라엘이 아니라 그들, 열 한 제자들과 그 뒤를 따를 교회를 자기 백성으로 삼아 세상 끝날까지 함께 가실 것이다. '자기 백성의 구원', '자기 백성과 함께' 라는 1장의 선언이 예수님의 생애, 죽음과 부활을 통해 예수님을 믿고 따르는 교회에 적용된 것이다.

첫 장과 마지막 장 사이에는 예수님에 관한 복음, 즉 예수님의 삶과 가르침 그리고 그것에 얽힌 여러 가지 내용들로 채워져 있다. 마태는 복음을 하나 하나 적어 내려가면서도 이 복음이 가져오는 결과의 집단체적 성격을 주목하고, 처음과 마지막 장 사이의 뚜렷한 변화, 즉 하나님의 축복과 약속에 근거한 이스라엘의 특권과 위치가 어떻게 예수님의 제자들로 구성되는 교회에 계승되고 실현되는지가 비교적 잘 드러나도록 기록하였다.

약속의 성취로 오신 예수님을 만남에 있어서 이스라엘은 '하나님의 백성' 이란 용어가 무색하게 실패하고 오히려 예수님과 맞서고 적대하며 결국 죽임으로써 약속된 특권과 위치를 스스로 저버린 것으로 나타난다. 바로 그 이스라엘의 한 부분인 예수님을 믿고 따르는 소수의 유대인들, 열 한 제자들로 대표되는 믿는 자들, 즉 교회는 나사렛 예수에게서 약속을 이루시는 하나님의 신실하신 은혜를 경험한다. 이들은 이스라엘의 한 부분이기는 하지만 워낙 소수라서 '백성' 이라는 단어를 사용하기 어렵다. 이들을 지시할 새로운 용어가 필요하게 되었다.

마태복음은 "교회"란 용어를 포함하고 있는 유일한 복음서이다(16:18; 18:17에서 총 세 번). 이 용어로써 예수님은 새로운 집단의 설립에 관해 말씀하셨고, 비록 간단하기는 하지만 교회 생활과 교회의 규칙에 대한 기본적인 선을 그어주기도 하셨다. 예수님은 교회를 시작케 하신 분일 뿐만 아니라 교회시대가 시작됨을 선포하셨고 친히 교회라는 이름을 주신 분이시다.

교회의 출발점에서 보면, 이스라엘은 그냥 사라진 것이 아니다. 나사렛 예수에게 그리고 나사렛 예수를 통하여, 나아가 예수님을 믿고 따르는 사람들에게 구약적 이스라엘의 의미는 백 분 살아남아 있다. 다른 면에서 보면, 이 이스라엘의 의미는 이제 새로운 형태로 발전한다. '동서(남북으)로부터'(8:11), 즉 모든 민족, 모든 나라에서부터 그리스도에게 속한 사람들을 불러모을 '교회'라는 새로운 이름 속에 구약적 이스라엘의 의미는 계속 존속해 가는 것이다.

이스라엘과 교회의 관계를 규정하는 것은 약속의 성취로 오신 예수님, 그러나 이스라엘의 거부로 인하여 이스라엘의 일부분만으로 교회를 시작케 하신 예수님의 삶과 가르침에 관한 복음, 즉 기독론이다. 이 기독론과 함께 시작하는 제자들의 삶과 사명에 대한 복음, 즉 교회론이다. 이 두 주제가 마태복음의 신학적 핵심에 속한다.

마태복음의 각종 신학 주제들이 모두 이 큰 주제와 얽혀 있다. 메시아, 율법, 회당과 교회, 제자도, 의, 구약의 성취 인용구, 심지어 마태의 역사관 등 거의 모든 이론적, 신학적 주제가 이스라엘과 교회란 주제와 연결되어 있는 것이다. 뿐만 아니라 이 주제는 예수님의 삶의 상황, 마태의 상황, 초대 교회의 상황 등 역사적 요소들과도 긴밀하게 연결되어 있다.

예수님의 삶과 가르침이 이스라엘을 향한 하나님의 약속과 축복을 교회란 이름으로 계승하게 하는 전환점으로 작용하기 때문에, 또 교회의 출발점에 서 있었던 사람들은 이스라엘의 한 부분이었으면서도 세계적 교회의 설립이란 대명을 받았기 때문에, 그리고 초대 교회가 당면했던 가장 심각한 신학적 문제가 민족적 색채를 가진 이스라엘과 범 민족적 색채를 가진 교회 사이의 연속·불연속성의 문제였기 때문에, 마태복음은 기록된 이후 교회가 가장 사랑하고 가장 많이 이용하며 인용하는 복음서가 되었다.

이것은 교회가 출발점에서 무엇보다 교회의 정체성에 관한 명확한 규정을 필요로 했기 때문이다. 그들의 민족적 뿌리, 하나님의 약속의 뿌리에 대한 정확한 이해와 앞으로 나갈 수 있는 바른 지표가 필요했던 것이다. 이를 위해 구약성경은 중요한 역할을 한다. 교회는 마태복음이 구약과 신약을 연결하는 가교 역할을 하도록 언제나 신약성경의 첫 머리에 두었으며, 이렇게 함으로써 신자들이 구약성경을 버리거나 구약 자체로만 읽어가지 않도록 배려해 놓았다. 구약성경을 그리스도와의 관련성 속에서 교회의 책으로 읽어가도록 만들어 주는 것이 마태복음이라고 해도 지나친 말은 아닐 것이다.

이것은 비단 책에 관한 평가만이 아니다. 마태복음은 이스라엘의 전체 역사, 이스라엘 민족에게 주신 하나님의 율법과 약속에 대한 명확한 내용을 포함하고 있어서, 한 마디로 말하면 이 모두를 신약시대에 비교되는 구약시대, 성취시대에 비교되는 약속의 시대로 규정할 수 있게 한다. 신학자들이 마태의 구속사관이라고 부르는 이 안목으로 마태복음은 예수 그리스도에게서 시작하는 교회의 정체성을 간략하게나마 확인할 수 있게 해준다.

교회란 20세기 전에 나사렛 예수에게서 비로소 시작된 집단이 아니다. 교회를 이해하자면 멀리 구약시대, 구약성경으로 거슬러 올라가야 한다. 교회의 머리이신 예수님께서 이스라엘의 완성, 이스라엘을 향한 하나님의 약속과 축복의 성취로 오셨기 때문이다. 교회를 향한 하나님의 설계와 사역, 그리고 교회가 가진 풍성한 하나님의 축복은 이스라엘에게서부터 시작된 것, 더 올라가면 하나님 자신에게서 역사적으로 시작된 것이다.

그러나 교회는 이스라엘을 그냥 이어가는 집단은 아니다. 예수님께서 교회라는 새로운 이름을 주셨고, 이스라엘이라는 단어로는 담아낼 수 없는 새로운 요소인 '모든 민족으로부터 모이는 제자들의 무리'를 부탁하셨기 때문이다. 더욱이 메시아를 믿고 따르는 것이 하나님의 약속과 축복의 대상을 이스라엘에서 교회로 전환하는 동기로 작용하기 때문이다. 우리는 이러한 내용들을 "이스라엘의 특권과 위치를 이어가는 교회"란 제목으로 보다 광범위하고 풍부하게 아래에서 살펴볼 것이다.

하나님의 백성인 이스라엘

마태복음에서 이스라엘은 교회의 출발점으로서 일단 100% 긍정된다. 마태 사도가 복음서의 첫 머리에 이스라엘의 역사로부터 일련의 이름들을 모아놓은 것이 그 좋은 예라 하겠다. 총 41개의 이름은 조금도 부정적으로 거론되지 않았다. 오히려 그리스도라 불리는 예수의 탄생을 실현케 한 거룩한 계보로 작용한다. 특히 1장 1절의 "예수 그리스도, 다윗의 자손, 아브라함의 계보의 책이다"는 표현은 아브라함에게서 시작하는 이스라엘의 역사, 다윗에게 주신 하나님의 약속을 회상하게 한다.

서론에서 지적한 예수님의 이름 부분만이 아니라 베들레헴을 '유대인의 새 왕'이 태어나실 곳으로 지적하는 대제사장과 서기관들의 인용구인 "유대 땅 베들레헴아 너는 유대 고을 중에 가장 작지 아니하도다 네게서 한 다스리는 자가 나와서 내 백성 이스라엘의 목자가 되리라"(2:6, 미가 5:2의 인용)도 예수님의 탄생을 직접 이스라엘과 연결한다.

예수님에게서 구약성경의 부분 부분이 성취되었다고 마태가 인용하는 구절들도 이스라엘을 긍정하는 내용들이다. 메시아로 오신 예수님을 중심으로 하면 구약성경은 메시아를 예언한 책이요, 이스라엘의 역사는 메시아를 기다리는 약속과 희망의 역사였다. 마태복음에 따르면 심지어 예수님의 애굽 피난(2:15), 헤롯의 유아 살해(2:18), 나사렛으로 가서 사심(2:23) 조차도 예언되어 있었고 예수의 유아기 사건들로 인해 그 성취에 도달하였다. 그가 거의 전문적으로 사용한 이 표현들, 즉 "이루어지도록 하기 위하여 …"와 "… 이루어졌다"가 마태복음의 큰 특징임을 부인하는 사람은 아무도 없다. 예수님과 관련된 가능한 거의 모든 것을 구약 예언의 성취로 설명함으로써 예수님을 이스라엘이 기다리던 그 메시아로 소개하는 것이 마태복음이다.

마태는 마귀가 예수님을 시험하기 위하여 "거룩한 성"으로 데려갔다고 적었다(4:5). 예루살렘을 이렇게 부른 것도 마태복음의 특징으로 지적된다. 그것은 하나님의 "큰 성"이요(5:35), 하나님이 자신의 이름을 두시던 곳, 곧 하나님에게 기도하는 집(21:13)이 있는 곳이다. 마태는 나귀를 타고 예루살렘으로 올라가시는 예수님에게서 시온의 왕, 이스라엘의 왕의 모습을 그렸다. 역시 이스라엘에 대한 긍정성이 최대한 엿보인다.

이스라엘 신앙의 핵심 요소였던 "율법과 선지자들", 즉 구약성경은 거룩한 하나님의 뜻을 담고 있는 것으로서 "천지가 없어지기 전에는 일점 일획도 없어지지 않고 다 이루어지는 것"이다(5:18). 따라서 예수님도 율법과 선지자들을 "폐지하러 오지 않으셨다." 예수님은 메시아로서 그것을 완성하실 뿐이다(5:17). 산상설교의 가르침은 구약성경에 대한 본질적인 비판을 담고 있지 않다. 오히려 그 계속이며 새로운 시대에 어울리는 메시아적 확대해석이다. 산상설교에서 비평하신 것은 하나님께서 주신 율법, 선지자를 통하여 주신 예언 자체가 아니라 이것을 사용하고 가르치는 당시 유대지도자들의 잘못된 가르침과 잘못된 삶이었다. 율법을 거스르는 상황에까지 가 버린 장로들의 유전에 관한 것이었다(15:3). 바리새인과 서기관들이 "모세의 자리"에서 가르치는 것이 정당할 경우 예수님은 오히려 그것을 "듣고 지켜라"고 권하기도 하셨다(23:2~3).

천국과 관계하여서도 이스라엘의 긍정성이 드러난다. "아브라함과 이삭과 야곱"은 이미 천국에 앉은 것으로 간주된다(8:11). 이스라엘은 "천국의 원 자손들"이다(12절). 천국은 이스라엘에게 주어졌다. 혹은 맡겨져 있었다(21:43 참조). 예수님께서 비판하고 책망하신 것은 이스라엘의 전체 역사, 그 특권과 특수한 위치가 아니라 이러한 하나님의 은총과 특별한 사랑이 있었음에도 불구하고 잘못된 길을 걸은 이스라엘의 부정적 부분들, 특히 예수님 당시의 이스라엘 지도부를 향한 것이었다. 구약시대의 끝에 선지자들이 이스라엘 사람들에게 회개를 촉구한 것처럼 세례 요한이 회개를 촉구했다. 예수님도 이 예비자의 뒤를 따랐다. 회개의 촉구는 이스라엘의 특권을 부정하는 것이 아니라 오히려 그 특권을 전제하고 있다. 성취의 시대에 천국의 왕으로 오신 예수님은 우선 이스라엘의 각 마을에서 천국의 복음을 전하셨다. 회개를 외치셨다. 사람들을 가르치시고 병든 사람들, 불구자들을 고쳐주셨다. 그리고 제자들에게 회개를 외치고 천국의 시작을 전파하며 능력을 행하도록 지시하셨다.

예수님의 사역과 관계하여 이스라엘이 아니라 오히려 교회를 한정하는 것처럼 보이는 말씀이 두 곳에 수록되어 있다. 예수님이 자신의 일을 "이스라엘 집의 잃어버린 양 외에는 다른 곳으로 보내심을 받지 아니 한 것"으로 이해하신 것(15:24)이다, 그리고 제자들에게도 "차라리 이스라엘 집의 잃어버린 양에게로 가라"(10:6)고 명령하신 것이다. 이 두 제한구는 이스라엘을 제외한 모든 민족은 구원의 대상이 될 수 없다는 한계설정인 것처럼 보인다. 그러나 예수님 자신은 십자가를 지시기까지 실제로 이스라엘의 한계 안에 머무셨지만[2] 예수님은 천국의 복음이 전 세계로 퍼져 나가야 함을 이미 알고 계셨다(10:18 참조). 이스라엘 경계 밖으로의 이 확대 사역은 예수님의 육체적 사역에 속하는 것이 아니라 예수님의 사명을 맡은 제자들이 해야 할 일이었다. 우선 그 시발점으로 예수님의 삶과 가르침, 십자가의 대속이 있어야 하고, 이러한 구속사역은 이스라엘의 한계 안에서 이루어질 수밖에 없음을 예수님은 이렇게 표현하신 것으로 보인다. 이스라엘의 전체 역사와 그 특권이 인정되고 있음이 분명하다.

이스라엘은 메시아의 백성이었다. 하나님은 그들에게 축복을 주셨고, 약속을 주셨다. 그들을 위해 율법을 주셨으며 약속의 율법을 떠나자 선지자들을 보내셨다. 그들은 예수님의 비유 속에서 '먼저 포도원에 들여보낸 자들'(20:2 이하), '일하러 가겠다고 대답하고도 일하러 가지 않은 맏아들'(21:28 이하), '집주인이 포도원을 맡기고 떠났던 농부들'(21:33 이하), '임금의 혼인잔치에 먼저 초대받은 사람들'(22:1 이하)로 묘사되었다. 비유의 끝에 이들은 모두 부정적 모습으로 처벌을 받는데, 이러한 결말은 그들이 우선 긍정적으로 전제될 때에만 가능한 것이다.

유대인의 왕이란 칭호도 이렇게 보면 마태복음에서 실제적인 가치를 지니고 있다. 비록 그 시대에 로마 원로원을 통하여 헤롯이 '유대인의 왕'으로 인정받기는 했지만, 예수님이 진정 유대인의 왕으로 오셨음을 마태는 자신이 기록하는 복음서를 통해 알리고 있다. 다윗 가문에 주셨던 영원한 왕위에 관한 하나님의 약속이 예수에게서 성취되었음을 마태복음은 다른 어느 복음서보다 더 강하게 증명한다. 사람들이 예수님을 향해 "다윗의 아들"로 부르는 것은 마태에 의하면 잘못된 칭호가 아니라 – 사람들이 그 진의를 잘 몰랐다 하더라도 – 참된 칭호이다. 예수님은 당연히 그렇게 불려야 할 분이시다. 이 모든 자료에서 우리는 이스라엘에 대한 긍정적 상을 얻는다.

마태복음에 그려진 이스라엘의 상은 메시아를 기다리고 탄생시킨 것으로서 첫 출발점에서는 조금도 부정적인 상을 가지고 있지 않다. 부정적인 모습이 마태복음에서 그려지고 있다면 그것은 구약시대부터의 부정적 부분이요, 신구약 중간기를 흘러 예수님 당시까지 이스라엘의 역사가 계속되면서 부정적으로 자라난 부분, 특히 예수님 당시에 옳지 않은 시대상이었다. 전통과 관습을 하나님의 말씀보다 더 중요시하는 유대 지도부가 이스라엘이라는 대표적 이름으로 집중적으로 비판을 받았다. 그러나 이스라엘의 정신과 특징은 적어도 남은 그루터기, 이스라엘 집의 잃은 자들을 통하여 끊임없이 흘러내려 온 것으로 긍정된다.

이렇게 예수님을 우선 이스라엘의 메시아로 강조하는 것이 마태복음이다. 이 특징은 사실 – 예수님이 유대인으로 그 시대 그 장소에 태어나셔서 사셨기 때문에 – 예수님에게서 만들어진 것이다. 마태복음의 배후에 유대인들이 있었기 때문에 이 첫 복음서에 다른 복음서보다 더 강하게 남아 있는 것이다. 교회의 출발점에서 긍정될 수밖에 없었던 역사의 한 부분이었다. 마태복음이 유대인들을 위한 복음서여서 마태에 의해 이렇게 각색된 것이라고 보아서는 안될 것이다.

이스라엘의 실패와 그 특권의 박탈

예수님께서 이스라엘을 위해 이스라엘의 한 사람으로 오셨을 때 막상 예수님은 이스라엘이 기다리던 범위를 훨씬 벗어나는 분이었다. 포로기 이후 자라난 메시아 대망 사상은 다윗의 자손으로 왕권을 회복하고 무력으로라도 이스라엘의 영광과 특권을 회복시켜 주실 그런 분을 고대한 것이었다. 그러나 메시아로 오신 예수님은 성령으로 잉태되신 하나님의 아들, 능력과 권위를 가지셨고 행사하시는 분, 다윗에게 주신 약속만이 아니라 아브라함에게 주신 '만민이 누릴 하나님의 축복'을 가져오신 분이셨다. 그는 힘있게 천국을 선포하셨고 권위로 말씀을 가르치셨으며 병자들과 불구자들을 고쳐주셨다. 그리스도는 다윗의 자손이 아니라 '다윗의 주님'(22:43 이하)이며 '안식일의 주인'(12:8)이시고 '성전보다 더 큰 분'(12:6)이셨다. 힘과 군대와 왕권을 기다리던 사람들의 기대와는 달리 가난한 자를 돌보시고, 꺼져 가는 심지를 돋우듯 죄인들을 부르시고 용서하시며, 사람들을 죄에서 불러내고 해방시키시는 분! 영원한 생명을 주시는 분! 당시 이스라엘이 가지고 있던 메시아관으로는 도무지 담아낼 수 없는 그런 분이었다.

예수님의 사역에 처음에는 많은 사람들이 몰려들었지만 예수님의 요구에 부합하게 믿고 따르는 사람들은 그렇게 많지 않았다. 대부분의 사람들은 믿음에 이르기는커녕 의심을 가졌고 혼란을 일으켰으며 잘못된 결론에 도달했다. 시간이 흘러감에도 계속 호기심 어린 눈으로 이적과 표적에 만족하고 있었다. 뿐만 아니라 이스라엘 지도계층을 향한 예수님의 신랄한 비판과 책망, 회개의 촉구는 이스라엘 지도부의 반발과 적대감을 불러일으켰다. 자신들의 오래된 가르침과 관습을 수정하고자 하고, 자신들이 기대하던 틀에도 잘 들어맞지 않는 예수님의 행동에 분개했던 것이다. 그래서 이스라엘 지도부는 예수님을 거부하고 적대했을 뿐만 아니라 결국 죽음에 이르게 했다. 예수님의 십자가 앞에서 소수의 믿는 사람들을 제외한 전체 이스라엘은 예수를 죽이는 주인공으로 등장한다. 몇몇 믿는 사람들을 제외한 하나님의 백성 전체 이스라엘이 예수님을 거부한 것이다.

마태는 이런 과정을 비교적 자세하게 그의 복음서에 부각시켰다. 예수님의 탄생 징조를 발견하고 멀리 동쪽으로부터 이방인들이 '유대인의 왕'

에게 경배하기 위해 예물을 가지고 왔을 때, "예루살렘"(2:3)은 큰 소동에 빠진다. 이스라엘 지도자들, 즉 "모든 대제사장과 백성의 서기관들"은 구약 성경을 통해 베들레헴이 바로 그 장소임을 찾아냈지만 아무런 반응도 나타내지 않았다. 메시아로 태어난 아기 예수를 그들이 '유대인의 왕'으로 인정하지 않았음을 암시한다. 오히려 이방인들이 아기 예수께 무릎을 꿇었다! 헤롯은 살의를 번뜩거리며 성급한 행동을 자제하기 위해 안간힘을 썼다! 마태는 복음서의 첫 줄에 예수를 "아브라함의 자손"이라고 씀으로써 예수님의 생애가 처음부터 이스라엘이란 민족적 범위를 초월하는 분임을 암시해 두었다. 따라서 이방인 지도자들의 순례와 경배 사실은 조금도 놀라운 일이 아니다. 헤롯의 살의와 유아 살해도 그로서는 당연한 일이다. 하지만 메시아를 기다리던 이스라엘이 아무런 반응도 나타내지 않은 것은 결코 이상한 일이 아닐 수 없다.

8장 10절 이하에 마태는 예수님의 탄식 어린 말씀을 이렇게 수록해 놓았다. "이스라엘 중 아무에게서도 이만한 믿음을 만나보지 못하였다". 이 사건이 정확하게 어느 시점에 있었던 일인지는 알 수 없다. 아마 비교적 예수님의 사역 초기에 있었을 것으로 추론된다(마가·누가복음의 병행기사 참조). 이 시점에 예수님은 갈릴리 지역에서 활동하고 계셨다. 당시 이스라엘의 전체 인구(약 70만 명)에 비교할 때 예수님께서 이 때까지 만난 유대인들의 수는 그렇게 많지 않았으므로 이스라엘이라는 집합명사를 사용하기에는 거북해 보이는 그런 시기였다. 그럼에도 불구하고 예수님은 "이스라엘 중 아무에게서도 이만한 믿음을 만나지 못하였다"고 집합 명사를 사용하셨다. 뿐만 아니라 이스라엘이 예수님을 믿지 않는 것을 근거로 "나라의 본 자손들이 바깥 어두운 데 쫓겨날 것"(12절)을 예고하셨다. 이스라엘의 거부와 실패를 예수님께서 미리 알고 계셨다고 말하는 것이 적당하지 않을까?

이스라엘이 집단적으로 예수님을 거부했다는 사실은 유대 지도자들에 대한 보도에서 보다 더 잘 드러난다. 예수님께서 한 중풍병자에게 "네 죄 사함을 받았다"(9:3)고 말씀하셨을 때 서기관들은 이런 발언이 하나님을 모독하는 것이라고 생각했다. 예수님은 그들의 생각을 메시아로 오신 예수님을 향한 "악한 생각"(4절)으로 분석하셨다. 믿음은 예수님의 하시는 모든 일을 받아들이는 것이다. 예수님을 의지하는 것이다. 이런 면에서 보면 서기관들은 그들의 선입관념 때문에 그들이 보는 예수님을 인정하는데 실패한 것이다. 그 다음 기사에서 바리새인들이 세리들, 죄인들과 함께 음식을 잡수시는 예수님을 비난한 것도 같은 부류의 사건에 속한다(9:11). 바리새인들은 예수님께서 귀신을 쫓아내신 사건에서 또 벽에 부딪힌다. 사람들은 "이스라엘 가운데서 이런 일을 본 적이 없다"고 하지만 바리새인들은 "귀신의 왕을 힘입어 귀신을 쫓아낸다"고 비난했다. 신적 권능을 가지고 행사하시는 예수님을 이런 식으로 비난하는 것이야말로 예수님을 불신하는 것이며 거부한 것이다.

대부분의 사람들이 예수님을 믿지 않자 예수님은 그들을 "이 세대"로 지칭하시며 그들의 무감각한 영적 대응을 책망하셨다(11:16 이하). 많은 능력을 행하셨던 "마을들이" 회개치 않음으로 책망하셨다는 기사도 이 문맥에 수록되어 있다(11:21 이하). 예수님의 책망과 한탄은 "고라신, 벳새다, 가버나움"을 향한 것이다. 물론 이것은 간접적인 표현이다. 예수님께서 지적하신 것은 마을들이 아니라 그 마을에 살고 있었던 유대 사람들, 즉 이스라엘이었다. 예수님은 그들의 상태를 하나님의 심판을 받았던 소돔에 비교하시고 이보다 더 악한 것으로 판단하셨다.

12장에 마태는 예수님에 대한 바리새인들의 공식적인 항의와 적대행위를 소개해 놓았다. 바리새인들은 예수님의 제자들이 안식일에 이삭을 잘라 먹은 것에 대해 항의했다(2절 이하). 이 항의가 받아들여지지 않고 예수님께서 계속 안식일을 그들 방식대로 준수하지 않자 바리새인들은 예수님을 고소하기로 결심하고 안식일에 하는 예수님의 일들을 세밀히 관찰하기 시작한다(10절 이하). 바리새인들의 이런 움직임에 아랑곳하지 않고 예수님께서 안식일에 병자를 고쳐주시자 그들은 예수님을 죽일 방안을 찾는다(14절). 눈멀고 벙어리된 자를 고쳐주신 사건에 대해 바리새인들은 명백하게 예수님이 "귀신의 왕 바알세불을 힘입지 않고는 귀신을 쫓아내지 못한다"고 확정한다. 이러한 불신과, 비방, 적대행위에 대해 예수님은 그들을 신랄하게 책망하셨다. 바리새인들과 서기관들이 와서 표적을 찾자 예수님은 다시 집합 명사를 사용하시며 "이 세대"에 심판을 선언하셨다(41절).

이상의 일들은 갈릴리 지방의 유대 지도자들과 대중들 사이에 일었던 비난과 반대였다. 마태는 이 사건들에 이어 이스라엘 중심부가 예수님을 거부한 사건들을 소개한다. "바리새인과 서기관들이 예루살렘으로부터 예수님께 와서" 장로들의 유전을 범하는 것에 대해 질문한다. 예수님은 오히려 그들이 유전으로 하나님의 율법을 폐지하고 있다고 책망하셨다. 집합명사를 사용하여 "이 백성이 입술로는 나를 존경하되 마음은 내게서 멀다"고 한 이사야의 예언을 인용하셨다. 질문자들은 분개하여 돌아간다(15:12 이하 참조). 예수님은 사람들의 불신과 반대를 이스라엘의 집단체적인 것으로 이해하고 계셨음을 이렇게 보도해 놓은 것이다.

예수님을 제거하려는 움직임은 이제 이스라엘 중심부로 옮겨갔다. 비판 자료를 모으는 작업도 계속 진행되었다. 헤롯 대왕 밑에서 이스라엘의 지도자로서 활동하던 사두개인들이 등장하기 시작한다. 16장 1절에 마태는 신학적으로나 현실적으로나 결코 함께 할 수 없었던 "바리새인들과 사두개인들이" 같은 목적으로 예수님을 찾았다고 보도해 놓았다. 그들은 예수님을 시험하며 표적을 요청했다. 예수님은 제자들에게 이들과 이들의 교훈을 주의할 것을 경고하셨다. 뿐만 아니라 예수님은 자신의 고난과 죽음의 때가 다가왔음을 직감하시고 제자들에게 이에 대해 예고하기 시작하셨다 (16:21). 이러한 일을 행할 사람들은 "장로들, 대제사장들과 서기관들" 즉 이스라엘 지도부로 지적되었다. 이스라엘의 공식적인 반대와 결정이 이스라엘의 메시아로 오신 예수님을 죽음으로 몰고 갈 것이다(20:18).

예수님의 발길이 예루살렘으로 향하면서 이스라엘의 불신과 적대, 이스라엘에 대한 예수님의 심판은 보다 확실한 것으로 나타난다. 이미 예수님을 믿는 자들과 이스라엘은 갈라선 것으로 간주되고 있다. 예수님의 제자들이 "이스라엘 열두 지파를 심판할 것이라"(19:28)는 말씀 속에는 이스라엘과 교회의 관계가 단적으로 표현되어 있다. 예수님을 반대하는 이스라엘은 이제 더 이상 하나님의 백성으로 취급되지 않는다. 오히려 예수님의 제자들, 즉 교회를 통해 심판 받아야 할 대상으로 언급되었다. 예수님의 비유에서(20:1~16; 21:28~44; 22:2~14) 이스라엘은 하나님의 백성이었던 복된 자리에서 출발했으나 쫓겨나는 자로 그려진다. 앞장에서 다룬 이스라엘의 독특한 권한과 위치는 이 비유들에서 다만 출발점으로 인정될 뿐이다. 예수님을 향한 불신과 적대로 인해 예수님은 다른 일련의 사람들로 그들을 대신하신다는 것이 포도원 비유들의 핵심이다.

예수님의 예루살렘 입성과 성전 청결 사건은 대제사장들과 서기관들이 분개하는 직접적 동기가 된다(21:15). 대제사장들과 백성의 장로들이 연일 예수님께 몰려오고 대립은 극대화된다. 예수님은 자신이 가야할 길을 "건축자들이 버린 돌이 모퉁이의 머릿돌이 된 것"으로 비유하시고(21:42), "하나님의 나라를 너희는 빼앗기고 그 나라의 열매 맺는 백성이 받을 것"을 선언하신다(21:43). 이스라엘의 메시아 나사렛 예수를 믿지 않고 거부하며 적대하는 이스라엘은 하나님의 아들 예수 그리스도에 의해 하나님의 백성의 위치를 박탈당했다. 이제 그들은 천국과 아무런 관계가 없으며 그들의 특권과 위치는 다른 백성에게 이양된다. 그리스도와 이스라엘의 관계는 이렇게 깨어지고 말았다.

예수님은 수천 년 동안 거룩한 성으로 존재하던 예루살렘에 대해서도 심판의 말씀을 남기셨다(23:37). 예루살렘은 버린 바 되고 황폐하게 될 것이다. 이스라엘과 함께 그 역할은 끝난 것이다. 예수님을 주님으로 인정하기까지는 아무도 그를 볼 수 없다(23:39). 오신 메시아를 거절한 것이 이스라엘, 예루살렘의 비극이었다. 이스라엘은 예수를 버렸다. 예수님도 예루살렘을 버리셨다. 결별은 확실한 것이 되고 말았다. 그리스도는 이스라엘을 떠나셨다. 이스라엘이 메시아를 거부한 것은 예수님을 체포하고 심문하고 사형판결을 내리는 것, 빌라도의 판결을 통해 십자가에 못박게 하는 것으로 최종 확인된다. 대제사장들과 온 공회가 예수께 대항했다(26:68). 이스라엘 백성이 모두 "그 피를 우리와 우리 자손에게 돌릴지어다" 고함질렀다. 마태복음을 따르면 예수님을 죽인 것은 이스라엘이다.

이스라엘의 공회(산헤드린)가 예수님에게 사형선고를 내린 것은 예수님이 "하나님의 아들 그리스도임"을 인정했다는 데 있다(26:64~65). 예수님은 대제사장의 질문에 "네가 말했다"고 대답하셨고, "이 후에 인자가 권능의 우편에 앉은 것과 하늘 구름을 타고 오는 것을 너희가 보리라"고 예언하셨다. 대제사장과 공회원들은 이것을 예수님의 긍정으로 받아들였고, 사형의 결정을 내렸다. 이 때부터 그들은 예수님을 "그리스도"라고(26:68), "하나님의 아들"(27:40, 42)이라고 불렀다. 물론 이것은 빈정거림이었다. 예수는 스스로 그렇게 말했지만 이스라엘은 전혀 그렇게 인정하지 않으며 이것이 사실일 수 없다는 어감이 들어있다.

그러나 예수님 자신에게, 그리고 예수님을 믿는 소수의 이스라엘 사람들, 즉 제자들에게 이것은 진실이었다. 예수님은 하나님의 아들 메시아라는 것 때문에 십자가에 못 박히신 것이다. 이 죄목은 이스라엘에게는 - 그가 메시아가 아니라고 믿었기 때문에 - 당연한 죄목이었다. 그를 믿는 사람들에게는 - 그들을 죄에서 구원하시는 메시아라고 믿었기 때문에 - 어쩔 수 없는 것이었다. 십자가에서 이스라엘은 메시아를 향한 분노를 불태웠다. 그렇게 함으로써 그들은 하나님의 백성의 특권과 지위를 잃었다. 그러나 소수의 이스라엘과 그를 따르는 사람들은 바로 그 십자가에서 새로운 메시아의 백성으로 출발할 것이다.

예수님의 생애, 이 생애에 대한 마태 사도의 기록은 - 이스라엘과 교회란 관점에서 보면 - 하나의 과도기에 해당한다. 이스라엘이 구약적 특권과 위치를 잃고 이것이 교회로 이양되는 그런 과정이었다. 메시아란 주제에서 관찰하면 약속과 예언의 시대에서 성취의 시대로 넘어가는 중간에 위치한, 복음사건이 실현된 거룩한 예수님의 생애였다. 하나님의 아들 예수 그리스도에 대한 불신과 믿음, 실패와 순종이 약속의 이스라엘 시대와 성취의 교회 시대를 나눈 것이다. 이것은 역사적인 것이요, 신학적인 것이며 우리 믿는 사람들의 입장에서는 하나님의 사실, 진실이었다.

하나님의 새로운 백성, 교회의 탄생

교회는 이스라엘을 대신하지만 이스라엘과 같은 민족성이 구심점이 된 집단은 아니다. 이 점을 강조하기 위하여 마태는 메시아의 거룩한 족보를 유대인들이 가지고 있던 메시아 사상에 부합하게 다윗에게서 시작하지 않고, 구약적 근거에 더 멀리 올라갈 수 있도록 아브라함에게서 시작하였다. 이렇게 함으로써 마태는 예수님의 생애가 이스라엘에게만이 아니라 모든 민족에게 미치는 하나님의 축복임을 암시해 놓았다. 아브라함이 복의 근원이 되고 아브라함의 선택을 통하여 모든 민족이 그리스도로 인해 하나님의 축복에 참여하게 된다는 사상은 복음서 끝에 수록된 예수님의 말씀에서 보다 확실해진다.

족보에 수록된 네 여인(룻, 다말, 라합, 우리야의 아내)도 아브라함에게 주신 하나님의 약속, 모든 민족의 복을 연상케 한다. 이들은 모두 이방인이라는 공통점이 있다. 메시아의 탄생을 위해서도 이방인은 결정적인 역할을 하였음을 알리고, 모든 민족을 위한 메시아 상이 구약성경에 결코 이상한 것이 아님을 마태는 이렇게 미리 암시한 것이다.

사건의 진행상 1장에서 예수님의 이름과 이 이름에 결합된 '메시아의 백성'은 당연히 이스라엘과 관계된 것이기는 하지만, 예수님의 사건이 끝난 시점에서 마태의 시각으로 이 부분을 다시 읽으면 독자들은 누구라도 이 선언이 결국은 이스라엘을 위한 것이 아니라 교회를 위한 것임을 알게 된다. 끝에서 다시 시작하면 하나님은 교회와 함께 하시고 교회를 저희들의 죄로부터 구원하시기 위해서 그리스도를 보내셨다고 말할 수 있게 된다. 이런 의미에서 주후 2세기경부터 교회를 새 이스라엘, 영적 이스라엘로 부르는 것은 지극히 타당한 일일 것이다.

마태가 그의 복음서 처음에 수록한 교회에 대한 또 하나의 암시는 동쪽에서 아기 예수님께 경배하러 온 이방인들의 얘기이다. 밑도 끝도 없이 나타난 이들의 모습에 적지 않은 기독교인들이 하나님의 섭리에 대해 궁금해하고 당황하지만, 또 실제로 온 예루살렘과 헤롯이 소동을 일으켰다고 마태는 적고 있지만, 이 기사가 의미하는 것은 아주 명백하다. 즉 아기 예수의 탄생은 구약시대의 하나님의 백성에게만이 아니라 전세계의 모든 민족에게 관계된다는 사실이다. 이스라엘은 그들의 메시아를 기다렸지만 오신 메시아는 모든 민족을 구원하시고 축복하시는 하나님의 아들이셨다고 말하려는 것이다.

예수님께서 마귀의 시험을 이기시고 활동을 개시하시기 전에 가버나움으로 가서 사신 사실을 보도하며 마태는 이 사건의 의의를 이렇게 기록해놓았다. "이는 선지자 이사야로 하신 말씀을 이루려 하심이라 일렀으되 스불론 땅과 납달리 땅과 요단강 저편 해변 길과 이방의 갈릴리여 흑암에 앉은 백성이 큰 빛을 보았고 사망의 땅과 그늘에 앉은 자들에게 빛이 비취었도다 하였느니라"(4:14~16). 예수님의 활동이 이스라엘의 경계 안에 머물러 있었고, 이러한 사실은 무엇보다도 예수님 자신의 말씀에 기초하고 있음을 잘 아는 마태가 예수님의 공개적 활동이 시작되기 직전에 이 구절을 인용한 이유는 무엇일까? 앞에서 언급한 대로 예수님의 활동의 결과가 이스라엘만이 아니라 이방인들을 포함하고 있음을 암시함으로써 독자들의 이해를 이끌어가려는 것이라고 생각된다. 결과적으로 이스라엘은 이러한 하나님의 계획을 파악하지 못하고 받아들일 수 없었기 때문에 예수님을 배척하는 곁길로 나가고 만 것이다. 그러나 교회는 그 시작이 이스라엘에서 출발한다 하더라도 결코 이스라엘이라는 좁은 의미로 한정할 수 없는 하나님의 위대한 계획 하에 탄생하는 것이다.

어디에서 교회의 출발점을 찾을 것인가? '교회'라는 단어를 주목하면 아마도 16장에 수록된 빌립보로 가는 길에 있었던 사건을 지적해야 할 것이다. 그곳에서 예수님은 명백하게 "나의 교회를 세우리라"고 말씀하시기 때문이다. 하지만 이 사건은 갑자기 만들어진 것이 아니다. 예수님께서 제자들에게 질문을 던지고 성급한 베드로가 불쑥 나서며 마음 속에 있던 자신의 믿음을 털어놓기까지 관찰해야 할 많은 얘기들이 있다. 베드로의 이 고백은 예수님과 함께 하는 하루하루의 경험을 통해서 그렇게 자라난 것이다. 예수님께서 베드로와 제자들을 이 단계에 이르기까지 이끌어 오셨다고 말해도 좋을 것이다. 그러므로 이 고백 이전의 단계를 교회라고 규정하기 어려운 요소들이 좀 있다 하더라도 교회가 탄생하는 준비시기 내지 배태기로 볼 수 있을 것이다. 마태복음에서도 우리는 예수님께서 제자들을 부르시는 시점에서부터 교회의 탄생을 관찰해야 할 것이다. 교회는 예수님의 사역이 시작되면서, 좀더 정확하게 말하면 예수님께서 첫 네 제자들을 부르시면서 만들어지기 시작했다고 보아야 한다.

마태는 4장 17절에 예수님께서 천국의 복음을 전파하기 시작하셨다고 보도하면서 곧바로 베드로를 위시한 다른 세 명의 제자들을 부르신 사건을 소개한다. 예수님은 처음부터 혼자가 아니라 제자들로 부른 사람들과 함께 활동을 개시하셨다. 갈릴리 사람들의 작은 집단이 예수님의 사역 첫 발걸음에서부터 존재했던 것이다. 그 과정을 잠시 정리해 보자. 시몬과 안드레가 그물을 던지고 있을 때 예수님은 갈릴리 해변에서 그들을 부르셨다 "나를 따르라". 덧붙여진 말은 예수님께서 그들을 "사람을 낚는 어부로 만들겠다"는 약속뿐이었다. 이 때 이들이 어떤 표정을 지었고, 어떤 감정 어떤 생각을 가졌었는지는 알 수 없다. 마태도 보도하지 않았다. 마태는 예수님의 이 부름에 베드로와 안드레가 "그물을 버려 두고 예수님을 좇았다"고 간단하게 적어놓았다. 한 명에서 세 명이 되었다. 같은 방법으로 예수님은 야고보와 요한을 부르셨고, 두 사람은 배와 아버지, 그물을 모두 버려 두고 예수님을 좇았다. 다섯 명이 되었다. 한 사람은 나머지 네 사람을 부르신 분이고 네 사람은 그 부르신 분을 따라 나선 사람들이다. 네 사람이 예수님의 부름에 순종했다고 간단하게 평하는 것은 이 기사에서 조금도 어렵지 않다. 이 순종의 모습 속에서 예수님을 무조건 믿고 따르는 그들의 믿음을 엿볼 수 있다고 말하는 것도 별로 어려운 일은 아니지만 이것은 추측과 해석의 영역에 들어있는 것이니 일단 명확한 것만을 말하자. 예수님을 따라 나선 네 사람은 그 날부터 예수님의 제자가 되었다. 예수님은 이스라엘 중 네 사람을 첫 제자로 삼으신 것이다. 이들을 제자라고 부르는 것은 정당하다. 산상설교가 선포되기 전에 예수님께서 산에 올라가 앉으시자 "제자들이 가까이 다가왔다"(5:1)고 마태는 적었는데, 이 상황에서 예수님께서 산상설교를 말씀하신다. 가까이 다가온 제자들이란 누구를 지적하는 것일까? 마태가 부여해 놓은 산상설교의 위치로 봐서 처음에 부름 받은 네 명의 어부들이 최상의 적임자들이다. 이들은 예수님을 따라 어디든지 함께 한다.

예수님의 제자들이 언제 어떤 과정을 통해서 어느 정도의 규모로 자라났는지는 정확하게 알 수 없다. 이에 대해 마태복음만이 아니라 모든 복음서들이 명확하게 보도하지 않았다. 그러나 마태복음이 네 제자들 이외에 부름을 받는 장면을 보여주는 것은 9장 9절 이하의 마태의 경우밖에 없지만, 10장의 사도임명 시점에 이를 즈음에 예수님의 제자는 최소한 열두 명은 되었다[3]고 말할 수 있을 것이다. 예수님의 사역 기간에 제자들의 수가 열두 명 이상 꽤 많았을 것을 보여주는 흔적은 상당히 많다. 그러나 우리의 논의를 간략하게 하기 위하여 익명의 제자들을 찾아내는 것을 중지하는 것이 좋을 것으로 보인다. 왜냐하면 이 글의 목적은 가능한 모든 제자들을 찾아내는 것이 아니라 교회가 어떻게 탄생하느냐에 있기 때문이다. 마태복음에 예수님의 그림자같이 따라 다니는 열두 명, 정확하게는 열한 명의 제자들만으로도 우리는 이 과정을 비교적 자세하게 말할 수 있다.

예수님은 갈릴리 사역이 어느 정도 무르익었을 때 열두 제자를 부르셔서 특별한 일을 시키신다. 예수님께서 그 때까지 해오셨던 것과 같은 일, 즉 "더러운 귀신을 쫓아내며 모든 병과 모든 약한 것을 고치는" 것이었다. 이 일을 위하여 예수님은 열두 제자들에게 "능력을 주셨다". 마태는 이 제자들을 "열두 사도들"(10:2)이라고 불렀다. 9장 끝으로 돌아가 보면 이 사도

임명은 추수를 위한 일군들을 임명한 것임을 알 수 있다.

이 열두 사도들은 모두 유대인으로서 이스라엘에 속한 사람들이었음을 이 곳에서 강조할 필요가 있다. 왜냐하면 예수님은 사도들에게 "이스라엘 집의 잃어버린 양에게로 가라"고 명령하셨기 때문이다. 물론 10장에 수록되어 있는 예수님의 설교를 읽으면 추수란 비단 이스라엘에 국한된 일이 아님을 알 수 있다. 복음은 모든 사람에게, 즉 이방인들에게도 전파되어야 한다. 이 일을 위하여 예수님의 제자들은 예수님의 증인으로서 여러 왕들과 총독들 앞에 서야만 한다(18절). 비슷한 말씀이 8장 11절에도 수록되어 있다. 따라서 예수님의 일은 처음부터 전 세계 모든 족속을 위한 것이다. 그렇지만 사도들을 임명하고 부르시는 이 시점에서도 예수님은 이스라엘을 하나님의 특별한 백성이요 따라서 최우선적으로 추수해야 할 사람들로 보고 계셨음이 분명하다. 천국의 모든 일들이 아직까지는 이스라엘이라는 한계 안에서 진행되고 있는 것이다. 보내시는 예수님도, 보냄을 받는 제자들도, 그리고 복음을 들어야 할 대상도 모두 아브라함의 자손들, 즉 유대인이다. 제자들이 별도의 집단으로 인정되고 믿지 않는 자들, 점점 거센 적개심을 보이는 유대 지도자들과 점점 뚜렷하게 구별되어 가기는 하지만 이스라엘을 포기하고 그 특권과 위치를 대신할 다른 한 백성을 세운다는 흔적은 아직 없다.

바리새인들의 적개심이 커지고 예수님을 죽이려는 의논으로 발전할 때쯤(11~12장) 예수님의 활동에 변화가 온다. 전에는 예수님께서 모든 도시와 마을을 찾아다니시며 천국의 복음을 전하셨지만(4:23; 9:35; 11:1 참조), 이제는 사람들을 피하시고 한적한 곳을 찾으신다. 뿐만 아니라 사람들이 예수님에 관한 소문을 내는 것도 금지하셨다(12:16). 예수님을 만나려면 이제 사람들이 예수님을 찾아다녀야 했다. 예수님을 만나도 이전과 같지 않았다. 예수님은 모두가 알아들을 수 있도록 명쾌하게 말씀하시지 않고 모호하게 비유로 말씀을 하셨다. 갑자기 나타난 이 변화에 제자들이 당황하여 질문을 던지자(13:10) 예수님은 의도적으로 그렇게 하신다고 대답하셨다. 천국의 비밀을 아는 것이 제자들에게는 허락되었지만 다른 사람들, 즉 무리들에게는 허락되어 있지 않기 때문이라는 것이다. 얼마 전까지만 해도 천국의 복음을 널리 전하시던 예수님이 왜 천국의 비밀을 제자들에게만 이해하도록 하셨을까? 그리고 왜 무리들에게는 감추려고 하셨을까?

이 질문에 대답하기에 앞서 이 시점에 예수님은 제자들과 무리를 뚜렷하게 구별하기 시작하셨음을 강조하여야 하겠다. 물론 이스라엘의 지도자들을 더 날카롭게 구별하셨음을 우리는 앞장에서 이미 관찰하였다. 12장 끝에 예수님은 자신의 제자들을 가리키시며 "나의 모친과 나의 동생들을 보라" 하셨다. 제자들은 이제 아주 특별하게 예수님의 가족으로 인정되고 아버지의 뜻대로 하는 사람들로 취급되고 있다.[4] 왜 이렇게 구별하셨을까? 예수님의 다음 말씀에 해답의 열쇠가 있다. "무릇 있는 자는 받아 넉넉하게 되되 무릇 없는 자는 그 있는 것도 빼앗기리라"(13:12). 제자들과 무리들/적대자들을 구별하신 이유는 '무엇인가를 가졌다', '가지지 않았다'에 있었다. 문맥에서 살피면 예수님은 제자들을 가진 자로, 그래서 비유를 통해 천국의 비밀을 받아 넉넉하게 되는 자로 규정하셨고, 무리들/적대자들을 가지지 못한 자로, 그래서 비유를 통해 천국의 비밀을 있는 것도 빼앗기는 자로 규정하셨음을 알 수 있다. 받아 넉넉하게 된다는 것은 11절의 "천국의 비밀을 아는 것"과 연결된다. 빼앗긴다는 것은 그들이 이미 알고 있는 것까지 혼란스럽게 되고 천국에 관하여 오리무중으로 빠져들게 된다는 것을 뜻하는 것으로 판단된다.

제자들은 무엇을 가지고 있었는가? 무리들/적대자들은 무엇을 가지고 있지 못했는가? 주석가들은 여러 가지 가능성을 각기 제시하려 하지만, 마태복음 안에서만 말해 본다면 제자들은 예수님을 믿고 따르는 사람들이고 무리들/적대자들은 그렇지 못한 사람들이라고 규정하는 것이 최상의 답일 것이다. 즉 '예수님을 향한 믿음'을 제자들은 가지고 있었다. 그래서 비유를 통해서 천국의 비밀을 – 그들이 믿는 예수님이 바로 그 천국의 왕이시므로 – 더 알게 될 것이다. 무리들/적대자들은 그 믿음을 가지고 있지 않았다.

그래서 예수님과 관계된 천국의 비밀이 비유의 형태로 주어질 때 – 천국의 비밀이 그들이 만난 예수님과 관계된 것인데도 – 큰 혼란에 빠지게 될 것이다. 13장에 도달하기 전에 마태는 예수님께서 사람들의 믿음을 자극하신 많은 사건들을 수록하고 동시에 그 크고 많은 이적에도 불구하고 회개하지 않고 믿지 않는 사람들을 책망하신 기사들을 수록하여 놓았다. 그래서 독자들이 13장에 도달하면 있는 것, 없는 것에 대해 달리 생각할 여지가 마태복음에는 남아 있지 않다. 하지만 이 구분은 아직도 이스라엘 안에서의 구분이다. 예수님은 믿지 않는 사람들을 이스라엘 백성에, 믿는 제자들은 선지자들과 의인에 비교하심으로 아직 이스라엘을 떠나지 않고 계신다.

제자들이 다른 어떤 자격 요건에 의해서가 아니라 예수님을 믿음에 있어서 다른 사람들과 구별되는 사람들임을 알려주는 자료가 14장에 하나 더 수록되어 있다. 8장 23절에 수록되어 있는 사건에서 풍랑을 잔잔케 하신 예수님에 대해 제자들은 '이 분이 누군가?' 라는 의문을 던진다. 그러나 이 두 번째 풍랑 사건에서, 예수님께서 물위로 걸어오시고, 베드로가 바다로 뛰어내려 물위로 걷다가 물에 빠져 죽을 고비를 넘기고 예수님께서 배에 오르시자 바람이 그쳐 긴박한 상황이 모두 끝났을 때, 배에 있던 제자들은 예수님께 절하며 "당신은 하나님의 아들이십니다' 라고 고백한다(33절). 빌립보에서 있었던 베드로의 신앙고백과 크게 다르지 않다. 예수님을 믿는 믿음 때문에 제자들이 다른 사람들로부터 뚜렷하게 구별되는 사람들로 취급받았다는 사실은 의심의 여지가 없다.

예수님에 대한 적대 행위가 이스라엘의 중심부 예루살렘으로 옮아갔을 때 예수님은 교회의 설립에 관해 말씀하신다. 가이사랴 빌립보 지방에서였다. "주는 그리스도시요 살아 계신 하나님의 아들이십니다."는 베드로의 고백에 "음부의 권세도 이기지 못할 교회를 세울 것"을 약속하신 것이다. 교회가 세워질 '바위' 가 무엇을 뜻하는가? 쉽지 않은 질문이다. 교회 역사상 큰 두 선이 나타났음을 우리는 알고 있다. 바위를 개인 베드로에 대한 비유로 해석하는 것과 베드로에게서 나온 신앙고백으로 해석하는 것이다.

지금도 이 두 선을 따라 신교와 구교가 평행선을 달리고 있지 않은가!

　그러나 본문을 면밀히 관찰하면 예수님의 말씀은 의외로 단순하다. 이 사건에서 베드로 없이는 베드로의 신앙고백이 있을 수 없다. 또 바른 믿음이 없이는 바른 신앙고백이 있을 수 없다. 이 믿음조차도 하나님께서 알려 주신 것으로 예수님이 설명하셨다. 믿음이란 본질적으로 무엇을 소유하는 것이 아니라 믿음의 대상을 향하는 것이다. 그렇다면, 강조점은 믿음이 지시하는 대상, 즉 살아 계신 예수 그리스도에게 있다. 베드로가 이 사건에 중요한 인물로 부상하는 이유는 그가 다른 제자들에 앞서서 그가 가진 믿음을 예수님에게 말로 표현했기 때문이다. 베드로에 대한 비유어를 '바위'라 해석하더라도 이 베드로를 개인적인 권한을 위임받은 그런 사람으로 이해해서는 안 된다. 예수님의 부름을 받고 예수님을 따르기 시작한 베드로 그 과정에서 예수님께서 의도하신 만큼 성장하여 믿음을 가지고, 그 믿음을 고백한 베드로인 것이다.

　그렇다면 예수님의 교회는 예수님을 믿는 믿음 위에, 그 신앙을 표현하는 신앙고백 위에, 예수님 앞에 무릎을 꿇고 그렇게 말하는 베드로와 제자들 위에 세워지는 것이라고 말해야 한다. 베드로에게 이런 믿음을 주신 하나님이 교회의 핵심이다. 믿음이 지향하는 그리스도가 교회의 초석이다. 인간론적으로 표현한다면 하나님께서 주신 '그리스도를 향한 믿음'이 교회의 설립근거인 것이다. 제자들은 이 믿음을 가지고 있었다. 하나님께서 주신 것이라고 예수님은 평가하셨다. 그런데 이 믿음을 무리들, 이스라엘의 지도자들은 가지고 있지 않았다. 이스라엘이 걸려 넘어진 돌, 그리스도께서 교회를 세우신다 하셨다. 이스라엘이 실패한 불신 대신 믿음이 우선은 이스라엘 사람들로 이루어질 교회를 세우는 바위가 된다. 아직 이스라엘에 대한 예수님의 최종적인 심판이 남아 있기에 교회의 실제 탄생도 미래의 일로 말해졌다.

　언제 교회가 세워질 것인가? 어떻게? 예수님께서 교회의 설립을 예고하신 직후에 자신의 고난과 죽음과 부활에 관하여 예고하기 시작하셨다는 것은 예사롭게 볼 내용이 결코 아니다. 예수님께서 자신의 생애 동안 예고하신 이 말씀을 우리의 시점에서 보면, 혹은 마태복음을 기록하는 시점에서 돌아보면 이렇게 말해야 할 것이다. 예수님은 자신의 백성을 죄에서 구원하러 오셔서 고난 당하시고 죽임을 당하심으로 자신의 교회를 세우셨다. 마태복음에 수록된 마지막 말씀인 "하늘과 땅의 모든 권세가 나에게 주어졌다"는 말씀은 예수님께서 그렇게 우주의 왕이 되셨다는 표현이다. 그리고 예수님께서 제자들, 즉 교회와 영원히 함께 계실 것이다는 표현은 교회를 이미 세우셨다는 표현일 수 있다. 모든 민족이 교회를 통하여 하나님의 구원에 참여하고 축복을 받으며 그리스도의 통치를 경험하는 시대가 시작되었다. 가이사랴 빌립보에서 있었던 예수님과 제자들 사이의 대화, 예수님의 예언은 우리에게는 과거가 된 이 사건을 예수님께서 십자가 전에 미리 말씀하신 것이다.

이스라엘과 교회에 대한 말씀이 몇 곳에 더 수록되어 있다. 19장 28절에 예수님은 "세상이 새롭게 되어 인자가 자기 영광의 보좌에 앉을 때에 나를 좇는 너희도 열두 보좌에 앉아 이스라엘 열두 지파를 심판하리라"고 말씀하셨다. "너희"란 예수님의 제자들이다. 예수님을 믿고 따르는 것이 그들의 유일한 자격 요건이다. 앞에서 우리는 예수님을 믿음, 믿음에서 나오는 신앙고백, 그 주체인 제자들 위에 예수님께서 자신의 교회를 세우신다고 분석했다. 그렇다면 예수님은 여기서 교회가 이스라엘 열두 지파를 심판하는 위치에 세우실 것을 예언하신 것이다. 이스라엘이 아니라 미래의 교회가 구원의 복음을 소지하여 사람들에게 하나님의 축복과 하나님의 심판을 나르는 그런 역할을 하게 된 것이다. 하나님의 심판과 구원의 통치는 이스라엘이 아닌 이제 교회를 통하여 나타난다. 구약시대의 이스라엘이 가졌던 역할을 교회, 즉 예수님의 제자들이 가질 것을 이렇게 예고하신 것이다.

이것을 예수님은 21장 43절에서 이렇게 표현하셨다. "하나님의 나라를 너희는 빼앗기고 그 나라의 열매 맺는 백성이 받을 것이다." 이 말씀은 포도원 품꾼의 비유 결론부에 나온다. 비유에서 이스라엘은 주인이 먼저 포도원을 맡긴 농부들로 나온다. 이 농부들이 주인에게 아무 것도 바치지 않자 주인은 멀리서 종들을 보내고 마지막에 자신의 아들을 보낸다. 농부들은 아들을 죽이고 포도원을 차지하려 하지만 주인은 이 악한 농부들을 심판하고 포도원을 다른 농부들에게 세로 준다. 비유에 나오는 다른 농부들은 누구인가? 예수님은 이들을 "그 나라의 열매맺는 백성"이라고 설명하셨다. 대제사장들과 바리새인들은 이 비유가 자기들에 관한 것임을 금방 알아차렸다(45절). "다른 농부들"이란 비유어가 지시할 만한 새로운 백성, 즉 "그 나라의 열매맺는 백성"으로 예수님의 제자들, 즉 교회 외에 달리 어떤 집단을 제시할 수 있을까? 하나님의 나라를 계승하는 집단을 예수님께서 "백성"이라고 부르셨기 때문에 – 본문에는 대제사장들과 바리새인들만이 등장하지만 – 원래 포도원을 맡았던 농부들도 같은 종류의 집단체로서의 백성, 즉 이스라엘이라고 불러도 좋을 것이다. 예수님은 하나님의 나라로 표현된 하나님의 통치, 하나님의 축복, 하나님의 은총을 이스라엘 대신 계승해 갈 새로운 백성을 필요로 하셨다. 이 "열매맺는 백성은 예수님께서 이미 그 설립을 약속하셨고, 우리 시점에서는 이미 설립된 바로 그 교회이다.

이런 관점에서 보면, 21~23장에 수록된 모든 비유가 이스라엘의 실패와 교회의 출현이란 공동 주제를 가지고 있음을 알 수 있다. 21장 28절 이하에 나오는 맏아들은 이스라엘의 비유어이다. 그는 일하러 가겠다고 말했지만 결국 가지 않았다. 둘째 아들은 교회의 비유어이다. 처음에는 가지 않겠다고 했지만 후에 뉘우치고 포도원에 일하러 갔다. 예수님은 다음과 같이 이 비유를 결론 지으셨다. "세리들과 창기들이 너희보다 먼저 하나님의 나라에 들어갈 것이다." 이 설명구의 "너희"는 "대제사장들과 장로들", 즉 이스라엘의 지도자들이다. 세리와 창기들은 당시 공인된 죄인들이었다. 그러나 그들이 회개하고 예수님을 믿는다면 그들이 먼저 하나님의 통치에 참여하는 하나님의 백성이 될 것이다. 이것은 교회가 이스라엘을 대체할 것이라는 말씀과 크게 다르지 않다.

혼인잔치 비유(22:2~13)에 나오는 먼저 청함을 받은 사람들도 이스라엘의 비유어이다. 임금의 아들의 혼인잔치에 그들은 청함을 받았으나 참석하지는 않았다. 그들을 위해 오신 그리스도를 인정하지도, 받아들이지도 않았기 때문이다. 아니 반대로 곧 죽일 것이기 때문이고 실제로 죽였기 때문이다. 왕은 이들을 멸망시키고 길에 나가 아무나 데려와 혼인잔치에 참석하게 한다. 예수님을 믿는 사람들은 누구나 어린양의 혼인잔치에 들어간다는 비유로 해석된다. 예수님을 믿는 사람들, 즉 교회가 혼인잔치에 먼저 초대를 받아, 실패한 이스라엘을 대신할 것이라는 예언성 짙은 비유이다.

이스라엘과 교회와 관련하여 마태복음에서 토론되는 주제가 하나 더 있다. 그것은 결론부의 "모든 민족"에 이스라엘이 포함되느냐 포함되지 않느냐 하는 질문이다. 어떤 신학자는 이스라엘은 제외된다고 주장한다. 이스라엘은 메시아를 거부한 민족이므로 하나님의 철저한 심판 하에 놓여 있다고 해석한다. 다른 신학자는 이스라엘도 포함된다고 주장한다. 비록 그들이 예수님을 거부함으로 독특한 지위와 특권을 잃기는 했지만 복음은 로마인이나 헬라인 누구에게나 차별 없이 열려 있다는 해석이다.

나는 후자의 입장이 마태복음만이 아니라 사도행전 그리고 전 교회사에 더 잘 어울린다고 생각한다. 예수님의 첫 제자들은 모두 이스라엘의 한 부분이었다. 그들은 이스라엘의 특권 하에 태어났으면서도 예수님을 믿어 교회의 일부가 되었다. 초대 교회의 제1세대 기독교인들도 대부분 유대인이었다. 그들은 이스라엘이 집단적 민족적으로 예수님을 정죄했음을 알면서도 예수님을 믿고 따르기 위해 핍박과 죽음까지도 감수했다.

그렇다면 예수님의 죽음과 부활을 기점으로 유대인들이 모두 멸망의 자식으로 전락한 것은 아니라고 해야 한다. 복음은 그들에게도 공평하게 열려 있었다. 그들은 이방인들과 같이 평범한 한 민족이 되어 그리스도 앞에 서 있는 것이다. 혈통이나 역사나 민족성이 복음 앞에 불평등성을 마련하지는 않는다. 예수님께서 제자들을 향해 모든 민족을 제자로 삼아 세례를 주고 자신의 명령을 가르쳐 지키게 하라고 하셨을 때, 메시아를 탄생시킨 민족 이스라엘도 복음의 대상으로 포함되었음이 확실하다.

03

마태복음에 나타난 교회공동체

　복음서 독자들의 역사적 배경을 파악하는 일은 신약성경에서 가장 난해한 작업 중의 하나이다. 바울 서신의 경우에는 수신자들의 상황과 쟁점에 대한 정보가 그의 서신에 적지 않게 반영되어 있어 이를 재구성하여 청중의 역사적 배경은 물론 그들이 당면하고 있었던 주요 쟁점들을 파악하는 것이 상대적으로 수월하다. 아울러 수신자들이 거주하던 지명이나 도시가 구체적으로 언급된 사실은 역사적인 상황을 성경 외에 당시 고대 문서들을 통하여 파악할 수 있게 해준다. 그렇지만 복음서의 경우는 사정이 다르다. 수신자들에 대한 구체적인 정보가 빈약하거나 없을 뿐만 아니라, 그들이 어느 지역에서 어떠한 상황 속에 살았는지를 밝혀주는 자료가 없다. 특히 누가복음과 요한복음은 각각 저술의 목적을 본문에서 밝히고 있기 때문에 어느 정도 독자들의 상황을 알아낼 수 있지만, 마태복음에는 그것마저 없는 실정이다.

　이러한 상황에서 복음서의 최초 수신자의 배경, 특히 마태복음의 수신자들의 배경을 구체적이고 명확하게 제시한다는 것은 상당히 무리가 있다. 마태복음이 누가, 언제, 어떤 상황에서 누구를 위하여, 무슨 목적으로 기록되었는지를 밝히는 것은 주관적일 수밖에 없다. 더욱이 저자가 예수님의 가르침과 사역에 대하여 이야기하는 가운데 은밀하면서 묵시적으로 독자들의 상황에 대하여 말하는 것이기 때문에 해석자들에 따라 다르게 이해될 수 있는 가능성이 항상 잠재되어 있다. 이러한 문제들에 대한 답을 제공할 수 있는 정보는 마태복음 내에 언급된 희미한 자료들을 통해서 가능한데, 이러한 상황은 마치 장님이 코끼리의 꼬리만 만지고 코끼리의 모습을 그리려는 것과 같은 어려움이 있음을 인식시켜 준다. 독자들의 역사적인 상황을 파악하는 것이 이와 같이 주관적이고 아주 난해하다는 사실을 먼저 언급하면서 학자들이 마태복음의 내용을 재구성하여 이해한 것을 중심으로 내용을 전개하고자 한다. 필자가 여기서 다루는 내용은 크게 네 가지로 마태 공동체의 지리적인 위치, 유대교와의 관계, 마태 공동체의 조직과 성격 그리고 마태 교회가 당면하고 있는 문제들이다. 일단 마태복음의 저자는 사도 마태이며, 저작 시기는 주후 70년 이후이며, 마태복음의 수신자는 유대인 신자들이 주류를 형성하고 있는 가정교회 공동체를 전제로 한다.

마태의 교회공동체의 지리적인 위치

학자들은 마태복음의 수신자들이 어느 지역에 살았던 신자들이었는지에 대하여 다양한 견해를 제시한다. 청중들이 살고 있는 지역으로 갈릴리, 요단강 건너편 펠라 지역을 비롯하여 유다, 알렉산드리아, 지중해변 가이사랴 등과 같이 여러 지역이 후보지로 제시되었으나 학자들은 일반적으로 수리아, 특히 안디옥으로 이해한다.[1] 그 이유는 안디옥에는 상당히 큰 유대인 공동체가 있었으며, 스데반의 순교 이후 사울의 기독교 박해로 말미암아 많은 유대 기독교인들이 이곳으로 피신하여 큰 규모의 신앙공동체를 형성한 것으로 보여지기 때문이다(행 11:19). 안디옥에는 사도행전 11장과 13장에 언급된 것처럼 이방인들 중심의 안디옥 교회가 있었을 뿐만 아니라, 그곳으로 흩어진 유대인 기독신자 중심의 교회들도 있었던 것으로 보인다. 마태복음이 최초에 이그나티우스(Ignatius)와 일명 12제자들의 교훈서 디다케(Didache)의 기록을 통해서 알려진 사실도 이러한 이해를 더욱 지지해주고 있다. 이러한 사실과 함께 마태복음이 작은 단위의 마을보다는 큰 단위의 도시를 더욱 빈번하게 사용하는 점은 청중들의 배경이 농촌이나 시골이기보다는 도시일 가능성이 있는 것으로 이해된다. 당시에 가정교회의 규모는 대체적으로 50명 정도였던 것으로 알려져 있다. 다른 헬라 도시들과 같이 안디옥에는 이러한 가정교회들이 여러 곳에 있었던 것으로 보인다. 마태복음의 저자는 이들 가정교회들을 위해서 복음서를 기록한 것이 아닌가 생각된다.[2]

마태의 교회공동체와 유대교와의 관계

학자들 사이에는 마태복음의 수신 공동체가 유대인들의 회당에 여전히 소속해 있었는가, 아니면 회당에 소속되어 있으면서 분리의 길로 나가고 있었는가, 아니면 회당과 분리되어 독자적인 노선을 가고 있었는가에 대하여 의견을 달리한다. 어떤 학자들은 마태복음의 청중들이 최근에 유대교 회당과 분리되어 사해 근처 유대 광야에 형성된 쿰란 공동체와 같은 독립적인 모임이었을 것이라고 본다.[3] 또 다른 학자들은 마태의 공동체가 유대교로부터 분리를 향하여 나가는 전환점에 있었던 것으로 이해한다.[4] 최근 발취(Balch)가 편집한 책에 기고한 학자들은 절대 다수가 마태의 공동체는 여전히 유대교 내의 한 분파로 남아있었다고 본다.[5] 이러한 쟁점에 대하여 마태복음에서는 청중공동체가 여전히 유대교 내의 한 분파로 존재하는 것을 보여주기보다는 이미 유대교로부터 분리되어 있는 모습으로 보여주기 때문에 마태의 공동체는 유대교 공동체와 분리된 독립적인 공동체일 가능성이 크다. 그 증거로 학자들이 제시하는 것은 다음과 같은 요소가 있다.

첫째, 복음서 중에서 마태복음에만 예수님의 십자가와 부활의 결과로 형성된 공동체를 "교회"라고 부르고 있다(16:18, 18:17). 16장에서 볼때 교회의 본질은 예수를 하나님의 아들 그리스도(메시아)로 신앙을 고백하는 공동체이다. 그렇다면 예수님을 하나님의 아들 메시아로 고백하지 않는 유대교인들은 이러한 교회 공동체의 회원일 수 없는 것이 분명하다.

둘째, 저자는 유대인들의 회당을 언급할 때 거리를 두고 "그들의 회당"이란 표현을 5차례 사용한다(4:23, 9:35, 10:17, 12:9, 13:54). 저자가 독자들의 신앙 공동체와 유대인 회당 공동체를 분리하여 생각하는 것이 아니라면 이와 같은 표현은 이해하기 어렵다. 더욱이 마태복음에서 예수님이 친히 파송한 선지자들, 지혜로운 자들과 서기관들 중에 일부를 서기관들과 바리새인들이 자기들의 회당에서 채찍질할 것이라고 말씀했다(23:34). 마태는 예수님의 빈 무덤 사건과 관련하여 유대인 종교지도자들이 예수님의 제자들이 그의 시체를 도적질하여 갔다는 이야기를 날조하여 유대인들에게 퍼뜨렸다고 언급한다(28:15). 이 언급에서 주목할 표현은 "이 말이 오늘날까지 유대인 가운데 두루 퍼지니라"이다. 이 구절은 저자가 나사렛 예수의 부활을 믿지 않는 유대인 공동체와 독자들의 공동체를 분리하고 있음을 암시한다.

셋째, 저자는 예수님께서 그의 제자들에게 유대인들뿐만 아니라 이방인들과도 구별되는 기도를 할 것을 교훈했다는 사실을 기록하고 있다(6:5~13). 만일 마태복음의 원 독자들이 아직도 유대인들의 회당에 소속되어 있다면 그들은 다른 유대인들이 일상적으로 하는 쉐마 기도, 카디쉬 기도, 18개 축복기도를 했을 것이고, 주님께서 가르친 기도를 실천하지 못했을 것이다.

넷째, 마태복음에서 큰 비중을 차지하는 예수님의 가르침과 유대 종교지도자들의 가르침과의 비교는 청중들이 회당에 소속되어있지 않고 회당과 구별된 독립적인 공동체를 형성하고 있었을 가능성을 더해준다.

다섯째, 마태복음에서 사도 베드로가 차지하는 중요한 위치는 그가 방문하고 한동안 사역을 했던 안디옥과 관계가 있을 것이다(갈 2:10~13).

그러면 마태복음의 교회공동체는 유대인들의 회당과 분리되어 서로 더 논쟁하지 않고 각자 자신들의 갈 길만 갔는가? 이 질문에 대하여 학자들은 대체적으로 비록 교회가 유대교의 회당으로부터 분리되어 나왔지만 유대교와 교회는 계속적으로 갈등과 대립의 상황에 있었던 것으로 이해한다. 유대교 공동체는 주후 70년에 있었던 예루살렘 성전의 파괴와 이스라엘의 멸망에 대한 충격에서 점차적으로 벗어나면서 새로운 정체의식을 바리새인들을 중심으로 형성해 갔다. 예루살렘의 성전 파괴 이전에는 유대교에 여러 분파들이 있었지만 성전의 파괴로 말미암아 성전을 기반으로 했던 레위인과 제사장 중심의 사두개인들은 그들의 활동발판을 상실하게 되었고, 유대교는 바리새인들을 중심으로 재편성되었다. 마태복음에 바리새인에 대한 언급이 지배적인 이유는 이러한 점에 비추어 잘 이해될 수 있다. 이러한 과정에서 교회는 새롭게 편성되는 유대교로부터 많은 핍박과 박해를 받게된다. 이들은 나사렛 예수를 구약의 모든 예언을 성취한 그리스도로 고백하는 교회를 곤경에 빠뜨리는 일을 자행했다.

이에 반응하여 교회는 그들이 하나님의 원 백성 이스라엘과 분리되었음에도 불구하고 그들이 여전히 구약의 가르침을 계승한 하나님의 백성인지를 확인하며, 동시에 교회의 정체성을 확립함으로써 유대교의 공격으로부터 교회에 소속된 유대인 신자들을 보호하는 역할을 수행해야만 했다. 바로 이러한 맥락에서 등장하는 것이 마태복음에 집중적으로 사용된 구약의 인용과 언급이라는 것이다. 마가복음, 누가복음, 요한복음이 예수님의 구약성취를 대부분 그의 십자가와 부활 사건과 연관하여 기록하고 있는데 비해 마태복음은 예수님의 탄생에서부터 부활까지 전 생애를 구약의 성취로 제시한다. 마태복음 1~2장에 기록된 예수님의 탄생과 관련된 일련의 사건들, 5~7장에 기록된 산상수훈, 8~9장에 기록된 예수님의 치유의 사역, 13장에 기록된 비유의 가르침, 26~27장에 기록된 예수님의 수난 기록 등은 한결같이 예수님은 구약의 모든 소망의 성취이기 때문에 구약의 진정한 계승자인 예수님을 따르는 것만이 하나님의 진정한 백성, 참된 이스라엘이 되는 길임을 역설한다. 1장에 기록된 족보에서도 예수님은 이스라엘 백성의 시작인 아브라함과 이스라엘 백성의 종말인 바벨론 이주를 결정적으로 연결하는 이스라엘 백성의 마지막 소망으로 등장하고 있다. 하나밖에 없는 하나님의 백성 이스라엘은 예수님으로 말미암아 그의 사역과 가르침, 그리고 결정적으로 십자가와 부활을 통하여 하나님의 새 백성이 형성됨을 저자는 보여준다. 이러한 맥락에서 교회는 예수 그리스도의 가르침과 구약성취 속에서 하나님 백성의 뿌리와 근간인 구약성경과 만나고 이를 재해석한 그리스도의 가르침 안에서 그들의 참된 정체를 발견하게 된다. 그들이 유대인 공동체를 떠났기 때문에 참된 하나님의 백성이 아니라는 유대교의 주장은 교회 앞에서 성경적인 타당성을 상실하게 되는 것이다.

마태의 교회공동체의 조직과 성격

앞에서 우리는 마태 공동체는 가정교회의 형태를 가졌을 것으로 언급한 바 있다. 이들 가정교회에는 안디옥교회와 같이 선지자들이 있었던 것으로 보인다(행 13:1). 마태복음에 선지자들에 대한 언급이 등장할 뿐만 아니라, 거짓 선지자들의 활동에 대하여 경계를 하는 것도 그들 공동체에 선지자들이 활동하고 있었을 가능성을 더해준다. 선지자의 직분은 예루살렘교회와 안디옥교회에도 있는 것이기 때문에 이들의 교회에도 있었던 것으로 보는 것은 무리가 없다(행 12:27; 13:1; 15:32; 21:10). 이들 선지자들은 하나님의 말씀을 신자들에게 선포할 뿐만 아니라, 카리스마적인 은사도 가지고 있어 기적을 행하거나 예수님의 이름으로 귀신을 축출하는 역할을 감당한 것으로 보인다(마 7:22~23). 이들 선지자들은 한 지역에 계속적으로 머물러 있기보다는 여러 가정교회를 순회하면서 사역을 감당한 것으로 보인다. 마태복음 10장 41절에 "선지자의 이름으로 선지자를 영접하는 자는 선지자의 상을 받을 것이요"란 예수님의 말씀은 순회하는 선지자들을 독자들이 어떻게 대해야 할 것인지를 보여준다. 이들 중에는 거짓 선지자들도 있어 예수님의 분명한 가르침을 무시하고 불법을 행하고 있었던 것으로 추정된다(마 7:15, 22; 24:24).

가정교회에는 마태복음 23장 34절의 말씀대로 선지자들 외에 지혜 있는 자들과 서기관들이 있었던 것으로 추정된다. 불행하게도 지혜 있는 자들의 기능과 역할이 무엇인지에 대하여는 알 수 없다. 서기관들에 대하여는 예수께서 "천국의 제자된 서기관마다 마치 새것과 옛것을 그 고간(庫間)에서 내어오는 집주인과 같다"고 말씀했다(13:52). 유대인 서기관 출신의 사람들이 예수님을 영접하고 훈련을 받았을 때 서기관의 역할을 했을 것으로 보인다. 이들은 율법의 구체적인 해석에 대하여 그것이 유효한지 그렇지 않은지를 결정하는 임무를 감당했으며, 한편으로는 율법의 해석이나 중요한 법적인 문제에 관하여 풀어야 될 것과 매어야 할 것을 결정했을 것이다.[6]

이들 외에도 의인들이라고 불리는 그룹(10:41)과 지극히 작은 자들이 있었다(18:5; 25:40, 45). 지극히 작은 자들이란 표현은 제자들을 일반적으로 부르는 명칭으로 이해할 수 있으나, 의인이란 표현은 일반 신자들에게도 자연스럽게 적용되는 단어(13:43, 49; 25:37, 46)이기 때문에 이들이 구체적으로 어떤 사람을 가리키는지 이해하기가 쉽지 않다. 이들은 선지자들과도 지극히 작은 자들과도 구별된다. 확실하지 않지만 이들은 아마도 하나님의 계명대로 모범적인 삶을 사는 일부 신자들을 가리키는 것 같다.[7] 그 외에 바울 서신에 교회의 직분자들과 관련하여 등장하는 장로(감독)와 집사와 같은 직분은 언급이 되지 않기 때문에 알 수 없다.

한마디로 신자들로 이루어진 가정교회는 마치 가족과 같은 형제 공동체의 성격이었을 것으로 보인다. 어떤 학자는 가정교회의 성격에 대하여 하나님의 자녀됨, 예수님의 제자됨, 형제됨은 교회를 형성하는 세 가지 실제라고 말했다.[8]

이러한 가정과 같은 성격을 가지면서 모두가 다 형제 자매인 신앙공동체에서 가장 중요한 덕목은 죄 용서이다. 마태복음이 다른 복음서보다 용서의 중요성을 부각하고 있는 것은 우연이 아닌 듯 싶다. 주기도문 바로 다음에 용서에 관한 내용(6:14~15)과 동료를 용서하지 아니하는 용서받은 종의 비유(18:21~35)는 마태복음에만 나온다. 저자는 예수께서 들것에 실려온 중풍병자를 치유한 사건과 관련하여 공관복음 중에 유일하게 예수님이 갖고 계신 죄를 사하는 권세를 교회가 행사하고 있음을 암시한다(9:8). "이런 권세를 사람(들)에게 주신"이란 표현은 마태복음에만 등장한다. 형제들은 그들 중에 믿음이 적은 자들이 실족하여 신앙의 길을 떠나지 않도록 극도로 조심해야 했다(18:7). 누가복음 15장에 언급된 잃은 양의 비유는 누가복음의 강조점과는 달리 신앙공동체 안에 소속된 자들 중 소자 중의 하나라도 실족시켜서는 안 된다는 취지로 사용되고 있다(18:12~14). 이렇게 평등한 형제 공동체가 가질 수 있는 약점을 보완하기 위하여 저자는 마태복음에만 등장하는 교회 내에 범죄하는 형제에 대한 권징의 절차를 제시한다 (18:15~20).

마태의 교회공동체의 당면한 내부 과제들

마태 공동체는 앞에서 지적했듯이 나사렛 예수를 하나님의 아들 그리스도로 고백하지 아니하는 유대교 공동체와 대립과 갈등의 관계에 있었기 때문에 한편으로 그들의 정체성을 확립하는 작업을 수행해야 했을 뿐만 아니라, 더 나가서 유대교와 차별되는 삶의 규범을 정립해야 했다. 이 과정에 마태의 교회공동체는 내부적으로 문제가 되는 점들을 처리해야 했다. 마태복음의 내용을 추적해 볼 때 마태 교회에는 크게 네 가지 문제들이 병존했던 것으로 추정된다. 이들 문제들은 교회 지도자들의 도덕적인 해이의 문제, 이방인 신자들의 반율법적인 경향, 유대인 신자들의 율법주의적인 경향, 그리고 이방인 선교의 문제이다. 그러면 이들 문제들에 관하여 하나씩 생각해보자.

1. 일부 지도자들의 도덕적인 해이 문제

교회의 일부 지도자들의 도덕적인 해이가 있었던 것으로 보인다. 선지자들로 보이는 일부 지도자들은 교회 안에서 많은 능력과 권능을 행했을 뿐만 아니라, 심지어 예수님의 이름으로 귀신을 축출하는 일도 행했다(마 7:21~23). 이들은 이와 같은 카리스마적인 능력 때문에 자신들의 우월한 신분을 과신했으며(마 23:7~10), 그들의 실생활에서 하나님의 뜻을 실천하는 일을 태만히 하고 양의 옷을 입고 양떼를 노략하는 일을 자행한 것으로 보인다(마 7:15). 이와 같은 거짓 선지자들은 주님의 마지막 심판 날에 주님께 배척을 받을 불법을 행하는 사람으로 정죄된다(마 7:23; 25:12). 이들은 바리새인들과 서기관과 같이 하나님의 백성을 가르치면서 가르침을 몸소 실천하지 아니하는 자들이다(마 23:3). 마태복음은 거짓된 모습에서 벗어나 바른 지도자의 상으로 돌아설 것을 보여주는 구체적인 지도자 상으로, 친히 가르치고 실천하며 자신의 몸을 섬김의 자리로 내어주는 예수님의 모습을 묘사하고 있다(마 20:28). 마태복음 전체가 행함을 강조하는 글과 가르침을 강조하는 강화로 이루어진 사실은 예수님이 어떻게 행함과 가르침의 메시아 임을 보여줄 뿐만 아니라, 그의 가르침과 삶은 하나임을 제시함으로 교회 지도자들이 어떠한 모습으로 회복되어야 하는지 보여준다. 이와 함께 예수님의 제자들의 사역이 예수님에게서 듣고(가르침) 본 것(행함)을 본받는 것이라는 강조는 이러한 인식을 더욱 심화시켜준다(마 10:1~2).

2. 일부 이방인 신자들의 반율법적인 경향

교회 내에 일부 신자들은 반율법주의적인 경향을 가지고 있었던 것으로 추정된다. 어떤 학자는 마태의 교회가 이방인 신자들로 구성되었다고 극단적인 주장을 편다. 그렇지만 일반적으로 학자들은 마태의 청중들 대부분이 유대인 신자지만 점차적으로 이방인들이 증가하는 추세였던 것으로 본다. 유대인들은 그들의 부모와 회당에서부터 율법에 대하여 철저한 교육을 받고 성장을 하기 때문에 대체적으로 모세의 율법에 대하여 긍정적으로 생각할 뿐만 아니라 심지어는 율법에 대한 자긍심을 갖고 있다(요 5:45~47; 9:28; 롬 2:17~20; 3:1~2). 이러한 경향은 예수님을 믿지 않은 유대교인들뿐 아니라 예수님을 그리스도로 영접한 유대인 신자들에게도 그대로 나타났다(행 21:20~24). 따라서 율법에 대한 부정적인 태도는 유대인 신자들에게 있었다기보다는 증가 추세에 있는 이방인 신자들에게 있었던 것으로 보인다. 그들은 할례를 받지 않고 율법과 상관없이 오직 예수님을 믿음으로 구원을 받았기 때문에 율법에 대해 유대인들과 같은 애착이 없는 것은 물론, 율법이 그들의 구원과는 전혀 상관이 없기 때문에 아예 율법을 무시했을 가능성이 있다. 더욱이 그들이 율법에 관한 사도 바울의 가르침 중 부정적인 측면에 대하여 깊이 생각을 했다면 율법에 대한 거부적인 태도는 더욱더 심화되었을 것으로 보인다. 이들은 바울의 이신칭의(以信稱義) 교훈을 오해하여 아마도 생활 규범으로 율법의 교훈이 더 이상 필요하지 않다고 생각했을 것이다.

이러한 이방인 신자들에게 마태복음에 나타난 율법에 대한 강조는 이들의 편견을 파괴하는 무기로 작용했을 것이다. 특히 산상수훈에서 예수님께서 율법이나 선지자를 폐하러 오신 분이 아니라 이를 성취하러 오셨다는 주장은 이들에게 충격을 주었을 것이다(마 5:17). 예수님은 산상수훈에서 율법에 대한 유대교의 피상적이고 외형적인 가르침을 배격하고 대신 율법의 기본정신을 잘 살려 이를 심화 내지 강화시키셨는데 이 사실은 반 율법적인 경향을 가진 이들 이방인 신자들이 단지 유대인들처럼 모세의 율법을 삶의 규범으로 따라야 하는 것이 아니라, 모세와 모세의 율법보다 더 큰 권세를 가진 예수님께서 재해석하신대로 율법의 교훈을 따라야 할 것을 제시한다. 다시 말해서 저자는 예수님의 순종적인 삶과 율법의 정신을 이웃 사랑의 실천으로 분명하게 가르치신 예수님의 시각에서 율법의 교훈을 새롭게 수용해야 할 것을 이야기하고 있는 것이다. 이러한 강조와 함께 예수님께서 그의 세례부터 십자가 위에서 죽기까지 보이신 하나님의 뜻에 대한 절대적인 순종의 모습은 전적으로 하나님의 은혜로 구원을 얻는 신자들이 율법 속에 계시된 하나님의 뜻을 따라 살아야 할 것을 구체적으로 보여준다(3:15, 4:4, 5:17, 26:39, 54~56).

반율법주의적 경향을 가진 자들에게 예수님의 절대적인 순종의 모습과 함께 마태복음에 계속적으로 강조되는 것은 열매를 맺는 삶이다. 진정한 회개는 회개에 합당한 열매를 맺을 때에 있다(3:8). 하나님 나라에 들어가는 자들은 바리새인과 서기관들의 의를 능가하는 '의'를 행하는 자들이다 (5:20). 이방인들은 의식주에 대하여 걱정하고 이것을 위해 살지만 하나님의 백성은 하나님의 나라와 그의 의를 추구하는 자들이다(6:33). 나무의 참된 정체는 맺는 열매로 알려진다(7:16). 하늘에 계신 아버지의 뜻대로 행하는 자가 결국 천국에 들어갈 것이다(7:21). 하나님 나라의 현재적인 도래의 비밀을 아는 자들은 하나님 나라를 위해서 자신이 가지고 있는 전부를 기쁨으로 희생한다(13:44~46). 하나님의 나라는 열매 맺는 백성에게 주어진다 (21:43). 이와 같이 열매에 대한 강조를 통해 구원받은 신자의 삶은 하나님 아버지의 뜻을 실천하는 삶임을 역설한다. 이로써 윤리적으로 혹은 도덕적으로 해이한 삶을 사는 신자들은 깊은 반성을 하지 않을 수 없다.

3. 일부 유대인 신자들의 율법주의적인 경향

마태의 독자들 중 유대인 신자들 가운데는 위에 언급된 경향과는 정반대 되는 생각을 가진 자들이 있었던 것으로 보인다. 이것은 마치 율법을 지켜야 구원을 얻는 것처럼 착각하는 율법주의적인 사고이다. 이러한 생각이 교인들 가운데 생기지 않도록 힘쓰고 있는 모습이 마태복음 전반에 나타나고 있다. 우리는 이와 관련하여 마태복음에서 몇 가지 사실을 주목한다. 첫째로, 신자의 복된 정체를 9중 축복으로 선언하고, 이어서 신자의 윤리적인 실천의 삶으로 나가는 산상수훈에서는 구원이 전적으로 예수 그리스도의 사역 속에 나타나는 하나님의 은혜로 말미암는 것임을 분명하게 해준다. 더욱이 산상수훈에서 하나님 나라를 선물로 받은 복된 자로 선언 받은 신자들은 4장 마지막 부분에 언급된 대로 예수님의 구원사역의 수혜자들이라고 하면서 이러한 이해를 한층 강조한다.

둘째로, 예수님이 환영하고 용서하는 사람들은 자신의 의를 주장하거나 내세우는 종교지도자들이나 바리새인들이 아니라, 세리, 창녀 그리고 죄인들이란 점이다(9:13, 21:31). 예수님과 죄인들 사이에 구원을 상징하는 식탁 교제는 누가복음에 집중적으로 부각되었지만, 예수님께서 구원사역의 대상으로 삼은 자들은 종교지도자들이 아니었다는 사실은 마태복음에도 변함이 없다.

셋째로, 부자 청년의 경건과 율법 준수가 구원을 가져오는 것이 아니라, 예수님을 믿음으로 따라올 때 구원이 주어진다는 사실이다(19:21). 구원은 사람이 성취할 수 있는 일이 아니기 때문에 사람에게는 불가능하다(19:26).

넷째로, 마태복음에만 기록된 심히 관대한 포도원 주인의 비유(20:1~16)는 누가복음 15장에 기술된 탕자의 비유와 아주 흡사한데, 구원은 사람의 자격에 의하여 결정되는 것이 아니라 하나님의 전적인 자비에 의해 결정되는 것임을 확정적으로 보여준다. 만일 하나님 나라의 선물을 받는 것이 인간의 자격과 노력의 질에 따라 결정되는 것이라면 포도원 품꾼들의 기대처럼 이른 아침에 고용된 사람들이 가장 많은 품삯을 받아야한다. 왜냐하면 이들은 시장에 나온 사람들 중에 일을 가장 잘하는 유능한 일꾼들이기 때문이다.

관대한 포도원 주인의 비유는 아마도 유대인들 가운데 잘 알려진 어느 랍비가 유능하고 젊은 랍비의 장례식에서 한 비유의 교훈과 정반대이다. 물론 이 비유는 예수님 당대에 있었던 것은 아니고, 훨씬 후대의 것이다. 비유의 내용은 대략 다음과 같다. 어느 임금이 왕궁 정원에 할 일이 많이 있어서 많은 품꾼들을 고용하고 그들이 일하는 것을 2시간 정도 유심히 지켜보았다. 그런데 어떤 젊은이가 일을 너무나 잘 해서 임금이 감동을 받아 이 젊은 품꾼을 불러 온종일 정원을 거닐면서 그와 대화를 나누었다. 해가 지자 임금은 품꾼들에게 품삯을 지불하게 했는데 하루 종일 일한 사람들과 2시간만 일한 젊은이에게 같은 품삯을 지불했다. 이 때 하루 종일 일한 사람들이 임금에게 불평을 했다. 이 때 임금은 그들에게 "이 사람의 2시간 노동은 그들의 하루 온종일의 노동과 동등하기 때문에 그에게 동일한 품삯을

지불한 것이다"라고 답을 했다. 이 때 사람들은 더 이상 불평을 하지 아니
했다고 한다. 어느 랍비가 장례식 설교에서 행한 비유의 핵심은 유대인들
이 가지고 있는 율법주의적인 구원관을 잘 반영한다. 바로 이러한 생각을
박살내는 것이 예수님께서 하신 관대한 포도원 주인의 비유이다.

다섯째로, 마태복음에서 "예수"란 이름은 "그가 친히 자기 백성을 그들
의 죄에서 구원할 것"을 강조하기 위해서 주어진 이름이다(1:21). 예수님의
병 고침과 귀신축출 사역은 선지자 이사야의 예언대로 "우리의 연약한 것
을 친히 감당하고 병을 짊어지셨다"는 사실을 구체적으로 보여준다(8:17).
예수님은 친히 사람들에게 죄 용서를 선포했다(9:2). 이와 같은 사실은 결국
예수님의 최종적인 길은 십자가임을 예시한다. 그렇기 때문에 인자 예수님
은 머리 둘 곳이 없었다(8:20). 예수님은 베드로가 그를 하나님의 아들 그리
스도라고 고백할 때 그리스도의 사명은 예루살렘에 올라가 많은 고난을 받
고 죽었다가 3일만에 살아나는 것임을 처음으로 계시했다(16:21). 예수님은
마지막 유월절 만찬 석상에서 포도주 잔을 나누어 주면서 자신의 죽음을
가리켜 "죄 사함을 얻게 하려고 많은 사람을 위하여 흘리는 바 나의 피 곧
언약의 피라"고 했다(26:28). 그리고 베드로의 신앙고백에 충실하게 예수님
은 산헤드린 법정에서 자신이 하나님의 아들 그리스도임을 시인했다
(26:63~64). 예수님은 십자가 위에서 하나님의 아들 그리스도가 아니라는 조
롱을 받았지만 그는 친히 하나님의 아들 그리스도였기 때문에 십자가에서
내려오지 아니했다. 왜냐하면 그것만이 하나님의 아들 그리스도로서 사람
들을 죄에서 구원하는 유일한 방책이었기 때문이다.

4. 이방인 선교의 문제

일부 학자들은 마태의 수신자인 교회 공동체는 더 이상 유대인들에게
사역을 하지 아니했고 오로지 이방인들에게만 선교를 집중적으로 할 것을
저자가 권고하고 있다고 다소 지나친 주장을 한다. 예를 들어 마태복음 28
장에 기록된 세계선교 명령에서 제자들이 가야할 "모든 족속"에서 자기들

3장 마태복음에 나타난 교회공동체 **69**

의 메시아 예수님을 배격한 유대인들은 예수님에 의하여 배척되었기 때문에 모든 족속(열방) 속에는 유대인들이 포함되지 않는다고 본다. 그러나 이와 같은 주장은 마태복음에 등장하는 반유대인적인 감정을 지나치게 확대 해석한 결과이다. 오히려 이 교회의 근본적인 이슈는 유대인들에게 계속적으로 사역을 해야 하느냐 하지 말아야 하느냐의 문제가 아니라, 이방인들에게 본격적으로 나가서 복음을 증거해야 하느냐 하지 말아야 하느냐의 문제였다. 독자들은 분명히 예수님께서 그의 사역을 이스라엘 집에 잃어버린 양에게만 국한한 것을 잘 알고 있었을 것이다. 마태는 군대귀신들린 청년의 귀신축출 사건의 기록에서 마가복음과 누가복음의 기록과는 아주 대조적으로 귀신에게서 구원을 받은 청년이 집으로 돌아가 하나님께서 행하신 놀라운 구원을 선포하는 기록을 언급하지 않았다(8:28~34). 예수님의 제자 파송 교훈은 그들이 "이방인의 길로도 가지말고 사마리아인의 고을에도 가지말고 차라리 이스라엘 집의 잃어버린 양에게로 가라"는 내용을 담고있다(10:6). 이방 땅 두로와 시돈 지역에서 예수님은 친히 그의 도움을 구걸하는 여인에게 "나는 이스라엘 집의 잃어버린 양 외에는 보내심을 받지 아니했다"고 냉정하게 말했다(15:24).

만일 이러한 사실들만 독자들에게 알려졌다면 이방인들에게 복음을 전하는 것이 교회의 머리이신 주님이 뜻이 아니라고 생각했을지도 모른다. 또한 안디옥 혹은 그 주변에 기반을 둔 마태 공동체가 사도행전 11장과 13장에 기록된 이방인 중심의 안디옥 교회와 긴밀한 협조와 유대의 관계에 있지 않았거나, 이들이 처음부터 유대인들을 중심으로 이루어진 교회였고, 그들 속에 점차적으로 증가하는 이방인 신자들이 그들의 전도 결과가 아니라 이방인들이 친히 교회 안으로 들어온 결과라고 한다면, 이방인에게 집중적으로 전도하는 문제는 쉽게 결정될 문제가 아니었을 것이다. 그들에게 가장 강력한 논쟁의 무기는 예수님께서 지상 사역기간 중에 이방인들에게 복음을 증거하지 않았고, 이방인들에게 복음을 증거하는 것을 금지했는데 어떻게 우리가 그들에게 가서 복음을 증거할 수 있느냐는 것이었을 것이다.

이러한 상황에 처해있는 독자들에게 마태가 택한 방법은 그들이 알고 있는 사실을 거부한 것이 아니고 알고 있는 사실을 보충하고 보완하여, 예수님의 구도 속에는 이방인들에게 복음을 전파하는 것이 핵심적으로 들어있음을 보여주는 것이었다. 바로 이같은 작업의 결과가 마태복음에 그대로 반영되어 있다. 앞서 언급했듯이 예수님께서 사역 중에 그의 사역을 이스라엘 집의 잃어버린 양에게만 국한한 것은 사실이다. 그런데 예수님의 이러한 사역제한은 영구적인 것이 아니라, 예수님의 십자가와 부활 사건 이전까지만 적용되는 잠정적인 조치임을 저자는 그의 기록에서 분명하게 나타낸다. 이스라엘 집의 잃어버린 양 외에는 가지 말라고 친히 당부한 예수님께서는 그의 제자들이 나중에 이방인 총독들과 임금들 앞에서 복음을 증거할 것을 내다 보셨다(마 10:18). 예수님의 십자가와 부활사건 이후에 종말현상을 예고한 그의 종말강화에서 인자의 재림을 알 수 있는 확실한 척도는 온 세상에 복음이 전파되는 여부와 관련되어 있다(24:14). 그리고 하늘과 땅의 권세를 가지신, 부활하신 예수님께서 친히 온 족속에게 가서 이들을 제자 삼으라고 명령하셨다(28:19). 자신의 복음 사역을 이스라엘 백성으로 국한하신 예수께서 친히 부활 후에 이와 같이 이방 선교를 명령했다면 그것은 십자가 부활 이전에 그의 사역 제한은 일시적인 것임이 분명하다.

사실 마태복음은 아주 치밀하게도 예수께서 이방 지역으로 가서 복음을 증거한 일을 전혀 기록하지 않고 있다. 심지어 예수님은 이방인들의 도시 연합체인 데가볼리 지역에서도 복음을 증거하지 않으셨다. 예수께서 떡 일곱 개와 약간의 생선으로 이방인 4천 명을 먹인 지역도 이방인 지역이 아니라 이스라엘 지역 갈릴리 호숫가에서였다(15:29). 이방인들이 예수님께 복음을 듣고 병고침과 귀신축출을 받았다면 그곳은 그들이 사는 이방 땅이 아니라, 예수님이 제한적으로 사역하신 이스라엘 땅이다.

이와 같이 예수님의 제한된 사역을 엄격하게 기록하는 저자가 이방선교 사역이 부활하신 예수님에 의해 독려되었음을 기록하는 것은, 예수님의 사역제한이 일시적인 조치였음을 강력하게 보여준다.

저자는 이러한 큰 구도를 염두에 두고 예수님의 족보에서부터 그의 십자가 죽음까지 어떻게 이방인들이 예수님의 구원사역의 수혜자들이 될 수 있는지 도처에 기록해 놓았다. 예수님의 족보에 등장하는 5명의 여인 중 3명 다말, 라합, 그리고 룻은 이방인이다(1:3~5). 예수님이 베들레헴에서 탄생했을 때 그에게 찾아와 경배한 사람도 이방 나라에서 온 동방박사들이다(2:1~12). 예수께서 그의 복음사역의 거점으로 삼은 가버나움은 이방인들이 많이 거주하는 "이방의 갈릴리"라 불렸다(4:15). 예수님은 이방인 백부장의 큰 믿음을 칭찬하면서 "동서로부터 많은 사람이 이르러 아브라함과 이삭과 야곱과 함께 천국에 앉을 것이다"라고 했다(8:11). 예수님의 겸손하고 온유한 사역은 이방인들이 메시아에게 소망을 두게 하려함이다(12:21). 예수님을 십자가에 처형하는 일을 책임졌던 이방인 백부장과 그의 수하의 이방인 군인들은 지진과 놀라운 사건을 보고 십자가에 달린 예수님을 하나님의 아들로 고백했다(27:54). 마태복음 사이사이에 등장하는 이와 같은 요소들은 예수님의 십자가와 부활사건으로 말미암아 이방인들이 구원의 선물을 받게 될 것을 예고하기에 충분하다. 만일 독자들이 이와 같은 사실들을 수용한다면 주저하지 않고 이방인 선교를 위해 온 족속으로 나가는 것은 아주 당연한 귀결이다.

우리는 지금까지 마태복음이 던져주는 암시를 통하여 독자들의 가정 교회의 상황과 모습, 그리고 당면한 문제들에 대하여 생각해 보았다. 초두에 언급을 했듯이 이러한 이해들은 상당히 주관적인 요소를 가지고 있기 때문에 반드시 마태복음의 수신 공동체가 이와 같은 모습을 가지고 있었을 것이라고 절대적으로 확신할 수는 없다. 그럼에도 불구하고 이러한 내용들을 염두에 두고 우리가 마태복음을 읽을 때에 왜 저자가 예수님의 가르침과 사역을 현재와 같은 모양으로 기록했는지를 이해하는 데 큰 도움이 될 것이다. 마태의 교회는 안디옥에 위치한 여러 가정 교회들로 이루어졌으며 대다수의 구성원은 유대인 신자들이었고, 이들 중에 이방인 신자들이 증가

하고 있는 추세였던 것으로 보인다. 마태의 교회공동체는 계속되는 유대교와의 갈등으로 그들의 정체에 대하여 고민했을 것이며, 율법의 준수문제와 관련하여 모세의 율법을 있는 그대로 받아들이기보다는 예수 그리스도의 재해석과 강화를 통하여 새롭게 수용한 것으로 보인다. 또 교회 내에는 일부 이방인 신자들을 중심으로한 반율법적인 경향과, 일부 유대인 신자들을 중심으로 율법주의적인 경향이 있었던 것으로 보이며, 동시에 교회는 이방인 선교의 합법성 문제로 고심했던 것같다. 우리는 간략한 고찰을 통하여 어느 시대 어느 교회 건 교회의 머리이신 예수 그리스도의 절대적인 권위에 순종하고 복종할 때 그 순수성을 지탱할 수 있다는 것을 보게 된다. 교회는 부활하신 예수님께서 분부하신 모든 말씀에 충실할 때 그 본연의 기능과 역할을 다하게 될 것이다.

04

마태복음의 문학적 성격

장르, 구조, 특징 및 저작 목적

신구약 성경에서 나오는 어떤 한 주제나 전체 내용은 크게 역사적(historical), 문학적(literary) 그리고 신학적(theological) 국면 속에서 통합적이며 조화 있게 접근하고 이해해야 한다고 본다. 그러므로 오늘의 설교자들은 이같은 접근과 이해에 있어 다음의 역동적 만남을 필수적으로 고려해야 할 것이다. 그것은 바로 고대 텍스트로서의 성경(ancient biblical text)의 세계와 설교자 자신을 포함하여 그 설교를 듣는 청중인 독자(modern Korean reader)들의 세계와의 끊임없는 만남이다. 그리고 이 두 세계에 간섭하시는 '위로부터의 능력', 즉 성령의 깨닫게 하시고 조명하시는 또 하나의 '영적 만남'을 통해 설교자와 청중은 비로소 '말씀을 말씀 되게 하는'(let the Word be the Word) 역사로 나아가게 되는 것이다.

좀더 실제적으로, 복음서(또는 성경의 다른 책들)를 해석하고 설교하는 데 있어 우리는 몇 가지 고려해야 될 것이 있다. 가령 마태복음의 한 본문을 설교할 경우 설교자는 먼저 그 본문이 속한 장과 그 장의 앞뒤 문맥을 잘 파악해야 할 것이다. 그런 다음, 선택한 본문이 혹 마태복음의 전체 구조와 주요 신학적 특징들과는 어떤 관련이 있는지를 생각해 볼 수 있다. 그리고 나서, 마태복음의 이 본문이 다른 복음서(특히 마가복음과 누가복음)들과 병행되거나 유사한 경우가 있는지를 살펴보는 일이다.

이런 작업은 복음서 가운데 한 본문을 택하여 설교할 경우 반드시 고려해 보아야 할 작업이며, 나아가서 선택한 본문의 주제가 구약성경과 복음서 이외의 신약성경의 다른 본문들과 어떤 관련이 있을까도 한번 물어볼 필요가 있다. 이런 면에서 '설교를 위한 마태복음 이해'는, 일차적으로 마태복음 자체에 대한 이해도 필수적이겠지만, 마태복음과 함께 다른 복음서들 그리고 나아가서 '하나님 말씀으로서의 신구약 성경'에 대한 깊은 경외 속에서 상호간의 그 유기적 관계를 인식할 때, 마태복음에 대한 책임있고도 온전한 이해를 할 수 있다. 이런 조망 속에서, 필자는 설교를 위한 마태복음 이해에 도움을 주는 문학적 성격 가운데, 특히 마태복음의 문학적 장르와 구조 그리고 그에 따른 문학 – 신학적 특징과 기록 목적을 순서에 따라 전개하고자 한다.

문학적 장르

성경의 각 책을 이해하는 데 있어 먼저 물어보아야 할 것은, 이것이 어떤 문학적 장르에 속하느냐 하는 것이다. 이것을 무시하는 경우는, 마치 전체 주위 환경인 숲을 보지 못하고 좁은 시각과 편견 속에 나무만을 보게 되는 결과를 낳을 수 있기 때문이다. 말하자면 모든 독자들은 어떤 글을 읽기 전에 그 글이 실린 전체 내용의 문학적 형식(예를 들면, 신문, 학술 논문, 자서전, 편지 등)에 따라 의식적, 무의식적 사고를 통해 그 내용을 자연스럽게 받아들이는 것이다. 그리고 이런 문학적 형식은 역사 – 문화적 시공간의 영향 속에서 쓰여지고 발전하면서 나름대로 기존의 장르를 벗어나는 새로운 장르를 개척해 나가기도 한다.

1세기 유대와 그레코 · 로만의 역사 · 문화적 상징 세계(symbolic world)의 베 틀 속에서 짜여진 기록 문서로서의 신약성경 27권은 문학 양식에 따라 크게 3가지로 구분할 수 있다. 첫째는, 사복음서와 사도행전이며(5권), 둘째는 편지 형식으로 쓰여진 바울서신을 비롯한 일반(공동)서신(21권), 셋째는 묵시록 양식(1권)의 요한계시록이다.

마태복음의 기록 양식은 그 문학적 표현에 있어서 다른 복음서들뿐 아니라 누가복음의 후편으로서의 사도행전과도 동일한 '이야기 형식'[헬라어의 διήγησις(참조, 눅 1:2)로서 영어의 account/ narrative로 간주할 수 있음]으로 되어있음을 먼저 주목해야 한다. 물론 우리는 예수님의 사역에 집중하고 있는 마태복음의 '기록 내용'에 초점을 맞출 때 예수님 승천 이후의 제자들의 증인 사역을 기록한 사도행전과 구별할 수 있으며, 나아가서 '기록 방법'과 비교할 때 마태복음을 포함한 공관복음서는 긴 강화 중심의 요한복음과도 차이를 둘 수 있다. 그럼에도 불구하고 마태복음은 무엇보다 다른 복음서들뿐 아니라 사도행전과 그 '문학적 장르'가 같은, 말하자면 신약성경의 다른 22권과 달리 '이야기 형식'(narrative form)으로 기록되어진 문학적 양식이다.

이런 양식으로 기록되어졌다는 것은 마태복음(다른 복음서와 사도행전을 포함하여)을 일차적으로 '신학 – 교리적 논문'으로서 접근하는 것을 경고해 줄 뿐 아니라, 마태복음의 세계를 이해하기 위해서는 오히려 이야기 형식의 수사적 기법(예를 들어 나레이터의 관점, 등장 인물, 장면 배경, 플롯 등)을 잘 관찰할 필요가 있음을 의미하는 것이다. 이런 면에서 현대 성서학계에 있어 '역사 – 비평적'(historical – critical) 접근에서 '문학적'(literary) 접근 관심의 이동을, 하나의 일시적인 '성서학적 유행이나 학문적 유희'로 보기보다는, 그동안 성경 텍스트의 내재적 특징에 대한 편향된 관심이나 소홀함에 대한 결과로 보는 것이 균형잡힌 성경 독자로서의 바른 인식일 수 있겠다. 따라서 성경에 대한 이 두 가지(역사적 그리고 문학적) 접근은 '이것이냐 저것이냐'라는 양자택일의 입장보다는 함께 상호 보완함으로 통전적인 이해를 구해야 될 관점들인 것이다.

그렇다면 이제 한 걸음 더 나아가 사복음서 중 하나로서의 마태복음을 우리는 어떻게 읽어야 할 것인가? 적지 않은 신약학자들의 견해에 따르면, 복음서는 그 당시, 특히 그레코–로만 문학 양식을 따라 위인들의 생애에 대한 전기(bioi) 또는 인물전(encomium)이나 위대한 철학자/교사들의 역사적 행적(praxeis), 역사적 회상록(apomneemoneu-mata)으로 간주할 수 있다는 주장들이 있기는 하였지만, 아직까지는 어느 것(즉, 전기문[biography] 또는 사료문헌[historio-graphy]) 하나 만족할 만한 합의를 도출시키지 못하고 있다. 이에 비해 조심스럽기는 하지만 여전히 하나의 큰 가능성으로 남는 것은 사복음서를 하나의 새로운 '유대-헬라적 장르'로서의 복음서(Gospel as sui generis)로 간주하는 입장이다. 그리고 이 복음서의 장르 안에서 앞에서 언급한 몇 가지 문학적 양식들의 특징을 소화시키는 경우이다. 물론 여기서도 우리는 그 당시 유대인과 비유대인들이 마태복음(또는 다른 복음서들)을 대할 때 모든 독자들이 동일하게 하나의 새로운 문학 장르로서의 복음서로 대했다고 추측하는 것은 시대착오적 오류를 범할 수 있다. 말하자면 마태복음은 다른 복음서들과 함께 또는 각각(독자들에 따라 다소 다양하게) 기존의 유사한 문학 양식의 성격으로 회람되면서 점차적으로 하나의 독특한 '유대-기독교적 문헌으로서의 복음서'로 자리잡았을 가능성이 높다고 할 수 있을 것이다. 그러나 그 당시 독자들뿐 아니라 오늘날 독자들에게 있어서 더욱 중요한 것은 바로 이 '유대-기독교적 문헌으로서의 복음서'가 누구도 부인할 수 없는, 하지만 의식있는 독자라면 반드시 주목해야만 될, '이야기 형식'으로 기록되었다는 사실이다.[1] 이것은 또한 기록자 마태가 성령의 영감 가운데서도 기존의 구전과 문헌 자료(마가복음과 Q 문서)들을 나름대로의 '신앙적 세계관'을 통하여 선택, 강조, 배열, 해석함으로써 마태복음을 하나의 '신학적 문서'로 간주할 수 있게 해 준다. 이런 면에서 마태복음은 하나님의 계획과 뜻 가운데 구약-유대인의 성경(율법)-을 성취하고 완성하시는 분, 즉 참 아브라함과 다윗의 자손인 메시아 예수께서 이 땅에 오셔서 말씀과 이적을 통하여 그리고 마침내 십자가에 죽으심과 부활을 인하여 하나님께서 자기 백성을 죄에서부터 구원하신다고 하는 복음의 메시지를, 저자 마태와 그 공동체가 함께 신앙고백하고 선포하는 '역사적 증인 이야기로서의 복음서'(Gospel as historical witness narrative)라고 할 수 있을 것이다.

구조

마태복음(또는 성경의 다른 부분)의 어떤 단락을 해석하고 설교하는 데 있어 전체 구조(structure) 또는 이야기 흐름으로서의 플롯(plot)을 고려할 필요가 있는 것은 앞서 언급한 것처럼 마치 나무를 보면서도 그 나무가 속한 전체 숲을 보아야 할 이유가 있는 것과 흡사하다. 여기서 마태복음의 구조(또는 플롯)는 자연스럽게 마태복음의 문학적 장르뿐 아니라 저자의 기록 내용과 동기(저작 목적 – 아래를 보라)에 상호 영향을 주고받을 수밖에 없음을 먼저 인식할 필요가 있다.

그러나 아쉽게도 마태는 다른 성경의 저자들과 마찬가지로 자신의 복음서 구조를(말하자면, 오늘날 소설이나 학위논문에 목차가 있는 것과는 달리) 명백하게 제시하지 않은 채 복음서를 기록해 놓았다. 따라서 오늘날 모든 성경 독자들이 사용하고 있는 장과 절의 구분된 신구약 성경 본문 역시 원래의 성경 저자들에 의해 고안된 것이 아니기에, 이것도 이미 하나의 해석된 28장의 구조로 볼 수 있는 것이다. 이런 면에서 잘 파악하여 이루어낸 마태복음의 구조는 마태복음의 전체 내용이나 주제를 납득할 수 있도록 도와주는 하나의 문학적이고도 신학적인 틀이라고 할 수 있다.

결국 '마태복음이 이러이러한 구조로 되어있다' 라는 주장은 그 견해를 내세우는 사람이 이해하는 마태복음의 문학적 장르나 주된 신학적 주제와 그 맥을 같이 하게 된다. 따라서 여기에 필자가 한 가지 언급해야 될 것이 있다. 그것은 독자가 마태복음의 어떤 본문을 풀이하기 전에 그 본문의 전후 문맥과 나아가서 마태복음 전체의 구조를 염두에 두어야 할 당연한 과정이 필요함에도 불구하고, 어떤 하나의 고정된 '마태복음의 (해석된) 구조'를 절대시함으로 오히려 그 본문을 잘못 해석할 수 있음도 잊지 말아야 한다는 것이다. 이것은 마치 하나의 편협된 좁은 시각의 장르 선택이 마태복음의 전체 이해를 결과적으로 오도할 수 있는 것과 같은 이치라 하겠다. 아래에 제공한 선별된 3가지의 마태복음 구조들은 학계에서 가장 주목을 받았던 것들이기에 우리가 눈여겨볼 필요가 있다.

1. 벤자민 베이컨의 견해

먼저 벤자민 베이컨(Benjamin Bacon: 1918; 1930)의 '오경적 오중구조' (penta-teuchal theory)를 보자. 이것은 마태복음 안에서 5번(7:28; 11:1; 13:53; 19:1; 26:1)에 걸쳐 헬라어로 동일하게 쓰여진 표현에 착안된 것으로 구성된 것이다(H. C. Kee 1980; D. E. Aune 1987). 한글 성경에서는 문맥의 어법상 이 구절들을 모두 동일하게 표현할 수 없었지만, 이것을 문맥에 관계없이 옮겨본다면 "그리고 예수께서 (…을) 끝마치셨을 때"(Καὶ ἐγένετο ὅτε συνετέλεσεν ὁ Ἰησοῦς)이다.

말하자면 이 구절로 앞 단락과 뒷 단락을 상호 연결시킬 뿐 아니라 매 단락마다 서술과 강화 형식을 구성함으로써, 대부분의 유대 기독교인 독자들에게 구약의 모세오경을 연상시킬 수 있는 문학적 구조를 시사하고 있다라는 주장이다.[2] 베이컨은 이런 구조들 하에서 다른 마태복음의 근거 본문들을 통해 '교회에게 새로운 율법을 주시는 새로운 모세' 로서의 예수님을 논증하려 했다.

마태복음에서의 '모세 – 기독론' 은 앨리슨(D. C. Allison 1993)에 의해 더욱 체계적으로 강화되기도 했다. 베이컨의 공헌은, 오중구조 못지 않게 중요한 마태복음의 서술 양식(narrative)과 강화 양식(discourse)에 대한 바른 인식이라 할 수 있다. 이 구조의 가장 취약한 점은 마태복음의 첫 부분(1~2장)과 끝 부분(26~28장)에 대한 미흡한 처리라 할 수 있다.

· 프롤로그: 유아 기사(1~2장)
· 제1단락 : 제자도에 대하여 – 서술(3~4장) 및 산상수훈 강화(5~7장)
· 제2단락 : 사도에 대하여 – 서술(8~9장) 및 선교 강화(10장)
· 제3단락 : 계시의 비밀에 대하여 – 서술(11~12장) 및 비유 강화(13장)
· 제4단락 : 교회 행정에 대하여 – 서술(14~17장) 및 공동체 강화(18장)
· 제5단락 : 심판에 대하여 – 서술(19~23장) 및 종말론적 강화(24~25장)

· 에필로그: 수난과 부활(26~28장)

2. 피터 엘리스의 견해

피터 엘리스(Peter Ellis)의 교차대칭구조(chaiastic pattern)도 주목할 필요가 있다.[3] 이 구조에 따르면 마태복음의 중심은 예수님의 비유 강화가 담긴 13장에 쏠리게 된다. 그리고 이 구조는 마태복음의 주요 신학적 주제인 '하늘 나라'(βασιλεία τοῦ οὐρανοῦ)에 대한 강조가 비유 강화에 대한 초점을 통해 매우 잘 부각되는 이점이 있기는 하지만, 단락들의 대칭에 있어서 자연스럽지 못한 부분이 있을 뿐 아니라 26~28장에서의 예수님의 고난, 십자가에 죽으심, 부활에 집중되는 경향은 상대적으로 주제를 약화시키는 허점이 지적된다.

  A   서술: 탄생과 시작(1~4장)
    B   강화: 축복들, 천국에 들어감(5~7장)
      C   서술: 권위와 초대(8~9장)
        D   강화: 선교(10장)
          E   서술: 이 세대에 의한 거절(11~12장)
            F   강화: 천국 비유들(13장)
          E´   서술: 제자들에 의한 인정(14~17장)
        D´   강화: 공동체 강화(18장)
      C´   서술: 권위와 초대(19~22장)
    B´   강화: 경고들, 천국에 들어옴(23~25장)
  A´   서술: 죽음과 다시 태어남(26~28장)

3. 잭 킹스베리의 견해

두 견해에 대해 만족하지 못한 잭 킹스베리(Jack Kingsbury)는 마태복음에서 4장 17절과 16장 21절에 걸쳐 두 번 나타나는 구절, "이때로부터 예수께서 시작하셨다"('Απὸ τότε ἤρξατο ὁ 'Ιησοῦς)에 착안하여 세 단락으로 이전

학자들보다 훨씬 더 강한 '기독론 중심의 구조'를 파악하고 있다(1975; D. R. Bauer 1988; 참조 N. B. Stonehouse 1944/1979; E. Kreutz 1964). 킹스베리에 따르면, 마태복음은 바로 "이 때로부터"(ἀπὸ τότε)라는 용어를 통하여 예수님의 삶과 사역에 있어 새로운 단계로 전환되어짐을 시사해주고 있다는 것이다. 하지만 킹스베리가 강조한 표현 '아포 토테'가 마태복음 26장 16절(개역에서는 "그 때부터")에도 발견되는 사실과 제1단락의 시작으로서 마태복음 1장 1절의 의미를 제한시키는 것에 대한 부당함으로 인해 이 구조 역시 적지 않은 문제를 안고 있는 셈이다.

제 1단락: 메시아 예수의 인격(1:1~4:16)
제 2단락: 메시아 예수의 선언(4:17~16:20)
제 3단락: 메시아 예수의 사역: 고난, 죽음 그리고 부활(16:21~28:20)

최근에 학자들이 자신들의 관심 속에서 마태복음의 다른 구조들을 제시하고 있음도 쉽게 발견할 수 있다. 그러나 이들의 단락 구분은 위의 세 가지 구조들을 충분히 고려하면서 수정, 보완했다고 보여지는데, 이 때 염두에 두는 것은 마태복음에서의 지리적 요소와 신학적 주제들의 연관성, 그리고 자연스런 문맥의 나눔이라고 할 수 있다. 따라서 우리는 각각의 관점에 따른 단락 구분들이 절대적이기보다는 상호 보완해야 될 구조들이라는 인식이 먼저 필요하다. 물론 위에 제공한 세 가지 구조들은 나름대로의 타당한 근거 위에 제공된 분석이기에, 유용하게 활용한다면 마태복음을 해석하고 설교하는 데 있어 상당히 귀한 통찰력과 전체적 조망을 얻으리라 본다.

문학-신학적 특징

본 단락에서는 위의 문학적 장르와 구조에 대한 이해 속에서 몇 가지 관찰되어지는 마태복음의 특징을 언급하고자 한다. 따라서 이 단락은 소위 말하는 '마태신학'의 성격과 관련이 있다고 할 수 있는데, 제한된 지면상 다른 복음서와의 구체적인 비교는 피하고자 한다. 한 가지 첨언하고 싶은 것은, 우리가 어떤 주제나 본문을 다른 복음서들과 비교, 대조함으로써 드러나곤 하는 마태의 구별된 '편집적 경향'을 '마태신학'이라고 하는 것은 너무 좁은 시각이라는 점이다. 우리는 오히려 마태복음 텍스트의 '신앙적 세계관' 속에 나타난 주된 주제나 내용이 타당성 있는 근거와 틀을 통해 제시될 때, 다른 복음서들과 관계없이 그것을 '마태신학'의 일부로 간주할 수 있어야 한다.

1. 본문 구성

마태복음은 본문 구성에 있어 선호하는 패턴을 보여주고 있는데, 여기에는 숫자나 짝을 이루는 '이중적 주제'(double motif)를 통한 패턴도 포함된다. 앞의 구조에서 밝혔듯이 예수님의 5개 강화는 구약의 모세오경을 생각나게 하는 구성적 틀을 가지고 있다. 이스라엘의 12지파와 하나님의 새 이스라엘 백성으로서의 예수님의 12제자는 12개의 구약성취 인용구(fulfillment citations)와 연관시켜 볼 수 있다(1:22~23; 2:5~6, 15, 17~18, 23; 4:14~16; 8:17; 12:17~21; 13:14~15, 35; 21:4~5; 27:9~10). 예수님의 족보(1:1~17)에서 14세대로씩 세 부분으로 구분 되어 있는 것은 '다윗'의 히브리어 알파벳(ㄱ = 4; ㅣ=6)이 숫자로 사용될 시 그 알파벳 합의 수가 14라는 것도 상호 관련되어 있는 것으로 여겨진다. 즉 다윗의 후손으로서의 성취가 메시아로서의 예수님의 족보에서도 암시된다는 것이다. 짝을 이루며 나타나고 있는 '이중적 주제'도 주목할 수 있다.

두 사람의 광인(마 8:28~33; 막 5:1~14), 두 소경(마 20:29~34; 막 10:46~52), 두 나귀(마 21:6~7; 막 11:7, 참조 슥 9:9), 이혼에 대한 두 번의 언급 (마 5:31~32; 19:9), 표적을 구하는 종교 지도자들(마 12:38~42; 16:1~4), 바알세불에 대한 언급(마 9:32~34; 12:22~24).

2. 제자들

사도이며 수제자(마 10:2)인 베드로에 대한 관심이 뛰어나며, 다른 복음서에서 언급되고 있지 않은 내용들도 드러나고 있다: 물고기의 입에서 한 세겔을 발견하게 될 베드로(마 17:24~27), 용서에 대한 베드로의 질문(마 18:21~22), 물 위를 걸으려고 하는 베드로(마 14:28~31; 막 6:47~52), 베드로의 신앙고백과 그 이후의 예수님의 축복(마 16:17~20; 막 8:27~29).

마가복음에서 나타나는(베드로를 포함한) 예수님의 제자들의 부정적 이미지 경향과 달리 마태복음에서의 이들에 대한 긍정적 이미지는, 학자들(예. K. Stendahl 1968)에 의해, 마태복음이 바로 '교회를 위한 문서', '기독교 규범 요리문답서'로서 교회 내부 구성원들의 신앙을 교훈하고 교정하는 한편, 베드로와 같은 교회의 지도급 일군/제자들에게 신성한 권위를 부여해 줄 수 있는 역할을 했을 것으로 이해되어짐으로써, 그 당시 '마태 공동체'의 어렴풋한 윤곽을 그리게 해 준다.

3. 교회에 대한 언급

마태복음에서만 예수님께서 구체적으로 '교회'(ἐκκλησία)에 대한 언급을 하고 있는 것으로 증언되어있다(마 16:17~20; 18:15~18). 마태복음에 따르면, '교회'는 이 지상에서 예수님께서 계속적으로 함께 하심을 증거하고 보여주는 곳임을 시사함으로써, 바로 예수님을 통한 하나님의 현존이 나타남을 의미하고 있는 것이다. "너희를 영접하는 자는 나를 영접하는 것이요 나를 영접하는 자는 나 보내신 이를 영접하는 것이니라"(마 10:40).

한 걸음 더 나아가, 마태는 예수님의 부활 이후 예수님께서 이 세상에서 주의 제자들과 함께 하심-즉 하나님께서 함께 하심-을 약속하신다. "… 볼지어다 내가 세상 끝 날까지 너희와 항상 함께 있으리라…"(마 28:20). 따라서 마태복음에서의 '교회에 대한 이해'(ecclesiology)는 '예수에 대한 이해'(Christology)와 깊은 관련 속에서 주목해야 될 주제인 것이다.[4]

4. 유대교와의 관계

적지 않은 구절들이 한편으론 강한 유대교적 성향을, 또 다른 한편으론 반 유대교적 성향을 드러내고 있다. 예를 들어, "…이방인의 길로도 가지 말고 사마리아인의 고을에도 들어가지 말고"(마 10:5)와 "…나는 이스라엘 집의 잃어버린 양 외에는 다른 데로 보내심을 받지 아니하였노라"(마 15:24) 는 전자에 해당된다.[5] 후자의 경우[6]에는 특히 유대 종교 지도자들과의 관계에 있어서 예수님과 그의 제자들의 적대감이 드러난다. 예를 들어, "독사의 자식들아"(마 12:34; 23:33; '그들을 악하다 함' – 마 9:4; 12:34; 16:4; 참조 15:13; 13:24~30, 36~43), "그러므로 내(예수)가 너희(민족적 이스라엘 백성들)에게 이르노니 하나님의 나라를 너희는 빼앗기고 그 나라의 열매 맺는 백성(영적 이스라엘 백성들)이 받으리라"(마 21:43; 참조 8:12; 27:25; '저희[유대인] 회당' – 4:23; 9:35; 10:17; 12:9; 13:54). 이런 맥락에서 율법에 대한 이해가 이중적으로 나타나는 것도 함께 염두에 둘 수 있을 것이다(긍정적/ '율법적' – 마 5:17, 18; 부정적/ '율법주의적' – 마 5:21~48; 19:3~9; 28:20). 말하자면 구속사적 새 언약 시대의 율법은 새 시대의 종말론적 삶에 맞는 기독론적이며 성령론적인 재해석의 적용이 필요함을 의미하는 것이다.

5. 하나님께서 함께 하심

'하나님께서 함께 하심'(the presence of God: Emmanuel)에 대한 신학적 주제가 마태복음의 처음(마 1:23)과 마지막(마 28:20)에 강하게 증거될 뿐 아니라 복음서 전체에 걸쳐서도 포괄적으로 깔려있다고 할 수 있다. '하나님이 우리와 함께 하신다'(마 10:40; 18:20; 23:21; 25:31~46). 여기서의 주된 핵심은 하나님께서 약속된 다윗의 후손이며 메시아가 되시는 예수 그리스도를 통해 하나님의 백성과 함께 하신다는 것이고(마 12:6 참조), 이 예수께서 하나님과 함께 하시는 증거가 바로 하나님의 영이신 성령이 그의 탄생(마 1:18~20)부터 메시아의 사역(마 3: 11, 16~17; 4:1)을 온전히 이루기까지 늘 함께 한 것으로 증거되어지는 것이다. 이런 면에서 마태복음에서 '하나님의 아들'(마

3:17; 4:3, 6; 8:29; 11:27; 14:33; 16:16; 17:5)로서의 예수의 이미지는 성령(즉 하나님께서)이 함께 하심으로 이적 행함과 귀신을 쫓아내는 권세와 긴밀한 관계로 나타나는 것이다(마 12:28; 행 10:38 참조하라). 따라서 '무릎 꿇다/ 절하다'의 용어인 '프로스퀴네오'가 예수님께 찾아오는 사람들에게 쓰여지고 있으며(마 8:2; 9:18; 14:33; 15:25; 20:20), 마침내 예수님의 부활 이후 이 용어가 '예수님께 경배하다'(마 28:9, 17; 참조 2:11)의 의미로 자연스럽게 해석되어진다. 이것이 예수님께서 사단의 시험을 이기고 직접 '하나님께 경배하라'(마 4:11)는 문맥에서 사용된 그 단어와 동일한 것이 결단코 우연이라고 할 수 없다(마 14:27의 '에고 에이미'도 참조하라). 바로 하나님께서 (성령을 통해) 예수님과 함께 하신다는 것은 결국 이 땅에 하나님/하늘 나라의 초월적 세계가 예수님의 오심과 사역을 통해 구속사적 차원에서 이미 임했다는 의미인 것이다.

6. 믿음

마태복음에서는 4번에 걸쳐 "믿음이 적은 자들아"(마 6:30; 8:26; 14:31; 16:8; 참조 17:20; 비교 눅 12:28)라는 표현이 나타난다. 이것은 전형적으로 구속역사를 계속적으로 이끌어갈 신앙의 공동체로서 교회의 구성원들에 대한 묘사를 암시한다고 볼 수 있다. 이와 반대로, '이만한 믿음'(마 8:10), '큰 믿음'(마 15:28)이라고 하는 자들은 비유대인들, 즉 이방인들(백부장; 가나안 여인)인 것을 주목하지 않을 수 없게 된다.

그럼에도 예수님께서는 전자를 향해 자신의 제자가 될 것을 요구하고 계신다(참조 마 9:13/ 막 2:17). 이것은 바로, 예수님의 제자들의 영적 자질의 부적합함을 보여줌과 함께 그들이 예수님께 의존하지 않으면 안 되는 존재임을 시사하는 것이라 할 수 있다. 이것은 또한 신앙 공동체에 있어 '용서'(하나님께서 그의 사람들을 또는 하나님의 사람들이 다른 하나님의 사람들을)가 얼마나 중요한 그들의 징표인지를 말해주는 것이기도 하다(마 18:21~35). '믿음이 적은 것'은 그들이 '죄'(sin)의 세력과의 영적 전쟁에서 말미암는 것인데, 이것은 의심(doubt)의 한 현상으로 나타나는 것임을 보여준다. 제자들의 의심에 대해서는 마태복음 14장 33절, 28장 17절을 참고하길 바란다. 그들의 의심이 '예수님께 향한 경배'(14:33; 28:17)와 함께 나타난다고 하는 것 또한 신앙 공동체를 향한 교훈적 메시지라고 보아진다(worship & doubt). 이런 면에서 마태복음에서의 제자들은 '믿음이 적은 자들'로서의 묘사로 나타난다고 할 수 있다(마가복음에서의 제자들의 이미지와 비교해 보라: 믿음이 없는 자들 - 막 4:40; 믿음이 적은 자들 - 마 8:26).

여기서 우리는 예수님께서 마태복음 17장 20절에서 말씀하신 것에 귀기울일 필요가 있다. "… 진실로 너희에게 이르노니 너희가 만일 믿음이 한 겨자씨만큼만 있으면 이 산을 명하여 여기서 저기로 옮기라 하여도 옮길 것이요 또 너희가 못할 것이 없으리라". 그렇다면 '믿음이 적은 자들'이란 표현은 단순히 부정적 이미지만 담고있는 것이 결코 아님을 우리는 행간(between the lines)을 통해서 깨달을 필요가 있다. 말하자면, ① 예수님의 제자들은 실질적으로 '그 적은 믿음'을 통해서도 하나님의 부르심에 따른 일을 할 수 있음을 말해주고 있으며, ② 아울러 이들의 믿음이 성장하여 '적은 믿음'을 넘어선다면, 더더욱 하나님의 크신 뜻을 이루는 자들로서 쓰임받을 수 있음을 의미하는 것이라는 사실이다. 실제로 '성장'이라는 주제는 마태복음에서 매우 귀중한 신학적 테마이다(마 13:51; 16:12; 13:31~32, 33). 그리고 '완성'을 향한 주제 역시 교훈적 메시지로서 나타나고 있다(마 5:19~20, 48 - 참조, 산상보훈의 메시지).

저작 목적

전통적으로 성경 각 권에 대한 기록 목적은 크게 그 성경이 쓰여진 역사적 시기, 장소와 함께 그 저자의 역사적 정체성에 크게 좌우되었던 것이 사실이다. 이같은 역사적 관심과 연구는 매우 중요한 것이 사실이지만 동시에 우리는 성경 텍스트의 바른 역사적 상황의 재구성을 위한 신뢰할 만한 일차 자료들이 턱없이 부족하다는 현실도 인정해야 할 것이다. 이런 면에서 우리는 일차적으로 마태복음의 역사적 상황을 그리면서 역사적 저자에 따른 역사적 기록 목적을 찾기보다는, 오늘날 우리에게 주어진 역사－문학적 '텍스트로서의 마태복음'에 나타나는 내용들을 우선적으로 주목하면서, 그에 따라 요구되고 이해할 필요가 있는 역사－문화적 간격(historio－cultural distance)을 줄여야 할 것이다. 이런 시각은 우리에게 마태복음 안에서 추측되는 어떤 구체적이고도 지엽적인 '저작 의도'에 대한 추구보다는 보다 분명하고 광범위하게 발견되어지는 '기록된 목적'에 대한 확인과 깨달음이 더 중요한 의미가 있음을 밝혀주는 것이다.

말하자면 마태복음은 무엇보다 유대인의 성경/구약에서 역사하시고 함께 하셨던 그 하나님께서 지금도 자신의 언약 백성들을 위해 여전히 관심을 갖고 계시는데, 이제 그 하나님께서 과거에 약속하셨던 그 메시아를 보내셔서 새 언약 백성들을 모아 구원을 베풀기 원하신다는 그 하나님의 신실하신 뜻/계획을 계시하는 내용으로서 저자가 그 중심 테마를 이야기 형식을 통해 기록한 신앙적 고백이요 선포인 것이다.

여기서 그 하나님의 뜻을 계시하고 성취하는 메시아가 바로 다윗의 후손으로 태어난 예수이기에, 하나님의 백성을 죄에서 구원하기 위하여 이 땅에 오신 예수의 탄생과 그의 이적 행하심, 병 고치심, 강화/비유의 가르치심, 그리고 무엇보다 그의 십자가 죽으심과 부활하심, 즉 이 복음은 다른 복음서와 함께 마태복음의 주된 저작 목적임에 의심의 여지가 없어야 한다.

한편 우리는 앞에서의 문학－신학적 특징들을 통해 다른 복음서들과 독립된 하나의 텍스트로서의 마태복음이 무엇을 말하고자 했는지를 부분적으로 살펴보았다. 여기서 도출할 수 있는 것은, 마태복음이 주로 유대－기독교인들을 중심으로 한, 하지만 적지 않은 비유대교적 배경을 가진 이방 기독교인들을 포함하는 신앙 공동체를 위한 '신앙 문서'(예수님의 강화들, 특히 마 5~7장)로서, 공동체의 정체성을 외부(마 5:11; 10:17, 23; 21:35; 23:34 - 유대인 10:18, 22; 24:9 - 이방인)로부터 방어하고 또한 자체적으로 견고케 할 뿐 아니라(마 7:25; 24:11 - 이단; 13:21~22; 24:12 - 변개; 24:10 - 배반) 다른 외부인을 공동체의 내부인으로 삼기 위한(마 28:16~20) '변증적이고도 목회 - 선교적'인 동인을 지적할 수 있다.

이런 면에서 마태복음은 성경의 다른 문서들과 마찬가지로(일차적으로) 이미 복음을 듣고 하나님을 경외할 뿐 아니라 또한 예수를 메시아와 주로 고백하는 무리들을 향해 개인적으로 또 공동체적으로 이 세상에서 지금, 그리고 앞으로 계속적으로 어떻게 살아야 하는지를 확신시킴으로써, 위로와 소망을 주고 때론 경고와 책망을 아끼지 않는 '하나님 중심, 예수 중심, 성령 중심'의 신앙적 관점에서 기록된 메시지인 것이다.[7] 그렇다면 마태복음을 한 편의 영감 넘치는 증언 이야기로서의 설교(inspired sermon as witness narrative)라 표현해 보는 것은 어떨까?

마태복음의 문학적 장르와 구조, 특징 및 저작 목적에 대한 본 글을 통해 마태복음 이해에 있어 '문학적 시각'은 해석자로서의 설교자에게 있어 매우 유용할 뿐 아니라 필수적인 관점임을 피력하고자 했다. 이와 함께 마태복음(성경) 텍스트에 대한 '문학적 관찰'은 어떠한 경우에라도 그 본문의 역사적 그리고 신학적 국면과 함께 서로 도움을 주고받아야 하는 유기적 관계임을 또한 주지하고자 했다. 그러나 필자를 포함한 모든 독자들이 이 모든 것보다 더욱 우선적으로 힘써야 될 관점은 바로 마태복음(성경)의 저자가 목회 - 선교적 동인 속에서 자신의 믿음의 공동체를 섬기려고 한 그 '신앙적 관점'이라 할 것이다.

05

마태복음의 기독론

유대인을 향한 마태의 메시아 증언

마태, 마가, 누가, 요한복음은 각기 특징을 가진 그리스도 증언이다. 마태복음은 유대인들을 일차적인 독자로 삼고 예수가 그리스도라는 것을 유대인들이 가장 이해하기 쉬운 방식으로 증언한 복음서이다. 마태 자신이 예수를 그리스도로 믿는 유대인으로서 예수가 그리스도임을 부인하거나 알지 못하는 유대인들에게 예수가 그리스도라는 것을 확실하게 입증해 주었다. 당시의 유대인들, 특별히 유대인 지도자들은 예수가 그리스도가 아니라는 확신 때문에 예수와 부딪혔던 자들이다. 그들은 또한 예수가 그리스도라고 하는 것이 신성모독이라는 확신 때문에 심지어 예수를 십자가에 못 박도록 한 자들이다. 마태는 그런 자들에게 예수가 그리스도라는 것을 거절할 수 없는 방식으로 증언하고 있다. 그렇다면 마태는 어떤 방식으로 그것을 증거하였는가?

마태복음의 기독론을 제대로 정리하기 위해서는 마가복음의 기독론, 누가복음의 기독론, 요한복음의 기독론과 비교하면서 마태복음의 특징을 분석 제시해야 할 것이다. 또한 당시 유대인들의 기독론을 배경적으로 개관하는 것도 필요할 것이다. 그러나 이 글은 복음서들 간의 기독론들과 유대인들의 기독론을 마태복음의 기독론과 비교하는 비교기독론을 제시할 시간적 공간적 여유가 없다. 이 글에서는 다만 마태복음의 기독론을 마태복음에 기록된 대로 관찰, 분석, 제시하려고 한다.

그리스도

마태는 "아브라함과 다윗의 자손 예수 그리스도의 세계라"는 문장으로 복음서의 화두를 열었다(1:1). 마태는 유대인들의 선조인 아브라함부터 시작하여 그리스도에 이르는 족보를 기록하면서 그 족보의 서두에 예수를 그리스도로 제시했다. 마태는 예수 그리스도의 족보가 유대인들의 뿌리인 아브라함에서 시작된다는 것을 지적하여 유대인들이 예수 그리스도를 부인하는 것은 자기들의 뿌리를 스스로 부인하는 것이라는 것을 암시한다.

마태가 예수가 그리스도라는 것을 1장 1절에 기록한 것은 모세가 창세기 1장 1절에서 유신논증없이 "태초에 하나님이 천지를 창조하시니라"고 하여 하나님의 존재를 전제한 것과 같다. 마태가 유대인들에게 아무런 증명을 앞세우지 않고 예수는 그리스도라고 서두에 제시한 것은 유대인들의 의식에 기독론적 폭탄을 던진 것과 같다. 앞서 언급한 대로 유대인들은 예수가 그리스도가 아니라는 확신과 예수가 스스로 하나님의 아들 그리스도라고 한 것에 대한 격분으로 예수를 십자가에 못 박도록 했던 자들이다. 사람을 죽일 정도로 예수에 대한 비메시아적 확신을 가진 자들에게 단도직입적으로 '예수는 그리스도이다'고 제시한 것은 전투적 확신이다.

마태가 예수를 그리스도로 전제한 것은 마태복음 여기저기에서도 관찰된다. 1장 16, 17, 18절에서 예수의 탄생과 관련하여서도 마태는 "그리스도라 칭하는 예수," "바벨론으로 이거한 후부터 그리스도까지," "예수 그리스도의 나심" 등의 표현으로, 예수의 탄생만을 지적하지 않고 그리스도로서의 예수의 탄생을 지적했다. 마태는 예수의 출생이 단순한 출생이 아니라 그리스도로서의 탄생이라는 것을 지적한 것이다. 마태는 그 점을 입증하기 위해서 성령 잉태, 동정녀 탄생, 현몽한 천사의 지시 등을 제시하면서 특별히 유대인들이 절대적인 권위서로 보는 구약 예언(사 7:14)의 성취에 스포트라이트를 비추었다(1:18~25).

마태는 예수의 탄생을 이렇게 그리스도의 탄생으로 입증할 뿐 아니라 예수의 공생애 사역을 그리스도의 사역으로 제시했다. 마태는 특별히 예수의 공생애 사역은 예수의 그리스도 자의식을 가진 사역이었음을 지적했다.

마태는 세례 요한이 감옥에서 "오실 그이가 당신이오니이까 우리가 다른 이를 기다리오리이까" 하는 질문을 던질 때에 '예수의 하신 일을 듣고 제자들을 보내어'라고 하지 않고 "그리스도의 하신 일을 듣고 제자들을 보내어"라고 했다(11:2). 마태는 세례 요한의 회의적인 질문을 솔직하게 소개하면서도 '예수의 하신 일'은 '그리스도로서 하신 일'이라는 것을 분명하게 한 것이다. 예수께서 요한에게 주신 답변, 즉 "소경이 보며 앉은뱅이가 걸으며 문둥이가 깨끗함을 받으며 귀머거리가 들으며 죽은 자가 살아나며 가난한 자들에게 복음이 전파된다"는 답변은 예수의 치유와 복음전파가 그가 그리스도임을 증명하는 것이다(11:5). 예수께서 요한의 제자들에게 주신 답변은 예수 자신이 그리스도라는 자의식을 가지고 병을 고치시고 복음을 전하셨다는 것을 분명하게 암시한다. 요한이 예수가 그리스도인가 아닌가 하는 심각한 질문을 던졌는데, 예수께서 그것에 대한 답변을 주시면서 그리스도 의식이 없이 그런 말을 했다는 것은 어불성설이기 때문이다. 마태는 예수께서 하신 일이 유대인들이 절대적인 권위서로 인정하는 구약의 메시아 예언, 즉 이사야의 메시아 예언(사 29:18, 19; 35:5~6)대로 이루어진 것임을 암시했다.

또 마태는 가이사랴 빌립보에서 베드로가 예수에 대해서 "주는 그리스도시요 살아계신 하나님의 아들"이라고 고백한 내용을 소개할 때에도 '그리스도'라는 직함을 그대로 제시했다(16:16). 예수께서 베드로의 고백에 대해서 "시몬아 네가 복이 있도다 이를 네게 알게 한 이는 혈육이 아니요 하늘에 계신 내 아버지시니라"고 평하셨는데, 이것은 예수에게 그리스도 자의식이 분명히 있었다는 것을 보여준다. 베드로가 예수를 그리스도로 고백한 것이 성부의 계시에 의한 것이라는 예수의 답변은 예수께서 '내가 그리스도다'고 의식적으로 말한 것과 다름이 없는 것이다. 예수에게 그리스도 자의식이 있었다는 것은 베드로의 그리스도 고백 이후 예수께서 "자기가 그리스도인 것을 아무에게도 이르지 말라"고 하신 말씀에서 더욱 분명해진다(16:20). 예수의 이런 경계는 자신이 그리스도라는 것은 분명하지만 그것을 그 시점에서는 오해할 가능성이 있기 때문에 아무에게도 말하지 말라고 하신 경계이다.

마태는 베드로 고백과 관련하여 예수에게 이런 그리스도 자의식이 있었다는 것을 소개하면서 예수께서 예루살렘으로 올라가서 당할 고난과 죽음과 부활을 말씀하셨다고 할 때에 "예수 그리스도께서" 그렇게 하셨다고 했다(16:21). 마태는 예수의 메시아 정체성에 대한 베드로의 정확한 고백 이후에 예수의 수난과 죽음과 부활 예고는 바로 '그리스도'로서의 예고라는 것을 전제한 것이다. 예수가 그리스도라는 데 있어서 그리스도의 수난과 죽음은 유대인들의 그리스도 인식에 있어서 가장 큰 걸림돌이다. 예수의 수난과 죽음 예고 이후에 베드로가 "이 일이 결코 주에게 미치지 아니하리이다"고 한 것과 예수께서 베드로에게 "사단아 내 뒤로 물러가라"고 한 것(16:22~23)은 수난의 그리스도가 유대인들에게만 아니라 예수의 제자들에게조차 가장 큰 걸림돌이었음을 보여준다.

예수가 그리스도라는 것 자체가 예수와 유대인 지도자들의 충돌의 원인이 되었다는 점은 마태복음의 뒷부분으로 가면 더욱 분명해진다. 유대인들과 그들의 지도자들이 예수를 그리스도로 받아들일 수 없었던 것은 그들의 눈에 예수는 나사렛이란 시골의 천한 목수의 아들로 당시 로마 학정으로부터 유대인들을 구원할 자로 보이지 않았기 때문이었다. 그러나 예수는 그들의 견해가 어떠하든 자신이 그리스도이심을 서기관들과 바리새인들을 책망하는 맥락에서도 암시했다. "지도자라 칭함을 받지 말라 너희 지도자는 하나이니 곧 그리스도니라"(23:10).

마태는 유대인들의 부인과 박해에도 불구하고 예수가 그리스도라는 점을 예수의 십자가 사건과 관련해서도 지적했다. 대제사장이 예수에게 "네가 하나님의 아들 그리스도인지 우리에게 말하라"고 했을 때 예수께서는 "네가 말하였느니라"고 잘라 답변하셨다. 대제사장은 예수의 이 고백을 예수의 참람죄에 대해서 더 이상의 증인이 필요하지 않을 정도의 결정적인 증거로 잡았고 무리들은 예수에게 침 뱉고 주먹과 손바닥으로 치면서 "그리스도야 우리에게 선지자 노릇을 하라"고 조롱을 했다(26:63~68).

다윗의 자손

마태는 이렇게 일단 예수가 그리스도라는 것을 던져 놓고 난 다음 예수가 그리스도인 것은 그가 유대인들의 선조 아브라함의 자손이며 동시에 다윗의 자손이기 때문이라는 식으로 유대인들의 족보를 소개했다. 예수가 아브라함의 자손이며 동시에 다윗의 자손이므로 그리스도라면 아브라함과 다윗의 자손이 한두 사람이 아닌데 어떻게 예수만을 그리스도라고 할 수 있는가? 이런 질문은 마태가 복음서를 전개하면서 서서히 답변해야 할 질문이다. 마태는 그런 답변을 제시하기 전 우선 유대인들의 메시아(그리스도) 족보를 소개한 다음 아브라함부터 다윗까지 14대이고 다윗부터 바벨론 포로기까지 14대이며 바벨론 포로기부터 그리스도까지 14대라는 것을 지적했다. 여기 14대라는 것을 굳이 지적한 것은 '다윗' 이란 이름의 히브리어(דוד)를 숫자로 환산하면 14가 된다는 것에 근거한 것 같다. 이것은 또한 예수가 그리스도라는 것은 그가 다윗왕적 메시아임을 암시한다.

마태가 다윗의 자손으로서의 예수 그리스도를 부각시킨 것은 당시 유대인 지도자들이 그리스도를 다윗의 자손으로 보았다는 점과 무관하지 않다. 바리새인들이 모였을 때에 예수께서 그들에게 "너희는 그리스도에 대하여 어떻게 생각하느냐 뉘 자손이냐"고 질문하셨고 그들은 "다윗의 자손이니이다"고 답변했다. 바리새인들이 그리스도를 다윗의 자손으로 인식한 것은 부분적으로 옳으나 부분적으로 그릇된 것이었다. 그것이 부분적으로 옳다는 것은 그리스도는 실로 다윗의 자손이기 때문이고, 부분적으로 그르다는 것은 그리스도는 다윗의 자손 '이상' 이라는 것이다. 다윗은 그리스도를

'주'라고 칭하였기 때문에(시 110:1) 그리스도는 다윗의 자손으로 오셨지만 그 이상의 존재인 것이다(22:42~46).

당시 유대인들의 인식에 있어서 그리스도가 다윗의 자손이라는 것이 이렇게 중요한 인식이었기 때문에 마태는 예수가 다윗의 자손 그리스도라는 것을 증거했다. 소경들도 예수를 "다윗의 자손이여 우리를 불쌍히 여기소서"라고 했고 예수께서는 그들의 눈을 만지시며 그들로 보게 하셨다(9:27~30; 20:30~34). 예수가 다윗의 자손 그리스도라는 것이 소경들의 눈을 뜨게 하신 것으로 입증이 된 것이다. 예수가 다윗의 자손 그리스도라는 것은 귀신 들려 눈멀고 벙어리 된 자를 예수께서 고쳐주셨을 때에 그가 말하고 본 사건에서 무리들이 다 놀라면서 "이는 다윗의 자손이 아니냐"고 한 부분에서도 드러났다(12:22~23).

마태는 예수가 다윗의 자손 그리스도라는 것을 이방인인 가나안 여인의 고백을 통해서도 제시했다. 가나안 여인은 "주 다윗의 자손이여 나를 불쌍히 여기소서 내 딸이 흉악히 귀신들렸나이다"라고 했다. 그 때에 예수는 침묵을 통해 냉담한 반응을 보이시다가 드디어 그 여인의 큰 믿음을 보시고 "네 믿음이 크도다 네 소원대로 되리라"고 선언하셨고 그 시(時)로부터 그 여인의 딸이 나았다. 이방인 여인이 예수를 '다윗의 자손'이라고 한 것은 예수가 그리스도라는 것이고 그것은 또한 기적적인 치유를 통해서 입증된 것이다(15:22~28).

또 마태는 예수가 다윗의 자손 그리스도라는 것을 예수께서 예루살렘에 나귀를 타고 입성하실 때에 무리들이 "호산나 다윗의 자손이여 찬송하리로다 주의 이름으로 오시는 이여 가장 높은 곳에서 호산나" 하고 소리친 사건을 통해서도 증거했다(21:9). 성전에서는 아이들마저 예수를 보고 "호산나 다윗의 자손이여" 하고 소리를 질렀다(21:15).

마태가 예수를 다윗의 자손 그리스도라고 증거한 것은 특별히 그가 다윗 '왕'의 자손 메시아라는 것을 밝힌 것이다. 이 점은 앞서 지적한 '14대'를 통해서도 드러났지만 예수의 족보에서 다윗만 유독 '왕'이라고 한 점에서도 드러났다(1:6). 예수는 다윗과 같은 '왕'으로서의 그리스도인 것이다.

왕

마태는 예수가 '왕'으로서의 메시아라는 것을 동방 박사들이 예루살렘에 와서 "유대인의 왕으로 태어나신 이가 어디 계시뇨" 하고 질문한 것으로부터 증거했다(2:2). 마태는 또한 예수가 왕적 메시아라는 것이 예수께서 예루살렘 입성시 나귀를 타신 것이 구약 예언의 성취(슥 9:9)라고 제시함으로써 증거했다. "시온 딸에게 이르기를 네 왕이 네게 임하나니 그는 겸손하여 나귀, 곧 멍에 메는 짐승의 새끼를 탔도다 하라"(마 21:5). 예수가 왕이라는 점은 빌라도 총독이 예수에게 "네가 유대인의 왕이냐"고 질문하자 예수께서 "네 말이 옳도다"고 하신 데서도 드러났다. 그것은 예수께서 마지막 고난을 당하실 때 조롱받은 사건에서도 드러났고(27:29, 42) 십자가에 달렸을 때 그 머리 위에 "유대인의 왕 예수"라는 패에서도 드러났다 (27:37).

예수는 실로 하나님 나라의 왕으로서의 그리스도이다. 예수께서 하나님 왕국의 메시아라는 것은 그의 산상수훈에서도 암시되었다. 예수는 산상보훈(5~7장)에서 팔복(5:3~12)을 천국(하늘 왕국)의 복으로 포괄함으로써 - 심령이 가난한 자와 의를 위하여 핍박을 받은 자의 복을 천국으로 제시하심 - 자신이 하늘 왕국의 기름부은 왕임을 암시하셨다. 예수께서 제시한 왕국의 법은 구약과 단절되는 것이 아니고 구약을 완성하는 완벽하게 의로운 법이다 (5:17~48). 예수는 구약의 율법을 완벽하게 이루심으로써 의를 완성하셨고 제자들에게 '더 나은 의', 즉 메시아적 의를 소개하시고 제공하셨다(5:10, 12, 17, 20). 예수께서 제자들에게 요구하신 왕국의 의(義)는 외형적 과시형 의가 아니라 은밀한 중에 보시고 갚으시는 하나님을 상대한 의(義)이다(6:1~12).

예수께서 제시하신 복음은 구약 율법과 단절된 것이 아니라 구약 율법을 완성하는 복음이다. 예수께서 천국 복음을 전파하셨다는 말씀(4:23) 다음에 바로 이어서 5~7장의 산상보훈이 나오고, 그 내용은 예수께서 율법을 완성하신 메시아라는 것이다.

예수께서 하늘 왕국의 기름부음 받은 왕이라는 것이 율법의 완성자로서의 그리스도를 증거하는 산상보훈에서도 드러났지만 예수께서 제자들에게 하늘 왕국의 복음을 전하도록 파송하신 선교훈화(10장)에서도 드러났다. 그것은 또한 하늘 왕국을 당시의 삶에 비겨서 설명하는 왕국비유(13장)와 왕국민이 공동체로 살아가는 규범인 공동체훈화(18장)와 완성될 왕국이 오기 직전의 징조들을 다루신 종말훈화(24~25장)에서도 드러났다.

예수께서 하늘 왕국의 메시아라는 점은 그의 다스림에서도 드러났다. 예수는 죄를 다스리시는 권세, 즉 사죄의 권세를 가지신 하늘 왕국의 기름부음 받은 왕이시다. 예수는 중풍병자에게 "네 죄 사함을 받았느니라"고 하셨고 "죄 사함의 권세가 있는 줄"을 사람들로 알게 하셨다. 예수의 사죄 통치권은 사죄의 선언과 함께 중풍병자가 기적적으로 치유된 사건을 통해 입증되었다(9:1~8).

예수가 하늘 왕국의 왕이라는 점은 또한 그가 병을 다스리는 치유기적을 통해서도 드러났다. 예수는 문둥병자를 깨끗하게 하셨고 백부장 하인의 중풍병을 고치셨으며 베드로 장모의 열병을 고치셨고 귀신들린 자를 고치셨다(8:1~34). 예수는 12년 간 시달리던 어떤 여인의 혈루증을 고치셨고 "모든 병과 모든 약한 것을 고치"셨다(9:20~22, 35).

예수가 하늘 왕국의 왕이라는 점은 또한 그의 자연 통제권에서도 드러났다. 그는 바람과 바다를 꾸짖으심으로써 잔잔하게 하셨다(8:23~27). 예수는 또한 바다 위로 걸으셨다(14:22~33). 예수는 오병이어로 여자와 아이 외에 오천 명을 먹이고도 열두 광주리를 남기는 기적을 일으키셨고(14:15~21) 떡 일곱 개와 작은 생선 두어 마리로 여자와 아이 외에 사천 명을 먹이고 일곱 광주리를 남기는 기적도 일으키셨다(15:32~39).

예수가 하늘 왕국의 왕이라는 진리는 죽은 자를 살리신 사건에서도 입증된다. 예수는 죽은 소녀의 손을 잡으사 살리셨다(9:18~25). 예수는 죽은 소녀를 살리심으로 사망을 통치하시는 것을 보여주셨을 뿐 아니라 자신도 사망의 권세를 깨뜨리시고 부활하심으로 사망 통치권을 확증하셨다(28:1~10).

예수께서 죄와 병과 자연과 사망의 통치자시라는 것은 그가 자기 백성을 구원적 통치로 다스리시는 그리스도임을 보여준다.

인자

예수는 자신을 가리켜 인자라고 했는데, 예수께서 사용하신 인자의 용례는 다양하다. 예수께서 비하의 상태에서 사용한 경우는 다음과 같다. 무주택의 상태와 사람들에게 비난받는 상태에서 자신을 인자로 표현하기도 했다. "여우도 굴이 있고 공중의 새도 거처가 있으되 오직 인자는 머리 둘 곳이 없다"(8:20). "인자는 와서 먹고 마시매 말하기를 보라 먹기를 탐하고 포도주를 즐기는 사람이요 세리와 죄인의 친구로다 하니 지혜는 그 행한 일로 인하여 옳다 함을 얻느니라"(11:19).

예수는 또한 자신의 신분과 사역에 관해서도 인자라는 표현을 사용하셨다. 예수는 자신의 정체성에 대해서 질문할 때도 인자라는 표현을 사용하셨다. "사람들이 인자를 누구라 하더냐"(16:13). 예수는 자신의 권위 있는 신분에 대해서도 인자라는 호칭을 사용하셨다. "인자는 안식일의 주인이니라"(12:8). "말로 인자를 거역하면 사하심을 얻되 누구든지 말로 성령을 거역하면 이 세상과 오는 세상에도 사하심을 얻지 못하리라"(12:32).

예수는 또한 자신의 복음 전파 사역과 사죄의 사역과 관련해서도 인자라는 표현을 사용했다. "좋은 씨를 뿌리는 이는 인자요"(13:37). "내가 진실로 너희에게 이르노니 이스라엘의 모든 동네를 다 다니지 못하여서 인자가 오리라"(10:23). "인자가 세상에서 죄를 사하는 권세가 있는 줄을 너희로 알게 하려 하노라"(9:6). 예수는 자신의 신분과 사역에 대한 오해를 막기 위해서 경계하실 때도 인자의 호칭을 사용하셨다. "인자가 죽은 자 가운데서 살아나기 전에는 본 것을 아무에게도 이르지 말라"(17:9).

예수는 또한 자신의 대속적 수난에 대해서도 인자라는 호칭을 사용하셨다. "인자도 이와 같이 그들에게 고난을 받으리라"(17:12). "인자가 장차 사람들의 손에 넘겨 죽임을 당하고 제삼일에 살아나리라"(17:22~23). "인자가 대제사장들과 서기관들에게 넘기우매 저희가 죽이기로 결안하고"(20:18). "인자가 온 것은 섬김을 받으려 함이 아니라 도리어 섬기려 하고 자기 목숨을 많은 사람들의 대속물로 주려 함이니라"(20:28). "인자가 십자가에 못박히기 위하여 팔리우리라"(26:2). "인자는 자기에게 기록된 대로 가거니와 인자를 파는 그 사람에게는 화가 있으리로다"(26:24). "이제는 자고 쉬라 보라 때가 가까왔으니 인자가 죄인의 손에 팔리우느니라"(26:45).

예수는 영광스러운 재림, 구원과 심판을 완성할 재림과 관련해서도 인자의 호칭을 사용하셨다. "번개가 동편에서 나서 서편까지 번쩍임같이 인자의 임함도 그러하리라"(24:27). "인자의 징조가 하늘에서 보이겠고 그 때에 땅의 모든 족속들이 통곡하며 그들이 인자가 구름을 타고 능력과 큰 영광으로 오는 것을 보리라"(24:30). "노아의 때와 같이 인자의 임함도 그러하리라"(24: 37). "너희도 예비하고 있으라 생각지 않은 때에 인자가 오리라"(24:44). "인자가 그 천사들을 보내리니 저희가 그 나라에서 모든 넘어지게 하는 것과 또 불법을 행하는 자들을 거두어 내어 풀무불에 던져 넣으리니 거기서 울며 이를 갊이 있으리라"(13:41). "인자가 아버지의 영광으로 그 천사들과 함께 오리니 그 때에 각 사람의 행한 대로 갚으리라 진실로 너희에게 이르노니 여기 섰는 사람 중에 죽기 전에 인자가 그 왕권을 가지고 오는 것을 볼 자들도 있느니라"(16:27~28). "세상이 새롭게 되어 인자가 자기 영광의 보좌에 앉을 때에 나를 좇는 너희도 열두 보좌에 앉아 이스라엘 열두 지파를 심판하리라"(19:28). "인자가 자기 영광으로 모든 천사와 함께 올 때에 자기 영광의 보좌에 앉으리니"(25:31). "인자가 권능의 우편에 앉은 것과 하늘 구름을 타고 오는 것을 너희가 보리라"(26:64).

예수는 이렇게 자신의 고통과 비하의 신분 및 사역과 관련해서도 인자라는 단어를 사용했지만, 자신의 신원된 영화의 상태와 관련해서도 인자라는 단어를 사용했다. 예수께서 왜 '나'라는 1인칭을 사용하시는 대신에 '인자'라는 3인칭을 사용하였는가에 대해서는 여러 가지 학설(묵시적 메시아의 의미, '나'의 완곡어법, 다니엘 7장의 '인자' 등)이 있다. 그러나 여기서 그런 학설의 장단점을 다룰 수 없고 다만 예수께서 메시아 의식을 가지고 '인자'를 사용하신 것만은 분명하다는 것이다. 예수께서 세례 요한에게 세례를 받으실 때 이미, 세례 주는 것을 주저하는 요한에게 "우리가 이와 같이 하여 모든 의를 이루는 것이 합당"하다고 말씀하시고 성령이 자신 위에 임하시는 것을 보셨으며 "이는 내 사랑하는 아들이요 내 기뻐하는 자라"는 성부의 음성을 들으셨기 때문이다(3:15~17). 다시 말해서 예수는 '하나님의 아들'(神子) 메시아로서의 자의식을 가지고 '인자'라는 단어를 사용하셨다는 것이다. 이 점은 "주는 그리스도시요 살아계신 하나님의 아들"이라는 베드로의 신앙고백을 그대로 받으시고 칭찬하신 후에 자신의 수난과 죽음과 영광의 재림에 대해서 말씀하실 때에 '인자'를 사용하셨다는 점에서도 드러났다(16:16~17, 21~28). 예수의 무덤을 지키던 백부장과 군인들이 지진과 부활 등을 보면서 "이는 진실로 하나님의 아들이었도다"고 고백한 데서도 드러났다(27:51~54).

언약의 성취자

마태는 예수를 그리스도로 일단 전제한 다음 그것을 증명하기 위해서 그의 탄생부터 교훈과 사역과 죽음과 부활과 관련하여 구약의 성취를 수차례 지적했다. 그는 예수의 동정녀 탄생을 이사야 7장 14절의 성취로 보았고(1:23) 탄생지 베들레헴과 관련해서도 미가서 5장 2절의 성취로 보았다(2:6). 예수의 애굽 피신과도 관련하여 호세아 11장 1절이 성취된 것으로 지적했고(2:15) 2세 이하 남아들의 살해 사건도 예레미야 31장 15절의 성취로 지적하였다(2:18). 마태가 예수가 메시아라는 것을 전제하고 그 점을 입증하기 위해서 구약 예언의 성취를 직접, 간접으로 지적한 내용은 다음과 같다.

예수의 전령 요한의 정체: 3:3 / 사 40:3
예수가 '내 아들'이란 성부의 선언: 3:17 /시 2:7
예수의 가버나움 거주: 4:15~16 / 사 9:1~2
예수의 조용한 사역: 12:17~21 / 사 42:1~4
요나와 솔로몬보다 더 큰 분: 12:40~42 / 욘 1:17; 3:5
천국비유의 은닉성: 13:14 / 사 6:9~10
천국비유의 사용: 13:35 / 시 78:2
백성의 외식: 15:8~9 / 사 29:13
겸손한 입성: 21:5 / 슥 9:9
백성의 예수 거절: 21:42 / 시 118:22
다윗의 주 그리스도: 22:44 / 시 110:1
멸망의 가증한 것: 24:15 / 단 9:23
피 밭: 27:9~10 / 슥 11:13

마태는 이렇게 예수 그리스도의 탄생과 신분과 사역과 수난과 죽음이 구약 예언의 구체적인 성취라는 것을 밝히면서 예수가 구약의 파괴자로 오신 것이 아니라 구약의 완성자로 오신 점을 지적했다. 예수는 "내가 율법이나 선지자나 폐하러 온 줄로 생각지 말라 폐하러 온 것이 아니요 완전케 하려 함이로라"고 하셨다(5:17). 여기서 예수는 자신이 구약(율법이나 선지자로 표현됨)의 성취자임을 분명하게 하신 것이다. 예수는 구약 율법을 완성하셨다. 율법의 표준을 사람이 성취할 수 있는 표준으로 낮추지 않으시고 우리가 하나님처럼 온전해지는 것, 즉 하나님의 형상을 회복하는 것으로 잡으셨다(5:48). 예수는 율법의 자리를 행위로만 보시지 않고 마음에서부터 말과 행위로 연결되는 전인격으로 보셨다(5:21 이하). 예수는 율법의 정신을 마음과 뜻과 성품과 힘을 다하여 하나님을 사랑하고 이웃을 '내 몸' 처럼 사랑하는 것, 즉 '다함' 의 사랑으로 보셨다(22:37~39). 예수는 율법의 표준과 자리와 정신대로 율법을 완전하게 성취하셨다.

예수는 또한 수난과 죽음을 통해 율법을 성취하셨다. 예수는 십자가의 죽음을 통해 언약(율법)을 범한 자기 백성들의 죄를 대속하셨다. 예수는 최후의 만찬에서 잔을 가지고 사례하신 후에 "이것은 죄 사함을 얻게 하려고 많은 사람을 위하여 흘리는 바 나의 피 곧 언약의 피니라"고 하셨다(26:28). 예수는 자신이 십자가에서 흘리실 피를 언약(렘 31:31)을 이루는 피로 천명하신 것이다. 예수는 십자가 상의 보혈을 언약 성취의 피로 보면서 자신이 언약의 대표라는 것을 "많은 사람들 위하여 흘리는 바 나의 피"라고 하신 데서 암시했다. 예수의 피는 단순히 한 사람의 피가 아니라 자기 백성을 저희 죄에서 구원할 메시아로, 언약의 대표로 흘리는 피라는 것이다. 예수께서 언약의 성취자로서 자기 백성을 그 죄에서 구원하실 메시아라는 것은 마태복음을 관통하는 중요한 사상이다. 탄생시 하나님께서 천사를 통해서 주신 계시, 즉 예수가 "자기 백성을 저희 죄에서 구원할 자"라는 계시에서 이미 그 점이 밝혀졌다(1:21). 베드로의 메시아 고백 이후 예수께서 수난과 죽음을 말씀하실 때도 그것이 드러났고(16:21) 예수께서 이 세상에서 오신 목적을 밝힌 구절에서도 드러났다. "인자가 온 것은 섬김을 받으려 함이 아니라 도리어 섬기려 하고 자기 목숨을 많은 사람의 대속물로 주려 함이니라"(20:28).

마태복음의 기독론은 마태가 유대인들이라는 일차적인 독자들에게 예수가 그리스도인 것을 전제한 후 그것을 입증한 내용이다. 마태는 예수가 유대인들의 뿌리인 아브라함의 자손이면서 동시에 유대인들이 메시아로 보는 '다윗의 자손' 이라는 것, 특별히 다윗 왕과 같은 왕적 메시아라는 것을 지적했다. 예수는 하늘 왕국의 기름부음 받은 왕이라는 것이다. 예수는 또한 '신자'(神子)라는 자의식을 가진 '인자'(人子)이시며 동시에 구약 언약의 성취자이시다. 마태의 이런 메시아 증언은 당시 유대인들이 가장 이해하기 쉽고 가장 납득하기에 적절한 방법을 택한 것이다. 유대인들이 마태의 메시아 증언을 정직하게 읽는다면 예수가 메시아라는 것을 거절하기가 어려운 상황에 빠졌을 것이다. 마태복음의 메시아 증언, 즉 기독론은 현대인들에게도 예수가 자기 백성의 메시아라는 확신을 주기에 충분한 내용이다.

06

마태복음의 제자도

예수님을 뒤따라가는 제자의 삶

예수님은 마태복음 여러 곳에서 제자들의 자세와 각오, 갖추어야 할 태도들에 대해 말씀해 주고 있다. 넓은 의미에서는 산상보훈을 포함한 예수님의 모든 말씀이 다 제자들에게 주신 말씀이라고 볼 수 있다. 그러나 그 가운데서 특별히 예수님의 열두 제자에게 또는 예수님을 따르고자 하는 제자들에게 주신 말씀도 있다. 이 글에서는 예수님께서 그의 제자들에게 특별히 주신 말씀을 중심으로 생각해 보고자 한다. 이 중에서 마태복음 10장은 열두 제자를 파송하시면서 주신 말씀이기 때문에 제자도에 관련한 중요한 본문이지만, 여기서는 제자도와 관련한 일반적인 본문을 먼저 살펴보고자 한다.

제자와 제자도

'제자도'(discipleship)란 말은 매우 광범위하고 포괄적인 의미를 가지고 있어서 무엇을 뜻하는지 언뜻 파악하기 어렵다. 제자도란 '제자'와 관계된 어떤 것들을 뜻한다. 구체적으로는 제자의 개념과 자격, 자세와 각오, 교육과 훈련, 사명과 준수할 사항 등을 통틀어서 일컫는 말이라고 할 수 있다.

그러면 '제자'(弟子, disciple)란 어떤 사람인가? 제자란 말의 헬라어는 '마쎄테스'(μαθητής)로, '배운다'라는 뜻의 동사 '만싸노'(μανθάνω)에서 온 명사이다. 참고로 영어의 '디사이플'(disciple)이란 단어도 '배운다'는 뜻을 가진 라틴어 동사 '디스코'(disco)에서 유래하였다. 따라서 '제자'란 선생에게서 무엇을 '배우는 사람'이다. 그러나 복음서에 나타난 예수님의 제자는 단지 어떤 지식을 습득하는 것으로 끝나는 것이 아니다. 오히려 예수님과의 강한 인격적 관계가 그 중심에 있으며, 예수님을 믿고 따르며 함께 생활하는 가운데 전인적인 교육을 받는 자이다. 따라서 예수님의 제자는 단지 무엇을 배우는 '학생'이 아니라 예수님을 따르는 '제자'이다. 이런 점에서 '아우'라는 뜻의 한자어 '제(弟)'는 예수님과 제자 사이의 인격적 관계를 잘 나타내 주고 있다.

물론 예수님의 제자들에게는 선생과의 '인격적 관계'만 있고 '배우는 내용'이 없다는 말은 아니다. 이들에게도 3년 동안 천국 복음을 배우고 그 배운 바를 실습하는 훈련 과정이 있었다. 이들의 배움은 오히려 예수님과의 밀접한 인격적 관계 가운데서 이론과 함께 생활을 배우며, 그 배운 바 내용을 실천하는 '전인적인 교육'이요 '총체적인 교육'이었다고 할 수 있다. 오늘날 학교에서의 교실 수업처럼 어떤 정해진 시간과 장소에만 얽매이는 것이 아니라, 모든 시간과 모든 생활 현장이 다 교육의 기회가 되었다. 따라서 수업 시간과 자유 시간, 교실 안과 교실 밖의 이원론적 구별이 없는 '통합적 교육'이요, 제자의 인격과 생활을 함께 변화시키는 '참 교육'이었다. 이런 점에서 예수님의 제자 교육은 오늘날의 학교 교육과는 구별되는 참 교육의 한 전형(典型)을 보여 준다고 말할 수 있을 것이다.

제자, 사도, 믿는 자

그러면 제자는 구체적으로 어떤 사람을 뜻하는가? 그 정확한 의미 규정은 쉽지 않다. 복음서에 보면 '제자'란 말과 '사도'란 말, 그리고 예수님을 따르는 '무리들' 이란 말들이 나타난다. 그런데 여기서 '제자' 란 말을 넓은 의미로 이해할 것인가, 아니면 좁은 의미로 이해할 것인가 하는 것이 문제이다.

그러나 복음서는 우리에게 명확한 구별을 허락하지 않는다. 어떤 경우에는 '제자' 란 말이 좁은 의미로 쓰이고, 어떤 경우에는 넓은 의미로 쓰이고 있다. 좁은 의미로 사용될 때에는 '열두 제자' 와 같은 의미를 가지기도 하고, 또는 열두 제자보다는 약간 넓은 의미로 '예수님을 따르는 헌신된 자들' 을 가리키기도 한다. 넓은 의미로 사용될 때에는 '예수님을 믿는 모든 사람' 을 다 가리키는 의미가 될 수 있다(마 28:19 참조). 하지만 '제자' 란 말과 '믿는 자' 란 말 사이에는, 간혹 그 가리키는 범위가 일치한다 할지라도, 그 나타내고자 하는 개념은 좀 다르다. 곧 '믿는 자' 는 누구든지 예수님을 구주로 믿는 사람을 가리키지만, '제자' 는 예수님을 믿을 뿐만 아니라 그를 따르며 그에게서 배우는 자란 의미가 들어 있다. 그래서 '제자' 라는 말 속에는 항상 선생을 '따른다' 는 의미가 들어 있으며, 그가 따르는 '선생' 과의 관계가 그 중심에 있다고 할 수 있다. 이에 비해 '믿는 자' 란 예수 그리스도를 통해 계시된 복음의 내용을 믿고(지적 동의), 그를 자신의 구주로 받아들이고 신뢰하는(의지적 결단과 신뢰) 사람을 뜻한다.

우리 한국 교회에서는 '신자' 와 '제자' 를 나누는 경향이 있다. 신자는 그저 교회에 출석하는 일반 평신도를 의미하는 반면, 제자는 소위 '제자 훈련' 을 받은 한 단계 높은 신앙인을 의미하는 것으로 생각하는 경향이 있다. 그러나 복음서는 이러한 체계적인 구별을 하지 않는다. 물론 신자와 제자 사이에 개념상의 구별은 있지만 근본적인 계급적 구별이 존재하는 것은 아니다. 어떤 의미에서 모든 신자는 예수님의 제자이며, 예수님의 제자는 곧 예수님을 믿는 자라고 말할 수 있다. 하지만 경우에 따라 제자는 예수님을 믿는 자들 중에서 굳건한 결의를 가지고 예수님을 따르는 자를 가리킨다고 생각될 때도 더러 있다.

복음서에는 또한 '사도' (ἀπόστολος)란 말도 몇 번 나타나는데, 이 단어는 대개 '열두 제자'와 같은 의미로 사용된다(마 10:2; 막 3:14, 6:30; 눅 6:13, 9:10, 17:5, 22:14, 24:10). 그러나 이 단어의 뜻은 원래 '보냄을 받은 자, 파송받은 자'란 뜻으로 '열두 제자' 외에도 하나님께로부터 사명을 받고 파송된 자를 다 지칭할 수 있는 여지가 남아 있다.

제자로의 부르심

먼저 제자로서의 삶은 어떻게 시작하는 것일까? 유대 사회에서 어떤 사람이 배우려고 하면, 등록금을 들고 가서 원하는 랍비에게 신청을 한다. 신청이 받아들여지면, 그는 그 랍비 문하에서 동료 학생들과 함께 엄격한 규율을 따라 생활하며 가르침을 받는다. 그러나 예수님은 가만히 앉아서 제자들을 기다리지 아니하시고 직접 나가서서 '자기의 원하는 자들'을 부르셨다(막 3:13).

마태복음에서 제자를 부르시는 첫 기록은 4장 18절 이하에 나타난다. 곧 갈릴리 해변에서 바다에 그물을 던지는 베드로와 그의 형제 안드레, 그리고 세배대의 두 아들 야고보와 요한을 부르신 사건이다. 예수님께서는 이들에게 "나를 따라 오너라. 내가 너희로 사람을 낚는 어부가 되게 하리라"(19절)고 하셨다. 여기서 "나를 따라 오너라"는 말씀을 원어로 살펴보면 "내 뒤로 오너라"이다. 따라서 제자가 되려고 하는 사람은 예수님의 '뒤로' 와서 예수님을 따라야 한다는 것을 알 수 있다. 예수님보다 '앞서' 가면 예수님의 제자가 될 수 없다. 예수님의 '뒤를' 따라 가는 사람이 예수님의 제자이다. 우리가 예수님의 뒤를 따라 가면, 예수님께서 우리를 제자로 만들어 주신다. 즉 "사람을 낚는 어부가 되게" 하는 것은 예수님께서 해 주시는 일이다.

그런데 오늘날 많은 사람들은 예수님의 뒤로 가지는 않으면서 사람 잘 낚는 어부가 되려고 애를 쓴다. 자기 힘으로 안간힘을 다 써 보지만 결과는 신통찮다. 그 이유는 그들이 '예수님의 뒤로' 가서 예수님을 따르지 않고 자기 마음대로 다니며 자기 스스로 행하려 하기 때문이다. 그러나 예수님의 제자로서의 첫 출발은 예수님의 뒤를 따라 가는 것이다. 다른 어떠한 조건도 요구되지 않는다. 기본 자격과 능력도 요구되지 않으며 입학금이나 등록금도 요구되지 않는다. 오직 예수님을 뒤에서 충실히 따라 가기만 하면, 그 다음의 일은 예수님께서 책임지시고 이루어 주신다.

부르심에의 응답

이러한 부르심을 받았을 때 그들은 즉시 모든 것을 버려두고 예수님을 좇았다(마 4:20, 22, 19:27; 눅 5:11). 이것은 그들의 응답의 즉각성과 철저성을 말한다.

1. 즉각성

먼저 그들은 예수님의 부르심에 '즉시' 응답하였다. 그들은 예수님의 부르심을 받았을 때 주저하거나 머뭇거리거나, 또는 며칠 동안 생각할 시간을 달라고 하지 않았다. 그들은 즉시 모든 것을 버려두고 예수님을 좇았다. 아마 부모와 형제, 아내와 자식에게 작별하러 가지도 않았을 것이다. 이러한 즉각적인 응답이 의미하는 바는 무엇일까? 그것은 그들을 부르신 부르심은 절대적인 권위를 가지신 분의 '신적인 부르심'이라는 것을 나타낸다. 만약 이것이 한낱 한 인간의 부름이었다면, 또는 어떤 랍비의 부름이었다면, 그들은 여러 모로 생각해 보고 고민하였을 것이다. 또한 부모와 가족과 작별하는 시간을 가졌을 것이며 재산을 정리하는 절차도 가졌을 것이다. 그러나 예수님의 부르심을 받은 제자들이 이러한 정상적인 절차를 무시하고 즉각적인 반응을 보인 것은 그들을 부르신 주님의 절대적 권위와 능력을 보여 준다(갈 1:16 참조).

물론 이러한 즉각적인 응답을 위한 사전 준비가 없었던 것은 아니다. 갈릴리 해변에서의 부르심이 예수님과 제자들의 첫 만남이라고 생각하는 사람들이 많이 있지만, 사실은 그렇지 않다. 예수님께서는 그 이전에 그들을 만나서 그들과 함께 시간을 가지셨으며(요 1:35~42), 그들에게 말씀을 가르치셨고(눅 5:1~3), 또한 하나님의 큰 능력을 보여 주셨다(눅 5:4~7). 이러한 사전 준비와 많은 기도 후에 예수님께서 그들을 부르셨을 때, 그들은 '즉시' 모든 것을 버리고 예수님을 따랐던 것이다(마 4:20, 22).

2. 철저성

그 다음으로 우리가 생각할 것은 그들이 '모든 것을 버리고' 예수님을 따랐다는 것이다. 그들의 부모와 가족, 배와 그물같은 소유들을 다 버리고 예수님을 좇았다는 것은 이해하기 어려운 과격한 행동으로 생각된다. 이러한 제자들의 과격한 반응에 대해 예로부터 여러 가지 견해들이 있어 왔다.

먼저 이것을 '종말론적 윤리' 로 이해하려는 학자들이 있었다. 요하네스 바이스(Johannes Weiss)는 이러한 세상 포기는 종말이 가까웠다는 확신에 의해 취해진 것이라고 한다. 따라서 이러한 윤리는 '일상적인 상황' 에서는 이해할 수 없는 '예외적인 입법조처' 였다고 한다. 오늘날 사람들이 이해하기 쉽게 설명하자면, 종말이 임박했다고 주장하면서 가족과 재산을 버리고 자기들끼리 모여 집단 생활을 하고 있는 '종말론 집단' 과 비슷하다고 보면 된다. 슈바이처(A. Schweitzer) 박사도 요하네스 바이스를 이어받아 예수님의 윤리는 임박한 종말을 앞두고 있는 '임시윤리' 로 보았다.

이에 비해 디벨리우스(M. Dibelius)와 불트만(R. Bultmann)과 같은 실존주의자들은 "모든 것을 버리라"는 말씀은 세상과 하나님 나라 사이의 '결단' 을 촉구하는 말씀으로 보았다. 즉, 이 말씀은 실제로 어떤 구체적인 행동을 취하라는 의미가 아니라, 이 세상을 택하지 말고 하나님을 택하라는 결단을 촉구하는 것으로 이해하였다.

그러나 앞에서 말한 것처럼, 제자들이 모든 것을 버리고 예수님을 좇았다는 것은 예수님의 절대적 권위와 능력을 나타내는 것으로 보아야 한다. 예수님의 부르심은 거역할 수 없는 신적인 능력과 권위를 가지고 부름 받은 자를 압도해 온다. 이를 통해 예수님은 신적 권위를 가진 하나님의 아들이심과, 이 부르심은 하나님의 복음을 위한 거룩한 사역임을 시사해 준다. 이와 동시에 이것은 제자들의 즉각적이고도 철저한 순종을 통해 제자된 자의 도리가 어떠한지를 보여 준다. 누구든지 예수님의 제자가 되고자 하는 자는 머뭇거리거나 세상에 미련을 가져서는 안 되며, 단호하고도 온전한 마음으로 예수님을 좇아야 함을 보여 준다.

제자될 자의 자세

이와 관련하여 마태복음 8장 18~22절은 예수님의 제자가 되고자 하는 자의 올바른 자세에 대해 말해 준다. 이 본문은 예수님의 제자가 되려고 하는 어떤 사람들의 질문에 대해 답하신 내용으로 되어 있다. 하나는 어떤 서기관의 발언과 관련한 것이고, 다른 하나는 부친상을 당한 어떤 제자의 청원과 관련한 것이다.

1. 한 서기관의 경우

이 서기관은 예수님께 나아와 "선생님이여, 어디로 가시든지 저는 좇으리이다"고 말하였다(19절). 이 서기관은 예수님께서 어디로 가시든지 따르겠다는 굳은 결의를 표명하였다. 이러한 태도는 훌륭한 것이며 칭찬할 만하다고 할 수 있다. 그러나 서기관의 이러한 태도 이면에는 인간적인 동기도 들어 있었다고 생각된다. 이 서기관은 속으로 "이 선생님만 좇으면 모든 문제가 해결되겠구나."라고 생각했을 것이다. 이 예수라는 선생님만 좇으면 더 이상 정신적으로 고민하거나 방황할 일도 없을 것이며, 내 앞길도 순탄하게 열릴 것이다. 그러니 어떤 일이 있어도 이 예수님을 꼭 붙들어야 되겠다고 생각했을 것이다. 그래서 그는 예수님께서 "어디로 가시든지" 떠나지 않고 따르겠다고 말한 것이다. 이 서기관은 표면상으로는 예수님을 굳게 따르겠다고 말하고 있지만, 다른 한편으로는 자신에게 돌아올 이익을 생각하고 있는 것이다.

이에 대한 예수님의 대답은 "여우도 굴이 있고 공중의 새도 거처가 있으되 오직 인자는 머리 둘 곳이 없다"(20절)는 것이었다. 이 말씀은 예수님께서 자신의 처지를 시적으로 읊은 것인데, 예수님의 신세의 처량함을 탄식하신 것으로 많이 이해하고 있다. 예수님은 거하실 '집'도 없이 쓸쓸히 지내셨다는 것이다. 그러나 예수님께 '집'이 없었던 것은 아니다. 마태복음 4장 13절에 보면 예수님께서 가버나움으로 가서 '사셨다'고 한다. 여기의 '사셨다'는 단어는 한 곳에 '정주(定住)하셨다'는 의미이다. 따라서 예수님은 고향 나사렛을 떠나 가버나움으로 이사하셔서 거기에 정주하셨던 것이다. 그러므로 예수님께 거하실 집은 있었다고 생각된다(막 2:1 참조).

그렇다면 예수님의 위 말씀의 뜻은 무엇일까? 그것은 이 땅에 오신 예수님의 '안식 없음', '불편함'을 말씀하신 것이다. 예수님은 늘 그를 따르는 제자들 때문에 마음놓고 편히 쉬실 수 없었다. 늘 몸가짐을 바로하고 긴장해야만 하셨다. 하루 종일 바깥에서 공적인 사역을 하신 후에는 쉬셔야 하는데, 이른 새벽부터 늦은 밤까지 늘 따라다니는 제자들과 무리들 때문에 편히 쉴 수가 없었던 것이다. 예수님께서는 이 말씀을 통해 또한 그를 따라 지도자가 되려고 하는 자들에게 어떠한 불편함이 따르게 되는가를 말해 주고자 하셨다고 생각된다. 곧 예수님의 제자가 되는 것은 이 서기관이 생각하듯이 항상 좋은 것만 있는 것이 아니라 여러 가지 불편함도 따른다는 것을 시적으로 표현하신 것이다. 흐로쉐이드(Grosheide, Mattheus, 105)의 말처럼, "(예수님을) 따르는 것은 많은 것을 요구한다"는 것을 시사하신 것이다.

2. 부친상을 당한 어떤 제자의 경우

또 다른 한 제자는 예수님께 나아와 "주여 나로 먼저 가서 내 부친을 장사하게 허락하옵소서"(21절)라고 말하였다. 이 청원은 지극히 합당하고 당연해 보인다. 죽은 부모를 장사지내는 것은 인간으로서 마땅히 해야 할 기본적인 도리에 속하지 않는가? 그래서 죽은 부친을 먼저 장사하고 나서 예수님을 따르겠다는 것이다. 그렇지만 예수님은 이 청원에 대해 단호하게 거절하신다. "죽은 자들로 저희 죽은 자를 장사하게 하고 너는 나를 따르라."(22절) 이 말씀은 너무나 비인간적이고 무례하고 몰상식한 말처럼 들릴 수 있다. 따라서 우리는 이 말씀의 의미를 잘 생각해 보아야 한다.

예수님께서는 여기서 주님을 따르는 조건을 다는 경우를 거부하신 것이다. 예수님은 조건 없는 따름, 절대적인 추종을 요구하신다. 예수님을 따르는 것이 우선이고 첫째이며, 다른 어떤 것도 이보다 앞설 수 없음을 강조하신 것이다. 예수님을 따르는 일에는 다른 세상적인 일들을 끊어야 함이 요구된다. 하나님의 일을 하려는 사람은 부모나 형제 자매, 아내와 자식 등에 얽매이면 안 된다. 비록 그런 것들이 아무리 중요하고 긴급하게 보인다 할지라도 그런 것들 때문에 주님을 따르는 일이 방해받아서는 안 된다는 의미이다.

그리고 "죽은 자들로 저희 죽은 자를 장사하게 하라"는 말씀에서, 앞의 '죽은 자들'은 영적으로 죽은 자들, 곧 불신자들을 가리키고, 뒤의 '죽은 자'는 문자적 의미에서의 죽은 자들을 가리킨다. 여기서 두 번째 나오는 '죽은 자'는 원문에서 볼 때 단수가 아니라 복수라는 사실에 유의해야 한다. 곧 이는 그 제자 되려는 자의 죽은 아버지를 가리키는 것이 아니라 일반적인 의미에서의 '죽은 자들'을 가리킨다.

따라서 예수님의 이 말씀은 이 제자에게만 해당되는 말씀이 아니라 오늘날 우리 모두에게 해당되는 '일반적인 원리'이다. 일반적인 일, 세상사(世上事)는 세상 사람들이 하게 두어도 된다. 비록 그것이 아무리 중요하고 의미 있는 일이라 해도 그것은 세상 사람들이 할 수 있다. 주님의 제자는 해야 할 일이 따로 있다. 그것은 바로 복음전파 사역이다. 이것은 세상 사람들이 대신 감당할 수 없는 것이다.

여기서 예수님은 일의 우선 순위, 곧 복음전파 사역과 세상 일 사이의 구별을 가르치신다. 모든 것이 다 하나님께 속하였다고 해서 모든 일의 중요도가 다 같은 것은 아니다. 모든 것을 다 하나님의 영광을 위해 한다고 할지라도 교회 일과 세상 일, 직접적인 복음전파와 문화사역 사이의 차이는 엄연히 존재한다.

자기 부인

예수님께서는 한 걸음 더 나아가 제자로서 갖추어야 할 자세에 대해 그의 제자들에게 아주 엄중한 말씀을 하셨다. "아무든지 나를 따라오려거든 자기를 부인하고 자기 십자가를 지고 나를 좇을 것이니라."(마 16:24) 이 말씀은 물론 직접적으로는 열두 제자에게 하신 말씀이지만, '아무든지'라는 말씀이 있는 것을 보아 예수님을 믿고 따르고자 하는 모든 사람에게 다 해당되는 말씀임을 알 수 있다. 이 준엄하고 비장한 말씀에는 배경이 있다. 예수님께서는 자기가 예루살렘에 올라가 많은 고난을 받고 죽으실 것을 제자들에게 말씀하셨다. 그러자 베드로가 예수님을 말렸는데, 이에 대해 예수님께서 그를 준엄하게 꾸짖으신 후에 제자됨의 자세에 대해 모든 제자들에게 이 말씀을 하신 것이다.

여기서도 '나를 따라온다'는 말의 원어적 의미는 '내 뒤로 온다'는 것이다. 이것은 예수님의 뒤를 좇아가는 모습을 잘 묘사해 준다. 이것은 예수님의 뜻을 순종하여 끝까지 따르는 것을 말한다. 예수님은 지금 예루살렘에 올라가서 고난을 받고 십자가를 지시려 하고 있다. 따라서 '예수님의 뒤를 따라간다'하는 것은 그러한 고난의 길, 죽음의 길에 동참하는 것을 뜻한다. 물론 당장 예수님과 함께 죽는 것은 아니라 할지라도 제자들의 앞길에는 예수님이 받으신 것과 같은 고난이 기다리고 있음을 말한다.

그렇다면 '자기를 부인한다'는 것은 무슨 뜻일까? 이것은 예수님 따르는 것을 거스르는 인간적인 본성, 육신적인 욕구를 부정하는 것을 뜻한다. 윌리엄 헨드릭슨은 이것을 '옛 자아, 곧 중생케 하는 은혜와는 동떨어진 자아를 거절하는 것'(to renounce the old self, the self as it is apart from regenerating grace)으로 설명하는데(*Matthew*, Edinburgh 1976, p656), 같은 말이다. 그리고 여기서 '자기를' 부인해야 한다는 것은, 예수님을 따르는 데 있어서 가장 중요한 걸림돌은 다른 사람이나 주위 환경이 아니라 바로 자기 자신임을 말해 준다. 곧 하나님의 뜻을 따르기보다 자신의 안일함과 편안함, 세상적인 욕구와 열망을 좇고자 하는 부패한 본성이 문제라는 것을 말한다. 이러한 자신의 육신적 욕구에 대해 분명하게 '아니오!'라고 말하고 거부해야만 주님을 따를 수 있다는 말이다.

그리고 '자기 십자가를 진다'는 것은 '자기를 부인한다'는 것과 같은 맥락의 말이다. '십자가를 진다'는 것은 곧 죽음의 길을 뜻한다. 예수님께서 십자가를 지고 죽으러 가시듯이, 그의 제자들도 각자 자기의 십자가를 지고 죽음의 길을 가야 한다는 것이다. 물론 이 말은, 열두 제자들의 경우에 있어서는 문자적 의미로 볼 수도 있지만, 넓은 의미에서 보면 비유로 이해해야 한다. 곧 우리가 날마다의 삶 가운데서 주님을 따르는 데 방해되는 것을 십자가에 못 박아야 한다는 뜻이다. 우리는 '날마다' 자기 십자가를 지고 예수님을 따라야 한다(눅 9:23).

여기서 우리는 '십자가'라는 것을 어떤 특정한 성품이나 걸림돌로 생각하면 안 된다. 흔히 말하듯이 "이것이 내 십자가다" 또는 "누구가 내 십자가다"라고 하는 것은 본문의 의미와는 약간 차이가 있다. 이 본문이 말하는 것은 나의 어떤 특정한 성품이나 특별한 무엇이 십자가란 의미가 아니라, 주님을 좇는 길에 따르는 '고난을 감수해야 한다'는 의미이다. 예수님께서 십자가를 짊어지는 고난을 당했듯이 그를 따르는 제자들도 각자 자기에게 주어지는 고난을 감당하고 주님을 좇아야 한다는 말이다. 이 고난이 심지어 자신의 목숨까지 요구할지라도 그것을 피하지 말아야 한다는 의미이다(마 16:25, 26). 베드로는 이것을 다음과 같이 표현하고 있다. "그리스도도 너희를 위하여 고난을 받으사 너희에게 본을 끼쳐 그 자취를 따라오게 하려 하셨느니라"(벧전 2:21).

제자됨에 대한 보상

그러면 제자들의 이러한 고난과 희생에 대한 보상은 무엇인가? 이에 대해 베드로가 예수님께 질문하였다. "보소서. 우리가 모든 것을 버리고 주를 좇았사오니 그런즉 우리가 무엇을 얻으리이까?"(마 19:27) 이 질문은 베드로가 꼭 무엇을 바라고 예수님을 좇았다기보다도, 모든 것을 버리고 주님을 좇은 제자로서 당연히 가질 수 있는 질문으로 보아야 한다. 왜냐하면 고난과 희생에 대한 보상은 공의(公義)의 개념에 부합하는 것이며, 하나님의 의로운 속성에 속하는 것이다. 따라서 하나님의 상급이나 보상에 대한 기대는 자연스럽고 합당한 신앙적 태도이며 하나님의 공의를 존중하는 태도이다. 물론 지나친 기복적인 태도나 받기 위해 믿는 이기적인 신앙은 잘못된 것이며 배척해야 하지만, 성경의 수많은 곳에서 말하고 있는 정당한 보상까지 무시하면 안 된다.

베드로의 질문에 대한 예수님의 답변은 이러하다. "내가 진실로 너희에게 이르노니 세상이 새롭게 되어 인자가 자기 영광의 보좌에 앉을 때에 나를 좇는 너희도 열두 보좌에 앉아 이스라엘 열두 지파를 심판하리라."(마 19:28) 예수님이 주신 답변은 마지막 종말 때에 관한 것이다. 여기서 '세상이 새롭게 되어'는 의역인데, 직역하면 '중생 때에'이다. 이것은 만물이 근본적으로 변화하여 새롭게 되는 것을 뜻한다. 흐로쉐이드의 설명을 빌리자면 '하늘과 땅의 중생, 곧 본질은 변하지 않지만 모든 것을 새롭게 하는 변화'(사 65:17, 66:22; 벧후 3:13; 계 21:1,5)를 의미한다(Mattheus, 232).

그리고 '열두 보좌'와 '열두 지파'에서 '열둘'을 문자적 의미로 보아야 할지, 아니면 비유적 의미의 '완전 수'로 보아야 할지는 분명치 않다. 그리고 '이스라엘 열두 지파'를 '민족적 이스라엘'로 제한할 것인지, 아니면 유대인과 이방인 중에서 택함 받은 '모든 하나님의 백성'을 의미하는 것으로 보아야 할 것인지도 판단하기 어렵다. 어쨌든 이 구절이 의미하는 바는 예수님을 좇은 '열두 제자들'(물론 유다는 제외하고)이 하늘 보좌에 앉으신 예수님과 함께 큰 영광을 누리게 된다는 것이다.

이어서 예수님께서는 열두 제자들뿐만 아니라 넓은 의미에서의 제자들에 대해서도 보상을 약속하신다. "또 내 이름을 위하여 집이나 형제나 자매나 부모나 자식이나 전토를 버린 자마다 여러 배를 받고 또 영생을 상속하리라"(29절). 여기서 '내 이름을 위하여'란 것은 '내 이름을 인하여'라고 번역하는 것이 더 옳다. '위하여'나 '인하여'나 비슷하다고 생각할 수도 있지만, '위하여'는 그것이 위하는 목적, 궁극적 지향점을 의미하지만 '인하여/때문에'는 보다 직접적인 이유를 의미한다. 특히, 핍박의 경우에 원어 신약성경은 거의 다 '때문에'라는 단어를 사용하고 있다. 이것은 핍박을 당하는 성도와 예수님과의 강한 동일시를 표현하기 위해서라고 생각된다.

그리고 여기에 사본상의 문제가 있다. 거의 대부분의 사본에는 '부모나' 다음에 '아내나'가 들어 있는데, 알란트를 비롯한 몇몇 편집위원들이 이 단어를 빼 버렸다. 그러나 이 단어를 생략하고 있는 중요한 사본은 바티칸 사본 정도뿐이며(베자 사본은 '아버지'와 '아내' 둘 다 생략), 그 외의 거의 모든 사본들은 이 단어를 가지고 있다. 뿐만 아니라 병행 본문인 누가복음 18장 29절에는 사본상 이본(異本)이 없이 모두 다 '아내'를 가지고 있기 때문에 내용상 '아내'가 포함되고 있음은 분명하다. 이처럼 막강한 사본상의 외적 증거로 보나 내용상으로 보나 여기에 '아내나'를 생략할 이유가 없는데도 불구하고 몇몇 현대 사본학자들의 주관적이고 편향적인 전제로 인하여 이 단어를 빼 버린 것은 유감스러운 일이다. 어쨌든 예나 지금이나 아내를 버린다는 것은 쉬운 일은 아니다. 그리고 여기서 우리말의 '버린다'는 번역은 오해의 소지가 있는데, 원어에 의하면 '내버려두다, 떠나다'의 의미에 가깝다. 곧 아내를 완전히 방기(放棄)하거나 포기(抛棄)한다는 의미가 아니라 주님을 따르기 위해, 주님 때문에 일시적으로 아내를 집에 두고 떠날 수도 있어야 한다는 의미이다. 실제로 베드로를 비롯한 다른 사도들은 나중에 복음을 전할 때 아내를 데리고 다니지 않았던가?(고전 9:4) 하여튼 본문이 말하고자 하는 것은 예수님을 따르는 데 방해가 되는 것이 있다면 기꺼이 그 장애물을 뛰어넘을 수 있어야 한다는 말이다.

이러한 희생과 손해를 감수한 자들에게 예수님께서는 "여러 배를 받고 또 영생을 상속하리라"고 말씀하셨다. 마가복음과 누가복음의 병행 구절에 의하면 여러 배를 받는 것은 '이 생'에서의 일이며 영생을 상속하는 것은 '오는 세상'에서의 일임을 알 수 있다. 이 생에서 여러 배를 받는다는 것은 문자 그대로 이해할 것이 아니라 영적인 의미로 이해해야 한다. 곧 예수님을 따른 자들은 '신앙 안에서' 수많은 부모와 형제 자매들을 가지며, 재산에 있어서도 풍족하게 얻는다. 왜냐하면 이 세상 모든 것이 다 우리 아버지의 것이며, 따라서 그것은 또한 우리 믿는 자들의 것이기 때문이다(고전 3:23,24). 그러나 무엇보다 중요한 것은 이러한 제자들에게는 오는 세상에서 '영생'이 확실히 보장된다는 것이다. 영생은 돈으로 살 수 없고 세상 권력으로 얻을 수 없는 귀한 것으로서, 오직 예수님을 믿고 따르는 자들에게 주어지는 선물이며 보상이다. 우리는 지금 이 세상에서 이미 영생을 소유하고 있지만, 종국적인 영생은 천국에 갈 때 그리고 우리 몸이 부활할 때에 온전히 얻게 될 것이다. 이 영생은 우리 그리스도인들이 누리는 최고의 축복이며 최대의 상급이다.

이상에서 우리는 마태복음에 나타난 제자도에 대해 간단히 살펴보았다. 아직 다루지 못한 본문도 많고, 다룬 것이라 할지라도 개략적인 것에 불과하다. 하지만 예수님의 제자로 부름 받은 자들의 자세와 마음가짐, 그들에게 약속된 보상에 대해 대략적인 이해는 가능한 줄로 생각한다.

오늘날 우리 성도들은 모두 예수님의 제자로 부름 받은 자들이다. 우리를 제자로 부르신 것은 단지 그를 믿을 뿐만 아니라 또한 그의 발자취를 따르게 하려 하심이다. 주님의 발자취를 따른다는 것은 곧 그의 고난에 동참하는 것을 말한다. 오늘날 한국 교회의 성도들이 고난에 동참하기는 싫어하고 축복에 동참하기만 좋아한다면, 이는 참 제자가 아니다. 예수님의 참 제자는 주님의 고난에 적극 동참하는 자들이며, 이로써 주님께서 주시는 상급에 동참하는 자들이다. 그러나 상급은 주님께서 합당히 여기시는 자에게 알아서 주실 것이고, 제자된 우리로서는 주님의 뒤를 좇아가면 된다. 주님의 제자로 불러 주신 것 자체가 은혜이고 주님의 뒤를 좇아갈 수 있다는 것 자체가 축복이다. 주님을 따를 때 주님께서 함께 하시고 우리를 은혜와 진리 가운데로 인도하신다. 그러므로 우리는 주님의 제자로서 주님을 따르는 일에 기쁨으로 참여하여야 할 것이다.

주님의 제자가 된다는 것은 단지 어떤 프로그램에 참여하는 것을 의미하지는 않는다. 또는 어떤 과정을 이수하는 것으로 다 되는 것도 아니다. 주님의 제자가 된다는 것은 주님이 가신 길을 뒤따라가는 것이다. 이를 위해서는 자기 부인과 십자가를 지는 것이 요구된다. 곧 세상을 향하는 육신적인 욕구를 부인하고 날마다 우리에게 주어지는 고난을 감수해야 한다. 이 고난에 참 기쁨이 있고 영적 성숙의 비결이 있다. 그러므로 우리 한국 교회는 이제 열심히 모여서 예배드리고 프로그램에 참석하는 것에서 한 단계 더 나아가, 일상 생활 가운데서 주님의 제자가 되려고 노력하여야 할 것이다. 곧 우리의 가정과 직장과 사회에서 하나님의 말씀을 지키려고 애쓰며, 이를 위해 힘쓰다가 고난받고 손해보는 것도 기쁨으로 감수할 각오가 되어 있어야 할 것이다. 그리할 때 우리 주님께서 참으로 기뻐하실 것이며, 우리 사회는 조금이라도 개선되는 방향으로 나아갈 것이다.

마태복음과 유대주의

도전에 대한 응전으로서의 마태복음 이해

마태복음은 특별히 유대인들을 주 대상으로 하여 기록된 복음서인 까닭에, 유대주의와의 관련성은 마태복음 이해에 있어서 항상 논의의 으뜸되는 주제가 되곤 하였다. 그런데 이 글을 시작하면서 우선 고려해야 할 문제가 하나 있다. 그것은 유대주의에 대한 정의(定義)로서, 이 글의 전제(前提)이기도 하다. 필자는 이것을 단지 마태복음의 유대주의적 성격을 가리키는 것이 아니라, 마태복음이 기록된 1세기 당시 회당(會堂) 유대주의(유대교)와의 갈등을 가리키는 것으로 이해한 전제를 갖는다.[1] 즉 기본적으로 마태복음은 대립적 위치에 있었던 유대교의 공격(핍박) 및 도전에 응전하는 과정 가운데서 기록되었다는 것이다. 그렇다면 마태복음과 유대주의를 논할 때 우리는 첫째, 마태복음의 기록을 야기했던 공동체가 처한 삶의 정황을 우선적으로 살펴보아야 할 것이고, 둘째로는 마태공동체와 유대주의와의 대립에서 야기된 마태복음의 신학적 특징들을 고려해야 할 것이다.

마태공동체(교회)의 삶의 정황

마태복음의 수신처가 되는 마태공동체(교회)는[2] 일반적으로 시리아(수리아) 지역에 위치하였던 것으로 추정되고 있다.[3] 물론 이것은 어디까지나 하나의 학설이지만 가장 유력한 학설 중 하나이다. 다른 많은 내·외적 증거들과 마태복음 4장 24절을 우선적 근거로 그렇게 추정한 것이다. 왜냐하면 병행구절인 마가복음(1:28)과 누가복음(4:14)을 보면, 예수님의 사역에 대한 소문이 단지 갈릴리 주변에만 퍼진 것으로 기록되어 있는 반면에 마태복음에는 그 소문이 멀리 수리아(Syria)까지 퍼진 것으로 기록하고 있기 때문이다. 이에 대해 학자들은 마태복음에서 발견되는 이러한 차이점은 아마도 저자 마태가 복음서를 저술할 때 배경이 되는 공동체를 염두에 두었기 때문에, 다른 복음서에는 없는 '수리아'가 추가되었을 것으로 본다.

만일 이 주장이 옳다면, 마태공동체의 지리적 배경은 유대 지방이 아닌 이방지역으로서, 팔레스타인에서 신앙 때문에 피신한 유대인들이 중심이 되어 생겨났을 것으로 추정된다.[4] 그러나 시간이 흐르면서 그 지역의 이방인들이 교회로 유입됨에 따라 처음에는 유대인 중심이었던 교회가 점차 유대인과 이방인의 혼합공동체로 발전되었을 것으로 보여진다.[5]

마태공동체가 혼합공동체라는 것은 마태복음 이해에 있어 매우 중요한 요소이다. 이것은 마태복음이 유대인들만을 위한 복음서가 아니고 이방인들도 고려한 복음서임을 보여주는 중요한 특징인 것이다. 이런 까닭에 마태복음은, 일반적으로 알려진 것처럼 유대 특수주의적 경향만을 띠지 않고, 이방인들을 포용하는 구원 보편주의적 경향도 아울러 나타내 보이고 있는 것이다. 이처럼 유대인과 이방인이 혼합되어 있음으로 해서, 마태복음은 주로 이방인들을 대상으로 하는 다른 복음서(마가, 누가)에서 발견되지 않는 독특한 특징을 띠고 있다. 한 마디로 상이한 두 그룹의 신자들을 대상으로 삼은 까닭에 유대인들을 위한 기술과 이방인들을 위한 기술이 한 복음서 내에 공존하게 된 것이다.[6]

이와 함께, 마태복음의 기록시기와 관련하여 최근의 학문적 경향은 교회가 유대주의와 결별한 이후에 기록되었을 것으로 추정한다.[7] 사실 기독교회의 초창기에 마태공동체의 원 구성원들인 유대인 신자들은 그리스도인이란 신분을 유지한 채 여전히 회당예배에 참석하였을 것이다. 이것은 사도행전에서 누가가 제시하고 있는 사도 바울의 전도여행 시의 행동과 일치하는 것이다(행 3:1ff.; 13:5, 14; 14:1; 17:1 등등).

그러나 이런 관습은 오래 지속될 수가 없었을 것이다. 왜냐하면 예루살렘 성전이 파괴된 이후 유대주의(유대교)의 예배형태에 변화가 야기되었기 때문이다. 이를 좀더 풀어 설명하면 성전 파괴 후 유대인들은 그들의 영적·정신적 지주였던 성전이 파괴됨으로 인해 성전을 통한 구원을 기대할 수 없게 되자, 이제는 바리새파가 중심이 되어 율법연구를 통한 구원을 기대하면서, 주후 85년 얌니아(Jamnia/Yavneh)에 모여서, 소위 유대교 개혁을 위한 회의를 가졌던 것이다.[8] 그리고 그 회의 결과 그들은 아홉 개의 축도문(Birkath ha–minim; '이교도에 대한 저주')을 채택하게 되었는데, 그 중 세 개의 축도문에 나사렛 이단, 즉 그리스도인들에 대한 저주가 포함되었던 것이다.[9]

그렇다면 이러한 그리스도인들에 대한 저주의 기도문이 선포되는 회당 예배에 더 이상 그리스도인들은 참석할 수가 없었을 것이고, 그에 따라서 얌니아 회의가 공식적으로 기독교회와 유대교를 분리시키는 결과를 낳게 되었던 것으로 보여진다.[10] 그리고 그 이후에도 유대교의 공격은 계속 되었고, 그로 인해 하나님의 백성으로서 자연스럽게 회당예배에 참석하였던 유대 그리스도인들은 그들이 이제까지 신앙생활의 터전으로 알고 있었던 회당에서 추방됨에 따라, 정체성의 위기(identity crisis)를 맞으면서, 아울러 그리스도인이라는 그들의 새로운 신분에 대하여 혼란을 느꼈을 것으로 생각된다. 따라서 이러한 유대주의와의 대립구도 가운데서 유대 그리스도인들이 겪었을 정체성의 위기를 해결하기 위하여 마태는 크게 네 가지 방법을 통해 이 문제를 해결하고자 했던 것으로 이해된다. 그것은 모세유형론, 마태오경, 구약성경의 성취 및 율법에 대한 해석 등의 방법이다.

유대주의와의 대립에서 야기된 마태복음의 신학적 특징

1. 모세유형론(Moses Typology)

유대교의 공격을 방어하고 변증하기 위하여, 또는 오히려 역공격을 감행하기 위하여 마태가 사용하고 있는 첫 번째 방책은 '모세유형론'이다. 이 이론은, 회당이 절대적으로 의지하고 있는 모세를 예수님과 비교하여 마태 공동체가 믿고 따르는 예수님의 상대적 우위(優位)를 제시하고자 하는 것이다. 주지하는 대로, 유대교는 율법이 모세를 통하여 주어졌음으로 인하여, 모세의 권위를 매우 높이 평가하고 있었다(요 1:17). 이런 까닭에 마태는 유대회당이 의존하고 있는 모세보다 더 위대한 분으로 예수 그리스도를 제시하고자 하였던 것이다. 이를 위하여 마태는 첫째로, 예수님이 모세와 유사한 체험을 한 분으로 묘사함으로써 또다른 모세임을 주지시키고 있다. 그러나 마태의 의도는 거기서 끝나지 않는다. 마태는 좀더 나아가, 둘째로, 직접 모세와 예수님을 대조시킴으로써 예수님이 단지 또다른 모세가 아니라 모세보다 더 나은 새로운 모세임을 보여주고자 했던 것이다.[11]

예수님이 새로운 모세로서 모세와 유사한 체험을 하는 것으로 묘사된 부분은 다음과 같다. 유아학살(마 2:16/출 1:22), 애굽으로의 피신(마 2:13~14)과 미디안 광야로의 피신(출 1:11~25), 왕 사후(死後) 자기 고향으로 돌아와 하나님의 사역을 시작함(마 2:19~21/출 4:18~20), 30년 간 알려지지 않은 상태로의 갈릴리 생활과 40년 간 미디안 광야에서의 생활, 요단 강에서의 세례와 홍해 바다를 건넘, 40주야를 광야에서 금식, 산에 올라 새 율법을 가르침과 시내 산에서 십계명을 받음, 열 가지 기적(마 8~9장)과 열 개의 재앙 기적(출 7~11장), 엿새 후 구름 가운데 변화하심(마 17:1~18)과 모세가 아론, 나답, 아비후를 데리고 시내 산에 올랐을 때 엿새 동안 구름이 산을 가린 중 모세의 얼굴에서 광채가 남(출 34:29).

여기서 더 나아가 예수님을 모세보다 더 위대한 분으로 소개하고 있는 부분은 특별히 산상설교에서 나타난다. 산상설교 중 서기관의 의(義)를 비판하면서 모세의 율법과 그에 대한 예수님의 해석을 대조하는 것이 우리의 주목을 끈다. "옛 사람에게 말한 바 … 하는 것을 너희가 들었으나, 나는 너희에게 이르노니 …"(마 5:21~22, 27~28, 33~34, 38~39, 43~44). 이러한 대조를 통하여 마태는 예수님을 모세의 율법을 바르게 해석하는 분으로 제시함으로써,[12] 유대인들에게 율법을 준 모세의 권위를 능가하는 새로운 모세로서 나타내 보이고 있는 것이다. 이런 맥락에서 또한 마태는 예수님의 설교를 들은 무리들이 놀라워하는 반응을 소개하면서 새로운 모세로서 주님의 권위를 내세우고 있다(마 7:28~29). 결과적으로 마태는 이러한 모세 유형론을 통하여 모세 콤플렉스에 빠져 있던 유대 그리스도인들과 유대교에 대하여, 예수님이 새로운 모세로서 모세의 권위를 능가하는 진정한 메시아임을 인식시키고자 하였던 것이다.[13]

2. 마태오경(Matthean Pentateuch)

유대교의 공격에 대응하기 위하여 마태가 마련한 또 다른 문학적 장치 중 하나는 소위 '마태오경'이라는 것이다. 이것은 모세가 이스라엘 백성들에게 다섯 권으로 된 율법, 즉 모세오경을 주었던 것처럼, 예수님이 새로운 하나님의 백성인 그리스도인들에게 다섯 권으로 된 주님의 말씀(설교)을 주었다는 것을 말한다.

이런 주장을 처음으로 제시한 학자는 벤자민 베이컨(Benjamin Bacon)인데,[14] 그는 마태복음에 나오는 예수님의 설교가 크게 다섯 편으로 되어 있으며, 각 설교가 동일한 종결후렴 문구로 끝나는 데에 착안하여, 이를 모세오경에 대응하여 '마태오경'이라고 불렀던 것이다. "예수께서 이 말씀을 마치시매"(Καὶ ἐγένετο ὅτε ἐτέλεσεν ὁ Ἰησοῦς τοὺς λόγους τούτους 7:28; 11:1; 13:53; 19:1; 26:1).[15]

이 종결후렴 문구는 다섯 편 설교의 말미에 위치함으로서 각 설교를 매듭짓고 있다. 5~7장의 '산상 설교', 10장의 '파송 설교', 13장의 '비유 혹은 천국 설교', 18장의 '교회 설교', 24~25장의 '종말론 설교' 등이 바로 그것이다. 물론 베이컨의 학설을 반대하는 이들은, 비록 종결후렴 문구가 없기는 하지만, 이 다섯 편 외에도 11장과 23장 역시 별도의 설교로 간주될 수 있음을 주장하기도 한다.[16] 그러나 종결후렴 문구가 다섯 편의 설교에만 나타난다고 하는 것은, 마태가 의도적으로 예수님의 설교를 다섯 권으로 묶어서 소개하고자 했던 특별한 의도가 있었음을 보여주는 것이며, 그것을 베이컨은 마태가 유대교의 모세오경에 대한 마태복음의 비교적 우위를 강조하기 위함이라고 보는 것이다.

결론적으로, 이러한 구조는 모세의 권위를 높이 평가하던 유대교에 대항하여, 모세의 율법을 성취한 예수님의 말씀이 그로 말미암아 시작된 하나님의 나라에서 모세오경을 능가하는 권위 있는 말씀임을 보여줌으로써, 기독교가 유대교보다 월등한 존재임을 드러내 보이고자 하였던 것으로 이해된다.

아울러 이 마태오경은 유대교라는 외부의 도전에 대한 응전(應戰)의 성격만을 갖는 것이 아니라, 동시에 마태공동체 내부의 문제들에 대한 답변이기도 하였다. 여기서 말하는 내부의 문제란 마태공동체의 회원이 된 이방인들이 야기했던 문제들을 말한다. 본래 신앙의 자유를 위하여 피신한 유대인들에 의하여 시작된 마태교회는 위치한 곳이 이방인들의 지역이었기에 시간이 흐르면서 자연스럽게 이방인들이 교회 안으로 유입되기 시작하였다. 그런데 그들은 아마도 일찍이 사도 바울의 소위 '율법 없는 복음'(law – free gospel)의 영향을 받았던지,[17] 아니면 과거 생활로부터 탈피하지 못한 결과이었던지, 여전히 이방인들의 삶의 방식을 포기하지 못하고 있었다. 이에 대한 증거로서 제시될 수 있는 것은, 이혼에 관한 말씀에서 다른 복음서에는 발견되지 않는 "음행한 연고 없이"란 항목을 추가한 것이라든지(마 5:32; 19:9, 막 10:12), 다른 복음서보다 유달리 의(義)를 강조한 데서 찾을 수 있을 것이다.[18] 의(義)에 대한 마태의 각별한 관심은 아마도 그 공동체 내에서 이방인들이 저지르는 불의 혹은 불법에 대한 억제책으로 볼 수 있을 것이다(마 7:23, 24:12). 아마도 마태공동체 내의 이방 그리스도인들은 예수님이 가져오신 하나님의 나라에서는 더 이상 율법은 필요하지 않다고 말하며 소위 율법무용론(도덕률 폐기론, antinomianism)을 주장하게 되었던 것으로 보여진다. 그런 까닭에 마태는 새 시대에도 여전히 율법이 유효하다는 말씀을 오직 그 복음서에서만 기록하였던 것이다(마 5:17, 18~20절).

아울러 이런 맥락에서, 이러한 의식을 가진 이방 그리스도인들에게 마태는 새로운 하나님의 나라에서도 여전히 율법이 유효하다는 것을 보여주기 위하여, 모세오경과 유사한 구조로(즉 마태오경적 구조로) 예수님의 설교를 소개하고자 하였던 것이다. 이런 맥락에서 또한 마태는 세리, 창기 등 죄인들과 함께 식사하는 반율법적인 예수님의 행동을 정당화하기 위하여 오히려 구약의 말씀을 인용하고 있다(마 9:13; 12:7; 15:19).[19] 결론적으로, 마태오경은 외부의 문제인 유대교의 도전과 내부의 문제인 이방 그리스도인들의 도전 모두에 대해 응전(應戰)하는 방편으로서 마태에 의해 매우 유용하게 활용되고 있는 것이다.[20]

3. 구약성경의 성취

유대주의와의 갈등관계 속에서 마태가 유용하게 활용하였던 또 다른 방편은 바로 회당 유대교의 경전, 즉 구약성경에 기록된 메시아에 관한 예언이 나사렛 예수를 통하여 성취되었다는 것을 입증하는 것이었다. 마태는 이를 위하여 41회 정도 구약을 직접 인용하는데, 그 가운데 14개의 본문은 "이는 선지자로 … 로 말미암아 하신 말씀을 이루려 하심이라"는 공식후렴 문구를 사용하고 있다.[21] 물론 41회 중 절반은 마가나 누가복음에도 나타나지만, 그것을 제외한 나머지 20회의 인용은 오직 마태복음에만 등장하는 것으로서, 이는 마태의 강조점을 여실하게 반영하고 있는 것이다.[22] 그러나 이보다 더 중요한 것은, 이 인용구들은 등장 인물들이 언급하는 형식을 취하지 않고 저자인 마태가 직접 독자들에게 말하는 형식을 보여주고 있다는 것이다. 그렇다면 이는 저자 마태가 메시아 예언 성취를 각별하게 강조하고 있음을 부각시키는 표현일 것이다.[23]

마태가 이처럼 구약성경의 성취를 강조한 이유는 무엇일까? 그것은 유대주의와 대립하고 있는 상황에서 마태공동체가 믿고 있는 예수님이 구약성경을 성취하였다는 것을 입증함으로써, 이스라엘의 참 역사와 전통을 성취한 것은 회당 유대교가 아니라 바로 교회(마태공동체)라는 사실을 밝히고자 의도하였던 것으로 인정된다. 따라서 구약성경의 성취는 유대교의 공격으로부터 마태공동체를 방어할 뿐만 아니라 오히려 유대교를 역공격함으로써, 마태공동체가 성경(구약)과 연속선상에 있으며 이스라엘의 역사적 전승을 계승하고 있음을 보여주는 증거로 제시되고 있는 것이다.[24]

4. 율법에 대한 해석

위에서 언급한 마태오경은 마태복음의 중요한 주제 중 하나인 율법과 깊은 관련이 있다. 유대주의에서 율법으로 알고 있는 모세오경에 대하여 비교적 우위를 점하기 위하여 예수님의 말씀을 마치 새로운 율법처럼 마태오경으로 제시하였다면, 과연 마태는 율법을 어떻게 이해하였고, 또 어떻게 그것을 동료 그리스도인들에게 소개하였을까?

우선 마태복음에서 다른 복음서에서보다 두드러지게 부각되어 나타나는 것은 새로운 시대에 있어서도 율법은 여전히 유효하다는 사실이다(마 5:17~20). 비록 예수님의 강림과 함께 하나님의 나라가 이 땅에 실현되었다 할지라도(비록 부분적이기는 하지만, 마 12:28), 그로 인해 율법이 완전히 폐기 처분될 수는 없는 것이다. 이것은 특별히 앞서 언급한 대로, 이방 그리스도인들의 그릇된 율법관에 대한 시정(是正)의 차원에서 유용한 것이었다.

그러면 이러한 마태의 율법 이해는 유대주의의 율법관과는 어떻게 다른 것일까? 마태복음에서 율법과 관련하여 유대주의와 충돌하고 있는 곳은 특별히 산상설교 중 5장과 서기관과 바리새인들에 대한 비판을 기록한 23장이다. 이곳에서 마태가 특별히 비판하고 있는 것은 회당 유대교의 그릇된 율법 해석이다. 마태는 율법 중 일부와 그에 대한 예수님의 말씀을 대조하여 소개함으로써, 서기관들로 대표되는 유대주의의 잘못된 율법 이해를 비판하는데, 그 요점은 한 마디로 율법의 내면적 진의(眞意)보다도 외형적 준수만을 중시하는 태도에 대한 비판이다.[25] 다시 말하면 서기관들은 마음에 시기, 미움 및 살의가 가득해도 단지 칼로 찌르지만 않으면 살인이 아니라고 생각한 반면, 예수님은 비록 외형적 행동은 없었다 할지라도 마음속으로 형제를 미워하였다면 이미 살인한 것과 다름없다고 말씀한 것이다. 따라서 율법의 외면적 준수에 초점이 맞추어진 서기관들의 의는 외형적으로는 엄격하고 경건하게 보일는지 모르나, 이미 율법의 진의를 왜곡한 까닭에 잘못된 것이다(비교, 마 5:20). 따라서 예수님이 "너희 의가 서기관과 바리새인보다 더 낫지 못하면 결단코 천국에 들어가지 못하리라"고 말씀한 것은 결코 무리한 요구가 아닌 것이다. 하나님이 율법을 주신 본래의 의도를 이해하고 행동한 의는 결국 그것을 잘못 이해한 유대인들의 의와 근본적으로 다를 수밖에 없고, 결과적으로 더 나을 수밖에 없는 것이다. 이런 맥락에서 예수님은 율법의 바른 해석자로서,[26] 서기관과 바리새인들의 행위를 비판하면서 그들이 말하는 바는 행하되 그들이 행하는 바는 본받지 말 것을 또한 요구하였던 것이다(마 23:3).

이렇게 볼 때 유대주의가 의지하는 '의'보다는 마태공동체가 의지하는 '의'가 훨씬 더 나은 것임이 드러나게 된다. 이 점은 결국 마태공동체의 기독교가 회당으로 대변되는 유대주의보다 더 성숙한 신학을 가졌음을 시사하는 것이며, 동시에 결과적으로 유대교의 완성이 곧 기독교임을 나타내보여주는 중요한 단서가 되는 것이다.[27]

마태복음을 해석함에 있어서 유대주의는 간과할 수 없는 중요한 문제이다. 그 이유는 바로 유대주의와의 갈등 속에서 마태복음이 생겨났기 때문이다. 주지하는 바대로 유대주의의 온상인 회당은 마태복음의 배경이 되는 마태공동체를 지속적으로 핍박하고 있었을 것이다. 또한 핍박의 주된 이유는 다름 아닌 기독론이었을 것이다. 핍박받는 공동체의 지도자였던 마태는 이런 외부의 공격에 대처하고 정체성의 위기를 맞고 있는 공동체의 성도들을 위하여, 모세유형론과 마태오경이란 문학적 장치를 적절히 활용하여 유대주의가 의지하고 있는 모세보다 더 위대한 분으로 나사렛 예수를 제시하고자 하였고, 아울러 그들이 신앙하는 이 예수가 곧 구약 예언의 성취임을 입증하고자 했다.[28] 아울러 같은 맥락에서 유대주의의 그릇된 율법 이해를 비판함으로써, 하나님의 계획을 바르게 이해하고 하나님이 주신 율법의 참뜻을 바르게 해석하고 실천하는 것이 바로 기독교임을 나타내 보이고자 하였던 것이다.

결과적으로 마태는 기독교가 성경(구약, 율법)을 위배하는 것이 아니라, 오히려 진정한 의미에서 율법을 성취하는, 유대교보다 더 나은 종교임을 나타내 보이고자 하였던 것이다. 한 마디로 기독교가 유대교의 완성임을 제시하였던 것이다(마 5:17~20). 결론적으로, 마태복음은 유대주의와의 갈등 속에서 탄생하였지만, 그 결과 오히려 유대주의를 진정한 의미에서 완성한 것이 결국 마태공동체가 속한 기독교임을 제시함으로써 유대주의를 극복하고 승리하였음을 보여주고 있는 것이다.

II. 본문 연구

01

예수는 누구신가,
어디에서 오셨는가

마태복음 1~2장에 대한 기독론적 이해

스탠달(K. Stendahl)은 마태복음 1~2장에 관한 그의 고전적인 논문('Quis et Unde? An Analysis of Matthew 1~2')에서, 1장은 '예수는 누구신가'(quis)라는 질문에 대한 대답을, 그리고 2장은 '예수께서 어디로부터 오셨는가'(unde)라는 질문에 대한 대답을 제공해 준다고 제안하였다.[1] 마태복음 1~2장을 어느 정도 깊이 있게 살펴본 독자라면 그의 이러한 제안에 쉽게 공감할 것이다.

하지만 여기서 우리가 주목해야 할 점은 마태가 이러한 대답들을 철저히 성취의 관점에서 제시해 나가고 있다는 사실이다. 마태복음의 전체적인 관심사가 성취라는 점은 주지의 사실이다. 그런데 1~2장에서는 마태의 이러한 관심이 보다 두드러지게 나타난다. 특히 마태복음 전체를 통해 10회에 걸쳐 사용되는 '성취 형식 인용구'의 경우, 그 가운데 거의 절반에 해당하는 네 개가 1~2장에서 발견된다. 이는 이들 두 장이 얼마나 구약의 성취라는 주제에 집중되어 있는지를 여실히 보여준다. 하지만 예수를 구약의 약속의 성취로 드러내 보이기 위한 마태의 노력은 여기에서 그치지 않는다. 아래의 논의는 마태의 이러한 관심이 1~2장에서 어떻게 나타나고 있는지를 잘 보여줄 것이다.

1장: 예수는 누구신가

1. 예수의 계보(1:1~17)

신약 성경의 첫 책의 첫 부분을 장식하는 이 계보는 상당수의 독자들에게 단순히 무의미한 이름들의 나열로 받아들여질지도 모른다. 하지만 1:1~17은 예수의 조상에 대한 역사적 정보를 제공해 주는 단순한 계보이기보다는, 예수께서 이스라엘에게 약속된 메시아라는 사실을 입증해 보여주는 신학적 선언서이다. 이 계보는 다음 몇 가지 두드러진 특징을 갖는다.

첫째, 마태의 계보는 예수를 이스라엘의 역사 전체와 긴밀하게 연관시키고 있다. 먼저 계보의 처음 조상은 이스라엘 백성의 시작인 아브라함이다(1:2; 비교. 눅 3:38). 또한 계보의 두 전환점들은 이스라엘 왕조의 시작과 끝이라는 점에서 이스라엘 역사의 중대한 전환점들인 다윗과 바벨론 포로 사건이다(1:17). 그렇다면 이 계보를 마무리하는 예수는 누구인가? 당연히 기대되는 이 질문에 대한 자연스런 반응은 예수께서 이스라엘 역사에 새로운 시대를 시작하실 그리스도시라는 대답일 것이다. 흥미롭게도 마태는 그의 계보를 예수 그리스도 – 다윗 – 아브라함(1:1)으로 시작하고 아브라함 – 다윗 – 그리스도(1:17)로 끝냄으로써, 계보 전체를 세 이름들로 감싸는 인클루지오(inclusio) 구조를 채택하고 있는데, 이는 예수께서 이스라엘 역사와 다윗 왕조의 목표를 성취한 그리스도시라는 사실을 강조하고자 한 마태의 강력한 관심을 보여준다.

마태의 이러한 관심은 이스라엘 전체 역사를 '3×14'로 제시한 데서 더욱 두드러진다. 이는 완성의 수(7)의 곱(2)을 세 번 반복한 것으로서, 이제 준비의 시대가 끝나고 완성의 때가 확실하고도 완벽하게 도래했음을 강하게 암시한다. 그런데 마태의 이러한 구조는 단순한 관찰의 결과가 아니며, 의도적인 수정을 가함으로써 가능케 된 의미심장한 구조이다. 사실 처음과 마지막 14대는 엄밀히 말해 13대이며,[2] 가운데 14대는 이 기간에 속하는 17명의 이스라엘의 왕들(참조. 대상 3:10~17) 중 세 명을 빠뜨림으로써 조정된

대수인 것이다. 마태가 이러한 부자연스런 방법을 통해서까지 세 번의 '2×7'을 반복한 것은 예수의 위치가 준비의 시대를 완결한 성취의 새로운 시대의 시작임을 보여주고자 한 강한 관심의 결과로 보인다.

둘째, 마태의 계보는 왕적 계보이다. 이러한 사실은 누가의 계보(눅 3:23~38)와 비교해 보면 두드러진다. 마태는 다윗의 아들로서 솔로몬을 제시한 후 줄곧 유다 왕들의 이름을 나열하고 있는데 반해(마 1:7~ 11), 누가는 다윗의 아들로서 나단을 제시한 이후 마태와는 전혀 다른 이름들을 나열하고 있기 때문이다(눅 3:27~31). 이는 예수를 '유대인들의 왕'으로 제시하려는 마태의 강한 의도를 보여준다. 특히 마태의 계보의 두 전환점들이 다윗 왕조의 시작과 끝인 다윗과 바벨론 포로라는 사실은 이러한 마태의 의도를 더욱 확고히 드러내 보여준다.

셋째, 마태의 계보는 보다 구체적으로 다윗적인 계보이다. 이러한 특징은 우선적으로 이 계보에서 다윗이라는 이름이 다른 어떤 이름들보다 자주 나타나고 있다는 사실에 의해 입증된다(요셉, 여인들: 1회; 그리스도, 아브라함: 3회; 다른 이름들: 2회; 다윗: 5회). 뿐만 아니라 다윗(דוד)이라는 이름을 1세기 당시 널리 활용되던 게마트리아 방식으로 표기하면 '14(4+6+4)'가 된다는 점을 감안할 때, 마태는 '3×14 구조'를 통해 이 계보의 다윗적 특성을 최대한 강조하고자 했을 수 있다.[3] 사실 마태의 이러한 관심은 이 계보의 인클루지오 구조에서도 드러난다. 예수 그리스도 – 다윗 – 아브라함으로 시작하여 아브라함 – 다윗 – 그리스도로 끝나는 인클루지오 구조는 이 계보에서 가장 중요한 인물이 맨 처음과 맨 끝을 감싸는 예수 그리스도시고, 그 다음에는 다윗, 그리고 그 다음에 아브라함임을 보여준다. 즉, 예수께서 다윗의 자손이라는 사실은 아브라함의 자손이라는 사실보다 훨씬 더 강조되고 있는 것이다.[4] 이 정도로 이 계보는 예수를 다윗의 자손이라고 큰 소리로 선포하고 있는 것이다(참조, 9:27; 15:22; 20:30; 21:9, 15).

넷째, 마태의 계보는 마리아를 제외한 네 명의 여인들(즉, 다말, 라합, 룻, 우리야의 아내)을 포함하고 있다(1:3~6). 그런데 이 여인들은 두 가지 눈에 띄는 공통점들을 갖고 있다. ① 이들은 모두 이방인들이었다. 다말은 가나안(창 38:11, 13~14; 대상 2:4), 라합은 여리고(수 2, 6장), 룻은 모압(룻 1:4) 출신이었다. 또한 우리야의 아내는 우리야가 헷 사람이었다는 점을 감안할 때, 헷 여인이었든지 아니면 최소한 헷 사람의 아내였다(삼하 11~12장). 이는 예수께서 이스라엘뿐 아니라 이방의 혈통과도 연관을 갖고 이 땅에 오셨다는 점과, 따라서 그 예수는 이스라엘뿐 아니라 이방을 위한 그리스도도 되신다는 점을 시사해 준다. ② 이들은 모두 비정상적인 결혼 생활을 하였다. 다말은 시아버지와 육체적 관계를 가졌고(창 38장), 라합은 창녀였으며(히 11:31), 룻은 재혼을 하였고(룻 4장), 우리야의 아내는 간음과 재혼을 하였다(삼하 11~12장). 예수께서 이처럼 정상적이지 못한 결혼 생활의 경력이 있는 여인들과 연관을 갖고 이 땅에 오셨다는 사실은 예수께서 이와 같은 죄인들을 위한 그리스도도 되심을 시사한다.

2. 예수의 기원(1:18~25)

마태는 예수의 기원을 소개하는 데 있어서도 매우 흥미로운 특징들을 보여준다. 무엇보다도 마태는 예수의 기원에 관한 이야기를 철저히 요셉의 입장에서 전개한다. 이러한 마태의 전개 방식은 누가가 예수의 기원에 관한 이야기를 철저히 마리아의 입장에서 전개해 나가고 있다는 점(눅 1:26~56)과 비교해 볼 때 매우 의미심장하다. 이는 요셉이 예수의 기원과 결코 무관한 자가 아님을 보여주고자 한 마태의 관심을 드러내 보여준다. 실제로 요셉은 예수의 기원에 있어서 대단히 중요한 역할을 하고 있다. 먼저 요셉은 예수께서 다윗의 자손이라 불릴 수 있는 신학적 기반을 제공해 주었다. 특히 앞서 제시된 예수의 계보가 마리아의 조상이 아니라 요셉의 조상을 좇아가고 있다는 점은 이러한 사실을 확증해 준다(1:16). 또한 요셉은 예수께서 사회적으로 살아가는 데 있어서도 법적 울타리를 제공한다. 이렇게 볼 때, 적어도 마태에게 있어 요셉과 예수 사이의 이러한 신학적, 법적 관계는 마리아와 예수 사이의 육체적 관계 못지 않게, 아니 어쩌면 그것을 능가할 정도로 매우 중요한 것이었다.

그런데 우리는 여기서 1:16의 표현 방식을 주목해 볼 필요가 있다: "야곱은 마리아의 남편 요셉을 낳았으니 마리아에게서 그리스도라 칭하는 예수가 나시니라." 요셉은 마리아의 남편이었는데, 정작 예수는 요셉과 마리아 사이에서 태어났다고 기술되지 않고,[5] 단지 '마리아에게서' 나셨다고 기술된 이유는 무엇일까? 바로 이러한 질문에 대해 1:18~25은 분명한 대답을 해 준다. 그 이유는 예수께서 요셉과는 육체적으로 아무런 상관도 없는 동정녀 잉태와 출생을 하셨다는 것이다. 그러나 여기에서 또 한 가지 보다 복잡해 보이는 질문이 던져지게 된다. 요셉이 마리아의 남편이었는데도, 어떻게 예수는 육체적으로 요셉과 아무런 상관도 없이 태어날 수 있었으며, 또한 그처럼 육체적으로 무관하게 태어난 예수께서 사회적, 법적으로 요셉의 아들로 간주될 수 있었던 것은 어떻게 가능하였는가?

이러한 질문들은 당시 결혼 관련 규범들을 살펴봄으로써 적절히 답변될 수 있다. 먼저 1:18에서 마리아와 요셉이 맺고 있던 관계인 '정혼'(μνηστευθείσης)은 유대인 사회에서 결혼에 앞서 1년 정도 유지되던 관계이다(m. Ketub. 5.2). 그런데 이 정혼은 오늘날 약혼보다 훨씬 더 강한 법적 구속력을 갖고 있었다. 일단 남녀가 정혼하게 되면 그 둘은 법적으로 부부가 된다. 남자와 여자는 각각 서로에게 남편과 아내가 되는 것이다. 하지만 이들은 결혼 때까지 함께 살지 않았으며, 따라서 육체적 관계도 금지되어 있었다. 이 정혼 관계는 오로지 이혼이나 죽음에 의해서만 종결될 수 있었다. 그런데 만일 정혼 기간 중에 여자가 부정한 것으로 드러나게 되면, 구약 시대에는 돌로 쳐죽이도록 되어 있었지만(참조. 신 22:20~21), 신약 시대에는 이혼하도록 되어 있었다. 이러한 규범들은 마리아가 처하게 된 상황과 요셉이 직면하게 된 문제를 적절히 설명해 준다. 먼저 마리아는 요셉과 정혼만 하였을 뿐 아직 육체적 관계를 갖기 이전에 예수를 잉태하게 되었다(1:18). 그런데 요셉은 '율법 앞에 바로 선'(δίκαιος) 사람으로서 이 상황에서 자신의 의사와는 상관없이 마리아와 이혼해야만 하는 법적인 문제에 봉착하게 되었다. 그러나 그는 마리아의 수치가 만인에게 알려지는 것을 바라지 않았으며, 그래서 그는 두 증인 앞에서 가만히 이혼하는 방법을 택하고 있는 것이다(1:19; 참조. m. Sot. 1.1, 5).

바로 이런 상황에서 주의 사자가 요셉에게 나타나 먼저 사건의 실제 상황을 설명한다. 마리아는 부정한 관계를 통해서 아이를 잉태한 것이 아니라 성령으로 잉태하였으며, 그녀가 잉태한 아이는 다름 아닌 구원자 '예수'라는 것이다. 그리고 주의 사자는 요셉에게 마리아를 데려올 것을(즉, 그녀와 결혼할 것을) 명령한다(1:20~21). 주의 사자의 이러한 설명과 명령에 요셉은 적극적으로 반응하여 마리아와 결혼하여 자기 집에 데려와 살게 된다(1:24). 그 결과 예수는 사회적으로 철저히 요셉의 아들로 인식될 수 있게 된 것이다.

마태는 여기서 예수의 출생과 관련하여 요셉의 적극적인 역할을 강조하고 있다. 특히 1:25에서 요셉은, 적어도 본문에 나타난 바에 의하면, 주의 사자가 명령한 것보다 훨씬 더 적극적으로 자신의 권리를 포기하는 모습으로 드러난다. 즉, 요셉은 마리아를 자기 집으로 데려왔지만 그녀가 예수를 낳을 때까지는 그녀와 육체적 관계를 갖지 않았던 것이다. 그런데 마태의 이 마지막 부연적 언급은 매우 중요한 사실을 확인해 준다. 즉, 요셉이 예수와 이처럼 사회적으로 (그리고 신학적으로도) 밀접한 관계가 있는 것은 사실이지만, 그러나 예수의 진정한 기원은 요셉으로부터가 아니라 하나님('성령으로'; 1:18, 20)으로부터라는 사실이다.[6] 이렇게 볼 때, 마태는 1장에서 요셉과 예수 사이의 밀접한 관계를 지극히 강조하면서도, 그 둘 사이의 본질적인 거리를 적절히 확인해 주고 있다.

한편 마태는 예수의 동정녀 잉태와 출생을 입증하는 근거를 다른 데서 구하지 않고 구약으로부터 구한다(1:22~23). 그는 이사야 7:14을 성취 도입 형식구("주께서 선지자로 하신 말씀을 이루려 하심이니 가라사대" ἵνα πληρωθῇ τὸ ῥηθὲν ὑπὸ κυρίου διὰ τοῦ προφήτου λέγοντος)와 더불어 인용하고 있는데, 이는 마태복음에 나타나는 10개의 성취 형식 인용구 중 첫 번째 것이다: "보라 처녀가 잉태하여 아들을 낳을 것이요 그 이름은 임마누엘이라 하리라." 하지만 본 구절이 예수의 처녀 잉태를 입증하는 근거로 사용되는 데는 크게 두 가지 문제가 있다.

첫째, 헬라어 '파르쎄노스'(παρθένος 처녀)는 히브리어 본문의 '알마'(עַלְמָה 젊은 여자)에 대한 필연적인 (유일한) 번역이 아니다. 사실 '알마'는 구약에서 7회밖에 사용되지 않는데, 2회는 명백히 결혼하지 않은 여자를 지칭하는 데 사용되며, 5회는 결혼 여부와는 상관없이 사용되고 있다. 하지만 '알마'는 본 경우를 제외한 구약의 다른 경우들에서 결혼이나 어린아이의 출생과 관련해서는 사용된 적이 없다. 사실 그런 문맥에는 '알마'보다 '이샤'(אִשָּׁה)가 더 어울리는 단어이다. 따라서 이사야 7:14의 히브리어 본문 자체가 무엇인가 특이한 상황을 시사해 준다. 아마도 70인역 번역자들은 이러한 상황을 고려하여 '알마'를 '파르쎄노스'라고 번역했던 것으로 보이는데, 그들의 그러한 번역은 필연적인 것은 아닐지라도 매우 적절한 번역으로 보인다. 그렇다면 마태가 70인역과 같은 번역을 채택한 것은 매우 자연스런 결정이었을 것이다.

둘째, 이사야 7:14은 원래 주전 735년 아람왕과 이스라엘왕이 유다왕 아하스를 대적하여 연합 공격을 펴던 상황에서 아하스에게 주어진 징조로서, 그 징조는 한 '젊은 여자'가 아이를 낳을 것인데 그 아이가 장성하기 전에 그 연합 공격을 펴는 두 왕이 패망하게 되리라는 것이었다. 따라서 이사야 7:14은 표면적으로 예수의 처녀 잉태와는 무관한 예언처럼 보인다. 그러나 문제의 해결점은 '임마누엘'이라는 이름에서 발견된다. 이 '임마누엘'이라는 이름은 이사야 7:14에서 처음 도입된 이후로, 이사야 8:8, 10에서 다시 나타나고 있고, 임마누엘이라 불리는 그 아이 구출자에 관해서도 이사야 9:6~7과 11:1~2에서 계속 언급되고 있다. 이러한 사실들로 미루어 볼 때 이사야 7:14은 역사적 한 사건에 대한 단순한 예언에 국한되지 않고, 한 사상의 전개의 시발점으로 보인다. 또한 그 아이도 단순한 어린아이 구출자 이상의 인물로서, 이사야 6~12장에 걸쳐 발전되어 나가는 구속사적 중요한 임무를 띤 메시아적 인물로 드러난다. 이처럼 이사야 7:14은 주전 8세기

경 역사적 상황 속에서 한 아이¹의 출생에 대한 예언인 동시에, 메시아(즉, 예수)의 출생에 대한 예언으로도 이해될 수 있다. 그렇다면 마태가 이사야 7:14을 예수의 처녀 잉태와 출생에 적용시키고 있는 것은 구약 본문에 대한 매우 깊이 있고 폭넓은 이해의 결과로 보인다.

한편, 이사야 7:14의 "그 이름을 임마누엘이라 하리라"는 예언은 예수의 실제 이름에 의해서 성취되지는 않았다. 하지만 마태는 그 예언이 예수의 역할에 의해 성취된 것으로 보고 있다. "이를 번역한즉 하나님이 우리와 함께 계시다 함이라"는 마태의 부연적 설명은 마태가 예수의 출생을 하나님의 임재의 실현으로 이해하고 있음을 시사해 준다. 그의 이러한 이해는 12:6에서 "성전보다 더 큰 이가 여기 있느니라"는 선언에서 확증될 것이다 (참조. 18:20; 28:20).

2장: 예수는 어디로부터 오셨는가

1. 2장의 목적과 메시지

2장에는 구약으로부터의 인용구들이 네 개나 나타나고 있으며, 그들 중 세 개는 마태의 특징적인 성취 형식 인용구들이다. 마태가 그렇게 길지 않은 2장에서 이처럼 많은 구약 인용구들을 사용한 이유는 무엇일까? 마태가 이 인용구들을 통해 전달하고자 한 메시지는 무엇인가? 그 대답은 앞에서 언급한 바와 같이 주로 지리적 요소에서 발견된다. 이러한 사실은 네 개의 인용구들 모두가 지명(地名)을 포함하고 있다는 데서 잘 드러난다. 예수의 출생지가 동방박사 이야기 및 그와 연관된 인용구와 더불어 입증된 다음, 나머지 이야기는 그 예수의 지리적 이동 사실을 기술하고 그러한 이동의 타당성을 입증하는 데 할애되고 있다. 간단히 말해, 2장은 베들레헴에서 태어난 아기 예수가 어떻게 나사렛의 선지자가 되었는지를 설명해 준다. 그런데 이러한 이동들은 자연 발생적인 사건들의 우연한 결과들이 아니라,

하나님께서 계획하시고 인도하신 결과들로 제시되고 있다. 이러한 사실은 구약 인용구들에 의해서뿐 아니라(2:6, 15, 18, 23), 각 지역으로 이동할 때 주의 사자가 요셉에게 나타나 지시하는 일련의 꿈들에 의해서도 입증된다(2:13, 19, 22).

그런데 이러한 모든 지리적 자료들은 과연 예수에 관해 무엇을 전달하고자 하는가? 거기에는 의심할 나위 없이 변증적 요소가 있다. 요한복음 7:41~43은 메시아의 출신 지역과 관련된 당시의 분위기를 보여준다: "혹은 그리스도라 하며 어떤 이들은 그리스도가 어찌 갈릴리에서 나오겠느냐 성경에 이르기를 그리스도는 다윗의 씨로 또 다윗의 살던 촌 베들레헴에서 나오리라 하지 아니하였느냐 하며 예수를 인하여 무리 중에서 쟁론이 되니." 이러한 상황에서 갈릴리 나사렛으로부터 와서 위의 예언에 대한 메시아적 주장을 하는 사람과 관련해서는 그의 출신지에 대한 문제를 집고 넘어가는 것이 필수적일 것이다. 우선적으로 마태는 예수께서 실제로 메시아의 베들레헴 출생 조건을 갖추셨다는 사실을 미가 5:1의 인용과 더불어 확증한다(2:1, 4~6). 그런데 마태는 여기에 머물지 않는다. 그는 예수께서 일반적으로 받아들여져 왔던 메시아적 조건(즉, 베들레헴 출생지)을 만족시킬 뿐 아니라, 더 나아가서 그의 고향이 나사렛이라는 사실까지도 성경의 예언을 성취한 것이라고 담대히 선포하고 있는 것이다(2:23). 이처럼 2장 전체의 여정은 지리적 전통의 두 정점을 연결시키고 있으며, 승리적 인용구인 "그는 나사렛 사람이라 칭하리라"는 선언에서 그 절정을 이룬다.

한편, 2장의 지리적 요소는 기독론적으로 적극적인 일면을 보여준다. 먼저 '동방으로부터 온 박사들'(2:1~12)이 예수의 출생 사건에 연관된 것은 이스라엘의 메시아가 궁극적으로 보다 방대한 역할을 하게 될 것임을 보여준다. 그들의 경배는 아마도 시편 72편과 이사야 60장에 나타나는 이방인들의 경배 모습을 반영하는 것 같다. 더욱이 이 두 구절들은 그 예물들이 운반되어 온 근원지로 스바를 언급하고 있다. 그렇다면 동방(아마도 메소포타미아)으로부터 온 박사들의 예물(2:11)은 아마도 스바 여왕이 다윗의 아들 솔로몬에게 가져왔던 예물들을 반향하고 있는 것으로 볼 수 있다(왕상 10:2; 참조. 마 12:42). 그럴 경우 메소포타미아와 아라비아도 다윗의 아들인 메시아 예수의 영향력이 뻗치는 영역에 들게 된다. 메소포타미아와 아라비아 다음으로 구약에서 빼놓을 수 없는 또 하나의 중요한 지역은 이집트였다. 그런데 이 이집트 역시 예수와 관련해 언급되고 있다. 하지만 이집트는 사절단을 보낸 것이 아니라, 메시아 자신께서 몸소 방문하신 지역으로 언급되고 있다(2:13~15).

이렇게 볼 때, 이스라엘의 메시아는 팔레스타인뿐 아니라 구약 시대의 모든 주요 지역들에도 깊은 연관을 갖고 오신 것으로 드러난다. 구약 시대에 이스라엘 백성이 노예 생활을 했던 지역들인 이집트와 동방이 이제 예수의 메시아로서의 사역을 준비하는 데 일익을 담당하게 된 것이다. 마태는 이처럼 이스라엘의 메시아가 이제 온 세계를 위한 메시아이기도 하다는 사실을 2장의 주의 깊은 구성을 통해 잘 드러내 보여 준다.

2. 2장의 성취 형식 인용구

이미 언급한 바와 같이 2장에는 구약으로부터의 인용구가 네 개나 나타난다. 그리고 그 인용구들은 예수의 출생지와 지리적 이동들이 하나님의 계획을 성취한 것이었음을 입증해 준다. 그러나 이 인용구들은 한결같이 해석상 약간의 문제들을 내포하고 있다. 이제 그 문제들의 본질과 의의(意義)를 살펴보도록 하자.

1) 2:5~6(미 5:2의 인용; 참조. 삼하 5:2)

"이는 선지자로 이렇게 기록된 바 또 유대 땅 베들레헴아 너는 유대 고을 중에 가장 작지 아니하도다 네게서 한 다스리는 자가 나와서 내 백성 이스라엘의 목자가 되리라 하였음이니이다."

이는 마태가 두 번째로 소개하는 구약 인용구이다. 형식은 다른 성취 형식 인용구와 좀 다르지만 2장에서의 기능은 거의 유사하다. 이 인용구의 표면적 의미는 아주 명백하다. 베들레헴은 메시아의 출생지로 예언된 장소였으며, 예수의 베들레헴 출생은 그 예언을 성취하였다는 것이다. 그러나 문제는 미가 본문에 대한 세 가지 의도적인 어구 변형에서 발견된다.

첫째, 마태는 베들레헴의 옛 이름인 '에브라다'(혹은 '에브라다의 집')를 '유대 땅'(γῆ Ἰούδα)으로 대체시키고 있다. 이는 아마도 2장 전체에서 묘사될 메시아의 지리적 이동의 여정에 있어서 두 극점(즉, '유대 땅 베들레헴'과 '갈릴리 지방 나사렛') 사이의 차이점을 강조하기 위한 의도적인 변형으로 보인다.

둘째, 마태는 '결코'(οὐδαμῶς)를 첨가하고 있다. 이는 베들레헴의 하찮은 모습에 대한 미가서의 묘사를 강조적으로 반전시키는 효과를 가져온다. 그 결과 베들레헴의 역할은 조그마한 다윗의 동네로부터 위대한 다윗의 자손의 출생지에로의 전격적인 전환이 분명해지게 된다. 물론 이러한 전환의 내용은 미가 5:2에서도 이미 역설적인 형태로 내재되어 있다. 마태가 그의 인용에서 한 첨가 작업은 베들레헴의 원래 상태 대신 그 궁극적 지위를 부각시킴으로써 미가의 역설적인 표현을 긍정적인 강조적 표현으로 바꾼 것이다.

셋째, 마태는 미가 5:2의 마지막 구절을 다윗에 대한 하나님의 명령인 사무엘하 5:2의 구절로 대체하고 있다. 하지만 이러한 대체는, 미가서의 문맥을 살펴볼 때, 결코 무리한 작업이 아님을 알 수 있다. 이 대체 구절은 미가 5:4에 나타나는 목양의 주제를 요약적으로 반영하고 있기 때문이다. 더욱이 이 대체 구절은 예수의 출생이 다윗왕과 관련된 메시아적 의미를 갖는다는 사실을 보다 강조해 주는 효과를 자아내기도 한다.

이렇게 볼 때, 미가 5:2과 관련된 마태의 변형들은 전체적으로 매우 의도적이면서도 동시에 매우 책임성 있는 것으로 드러난다.

2) 2:15(호 11:1의 인용)

"이는 주께서 선지자로 말씀하신 바 애굽에서 내 아들을 불렀다 함을 이루려 하심이니라."

이 인용구의 표면적 의미는 다음과 같다: '하나님의 아들' 예수께서 이집트로 피난한 것은 성경의 선례를 성취하기 위함이다. 그런데 문제는 호세아서에서 '하나님의 아들'이 메시아가 아니고 이스라엘 백성이었다는데 있다(참조. 출 4:22~23). 하지만 이 문제는 이스라엘 – 예수 모형론을 인지함으로써 해결될 수 있다.

즉, 이스라엘이 하나님의 아들로서 이집트에서부터 하나님의 인도를 받아 나온 출애굽 사건은 진정한 하나님의 아들 예수 안에서 성취될 것을 내다보는 모형적 사건이었으며(참조. 마 2:19~21), 따라서 예수의 이집트로의 피신은 이스라엘의 출애굽 모형을 성취하기 위해 하나님께서 계획하신 원형적 사건의 일부라는 것이다. 하나님의 아들 예수는 이처럼 진정한 이스라엘로서 하나님의 아들 이스라엘의 출애굽 경험을 온전히 성취하신 분이시다.

사실 이스라엘 – 예수 모형론은 마태복음 4:1~11에서도 발견된다. 마태는 그곳에서 하나님의 아들(참조. 4:6) 예수께서 40일 금식 후 광야에서 받으신 시험을 이스라엘이 광야에서 40년 동안 하나님으로부터 아들로서(참조. 신 8:5) 받았던 시험의 성취로 제시하고 있는 것이다.[8] 마태는 이러한 모형론적 이해를 통해 호세아 11:1을 예수께 적용시키는 데 아무런 어려움을 느끼지 않았던 것 같다. 그렇다면 우리는 이 인용구에서 지명에 기초한 표면적 의미 연결과 더불어 그 저변에 깔려 있는 의미심장한 기독론적 암시를 발견하게 된다.

3) 2:17~18(렘 31:15 인용)

"이에 선지자 예레미야로 말씀하신 바 라마에서 슬퍼하며 크게 통곡하는 소리가 들리니 라헬이 그 자식을 위하여 애곡하는 것이라 그가 자식이 없으므로 위로받기를 거절하였도다 함이 이루어졌느니라."

이 형식 인용구는 보다 심각한 문제를 제기한다. 다른 인용구들의 경우와 달리 이 인용구는 그 표면적 의미가 전혀 분명치 않다. 이 인용구 안에서도 지명이 나타난다. 하지만 그것은 앞에 기술된 이야기와 표면적으로 드러난 연관성을 갖지 못한다. 굳이 인용구와 이야기 사이의 즉각적인 연관성을 말하자면 자녀들을 잃음으로써 야기된 불행 정도이다. 하지만 이것은 본 인용구의 사용 목적을 명쾌하게 설명해 주는 것으로 보이지 않는다. 그렇다면 본 인용구의 사용 목적은 과연 무엇인가? 그 대답 역시 지명에서 발견될 수 있다.

우리는 먼저 라헬의 통곡소리가 '라마'에서 들렸다는 데 주목할 필요가 있다. 라마는 전통적으로 라헬의 무덤이 있다고 믿어져 왔던 곳이었다. 또한 라마는 주전 586년 이스라엘 포로들이 바벨론으로 끌려가기 위해 모였던 장소이기도 하다. 그렇다면 라헬의 통곡소리는 그녀의 자손이 포로로 끌려가서 더 이상 그녀 곁에 없기 때문에 슬퍼하는 소리였음을 알 수 있다 (참조. 렘 40:1). 그런데 라헬의 무덤 장소로서 라마와 더불어 경쟁적인 한 장소가 있었는데, 그곳이 바로 베들레헴이었다. 그렇다면 마태 당시 유대인들에게 라마에서의 라헬의 통곡소리가 베들레헴에서의 어머니들의 통곡소리와 전혀 무관하게 보이지 않았을 것이다.

한편, 본 인용구와 2장의 지리적 이동 주제 사이에 나타나는 보다 분명한 연관성은 예레미야 31:15의 문맥과 관련해서 드러난다. 예레미야서에서 라헬의 통곡 원인이 하나님의 아들 이스라엘이 고향에서부터 붙잡혀가 버렸기 때문이었는데, 베들레헴의 통곡의 근본 원인 역시 하나님의 아들 예수께서 고향으로부터 쫓겨간 사건 때문이었다. 물론 둘 사이에 대응되는 부분이 정확하게 일치하지는 않는다. 그러나 두 경우 모두 통곡의 근본 원인이 하나님의 아들들의 추방과 무관하지 않다는 점은 매우 인상적인 공통점이며, 마태의 독자들은 이러한 연결점을 얼마든지 인지할 수 있었을 것이다.

4) 2:23은 무엇을 인용한 것인가?

"이는 선지자[들]로 하신 말씀에, 나사렛 사람이라 칭하리라 하심을 이루려 함이러라."

마지막 형식 인용구의 문제점은 구약 성경에 본 인용구가 존재하지 않는다는 데 있다. 이와 관련하여 학자들은 다양한 구약 구절들을 제안해 왔지만(사 11:1; 삿 13:5, 7 등),[9] 그러한 제안들은 그리 만족할 만하지 못하다. 문제 해결의 열쇠는 형식 인용구의 도입구가 다른 도입구들과 다르다는 데서 발견될 수 있다. 첫째, 인용구를 이끄는 단어가 '레곤토스'(λέγοντος 'saying')가 아니고 '호티'(ὅτι 'that')이다. 둘째, 이 인용구를 말한 선지자가 단수가 아니라 복수(διὰ τῶν προφητῶν)이다. 이러한 사실들은 마태가 여기서 구약의 한 구절을 직접 인용하고 있는 것이 아니라, 여러 선지자들의 예언을 종합한 한 주제를 소개하고 있음을 제안해 준다.

그렇다면 '나사렛 사람이라 칭하리라'는 구절은 무슨 주제를 말하는 것인가? 이 질문에 대한 대답의 어려움은 구약 내에서 '나사렛'이라는 마을 자체가 전혀 언급조차 되고 있지 않다는 데 있다. 그런데 바로 이 점이 마태가 말하려는 논지의 요점을 시사해 준다. 즉, 나사렛은 구약 전체를 통해 한 번도 언급되지 못할 정도로 보잘것없는 마을이었고, 따라서 유대인들이 '나사렛 사람이라 칭하는' 것은 영광스런 지위에 대한 찬사라기보다는 변변치 못한 출신에 대한 조롱이었을 것이다.

실제로 요한복음 1:46에서 나다나엘은 예수께 대하여 "나사렛에서 무슨 선한 것이 날 수 있느냐"라고 반문함으로써, 예수를 그의 출신지 때문에 아무 것도 아닌 사람처럼 간주하고 있다. 그런데 마태가 보기에, 예수께서 이와 같이 사람들의 이목을 전혀 끌 만하지 못한 보잘것없는 마을 출신으로서, 사람들의 멸시와 천대의 대상이 되는 것은 곧 이러한 모습의 메시아에 대한 구약 예언들을 성취하는 것이었다.

그렇다면 마태는 이러한 메시아의 모습을 보여주는 구약의 예언들로서 어떤 구절들을 염두에 두고 있었을까? 마태가 생각했을 대표적인 구절들은 아마도 시편 22편, 이사야 53장, 스가랴 11:4~11 등이었을 것이다. 이 구절들은 겸손하고 거절당하는 메시아 주제를 너무도 확고하게 보여주기 때문이다. 마태는 이처럼 2:23의 성취 형식 인용구 가운데서, 표면적으로 명백히 드러나지는 않지만, 나사렛의 사회적 지위가 어떠한지를 익히 아는 유대인들에게는 얼마든지 쉽게 공감될 수 있는 표현 방식을 활용함으로써, 구약의 예언들이 공통적으로 예견하고 있는 메시아의 참 모습에 대한 깊은 진리를 담대히 선언하고 있다.[10]

마태는 2장에서 인용구들을 보다 주의 깊게 재구성함으로써 독자들을 위한 잠정적인 해석적 보너스들을 풍성히 제공하고 있다. 독자가 성경적 지식과 종교적 전통을 보다 충분히 공유하면 할수록, 그 독자는 2장의 인용구들을 통해 보다 풍성한 기독론적 의미들을 이끌어 낼 수 있다.

물론 인용구들은 지극히 평범한 독자라도 손쉽게 이해할 수 있는 표면적 의미들도 포함하고 있다(2:23의 경우는 예외이지만). 그리고 그러한 표면적 의미는 대개 예수의 구약 성취 사실을 입증하는 변증적 기능을 한다. 그러나 보다 잠정적인 의미들은 메시아의 인물과 역할에 대한 보다 풍성하고 적극적인 기독론적 진리들을 수반하고 있다. 마태는 자기 독자들을 바로 그 풍성한 진리의 보고(寶庫)로 적극 초대하고 있는 것이다.

결론

마태복음 1~2장에 대한 위의 고찰에서 이끌어 낸 결론들을 정리해 보면 다음과 같다.

첫째, 1~2장은 전체적으로 복음서를 시작하는 단순한 도입이기보다는 매우 핵심적인 기독론적 진리를 제시하는 신학적 선언서이다. 스탠달이 제안한 바와 같이, 1장은 예수께서 누구이신가에 대한 대답을, 2장은 예수께서 어디로부터 오셨는가에 대한 대답을 구약의 역사와 인용구들을 활용하여 매우 인상적으로 제공해 준다.

둘째, 예수의 계보(1:1~17)는 예수의 오심을 이스라엘 역사의 새로운 시작으로, 그리고 예수 자신을 이스라엘 역사를 통해 기대되어 왔던 다윗의 자손 메시아로, 그러면서 동시에 온 인류를 위한 메시아로 제시해 준다. 마태는 이러한 사실을 보다 확고히 드러내 보이기 위해, 계획적인 구조(inclusio 구조, 3×14 구조), 특별한 전환점들(다윗, 바벨론 포로), 네 명의 여인들(다말, 라합, 룻, 우리야의 아내) 등을 매우 섬세하면서도 과감하게 활용하고 있다.

셋째, 예수의 기원에 관한 이야기(1: 18~25)는 예수의 처녀 잉태와 출생이 구약의 약속(사 7:14)을 성취한 사건임을 확증해 준다. 그런데 마태는 예수의 그러한 출생이 불러일으킬 수 있는 의문점들을 요셉과 마리아 사이의 정혼 상황에서 이루어진 사건의 과정을 기술함으로써 적절히 설명해 나간다. 그러한 과정에서 마태는 요셉의 역할을 매우 강조하고 있는데, 이는 예수께서 다윗의 자손으로 인정될 수 있었던 것이 요셉을 통해서였다는 사실과 무관하지 않다. 하지만 마태는 요셉과 예수 사이의 밀접한 관계를 지극히 강조하면서도, 동시에 둘 사이의 본질적(즉, 육체적) 차이 역시 적절히 확인시켜 준다.

넷째, 2장은 예수의 베들레헴 출생이 성경의 메시아 출생 요건을 성취한 것일 뿐 아니라 더 나아가서 그의 고향이 나사렛이라는 사실까지도 성경의 예언들을 통합적으로 성취한 것이라고 선언하고 있다. 2장은 또한 예수의 어린 시절 지리적 이동이 성경의 이러한 예언들을 성취하기 위한 하나님의 계획된 여정이었음을 보여준다. 한편 2장의 다양한 지리적 요소들(동방, 이집트)은 예수께서 이스라엘뿐 아니라 온 세계를 위한 메시아이심을 시사해 준다.

다섯째, 2장의 성취 형식 인용구들은 예수의 지리적 이동이 하나님의 뜻을 성취한 여정들이었음을 입증해 주는 표면적 의미와 더불어 보다 주의 깊은 재구성을 통한 풍성하고 적극적인 기독론적 진리를 수반하고 있다.

자칫 무미건조한 이름들의 나열인 계보와, 몇몇 흥미로운 이야기거리들, 그리고 골치 아픈 문제성 인용구들 등으로 특징지어질 수도 있는 1~2장은 이처럼 심오하고 다양한 기독론적 사실들을 매우 섬세하게 짜여진 구조 안에 풍성히 담고 있는 진리의 보고(寶庫)이다. 독자들은 이 보고 가운데서 자신이 기울인 수고만큼 그 진귀한 진리의 보화들을 찾아낼 수 있을 것이다.

02

세례 요한의 사역과
시험 받으시는 예수

마태복음 3~4장의 주해와 적용

마태는 앞 단락에서 예수 그리스도의 탄생에 관하여 세 가지 방향에서 기록하였다(마 1:1~2:23). 먼저 예수의 탄생은 계보를 중심으로 설명되었다(마 1:1~17). 여기에서 마태는 14대의 계보구분을 사용하여 이스라엘 왕국의 성립(아브라함~다윗), 왕국의 존재(다윗~포로), 왕국의 멸망(포로~예수)이라는 도식으로 서술하였다. 둘째로 마태는 예수의 탄생을 부모를 중심으로 설명한다(마 1:18~25). 이 때 기술의 초점은 특히 요셉에게 주어졌다. 셋째로 예수의 탄생은 상황을 중심으로 기술됐다(마 2:1~23). 여기에서 마태는 예수의 탄생과 관련된 여러 가지 중요한 지명들에 관심을 가진다(베들레헴, 애굽, 갈릴리 나사렛).

마태는 예수 그리스도의 탄생에 관하여 기록한 다음, 바로 이어서 그의 활동에 관하여 말하지 않고 먼저 세례자 요한의 활동에 관하여 말한다. 이렇게 하여 예수 그리스도의 활동이 어떻게 준비되었는지 설명된다.

세례자 요한의 활동(3:1~12)

마태는 예수 그리스도의 활동을 말하기 전에 세례자 요한의 활동에 관하여 말함으로써 하나님의 구속역사의 치밀함을 설명해준다.

1. 상황(3:1a)

마태는 먼저 세례자 요한이 등장하던 상황을 설명한다. 세례자 요한의 등장(마 3:1~2)에 관한 설명은 "그 때에"라는 시간제시로 시작된다. 이것은 상당히 막연한 표현이다. 그러나 이러한 시간 설명으로 세례자 요한의 공식적인 활동의 시작은 예수의(정확하게 말하자면, 예수를 데리고 있는 요셉의) 갈릴리 나사렛 체류(마 2:22f.)에 부속됨이 표현되고 있다. 세례자 요한은 예수께서 갈릴리에 살던 그 때에 유대의 광야에서 등장하였다. 이후에 예수는 갈릴리에서부터 요한을 향해 요단강으로 왔다(마 3:13).

2. 명칭(3:1b)

요한은 마태복음에서 여러 차례 세례자라고 불린다(마 11:11,12; 14:2, 8; 16:14; 17:13). 뒤에서 살펴보겠지만 사실상 마태는 요한의 활동에서 세례보다 선포에 관하여 먼저 기록하고 있다. 그럼에도 불구하고 그는 요한을 선포자라고 부르지 않고 세례자라고 부른다. 선포는 일반적인 것이고 세례는 특징적인 것이기 때문에 요한은 선포자라는 명칭을 얻기보다는 세례자라는 명칭을 얻게 된 것으로 생각할 수 있다.

3. 장소(3:1c)

요한이 설교한 장소는 광야이다. "광야에서 외치는"(마 3:1). 이사야 인용의 첫 부분은 이에 상응한다. "광야에서 외치는 자의 소리"(마 3:3). 또한 마태복음 11장 7절은 요한의 등장 장소를 광야라고 지시한다. "왜 너희가 광야에 나갔느냐?" 이 광야는 정확하게 말하자면 유대 광야이다. 이것은 요한의 사역을 유다(이스라엘)에 제한시키려는 의도를 보여주며, 또한 갈릴리에서 오시는 예수의 사역과 구별하려는 의도를 보여준다(마 2:22~23; 3:13).

4. 선포(3:1d~2)

요한의 선포는 다음과 같다. "회개하라 하늘나라가 가까이 왔다"(마 3:2).

과거 선지자들도 백성들에게 회개를 요청했었다(렘 3:12, 14, 22; 겔 18:30). 그러나 요한의 회개 요청은 독특한 방식으로 하늘나라의 임박함과 결합되어 있다. 천국의 임박에 대한 인식이 없이는 회개도 불가능한 것이다. 회개는 내적인 발로가 아니라 외적 충동에 의하여 일어난다. 그러므로 회개는 인간 내적 문제가 아니라 하나님의 은혜인 것이다. 요한은 회개 요청의 측면에서 선지자들의 전통에 포함되지만, 임박한 하늘나라에 대한 선포 때문에 그들과 구별된다. 흥미로운 것은 세례자 요한의 설교 내용과 예수의 설교 내용(마 4:17)이 일치한다는 것이다. 요한과 예수는 선포의 차원에서 볼 때 병행적이다.

5. 인용(3:3)

요한의 등장에 관한 묘사 후에(마 3:1f.) 짧은 인용문(사 40:3)이 나온다. 요한의 등장이 이사야 예언의 성취로서 더욱 분명하게 규정된다. 요한은 이사야 선지자가 예언했던 것을 성취한 바로 그 사람이다. "광야에서 외치는 자의 소리 …" 요한은 주의 길을 준비하라고 외친다.

6. 모습(3:4)

요한의 의복과 양식은 무엇보다도 광야 거민의 성격을 분명하게 보여준다. 왜냐하면 요한의 의복과 양식은 그의 체류장소에 잘 어울리기 때문이다(마 3:1). 또한 마태복음 11장 18절에 의하면 요한의 생활방식은 아마도 그의 금욕적인 성격을 나타내는 것으로 생각해 볼 수 있다. 특히 요한의 의상은 엘리야를 연상시키기도 하고(왕하 1:8, 왕상 19:13, 19, 왕하 2:8, 13, 14 참조), 요한이 선지자라는 것을 보여주기도 한다(슥 13:4). 아마 요한이 낙타의 털로 된 옷을 입었던 까닭은 강물 속에 들어가 세례를 주기에 적합한 의복이었기 때문일 것이다. 낙타의 털은 쉽게 물기가 빠지고 건조되는 특성을 지니고 있다.

7. 영향(3:5f)

요한의 설교에 대한 백성의 반응은 다음과 같다. 사람들이 예루살렘과 온 유다에서 세례자 요한에게 왔다. 마태는 온 요단강 지역에서도 사람들이 와서 요한에게 세례를 받고 죄를 고백하였다고 한다(마 3:5~6). 듣지 않는 설교는 병든 것이며 회개를 이끌지 않는 설교는 죽은 것이다.

8. 요한의 설교(3:7~12)

요한의 설교는 두 가지 중요한 내용을 담고 있다. 그것은 회개와 메시아 설교이다.

1) 회개 설교(3:7~10)

요한의 설교는 바리새인과 사두개인 가운데서 그의 세례를 받기 위하여 온 많은 사람들을 향한다(마 3:7a). 이와 같이 바리새인과 사두개인이 결합된 형태로 나타나는 것은 사도행전 23장 7절을 제외하고는 단지 마태복음에서만 발견된다(마 3:7; 16:1, 6, 11, 12). 구태여 바리새인과 사두개인을 따로 떼어 말하는 것은 회개의 자세를 지니고 예루살렘, 유대, 요단지역에서 온 주민들(마 3:5f.)과 다르게 바리새인과 사두개인을 구별하려고 하기 때문이다. 후에 예수께서도 바리새인들, 사두개인들과 싸우는 것으로 나타난다. 요한의 설교 대상들은 "독사의 자식들"(마 3:7)이라고 지적당한다. 이것은 예수께서 마태복음 12장 34절에서 바리새인들에게, 마태복음 23장 33절에서 서기관들과 바리새인들에게 말한 내용과 같다. 바로 이 점에서 마태는 요한을 예수와 분명하게 병행시키고 있는 것이다.

회개 설교는 다음과 같은 내용을 담고 있다(마 3:7b~10). 첫째로 요한의 회개 설교는 "독사의 자식들아"(마 3:7b)라는 호칭으로 시작한다. 요한이 청중에게 이런 호칭을 사용했다는 것은 그에게 이렇게 말할 자격이 있다는 것을 전제로 한다. 요한의 자격은 이미 앞에서 충분히 설명되었다. 둘째로 요한의 회개 설교는 공격적인 질문으로 이루어진 위협을 가지고 있다. 청중이

"다가오는 진노"(마 3:7b)로부터 도피하기 때문이다. 요한이 여기에서 "다가오는 진노"로 무엇을 가리키고 있는지는 분명하지 않다. 아마도 이것은 앞에서 언급된 임박한 "천국"(마 3:2)을 의미하거나, 뒤에 언급될 "나무뿌리에 놓인 도끼"(마 3:10) 또는 찍힌 나무가 던져질 "불"(마 3:9) 또는 쭉정이를 태울 "꺼지지 않는 불"(마 3:12, 17)을 의미한다. 셋째로 이 때문에 회개에 합당한 열매가 필요하다(마 3:8). 근본적인 회개와 그에 상응한 결과가 다루어지는 것으로 보인다. 넷째로 요한은 아브라함의 자손됨에 관하여 말한다(마 3:9). 아브라함으로부터 유래하였다는 육체적인 유래는 장차 오는 진노 앞에서 보장이 될 수가 없다는 것이다. 마지막으로 나무의 뿌리에 놓인 도끼(마 3:10)에 관하여 말한다. 나무 뿌리에 놓인 도끼에 관한 비유는 종말적인 심판의 임박을 강조한다. 요한의 회개 설교에는 심판이 전면에 서있다. 그럼에도 불구하고 회개 요청과 좋은 열매 비유(마 3:8, 10)가 보여주는 것과 같이 구원사상이 심판 사상을 관통하고 있으며, 구원은 완전히 밀려나지 않는다.

세례자 요한은 선지자로 규정될 수 있는 것처럼 보인다. 왜냐하면 다가오는 진노에 관한 그의 말은 여호와의 날에 대한 선지자적 선포와 연결되기 때문이다. 물론 여기에서 주목해야 할 것은 좋은 열매를 맺지 않기 때문에 베임을 당하는 나무 비유가 마태복음에서는 예수의 산상설교에서도 글자 그대로 등장한다는 사실이다(마 7:19). 다시 말하자면 마태복음에서는 심판설교에 있어서도 역시 요한과 예수가 병행된다.

2) 메시아 설교(3:11~12)

메시아 설교에서 요한은 자신의 세례와 메시아의 세례를 비교적으로 설명한다. 요한의 세례는 회개를 위한 것이다(마 3:11a). 회개가 무엇을 의미하는지 마태복음 3장 8절에서는 오해할 것 없이 설명되어 있는데, 그것은 좋은 열매를 맺는 것이다.

마태복음 3장 11절에서는 "내 뒤에 오시는 이"라는 표현이 눈에 두드러진다. 이 표현법은 공간적인 성격으로 선생과 제자 사이의 관계를 설명하는 것으로 이해할 수 있다. 그러나 이 외에 요한에 관한 신약의 어떤 진술도 이 것을 가리키지 않는다. 이 때문에 이 표현법은 시간적으로 파악되어야 한 다. 이 용법은 요한보다 뒤에 오시며 요한보다 강한 어떤 인물을 가리킨다. 더 강한 자의 우등함은 요한이 더 강한 자의 신조차도 들 가치가 없다는 지 적, 즉 하인으로 섬기는 것에 대한 지적으로 말미암아 잘 설명된다(마 3:11).

마태는 더 강한 자의 세례에 관한 설명에서 요한이 그 뒤에 오시는 이에 게 종속된다는 것을 의미하는데 아무런 의심도 제공하지 않는다. 마태는 성령에 대한 지시로 더 강한 자의 세례를 구원 세례로 규정하며, 불에 대한 지시로 심판 세례를 지시한다(마 3:11c). 성령은 구원에 해당하고 불은 심판 에 해당한다. 불세례가 의도하는 것은 마지막 심판이다. 심판사상은 다음 에 이어지는 키질 비유에서 발전된다(마 3:12).

키질 비유(마 3:12)는 심판사상을 설명할 뿐 아니라, 구원사상도 설명한 다. 쭉정이는 꺼지지 않는 불에 태워지지만 알곡은 창고에 모아진다. 심판 사상은 키질 비유에서 발전된다(마 3:12). 이 비유는 강렬한 문체와 이스라 엘 예언의 언어로 회개 요청을 담고 있다. 여기에서 놓쳐서는 안될 점은 이 비유에서 구원사상과 심판사상이 분명하게 표현되고 있다는 점이다. 알곡 은 창고에 모아들이고, 쭉정이는 불로 사르게 된다.

예수의 세례(3:13~17)

마태는 요한의 활동에 대하여 기술하는 마지막 부분에서 예수께서 요한 에게 세례를 받으신 것을 설명한다. 예수께서는 갈릴리를 떠나 요한을 향 해 요단 강으로 왔다. 예수께서는 요한에게 세례를 받으려고 하셨다. 요한 의 사양(마 3:14)보다 예수의 설득(마 3:15)이 강하였다. 예수께서 세례를 받으 시고 물에서 올라오실 때 세 가지 현상이 동반되었다. 첫째 하늘이 열렸다. 하늘이 열리는 것은 족장들이 체험했던 일이며(창 28:12), 선지자들이 체험했던 사건이다(겔 1:1). 예수께서는 사역을 시작하시면서 사람들이 체험하기 어려운 놀라운 일을 체험하셨다. 둘째 성령이 비둘기같이 임하셨다. 이러한 성령강림은 독특한 방식이다. 성령은 보통 내적인 방식으로 일하시지만 예수 그리스도와 함께 계시의 새로운 장을 시작할 때 현상적으로 일하셨던 것이다. 셋째 하늘에서 음성이 들렸다. 이것은 예수께서 하나님의 아들이심을 가장 분명하게 증거하는 사건이었다.

예수의 시험(4:1~11)

예수의 활동은 요한에게 세례를 받는 것에 이어 사탄에게 시험을 당하는 것으로 연결된다. 예수께서 받으신 시험을 살펴보면 사탄의 공격에도, 예수의 방어에도 일관된 것이 흐르는 것을 발견하게 된다.

1. 상황(4:1~2)

우선 살펴보아야 할 것은 예수께서 시험을 받으시던 때의 상황이다. 예수께서는 사십 일 동안 광야에 계셨다. 이 때 예수께서 어떤 상황에 계셨는지 다음과 같이 설명된다. "사십 일을 밤낮으로 금식하신 후에"(마 4:2). 이것은 예수께서 철저한 금식에 들어갔다는 것을 의미한다. 이것은 예수를 초인간으로 생각하게 되는 오해를 갖게 한다. 하지만 마태의 말은 계속된다. "주리신지라"(마 4:2). 여기에서 예수는 사십 일 동안 아무 것도 먹지 않고 살 수 있는 초인간이라고 생각하는 오해는 깨진다. 예수는 초인간도 슈퍼스타도 아니다. 예수는 먹지 않으면 우리와 마찬가지로 굶주린 배를 움켜쥐고 고통을 당해야 하는 평범한 인간이셨다. 예수는 사십 일 동안 아무 것도 잡수시지 않았을 때 여느 인간처럼 몹시 굶주려 있었다. 바로 이 때 사탄이 찾아온 것이다.

2. 첫째 시험(4:3~4)

사탄은 사십 일 동안 아무 것도 먹지 않고 굶주린 예수에게 돌을 떡으로 만들라고 시험하였다. 왜 사탄은 예수께 하필이면 돌로 떡을 만들 것을 요구하였을까? 사탄은 얼마든지 다른 여러 가지 시험을 던질 수도 있었을 것이다. 그러나 이것은 지금 예수를 넘어뜨리기에 적당한 시험이 아니다. 사탄은 가장 연약한 부분을 향하여 공격한다. 사탄은 가장 적절한 것을 시험한다. 예수가 맞닥뜨리고 있는 가장 연약한 상황은 음식에 관한 것이었다. 사탄은 예수가 강력한 초인간이 아니라 연약한 인간이라는 것을 알았다. 사탄은 예수가 목마름과 배고픔 앞에서 여느 인간처럼 심각한 고통에 빠지는 연약한 존재임을 직시했던 것이다. 그래서 사탄은 예수를 철저하게 연약한 인간으로 만들어 버리려는 생각을 가졌다. 사탄은 돌을 떡으로 만들라고 요구함으로써 예수를 초인간적인 능력자로 인정해주는 것처럼 하면서, 돌을 떡으로 만들어 먹게 함으로써 예수를 떡에 매인 인간적인 연약자로 만들어 버리려는 무서운 간계를 꾸미고 있었던 것이다. 예수께서 돌로 떡을 만든다면 사탄은 드디어 승리하는 것이다.

예수께서 돌로 떡을 만드는 것은 굶주림을 해결하려는 시도가 된다. 그러므로 예수가 모든 인간처럼 굶주림 앞에서 어쩔 수 없이 떡에게 생명을 의존시키게 하는 것이다. 이렇게 함으로써 예수는 떡에 매인 인생이 되어 버린다. 예수는 "떡으로만 사는 사람"이 된다. 굶주림을 해결하기 위해서는 모든 방법을 다 정당화하면서 떡을 구하는 세상의 인간들처럼, 무슨 수단을 사용하든지 배고픔만 해결하면 능력자인 것처럼 생각하는 세상의 인간들처럼 되어 버리고 마는 것이다. 예수를 "떡으로만 사는 사람"으로 만들어 버리려는 것, 이것이 사탄이 예수에 대해 꾸민 무서운 간계였다. 사탄은 예수를 철저하게 연약한 인간으로 전락시키려고 했던 것이다.

3. 둘째 시험(4:5~7)

두번째 시험에서 사탄은 예수를 능력자로 만들어 구속성취보다는 능력

행사에 더 마음을 두게 한다. 능력자로 만들어 구속자의 신분을 잊게 하려한다. 사탄은 간교하게도 "네가 하나님의 아들이라면"이라고 말함으로써, 능력자임을 증명하면 하나님의 아들임이 증명될 것이라고 주장한다. 하지만 이것은 사탄의 계교이다. 예수께서 능력자임을 보일 때 비로소 하나님의 아들로 입증되는 것이 아니다. 그분은 이런 능력을 발휘하건 하지 않건 이미 하나님의 아들이기 때문이다. 하지만 이러한 일반적인 계교 뒤에 더욱 놀라운 계교가 숨어있다.

첫째, 사탄은 성전을 시험하였다(마 4:5~6상). 사탄은 예수님을 "거룩한 성으로"(마 4:5) 이끌고 갔다. 거룩한 성은 하나님의 도성이다. 이곳에서부터 결국 복음확산이 시작되어야 한다(행 1:8). 그러므로 사탄은 이 도성을 차지하기를 소원한다. 사탄의 시험 속에 하나님의 도성을 빼앗으려는 시도가 숨어있다. 예루살렘을 중심으로 영적인 전투가 벌어지고 있는 것이다. 사탄은 예수님을 예루살렘으로 이끌고 가서 "성전 꼭대기"에 세운다. 그리고는 뛰어내리라고 말한다. 성전은 무엇 때문에 존재하는가? 하나님께 예배하기 위하여 있다. 그러나 사탄에게는 이런 일들이 전혀 중요하지 않다. 사탄이 예수님을 예루살렘 성전 꼭대기에 세운 것은 예배하도록 하기 위함이 아니다. 그러면 무엇인가? 성전 꼭대기에서 뛰어내리는 것이다. 사탄은 예수님께 성전을 능력 행사의 장소로 이해시키려 한다. 성전이 본래적으로 지니고 있는 의미를 완전히 상실시키려는 것이다. 전혀 다른 목적을 위하여 성전을 사용하게 한다. 이것이 사탄이 예수님을 시험하는 진정한 목적 가운데 하나이다. 사탄은 하나님의 도성을 탈취하고 하나님의 성전을 오용하는 것을 목적으로 삼는다.

둘째, 사탄은 성경을 시험하였다(마 4:6하). 사탄은 예수님께 능력행사의 시험을 베풀면서 구약성경을 인용한다(시 91:11~12). 사탄은 예수를 시험하기 위하여 철저한 증빙서류를 제시하고 있는 것이다. 사탄이 제시한 것은 하나님의 말씀이다. 사탄이 성경을 인용할 때 무슨 의도를 가지고 있었는가? 무엇보다도 사탄은 성경의 목적성을 시험하고 있었다. 사탄의 논리는 이것이다. 하나님의 아들이라는 사실은 뛰어내리는 능력을 발휘할 때 입증된다. 뛰어내려도 안전하다는 사실은 구약성경으로 입증된다. 그러므로 사탄이 성경을 인용하는 의도는 이것이다. 사탄은 마치 성경이 예수가 능력자인 것을 입증하기 위하여 기록된 것인 것처럼 말하고 있다. 사탄은 뛰어내리라는 말을 정당화하기 위하여 성경을 제시한다. 이것은 성경의 목적을 오용하고 있는 것이다. 이것이 사탄의 무서운 계략이다.

예루살렘 성전을 오용시키던 사탄은 이제 하나님의 말씀을 오용시키고 있는 것이다. 더 나아가서 사탄은 성경의 진실성을 시험하고 있다. 여기에 두 가지 간사한 사탄의 꾀가 들어있다. 첫째, 예수께서 뛰어내리지 않으면 예수가 성경을 믿지 않는 것이 된다. 둘째, 예수께서 뛰어내렸는 데도 천사가 보호하지 않으면 성경이 틀린 것이 된다. 그러므로 성경을 통한 예수에 대한 시험은 결국 성경에 대한 시험이다. 사탄이 의도하는 것은 성경은 믿을 만한 것이 못된다는 것을 밝히려는 것이다. 그러나 이것은 시편의 내용을 완전히 잘못 인용한 것이다. 시편의 말씀은 뛰어내림에 관한 것이 아니었다. 이것은 인생 여정에 관한 말씀이다. 시편의 배경은 하나님의 철저한 보호를 의미하고 있다. 그러나 사탄은 마음대로 성경을 조작하고 있다. "모든 길에서"(시 91:11)라는 말을 삭제하였다. 성경을 하나님의 권위로 사용하는 것이 아니라 자신의 권위로 오용하고 있는 것이다.

셋째, 사탄은 하나님을 시험하였다. 사탄은 성경이 믿을 만한 것이 못된다는 것을 밝힘으로써 성경을 주신 하나님도 믿을 만하지 않다는 것을 드러내려고 하였다. 하나님의 말씀을 시험함으로써 하나님을 시험하는 것이다. 이것은 옛날 사탄이 하와를 유혹할 때 사용한 오래된 방법이다. 사탄은 하나님의 말씀을 의심하게 함으로써 하나님을 의심하게 하는 방법을 사용한다.

사탄이 의도한 시험의 결론은 예수를 '능력자'로 만들려는 것이다. 사탄은 예수의 마음을 미혹하여 능력을 구하는 보통 사람들의 심정에 적응시키려는 악한 시도를 한 것이다. 초인간적인 행사를 구하는 것은 지극히 인간적인 행위이다. 모든 사람이 능력적인 일을 구한다. 사탄은 예수께 이런 능력적인 행사를 요구한다. 사탄은 예수께 성전 꼭대기에서 뛰어내리라고 요구함으로써 예수를 초인간적인 능력자로 인정해 주는 것처럼 하면서, 예수에게 보통 사람의 심정을 가지도록 만들어 버리려는 무서운 계략을 꾸미고 있는 것이다. 사탄은 예수를 하나님의 아들 대신 보통사람으로 만들려는 시도를 보여주고 있다.

4. 셋째 시험(4:8~10)

셋째 시험을 위해서 마귀는 예수를 지극히 높은 산으로 이끌고 올라갔다. 이곳이 어느 곳을 말하는지는 정확하게 알 수 없다. 마귀는 예수께 순식간에 세계의 모든 왕국을 보여주었다. "천하 만국과 그 영광을 보여 가로되"(마 4:8). 이것은 사탄의 과시이며 위용이며 능력이다. 여기에 사탄이 가지고 있는 놀라운 능력이 나타난다. 그것은 공간적인 능력이다. 천하 만국은 무엇을 의미하는가? 이것은 모든 역사에 흥망하는 모든 왕국들을 가리킨다기보다는 아마도 예수 당시에 세계에 서 있던 왕국들을 가리키는 것으로 생각할 수 있다. 사탄은 예수께 세계에 펼쳐있는 모든 왕국들을 보여주었다. 사탄은 가장 넓은 공간을 예수 앞에 펼쳐 놓았다. 이것은 최대의 공간이다. 이것이 사탄이 예수 앞에서 발휘한 절묘한 능력이었다. 사탄은 예수 앞에서 공간을 가지고 장난질을 하였다. 이것이 사탄의 자기과시이다. 사탄은 예수를 공간의 착시현상으로 밀어 넣었다.

사탄의 의도는 무엇인가? 사탄은 예수에게 모든 사람이 가는 길을 갈 것을 요구하고 있는 것이다. 모든 사람이 기대하는 것은 공간의 획득이다.

사실상 사람이 행하는 모든 노력은 공간획득이라는 말로 설명할 수 있다. 모든 인간은 공간을 확보하면 안심한다. 사탄은 예수 앞에서 가장 넓은 공간을 보여주는 능력을 과시함으로써 모든 사람이 원하는 것을 제공할 수 있는 인물로 자신을 제시한다. 왜 사탄은 예수에게 이러한 과시를 하는가? 사탄은 예수를 보통사람으로 만들려는 것이다. 예수에게 가장 넓은 공간을 허락함으로써 예수를 사람 가운데 가장 위대한 사람으로 만들어 버리려는 것, 그러나 다시 말하면 모든 사람 가운데 한 사람으로 만들어 버리려는 것이다. 사탄은 예수께 보통 사람의 심성을 일깨우고 있다. 예수에게서 인류의 구속을 위한 신성을 잊어버리게 한다. 예수를 아무리 뛰어난 인간으로 높이더라도 결국은 인간으로 끝나게 하려는 것이 사탄의 목적이다. 이것이 사탄이 보여준 자기과시의 목적이었다.

5. 예수의 대답

예수 그리스도께서 진정으로 하나님의 아들인 표는 돌이 떡이 되게 하는 데 있는 것도 아니며, 성전 꼭대기에서 뛰어내리는 데 있는 것도 아니다. 진정으로 하나님의 아들이신 표는 하나님을 말하는 데 있다. 그러므로 예수께서는 사탄의 시험에 대답하기 위하여 오직 하나님의 말씀을 인용하신다. 여기에 중요한 사실이 있다. 예수께서 인용한 세 가지 말씀에서 공통적인 것은 무엇인가. 세 가지 인용문의 공통점은 세 구절 모두 "하나님"을 언급하고 있다는 것이다. 예수께서는 하나님의 말씀 가운데서도 모두 "하나님"이라는 단어를 가지고 있는 구절을 선택하셨다. "사람이 떡으로만 살 것이 아니요 하나님의 입으로 나오는 모든 말씀으로 살 것이라"(마 4:4). "주 너의 하나님을 시험치 말라"(마 4:7). "주 너의 하나님께 경배하고 다만 그를 섬기라"(마 4:10). 예수께서는 진정한 생명은 하나님께 있다는 것을 보이신다. 예수께서는 진정한 확신이 하나님께 대한 것임을 보이신다. 예수께서는 진정한 예배는 하나님께 주어진 것임을 보이신 것이다. 예수께서 하나님의 아들임을 증거하는 길은 능력을 행하는데 있지 않고 하나님을 말하는데 있었던 것이다. 예수께서는 십자가 위에서도 동일한 태도를 취하셨다. 십자가 밑에서 조롱하는 사람들이 "네가 만일 하나님의 아들이라면 십자가에서 내려오라"(마 27:40)고 말했을 때, 십자가 위에 계신 예수 그리스도께서는 이렇게 조롱하는 사람들에게 아무런 대꾸도 하지 않았다. 그 대신 예수 그리스도는 오직 하나님을 부를 뿐이었다. "나의 하나님 나의 하나님 어찌하여 나를 버리셨나이까"(마 27:46). 사탄이 "네가 만일 하나님의 아들이어든"이라는 말로 시험했을 때도 오직 하나님을 말하셨던 예수께서는 십자가 위에서 "네가 만일 하나님의 아들이어든"이라는 말로 조롱 받았을 때도 오직 하나님을 말하셨던 것이다. 하나님을 말하는 것이 진정한 능력임을 예수 그리스도께서는 아셨던 것이다. 이 때 사탄은 예수를 떠나고 천사들이 나아와서 수종을 들었다(마 4:11).

예수의 이동(4:12~16)

예수께서는 요한이 체포당했다는 것을 들으시고 갈릴리로 가셨다. 갈릴리에서는 주로 나사렛과 가버나움에 거주하셨다(마 4:12~13). 마태는 이것이 선지자 이사야의 예언을 이루기 위함이라고 설명한다. 예수께서는 말씀을 이루는데 인생의 모든 부분을 드리셨다(마 4:14~6).

예수의 사역의 시작(4:17~22)

예수께서는 요한이 선포했던 것과 똑같이 회개 선포로 사역을 시작하셨다(마 4:17). 그리고 나서 예수께서는 제자들을 부르셨다(마 4:18~22). 그들은 시몬과 안드레(마 4:18~20), 야고보와 요한(마 4:21~22)이었다. 그들이 어떤 사람들인가를 살펴보려면 가장 먼저 출신지에 관하여 말하게 된다. 그들이 일하고 있던 곳은 갈릴리 해변이다(마 4:18). 이것은 그들의 출신지가 갈릴리인 것을 암시한다. 그들은 먼 곳에서 온 사람들이 아니라 갈릴리 출신이었다. 예수께서는 제자를 찾으실 때 가까운 곳에서 찾으셨다. 예수 자신도 갈릴리 사람이셨다. 예수는 나사렛에서 자라서 가버나움에서 활동을 시작하셨다(마 4:13). 예수께서는 갈릴리 사람으로서 바로 그 갈릴리 가까운 곳에서 제자를 찾고 계셨다는 점에 주의해야 한다. 예수께서는 갈릴리, 바로 자신이 살고 있는 가장 가까운 곳에서 제자들을 찾아내셨다. 가까운 곳에 있는 사람들을 통하여 멀리 있는 사람들을 변화시킬 계획을 세우셨다.

예수께서는 베드로를 부르실 뿐 아니라 안드레도 부르셨고, 야고보를 부르실 뿐 아니라 요한도 부르셨다. 왜 그런가? 이 짧은 본문 속에서 형제라는 말이 몇 번 반복해서 사용된다(마 4:18, 21). 왜 예수께서는 제자를 부르실 때 하필이면 형제를 부르셨는가? 아마도 주님께서는 베드로와 안드레 형제, 야고보와 요한 형제를 주의 깊게 보신 것 같다. 형제들이 전혀 마찰 없이 화목하게 일하는 것을 예수께서 보셨을 것이다. 형제가 서로 협동을 잘 한다면, 다른 사람과도 화목할 수 있는 성격을 가지고 있는 것이다. 예수께서는 이 두 형제들이 화목하게 일하는 것을 통해 그들의 장래 사역을 바라보셨다. 그러므로 예수께서는 가장 처음 네 명의 제자를 얻으셨을 때 두 쌍의 형제를 얻으셨다.

그들은 어부였다(마 4:18). 그들은 예수의 부르심을 받았을 때 바다에 그물을 던지고 있었다. 그들은 어부로서 직업에 충실한 사람들이었다. 예수께서는 충실한 사람들이 제자가 될 수 있다고 생각하신 것이다. 작은 일에 충성하는 사람이 큰 일에도 충성할 수 있기 때문이다(마 25:21, 23). 작은 일에 충성하지 않는 사람은 큰 일에도 충성할 수가 없다. 예수께서는 모든 직업에서 자기의 제자를 삼으신다. 직업을 영적인 의미로 변화시키신다. 아무리 하찮은 직업을 가지고 있다 하더라도 예수께서 그 사람을 잡으시면 그 사람의 인생은 다른 인생으로 바뀌게 된다. 그들은 예수의 부르심 앞에서 즉시 응답하였다(마 4:20, 22). 이후에 베드로는 자신의 입으로 말했다. "보소서 우리가 모든 것을 버리고 주를 좇았나이다"(마 19:27).

예수의 영향(4:23~25)

예수의 활동은 두 가지로 요약된다. 그것은 '말씀'과 '일'이었다. 예수의 '말씀'은 교훈과 선포였고(마 4:23상), 예수의 '일'은 치병이었다(마 4:23하). 예수의 소문이 사방에 퍼지고 놀라운 반향을 일으켰다. 그래서 많은 무리가 예수께 나오게 되었다.

예수 그리스도 앞에 나온 무리는 누구를 가리키는가? 이들의 정체는 무엇인가? 이 단락을 살펴보면 이 무리의 정체를 어렵지 않게 간파할 수 있다. 첫째, 무리의 출처를 알 수 있다. "갈릴리와 데가볼리와 예루살렘과 유대와 요단강 건너편에서 허다한 무리가 좇으니라"(마 4:25). 그들의 출처는 갈릴리, 데가볼리, 예루살렘, 유다, 요단강 건너편이었다. 둘째, 이 구절에서 무리의 수효를 생각해 볼 수 있다. 그들은 허다한 무리였다. 셋째, 무리의 성격에 관하여 알 수 있다. 이 무리 속에는 여러 가지 종류의 질병으로 고통을 당하는 수많은 사람들이 있었다(마 4:24). 그들은 모든 종류의 앓는 자, 곧 각색 병과 고통에 걸린 자, 귀신 들린 자, 간질하는 자, 중풍병자들이었다. 마지막으로 무리의 성향을 알 수 있다. 마태는 무리가 보여준 동작을 설명하기 위하여 한 단어를 사용하고 있다. "그를 좇았더라"(마 4:25).

무리가 지니고 있는 성향 가운데 가장 큰 특징은 이동이라는 것이다. 무리에게는 이동의 성향이 있었다. 무리는 결코 중립적이 아니다. 무리는 매우 이기적이다. 때때로 개인이 무리 속에 들어가면 개인성을 상실하는 것처럼 보이기도 한다. 그러나 사실은 바로 이런 모습이 진정한 개인성을 노출하고 있는 것이다. 개인이 무질서와 무책임을 일상적으로는 표현하지 못하는 것은 사회에 의하여 그것이 억제되고 있기 때문일 뿐이다. 개인에게는 이기적인 의지가 있는데 이것은 무리를 이룰 때도 사라지지 않는다. 그래서 무리는 개인의 욕구를 선명하게 표현한다. 이것은 무리가 가지고 있는 개인적인 사회성이다. 무리는 분명한 의지를 가지고 있다. 바로 이것이 무리가 예수를 좇았을 때 잘 나타났다. 그들에게는 예수를 만나 병을 고치려는 분명한 의지가 있었다. 이러한 이기적인 의지 때문에 무리는 이동을 했다.

무리의 이동성은 필요에 의하여 결정된다. 필요에 따라서 악을 정당화하기도 한다. 이같은 성향이 예수를 향해서도 작용했다. 무리는 필요에 따라서 예수를 왕으로 섬기는 일에 적극적으로 참여했고, 또한 필요에 따라서 예수를 십자가에 못박는 일에도 적극적으로 참여했다. 무리는 이기적인 성향에 사로잡혀 있기 때문에 비참한 것이다. 문제는 무리에게는 이 비참함에서 자신들을 구원할 능력이 없다는 점이다.

후문맥

이제 마태는 뒷 단락에서 예수의 산상설교를 기술한다. 마태는 예수께서 산상설교를 행하셨던 상황에 관하여 짧게 진술한다. "예수께서 무리를 보시고 산에 올라가 앉으시니 제자들이 나아온지라"(마 5:1). 이것이 예수께서 산상설교를 행하시기 전에 있었던 상황에 대한 간단한 묘사이다. 예수 그리스도와 무리 사이에 어떤 끊을 수 없는 관계가 설정되어 있다. 예수께서 산상설교를 시작하기 전에 그분 앞에 다가온 무리는 이동적이며, 이기적이며, 개인적이고, 비참한 집단이다. 산상설교는 이런 무리를 전제로 하고 있다. 이것은 산상설교의 사회적인 전제이다. 예수께서는 이런 무리를 보셨다. 예수의 보심은 단순한 시각적인 기능을 의미하는 것이 아니다. 예수의 보심은 뚫어보심을 의미한다. 예수께서는 무리의 이기적인 의지를 뚫어보시고 무리의 극복 불가능한 비참함을 뚫어보셨던 것이다. 예수의 보심은 무리가 가지고 있는 인생의 문제에 참여하는 것을 나타낸다. 이런 점에서 산상설교는 무리의 인생문제에 대한 예수의 참여를 의미하는 것이다. 산상설교는 인간에 대한 하나님의 관심이다. 산상설교는 오직 하나님의 지시와 인도만이 인간에게 문제의 해결책이 된다는 것을 보여주는 예수 그리스도의 구원계시이다.

03

산상수훈 : 하늘 나라의 복음

마태복음 5~7장의 주해와 적용

마태복음에 수록되어 있는 예수님의 산상설교를 현대 한국 교회에 설교하는 일반적 방법은 크게 두 가지가 있을 수 있다. 예수님이 이 말씀들을 주셨을 때, 즉 이천여 년 전의 의미를 찾아 설교하는 것과 이 말씀들을 오늘날 교회에서 읽을 때 그 현대적 의미를 찾아 설교하는 것이다.

그러나 어느 것도 설교로서는 적당하지 않다. 전자는 역사적 의미를 추출하는 것일 뿐 설교를 듣는 오늘의 청중을 예수님의 설교 앞에 불러모으는 데 실패하기 쉽다. 후자는 청중을 예수님 앞에 불러모으는 데는 성공하지만 자칫 설교자 자신의 생각을 예수님의 설교로 둔갑시키기 쉽다.

성경의 어느 본문과 마찬가지로 산상설교에서도 그 때의 의미와 지금의 효과 사이에 최적의 균형이 유지될 수 있어야 한다. 이것은 원문의 뜻을 그 당시의 세계에서 찾아 현대에 같은 의미를 전달하고 같은 효과를 낳을 수 있는 새 그릇에 담아 나르는 방식으로 수행될 수 있다.

이 글에서 필자는 산상설교의 처음 의미와 이에 대한 당시 청중들의 느낌이나 반응에 최우선적으로 초점을 맞추면서 동시에 이 말씀들을 현대 한국인들에게 어떻게 옮길 수 있는지 그 적용면에도 관심을 가질 것이다.

문맥과 구조

예수님의 활동은 "천국이 가까웠다"는 외침으로 시작되었다(마 4:17). 네 제자가 부름을 받은 기사 다음에 마태는 예수님이 갈릴리 지역을 두루 다니시며 "가르치시며 천국 복음을 전파하시며 사람들을 고치셨다"고 기록하고 있다(마 4:23). 이 첫 활동의 결과 많은 사람들이 예수님을 좇았다(마 4:25). 이 무리를 보시고 예수님은 산으로 오르셨다. 사람들을 더 잘 가르치실 적당한 장소로 향하신 것이다. 앞서 오르시던 예수님이 위쪽에 자리를 골라 아래를 향해 앉으시자 무리 중에서 제자들이 가까이 왔다(마 5:1~2). 사람들은 아래쪽에 서 있었다. 이런 상황에서 예수님의 산상설교가 시작되었다.

설교가 끝났을 때 이 설교를 서서 듣던 사람들이 놀랐다고 마태는 적어 놓았다(마 7:28). 그 이유는 예수님의 가르침이 서기관들과는 달리 힘이 있었기 때문이다. 예수님은 산에서 내려오시고 무리도 곧 뒤따른다. 마태는 이어 예수님의 이적 사건 몇 가지를 기록하고 다시 "예수님이 모든 성과 촌을 두루 다니시며 천국 복음을 전파하시며" 사람들을 고치셨다고 적어 놓았다.

그런데 마태는 천국 복음이란 단어는 소개하면서도 그것이 무엇이었는지에 대해서는 산상설교 외에 달리 적어 놓지 않았다. 그렇다면 이 문맥에서는 산상설교가 하늘나라의 복된 소식이다. 따라서 이 설교는 예수님 자신의 정체성과 함께 이해해야 한다.

예수님은 구약시대를 마감하고 새 시대를 여시는 그리스도로 오셨는데 그의 권위는 설교와 이적에 그대로 나타났다. 사람들은 예수님의 권위에 압도당했고 그를 따랐다. 그리고 예수님은 산상설교에서 천국의 성격과 자신의 정체를 은근히 밝히셨을 뿐만 아니라, 어떤 사람이 천국의 백성인지, 그들이 어떻게 살아야 하는지를 기본적으로 가르치셨다.

산상설교를 이해하는 열쇠는 천국의 왕으로 오신 예수님이 바로 이 설교를 하셨다는 사실이다. 즉 산상설교는 예수님을 천국의 왕으로 전제하고 있다. 예수님에 관하여 마태는 앞 장에 명백하게 밝혔기 때문에 산상설교를 읽는 사람들은 예수님을 천국의 왕으로 오신 하나님의 아들로 믿고 그 믿음 위에서 산상설교의 내용을 이해하려고 해야 한다.

산상설교는 크게 다음의 세 부분으로 구분된다.

① 서론부: 복 있는 사람들(마 5:3~16)

② 본론부: 천국의 규범(마 5:17~7:20)

③ 결론부: 하나님의 뜻을 따름(마 7:21~27)

서론부: 복 있는 사람들(5:3~16)

서론부에는 다음의 내용이 들어 있다.

마태복음 5장 3~10절: 복 있는 사람들, 즉 천국 백성의 일반적 성격을 규정하심. '팔복' 이란 이름으로 통용된다.

마태복음 5장 11~12절: 특수한 성격을 규정하심. 제자들의 성격 규정이라고 해도 좋을 것이다.

마태복음 5장 13~16절: 천국 백성(즉 제자들)의 역할을 규정하신 소금과 빛의 비유.

1. '팔복' : 복 있는 사람들의 일반적 성격(5:3~10)

예수님은 설교를 시작하시면서 최초로 어떤 사람이 복 있는 사람인지를 선언하셨다. 예수님은 천국의 왕이시므로 이 선언은 즉시 효력을 발휘했다고 보아야 한다. '팔복' 을 설교할 때 무엇보다 강조해야 할 요소는 복 있는 사람이 누구인가를 선언하신 예수님 자신이시다. 동시에 설교를 듣는 상황, 즉 부름 받은 제자들과 무리들이 예수님을 – 잘 모르고 있었는데도 불구하고 – 실제로 따르고 있었고 설교하실 때 내내 앞에 서 있었다는 사실도 함께 다루어야 한다.

'팔복' 의 조건으로 제시된 요소, 예를 들어 '마음의 가난' 등을 축복 받은 이유로 설명하는 것은 불충분한 해석일 뿐 아니라 오해의 소지가 있다. 삼인칭 표현법으로 선포된 '팔복'은 예수님을 청중들 중에서 복 있는 사람들, 즉 그 적용대상을 추려내는 역할을 한다. 다시 말해 예수님은 '너희 모두가 복 있는 사람이 아니라 이런 사람들만이 복 있는 사람들이다'라고 선언하신 것이다.

각 절을 분석해 보면 예수님께서 이러한 사람들을 복 있는 사람들로 규정하신 진짜 이유는 따로 있다. 본문은 '왜냐하면'에 해당하는 헬라어 '호티'로 이끌리는 절이다. 각 '호티' 절에는 예수님의 출현과 활동으로 지상에 시작될 천국과 관련된 내용이 들어 있다. 예수님 자신이 이런 사람들에게 천국을 경험하게 하시겠다는 약속이라고 볼 수 있을 것이다. 그들에게 이대로 이루어지지 않는다면 조건과 축복은 별 의미가 없다.

나중에 자세하게 드러난 신약적 축복의 조건 '예수님을 그리스도요 주님으로 믿음'과 비교할 때 '팔복'에서 긍정적으로 다루어지는 요소들은 이것이 '사람들을 예수님에게 오게 한', 혹은 '예수님이 사람들 중에서 그들을 받아들인' 이유였다는 의미에서 우리는 천국 백성의 '일반적 성격'이란 표현을 사용했다.

'복 있는 사람들'의 수가 몇 명인지, 또 모두 어떤 논리적 연관성을 가지고 있는지에 대하여 여러 가지 의견이 있다. 이것은 어디까지나 예수님께서 복 있는 사람이라고 언급하신 요소들을 절대시할 때 발생하는 토론이다. 위에 제시한 것처럼 예수님을 따름과 함께 이 요소를 다룬다면 '복'의 수와 그 관계는 별로 중요하지 않다. 우리는 가장 일반화된 방법을 따라 앞의 네 가지와 뒤의 네 가지를 구분하고, 아홉 번째를 별도로 다룰 것이다. 전자는 하나님을 향한 신앙적 자세로, 후자는 사람들을 향한 윤리적 자세로 설명할 것이다.

예수님은 모인 사람들 중에서 "심령이 가난한 자들이 복 있는 사람들이다"고 선언하셨다. 그 이유는 예수님께서 그런 사람들에게 천국의 사람들로 모을 계획을 가지고 계셨기 때문이다. 아니, 산상설교가 선포되는 바로 이 시점에 그들은 왕과 함께 있었으므로 천국은 이미 "그들의 것"으로 그들 가운데 실현되고 있었다.

가난이란 꼭 있어야 할 것이 없는 상태에 대한 표현이다. 이 단어를 좁게 설명하는 사람들은 '죄를 깨닫고 절망한 상태'로, 구약적 배경에 초점을 맞추는 사람들은 '가난해서 하나님만을 의지하는 경건한 사람들'로 해석한다. 무엇의 결핍인지를 예수님은 구체적으로 말씀하지 않으셨으므로 우리도 더 이상 세밀하게 설명하지 않고 그냥 '심령이 결핍된 상태에 있는 사람들'로 설명한다면, 이 말씀은 다른 이유에서가 아니라 영혼의 가난 때문에 자신에게 온 사람들을 예수님께서 잘 왔다고 선언하신 것이 된다. 초점은 심령의 가난이 아니라 그것이 동기가 되어 그들이 예수님에게 왔다는데 맞추어진다. 구원의 새 시대에는 예수님과 연관되지 않는 것은 결코 복음이 아니다.

"애통하는 자들"도 울음의 이유 없이 말씀하셨다. 이것을 '죄로 인한 영적 애통'으로 설명하는 것은 예수님의 말씀을 너무 좁히는 것이다. 주님은 구체적인 설명 없이 '하나님 앞에서 슬퍼 우는 사람들'을 축복하셨다. 그런 동기로 모인 사람이 있다면 예수님 자신이 저희를 위로해 주실 것이기 때문이다.

5절의 "온유"는 – 이것이 하나님 앞에서의 영적 태도라면 – 하나님의 처분을 겸손히 기다리는 태도를 의미한다. 그런 사람이 예수님 앞에 섰다면 그들은 예수님에게 제대로 온 것이다. 예수님은 그러한 사람들에게 "땅을 기업으로" 주러 오셨기 때문이다. 땅은 예수님에게서 시작될 천국에 대한 다른 비유이다.

6절의 "의"란 하나님의 의, 하나님께서 약속하신 것을 "신실하게 이루어 주실 것"을 의미한다. 하나님의 약속이 성취되는 것에 주리고 목마른 것 때문에 행여나 하고 예수님을 따라 나선 사람들이 있다면 그들은 이제 그 약속의 성취로 오신 예수님에 의해 곧 배부르게 될 것이다.

이상의 네 종류의 사람들을 굳이 구체적으로 설명하려 한다면 이 당시 유대인들의 상황, 즉 대 제국 로마의 강압적 지배와 헤롯 가문의 폭력적 왕권 아래서 서로가 자기 살 길을 찾아 우왕좌왕하는, 극도로 분리된 사회에서 그래도 모든 희망을 하나님께 두고 예수님에게 왔던 그런 사람들로 그려야 할 것이다. 그런 사람들에게 예수님은 위로와 축복의 시작을 선포하신 것이다.

7절부터 시작되는 사람과의 관계, 즉 윤리적 요소들도 이 사람들이 지금 예수님 앞에 서 있다는 사실 혹은 근거 위에서 이해해야 한다. 예수님은 도덕심, 인간의 마음 자체를 축복하신 것이 아니라 그것이 이유가 되어 예수님을 만나고 예수님의 설교를 들으며 이제 천국의 사람들로 부름을 받는 것을 축복하신 것이다.

예수님은 "남을 불쌍히 여기는 사람들", "마음이 청결한 사람들", "평화를 위해 일하는 사람들", 그리고 "의로 인하여 핍박을 받은 사람들"을 복 있는 사람들로 선언하셨다. 이 중 "마음의 청결"이란 '사심이 없이 두 마음을 품지 않고 진실하게 사람들을 대하는 것'이다. 10절의 "의"는 하나님께서 인정하시는 삶을 뜻한다. 정당하게 하나님의 말씀대로 살고 그런 것 때문에 – 이방인들이 지배하는 세계에서 – 불이익을 당하고 핍박을 받는 사람들이 청중 가운데 있다면 예수님은 그들을 축복하신 것이다.

예수님은 사람과의 관계에서 지적하신 네 가지 태도는 예수님의 활동으로 이 땅에서 시작된 천국의 성격과 일치하는 공통점을 가지고 있다. 따라서 앞의 네 가지만이 아니라 뒤의 네 가지도 간접적으로 예수님의 사역과 하늘나라의 특성을 규정하고 알려주는 역할을 한다. '호티' 절에 포함된 "긍휼히 여김을 받는 것", "하나님을 보게 될 것", "하나님의 아들로 불릴 것", "천국을 소유할 것"이 이 사람들을 축복하신 진짜 이유이다. 이것은 왕이신 예수님을 통해 이제 실현되기 시작할 바로 그 일들이다.

'팔복'은 특출하게 취급해야 할 영적, 도덕적 덕성을 규정하신 말씀이 아니다. 덕목의 나열로 이해한다면 우리는 끊임없이 이 덕목들을 다른 종교와 비교하며 그 우월성을 확보하기 위해 노력해야 할 것이다. 신약 시대에 복 있다고 인정될 그런 인간의 덕은 어디에도 없다. 예수님은 사람들이 자신을 따르는 동기를 파악하시고 자신의 활동으로 시작되는 천국에 적절한 사람들이 누구인지를 선포하신 것이다.

21세기의 문턱에 서있는 우리들의 상황은 이 때의 사람들의 상황과는 판이하게 다르다. 그렇다면 이 부분을 어떻게 설교하는 것이 좋은가? 사람들이 교회를 통해 살아 계신 예수님을 만나는 상황은 - 영적 만남이란 주제를 가지고 - 지금도 그와 다름없이 설교할 수 있다.

앞의 네 조건을 좁게 설명한다면 - 초대 교회 시절부터 그랬던 것처럼 - 인간의 죄, 후회, 버림, 눈물, 하나님의 처분만 바람 등 믿음에 이르는 길로 설교하는 것이 보편적이다. 만약 넓게 설명한다면 특별한 이유를 언급함 없이 영적 결핍, 영적 슬픔, 영적 온유, 영적 의존 등으로 설명하며 이런 저런 이유로 예수님께 나아온 것을 강조하는 것이 설교의 힘이 될 것이다. 이런 이유들은 사람들이 예수님을 만난다면 지금도 그대로 충족될 것이 틀림없기 때문이다. 왜냐하면 예수님은 지금도 바로 그 왕이시기 때문이다.

2. 복 있는 사람들의 특수한 성격(5:11~12)

이 구절에서부터 예수님은 3인칭 표현법을 2인칭 표현법으로 바꾸어 "너희"로 말씀하시기 시작하셨다. 그러나 무조건 청중 모두가 이 복이 있다고 선언된 "너희"의 범주 안에 들어오는 것은 아니다. 예수님은 "너희"에 특수한 조건을 붙이셨기 때문이다. 즉 예수님 때문에 욕을 먹고 핍박을 받고 온갖 악한 말을 들어야 하는 그런 경우가 오면 그 "너희"에게 예수님의 축복이 효력을 나타내는 것이다.

예수님이 사용하신 조건들은 '나를 믿음' 대신 사용된 것으로 보인다. 그것은 적대적 사회에서 예수님을 믿음이 생생하게 나타나는 삶의 현장을 그리는 단어들이다. 예수님을 믿지 않는데도 사람들이 "욕하고 핍박하고 거짓으로 온갖 악한 말을" 하지는 않을 것이다. 설령 그런 일이 일어난다 하더라도 예수님과 아무런 관계가 없다면 그냥 욕을 얻어먹고 가만히 있을 사람은 아무도 없다.

복된 이유로 예수님은 "하늘에서 너희의 삯(μισθός미스토스)이 크기 때문이다"고 하셨다. 하늘나라가 예수님의 출현으로 시작되었으므로 이 삯을 죽은 후에 저 세상에서 약속된 것으로 이해할 필요는 없다. 그 삯은 이 땅에서 주어지기 시작한다. 예수님 때문에 허위의 모독과 핍박이라도 감수할 수밖에 없는 사람들을 구약시대의 고난받던 선지자들과 비교하셨다는 것도 이 점을 부각시킨다. 예수님은 자신과 관계된 상태 자체가 축복의 이유가 되기 때문에 "기뻐하고 즐거워하라"고 격려하신 것이다.

3. 소금과 빛의 비유: 천국의 백성들(제자들)의 역할(5:13∼16)

"너희"라 불리는 사람들은 – 표현만으로는 – 예수님을 따라 올라와 설교를 들은 청중 모두라고 말할 수 있다. 이 경우 그들이 인간으로 오신 영광의 왕 예수님을 보고 들었다는 것이 축복이요, 빛과 소금으로 비유된 근거일 것이다. 하지만 이것은 예수님의 사역 초기의 일일 뿐이다. 보고 듣고도 믿지 않던 사람들은 예수님의 활동이 계속되면서 천국과는 아무런 관련이 없는 것으로 판가름나고 말았다. 경우에 따라서는 적대자로 변신하기도 했다. 그렇다면 이 결과까지 주석에 반영시켜야 할 것이다. 11∼12절에서 예수님이 자신과의 관계를 근거로 하여 복 있는 사람이 누구인지를 규정하셨다는 점을 감안하면 11절 이하의 모든 "너희"는 – 문맥 상 – 예수님을 믿는 사람들을 의미한다고 보아야 한다. 이 "너희"는 긍정적 명칭 "제자들"로 바꿀 수 있다.

예수님은 자신이 복 있다고 규정하신 사람들, 즉 제자들을 "땅의 소금", "세상의 빛"으로 비유하셨다. 소금은 세상의 악을 막고 세상의 존재 의미를 보존하는 방부제 역할에 대한 비유어다. 빛은 세상의 어둠을 깨우치고 선도한다는 보다 적극적인 역할을 알려주신 비유어다.

'소금이 되라, 빛이 되라'고 명령하지 않으시고 '빛이다, 소금이다'라고 진술하신 것을 주목해야 한다. 예수님을 믿는 사람들은 이미 세상의 빛이나 소금이 되어 있는 사람들이다. 그리고 그렇게 살아가야 할 사람들이다. 따라서 그런 사람이 이 세상에 존재한다는 것부터 세상의 악을 방지하고 세상을 보존하며 세상에 맛을 주는 역할을 하는 것이 된다. 결국 천국의 백성들은 세상의 어둠을 밝히고 세상의 빛으로 오신 예수님에게로 인도하는 역할을 하게 된다.

어떻게 이것이 가능한가? 이 세상에는 예수님을 알고 믿는 사람이 있다는 것부터 거추장스러운 요소이다. 예수님의 십자가는 세상의 죄를 알리고 심판하고 하나님의 사랑과 용서를 보여주는 사건이기 때문이다. 잠시 후에 사람들이 알게 될 이 일들을 염두에 두시고 예수님은 그들을 빛으로 소금으로 부르신 것이다.

무엇으로 그러한 역할을 할 것인가에 대해 예수님은 착한 행실을 언급하셨다. 예수님을 믿는 사람들에게 선한 행동이란 필수적으로 나타나야 할 특성이자 본질이다. 만약 선한 행동을 하지 못한다면, 그런 것으로 하나님의 영광을 드러내지 못한다면 제자들은 아무 짝에도 쓸모 없고 세상 사람들에게도 짓밟힐 수밖에 없는 맛을 잃은 소금, 빛을 빼앗긴 빛이 되고 만다. 예수님을 믿음과 예수님께서 요구하시는 선한 행위를 하는 것은 늘 함께 붙어 다니는 두 개념이다.

본론부: 천국의 규범(5:17~7:20)

소금, 빛으로 비유된 천국의 사람들이 선한 행실을 드러내어 하나님의 영광을 모두가 볼 수 있도록 해야 한다는 앞의 말씀은 이제 선행 행위가 무엇인지를 규정하는 규범의 문제로 진행한다. 선한 행실의 기준, 즉 하늘나라의 규범에 대한 말씀이 산상설교의 중간부분을 차지하고 있다.

규범에 대한 말씀은 크게 여섯 부분으로 구분된다.

① 서론: 율법의 완성에 대하여(마 5:17~20)

② 여섯 반제: 완성의 실례들(마 5:21~48)

③ 의를 행하는 방법(마 6:1~18)

④ 재물과 염려에 관하여(마 6:19~34)

⑤ 먼저 할 것(마 7:1~12)

⑥ 요약 및 결론(마 7:13~20)

1. 율법과 선지자들을 완성하러 오신 예수님(5:17~20)

이 부분은 초대 교회 시절 가장 주목을 받았던 말씀이다. 교회는 이스라엘의 특권과 위치를 이어간다고 보았기 때문에 구약 시대의 핵심인 "율법", 넓게 말하면 구약성경에 대해서 교회가 어떤 태도를 취해야 하는지를 규명해야만 했고 여기 기록되어 있는 예수님의 말씀이 그 질문에 대한 가장 적절한 답을 주는 것으로 보였기 때문이다. 우리 시대의 입장에서 보면 이 부분은 구약성경을 어떻게 읽고 생활에 적용할 수 있느냐는 질문과 연결된다.

설교의 문을 여시며 하신 말씀들은 당시 유대인들의 입장에서 보면 가히 혁명적인 것이었다. 예수님은 - 당시 유대 지도자들이 늘 하던 것처럼 - 율법을 지키는 사람들이 복 있는 사람들이라고 하지 않으시고 천국의 복음을 선포하셨기 때문이다. 예수님은 청중들에게 일어날 수 있는 부정적 반응, 즉 '율법이나 선지자들을 폐지하신다는 말씀인가?' 하는 의문을 예상하시며 그렇지 않다고 선언하셨다. 우리가 아는 바대로 예수님은 율법을 완성하러 오신 분이시다.

여러 종류의 내용들이 구약성경을 구성하고 있다. 주요 내용은 하나님께서 주신 규범, 예언, 역사의 세 가지이다. 지금 예수님께서 관심을 가지고 말씀하시는 것은 구약성경의 규범적 부분, 특히 계명들이다. 모든 계명들은 하나님의 뜻을 표현하신 것이므로 절대로 폐지될 수 없다. 없어질 수도 없다. 예수님도 이것을 폐지하러 오지 않으셨다. 따라서 예수님의 제자들도 가장 작은 계명 하나라도 버려서는 안 된다. 지켜야 하고 지키도록 가르쳐야 한다. 이것이 예수님의 선언이다.

그러나 이미 "완성"에 대하여 말씀하셨기 때문에 계명들을 구약 시대에서처럼 문자 그대로 지키고 그렇게 가르쳐야 한다는 의미는 아닐 것이다. 완성된 계명들의 형태를 지적하셨다고 해야 한다. 완성이 무엇을 뜻하는지에 대한 구체적인 예를 예수님은 21절에서부터 여섯 번에 걸쳐 설명하셨다. 그 완성된 형태의 규범을 지키고 가르침에 있어서 천국의 사람들은 적어도 그 당시 가장 모범적이라고 하던 바리새인들과 서기관들을 능가해야 한다는 말씀이 20절에 수록되어 있다. 그렇지 못할 때 누구도 천국에 들어가지 못한다는 경고문을 붙여 놓으셨다. 그것은 맛을 잃은 소금일 뿐이다.

천국은 예수님의 탄생과 활동으로 이 땅에서 시작되고 산상설교의 선포로 구체적인 모습을 갖추어 가고 있었기 때문에 "천국에서 크다" 혹은 "작다"고 불리는 것은 천국에서 배제되느냐, 천국에 포함되느냐를 의미하는 것으로 보아야 한다.

완성이란 하나님의 섭리와 관계된 개념이다. 구약 시대에는 하나님께서 아브라함을 택하시고 이스라엘을 자신의 백성으로 삼으셨기 때문에 하나님의 뜻은 이스라엘 나라의 사회적, 정치적, 민족적 울타리 안에서 주어졌다. 예수님께서 예언된 메시아, 사람들이 기다리던 그 그리스도로 오셔서 하나님의 사랑과 축복을 이제 모든 민족, 모든 나라로 확대하시는 이 시점에서 율법은 – 하나님의 새 구원시대에 어울리는 – 범 사회적, 범 정치적, 범 민족적 특성을 가지게 된다. 하나님의 계명들에 새겨져 있던 사회적, 정치적, 민족적 색채는 이제 세계적 색채로 탈바꿈해야 한다. 이것을 완성이란 용어로 표현하신 것으로 보인다.

이러한 결론은 완성의 예들로 제시된 예수님의 말씀과 당시의 가르침, 그리고 구약 성경에 기록된 계명들을 비교함으로써 찾아낸 것이다. 예수님은 모든 계명들의 완성된 형태를 일일이 한꺼번에 설명하지 않으시고 여섯 가지를 예로 주셨다. 일부 계명들의 새로운 형태는 복음서의 다른 곳에, 혹은 신약성경의 다른 책에 수록되어 있기도 하고, 교회의 역사에 나타나기도 했다. 이혼에 대한 계명이나 히브리서의 경우가 이에 해당한다. 혹은 안식일 규례를 주일로 지키게 된 것도 이와 관련된 것으로 보아야 한다.

그러나 구약성경을 읽고 사용하는 한 그곳에 계시된 하나님의 뜻 모두를 완성자로 오신 예수님과 관련지어 이해하고 우리의 삶에 적용하기 위한 더 많은 연구가 필요하다. 이것은 혼자서 할 수 있는 일도 그렇게 되어지는 일도 아니다. 만약 교회가 연합된 힘으로 이 일에 착수한다면 우리는 현대에 필요한 규범 혹은 삶의 원칙을 구약성경의 계명으로부터 더욱 더 풍성하게 이끌어 낼 수 있을 것이다.

2. 여섯 반제들(5:21~48)

여섯 반제라는 이름은 예수님께서 자신의 교훈만을 주시지 않고 이것을 "옛 사람들에게 말해졌다고 너희는 들었다"는 규범에 대한 반제("그러나 나는")로 제시하셨기 때문에 붙은 별명이다. 모두 여섯 가지인데 살인, 간음, 이혼, 맹세, 복수, 사랑에 관한 것이다.

1) 살인에 관하여(5:21~26)

살인은 사람을 죽이는 일이다. 하나님은 처음부터 이런 행동을 금하셨다. 어느 시대 어느 나라나 살인을 가장 큰 범죄로 취급한다. 그러나 살인을 하지 않으면서도 살인하지 말라는 법의 정신을 무시할 수 있다. 처벌이 두려워서 살인을 피하다 보면 살인이란 행동을 가볍게 보는 경향이 생기고 기회가 있으면 언제라도 살인을 저지르게 된다. 예수님 당시 유대인들이 이러했던 것으로 보인다. 그들이 배운 것은 "살인하면 심판을 받게 된다"였다. 무게의 중심이 살인을 죄로 보는 것에서 이에 따르는 처벌로 이동한 것이다.

예수님은 율법의 정신을 무시하고 형태만 따르는 것을 비판하시며 살인을 일으키는 원인과 살인에 이르는 모든 정신적 과정을 아예 죄로 규정하셨다. 점점 악한 행위를 언급하시면서도(분노 - 욕설 - 경멸) 점점 큰 대가를 결합하심으로(심판 - 공회 - 지옥 불) 잘못된 행위와 처벌의 대조를 극대화하셨다. 살인에 관한 하나님의 계명은 폐지된 것이 아니라 마음의 영역에까지 적용될 수 있도록 더 확대되었다.

덧붙여진 두 예화는 앞의 말씀들을 보충하며 강조한다. 무의식적인 실수든 명백한 잘못이든 용서가 필요하다. 화해의 길을 밟아야 한다. 그것은 예배를 멈추더라도 우선 해야 할 일이며 죽기 전에, 즉 기회가 남아 있을 때 기필코 해야 할 일이다. 그렇지 않으면 하나님께서 마지막까지 그 책임을 물으실 것이다.

이 부분을 설교한다면 사회법의 준수, 형법, 민법 등에 어긋나는 행위를 하지 않았다는 것을 모범적 기독교인의 삶인 것처럼 생각하는 기독교인들의 경박한 태도를 지적, 경고할 수 있을 것이다. 예수님의 기준은 사회법을 훨씬 뛰어넘는 더 높고 더 고귀한 것이다. 도덕적 선이 아니라 우리는 신앙적 규범을 배우고 있다.

2) 간음에 관하여(5:27~30)

간음이란 이성과 허용되지 않는 육체 관계를 갖는 일이다. 현대의 성 개방 풍조와는 달리 예수님 당시에는 성에 대한 규제가 지금보다 훨씬 더 엄격했다. 간음은 유대사회에서는 공개처형에 해당한다.

예수님은 이 조항에서도 간음의 동기를 제공하는 마음의 문제로까지 간음의 적용범위를 확대하셨다. 간음이란 육체의 행위로 나타나기 전에 이미 마음 속에서 일어난다. 음탕한 마음을 가지고 의도적으로 이성을 보는 것도 마음의 간음이다. 문자적으로 해석해 보면 음욕을 일으키기 위해 이성을 보는 것을 간음으로 규정하셨다.

겉으로 나타나는 범죄는 결과일 뿐이다. 그 원인은 마음에 따로 있다. 마음을 자극하는 눈에, 육체의 느낌을 달콤해 하는 손에 있다. 예수님은 이런 원인에도 하나님의 처벌이 있다는 사실을 명백히 하시며, 차라리 "눈을 빼내버리라", "손을 찍어 내버리라"고 하셨다. 물론 이것은 과장법이다. 눈을 뽑고 손을 자른다고 마음의 죄, 죄의 동기가 해결되는 것은 아니다. 그러나 눈을 파고들고 손끝의 말초신경을 자극하는 음욕의 원인, 간음의 동기를 제거하지 않는 한 누구나 간음죄를 피하기 어렵다.

천국의 사람들은 선한 행위로부터 자유로워 진 것이 아니다. 아무렇게나 살아도 되는 천국은 어디에도 없다. 예수님은 깨끗한 천국을 이 세상에 시작케 하셨다. 성령의 법, 사랑의 법을 우리에게 주었다. 따라서 눈의 정욕과 손의 자극을 뽑아내고 잘라 던지는 아픔이 없이는 누구도 그리스도의 사람이라고 할 수 없는 것이다.

그리스도인은 사회적 행동만이 아니라 내면적 생각까지 예수님의 법을 따라야 한다. 이 부분을 설교한다면 겉으로 나타나는 사회적, 관습적, 도덕적 행위에 만족해하는 기독교인의 얄팍한 생각을 지적해 주어야 할 것이다. 특히 성 개방 풍조에 감염되고 도취되지 않도록 보는 것 만지는 것에 대한 경고가 필요하다.

3) 이혼에 관하여(5:31~32)

구약성경에 이혼증서를 명령하신 것은 이혼을 정당화하기 위해서가 아니라 부부관계를 지속해 갈 수 없는 특별한 - 아마도 육체적 - 결함이 있을 때 이 사유를 기록함으로써 결함이 있는 사람을 보호하기 위한 조치였다. 그러나 시간이 흐름에 따라 이 계명은 악용되어 이혼증서를 이혼의 수단으로 사용하게 되고 말았다.

예수님은 이러한 당시의 관행을 비판하시며 이혼을 철저하게 금하셨다. 이혼으로 끝날 수 있는 사태는 간음이라는 범죄행위밖에 없는 것이다. 이것을 이혼의 정당화로 볼 수 있을까? 범죄행위가 없는 이혼은 그 자체가 죄요 또 다른 죄를 낳게 하는 원인이다.

물론 교회는 특별한 경우 어쩔 수 없이 이혼을 허락하기도 한다. 그러나 이러한 불가피한 허용을 누구도 악용해서는 안 된다. 악용하도록 방치해서도 안 된다. 교회는 천국 사람들의 행동만이 아니라 생각과 감정, 욕구까지 지도할 수 있어야 한다. 결혼은 두 사람의 약속이므로 어떠한 어려움이 오더라도 하나님 앞에서의 약속을 지키고 인내와 기도를 통해 더 좋은 길을 모색해 가야 한다. 갈라서기보다는 더 큰 하나를 이루어 가는 것이 예수님의 말씀을 따르는 길이다.

현대 교회는 이 부분에 관한 예수님의 말씀을 거의 외면하고 있다. 그러면서도 입으로는 성경을 하나님의 말씀이라고 외치는 실정이다. 성경 말씀을 통해 이렇게 고백하기를 계속하는 한 이혼의 파국보다는 더 나은 길을 선택하는 성실한 인내와 노력이 예수님을 따르는 사람들의 믿음의 삶 속에 나타나야 한다.

4) 맹세에 관하여(5:33~37)

한국 사람처럼 말을 마구 하는 민족도 드물 것이다. 자녀에게도 욕설과 쌍소리와 저주를 토해 내는 사람들이 한국인이다. 정도는 훨씬 약하지만 말을 함부로 하는 풍조는 구약 시대에도 있었다. 하나님은 이스라엘 백성에게 하나님의 이름으로 맹세함으로 말을 신중히 할 것을 명령하셨다. 맹세의 정신은 목숨을 걸고서라도 말 한 마디를 지키라는 데 있다.

예수님 당시 맹세의 법이 악용되고 있었다. 하나님의 이름으로 맹세하라는 명령은 이 때 헛맹세를 하지 말고 맹세를 주께 지키라로 변질되었다. 이 말씀은 구약성경에는 사람들 사이의 맹세에 관한 계명이 아니라 하나님에게 하는 맹세, 즉 서원 조항에 나온다. 이것이 사람 사이의 맹세에 관한 규정으로 둔갑함으로써 하나님의 이름을 사용하지 않는다면 지키든 지키지 않든 자신을 믿게 하는 수단으로 사용되었다. 지킬 수도 없는 맹세가 등장한 것이다. 결과적으로 하나님의 이름이 사용되지 않는 맹세에도 — 그들은 하나님을 믿는 사람들이었기 때문에 — 어쩔 수 없이 하나님의 이름은 모독을 당했던 것이다.

예수님은 그러한 상황에서 오히려 맹세를 금하심으로써 구약의 정신을 더 분명하게 밝혀 놓으셨다. 어떤 맹세든 하나님을 믿는 사람에게는 하나님과 관련되지 않는 맹세가 없다. 따라서 모든 맹세는 하나님 앞에서 하는 것이다. 맹세함으로 오히려 사람을 속이고 자신을 믿게 한다면, 그렇게 하기 위하여 점점 더 강한 맹세를 고안하고 불가능한 것까지 동원한다면 방법은 하나뿐이다. 맹세는 불필요하다. 진실한 말 한 마디면 충분한 사회를 만들라. 천국의 사람들의 말 한 마디도 신앙과 인격에서 나오는 것이 될 수 있도록 성실한 자세를 요구하셨다.

예수님의 정신이 이러하다면 한국식 농담, 비웃음이 들어 있는 우스개, 체면치레, 빈 말, 욕설, 비속어, 인사치레, 거짓말, 허풍, 허세 등 '예'에서 더 나가고 '아니오'를 훨씬 넘는 말들은 다 고쳐야 할 악습들이다. 예도 아니오도 아닌 애매모호한 말 '글쎄요'도 예수님의 정신에 분명 어긋남을 설교에서 지적하면 좋을 것이다.

5) 복수에 관하여(5:38~42)

"눈은 눈으로 이는 이로"란 표어는 모르는 사람이 없는 유명한 문구가 되어버렸다. 준 대로 돌려주고 받은 대로 갚는다는 복수의 표어가 된 것이다. 예수님 당시에도 이 말은 복수의 법칙으로 악용되고 있었다. 그러나 구약의 계명으로 돌아가 보면 이 말씀은 재판관들에게 주신 공평한 판결의 기준이었다. 죄에는 적절한 판결이 따라야 하고, 가해자나 피해자가 공평하게 다루어져 싸움을 종결시켜야 한다는 하나님의 의도에서 나온 것이다. 구약 시대에도 개인적 복수는 금지된 행동이었다.

예수님은 은총의 새 시대, 천국의 시작에 어울리는 명령을 주셨다. 악한 자를 대적해서는 안 된다. 이것은 천국의 자녀들을 보호하시기 위한 말씀이다. 싸움에서는 악과 독이 이기기 마련이다. 선량한 사람은 악의 피해자가 되고 목숨을 잃게 될 것이 뻔하다. 악이 싸움을 멈추지는 않을 것이다. 악이 예수님의 선한 말씀을 받아들일 리도 없다. 그렇다면 선한 사람이 멈추는 길밖에 없지 않겠는가? 하나님의 용서와 사랑과 축복을 경험할—우리 시점에서는 이미 경험한—천국의 사람들에게는 싸우고 보복하는 방법보다 참음과 양보와 봉사와 희생이 더 어울리는 행동양식이다.

예수님께서는 천국의 사람들이 선한 행동, 선한 마음으로 무장할 것을 요구하신다. 내 자존심, 내 권리, 내 입지를 주장함으로 사람들과 맞서는 것보다 현대적 설교에서도 뺨을 돌려대는 참음의 삶, 겉옷도 가지게 하는 양보의 삶, 5리(약 2km)를 더 가 주는 봉사의 삶, 내 것도 거절하지 않는 희생의 삶을 격려하고 도전하는 것이 좋을 것이다. 예수님은 보복금지나 무저항주의를 제창하시지 않고, 선으로 악을 이기는 적극적인 삶을 요구하신다.

6) 사랑에 관하여(5:43~48)

유대인들은 이웃이란 단어에 주로 동족만을 포함시켰다. 개종하는 이방인들도 이웃의 범위에 들었다. 그 이외의 모든 사람들은 모두 이방인, 죄인, 원수들이었다. '이웃에게는 사랑을, 원수에게는 미움을!'은 예수님 당시 유대인들의 구호였다. 그러나 원수를 미워하라는 명령은 구약성경 어디에도 들어있지 않다. 하나님의 계명이 시대적 상황과 맞물리며 변질되었고 악용되었던 것이다. 사실 이런 구호는 가르치거나 배울 필요가 없다. 사람들이 본능적으로 이렇게 하고 있기 때문이다. 사람이 스스로 할 수 있는 행동들을 하나님의 뜻이란 이름으로 가르치면 이웃 사랑과 원수 미움은 더 힘을 얻기 마련이다.

그러나 예수님은 원수도 사랑하라고 하셨다. 원수도 사랑해야 한다면 모든 사람이 사랑의 대상이 된다. 모두에게 한 가지 행동, 즉 사랑이 요구된다면, 이제 대상을 구별하는 것은 불필요하다. 구별해 보았자 보여야 할 마음과 태도는 사랑 하나이기 때문이다. 하나님의 축복이 생태적이고 본능적인 경계선을 넘어서는 이 시점에 예수님은 사람들 사이에 존재하는 모든 구별을 실제로 철폐하셨다. 모두에게 공평한 태도, 선한 사랑을 명령하셨다.

이런 사랑을 사람들은 모른다. 가지고 있지 않다. 본능에 새겨져 있는 것도 아니다. 원수나 박해자에게는 사랑의 욕구도 선의나 친절의 욕구도 결코 만들어내지 못하는 것이 사람이다. 분노와 적개심과 전투력 아니면 한과 억울함과 미움을 솟구치게 만드는 사람들이 원수와 박해자인 것이다.

따라서 사랑은 배워야 하는 것이었다. 바로 그분이 하나님에게서 사랑은 시작되었고 독생자를 보내주신 것이다. 천국의 사람들은 이제 그 독생자 앞에 서 있다. 아니 지금의 시점에서 말한다면 원수를 사랑한다는 것이 무엇인지 그리스도의 십자가에서 배웠다. 이 미래를 알고 계신 예수님은 산상설교에서 미리 원수를 사랑하라고 하셨으며 주는 사랑, 내게 없는 사랑을 배워 도저히 사랑할 수 없는 사람을 사랑하라고 명령하셨다.

아직 십자가를 지지 않으셨지만 이렇게 하면 결국 예수님이 가실 길을 그대로 밟는 것이기 때문에 "하나님의 자녀들이 된다"고 하셨다. 십자가가 세워진 후의 우리는 이렇게 말할 수 있을 것이다. "예수님의 십자가를 받아들이고 부활하신 예수님을 주님으로 믿고 의지함으로 우리는 하나님의 자녀들이 되었다. 예수님처럼 원수를 사랑하면, 박해자를 위해 기도하면 우리는 하나님의 아들로 인정될 것이다." 이 인정은 우리가 예수님의 말씀을 잊지 않는 한 우리 스스로에게서 나올 수 있다. 성령님께서 이런 확신을 주실 것이라고 말하는 것이 더 적절하다.

생명공학이 점점 발달하여 인간의 염색체와 유전자, 염기구조가 밝혀지고 사람과 동물의 차이가 점점 좁혀져 가고 있는 상황이지만 이 부분을 설교한다면 사람을 향하신 하나님의 계획에 초점을 맞추어야 할 것이다. 하나님의 형상대로 사람을 창조하셨다는 설교가 어느 때보다 필요한 상황이다. 하나님은 우리를 자신의 형상대로 만드셨을 뿐만 아니라 하나님의 형상답게 살아가기를 원하신다. 독생자를 보내신 하나님에게 진정한 사랑을 배워 마음으로 몸으로 원수를 사랑하고 고통을 주는 사람들을 위해 기도하는 것은 동물과 비슷한 우리들이 하나님처럼 행동하고 하나님처럼 사는 것을 뜻한다. 그래서 하늘 아버지처럼 완전하라고 명령하셨다.

대상의 구별은 사회생활에서는 필수적이다. 그러나 신앙생활에서는 대상의 구별이 – 대상에 따라 어떤 마음가짐, 어떤 행동을 보일 것이냐 라는 관점에서는 – 더 이상은 무의미하다. 구별해도 사랑해야 한다. 사랑에서 나오는 양보와 봉사와 희생을 만들어내야 한다. 싫어도 어쩔 수 없다. 믿음에서 나오는 사랑, 그리스도의 대속에서 만들어지는 믿음, 이런 것은 우리가 가진 것이 아니다. 욕구를 배반하고, 본능을 거스르고, 우리의 세포 하나 하나에 새겨져 있는 생존의 법칙을 어겨가면서 그리스도의 명령을 따르는 것은 분명 우리에게 하나님의 자녀라는 삶을 가슴속 깊이 새겨 놓을 것이다.

3. 의를 행하는 방법(6:1~18)

'무엇에' 대해서 말씀을 마치신 예수님은 이제 '어떻게'라는 주제로 전환하셨다. 이 부분에서 행동의 방법을 지시하시기 위하여 드신 예는 구제(2~4), 기도(5~15), 금식(16~18) 이 세 가지이다. 기도에 관한 가르침에 '주기도문'이 포함되어 있다(9~15).

구제, 기도, 금식을 신앙생활의 규칙으로 제정하셨다고 보기는 어렵다. 예수님은 당시 사람들이 가장 중요시하던 것을 예로 드시며 어떻게 해야 하느냐에 대한 답을 실감나게 알려주신 것뿐이다. 그렇다고 이 세 가지를 예수님께서 불필요한 것으로 일축하셨다고 말해서도 안 된다. 그 가치를 긍정적으로 보시기 때문에 예로 사용하신 것이다. 구제와 기도와 금식은 천국의 사람들, 즉 예수님의 제자들에게도 삶의 아주 유익한 한 부분임에 틀림없다.

1절을 구제에 대한 서론으로 취급하는 사람들도 있지만 열여덟 절 전체의 서론으로 보는 것이 일반적인 견해다. 의(義), 즉 하나님의 말씀을 따라 살아가는 삶의 방법은 사람들에게 보이려는 것이 되어서는 안 된다는 대원칙을 가지고 있다. 신앙생활을 조금이라도 사람들에게 보일 목적에서 지속해 간다면 그것은 신앙생활이 아니다. 종교적 삶일 뿐이다. 종교적 본능의 발산 이외의 무엇이 될 수는 없다. 하나님께서 세상을 만드셨고 다스리시기 때문에 모든 신앙적 행동은 하나님께서 보시도록 해야 하고 그럴 때에만 삶을 받게 된다.

1) 구제에 관하여(6:2~4)

외식자란 말의 원 의미는 연극인이다. 마음에도 없는 것을 각본을 따라

시키는 대로 표정 짓고 흉내내고 말하고 행동하는 사람들이다. 예수님 당시에 빵이 필요한 사람들을 불러모으기 위해 사람들은 거리에서 나팔을 불었다. 그러나 그런 행동에 사람들에게 보이고 영광을 얻으려는 숨은 의도가 개입됨을 예수님은 간파하시고 그렇게 하지 말라고 명령하셨다. 그런 구제는 사람들의 칭찬과 부러움과 존경으로 되돌아옴으로써 하나님께서 보답할 아무런 여지를 남겨두지 않는다.

구제란 몰래 하는 것이다. 한 손이 하는 것을 다른 손이 모르게 하라는 것은 '몰래'의 다른 표현이다. 한 손으로 줄 수 있는 것만 구제품이 될 수 있다는 제한으로 해석해서는 안 될 것이다. 비밀히 하는 구제에 하나님의 보상을 약속해 주셨다.

오늘날에도 구제가 필요한 사람들이 교회 안에 교회 밖에 셀 수도 없이 있는데 그들을 향한 동정심, 배려, 도움과 봉사가 필요하다. 우리는 하나님에게 필요한 것을 공급받는데 그런 뜻에서 구제란 받은 것을 - 이웃을 통해 하나님께 - 돌려드리는 것이 구제이다. 즉 구제는 투자하는 것이 아니다.

그렇기 때문에 몰래하라는 예수님의 말씀이 악용될 수 있다. "왼손도 모르게 하라"는 말씀 때문에 오히려 구제의 기회가 줄어들고 구제활동 자체가 위축된다면, 드러나는 것에 개의치 말고 구제는 언제라도 해야 한다고 설교할 필요가 있다. 구제의 대상의 입장에서는 당장 밥과 물이 절실히 필요하기 때문이다. 이런 필요를 보면서도 "몰래"라는 말씀 때문에 도와줄 마음을 막는다면 이는 예수님의 말씀을 오해하는 것이며 또 다른 위선이 된다.

2) 기도에 관하여(6:5~8)

기도란 하나님께 드리는 우리의 말이며 소리이다. 마음을 알리는 것이다. 예수님 당시 사람들은 시간만 되면 어느 때건 그 자리에서 기도를 시작했다. 그들은 소리 내어서 하지 않으면 기도라고 인정하지 않았다. 기도를 방해받지 않기 위해서 누구나 알 수 있도록 기도하는 자세를 취했다. 기도한다는 좋은 동기와 경건한 습관에도 불구하고 예수님은 그 틈을 비집고 나오는 인간의 마음, 즉 사람에게 보이고 경건한 사람으로 인정받으며 종교적 지도력을 확보, 지속하려는 의도를 간파하시고 이것을 위선적 행동으로 규정하셨다.

예수님에 의하면 기도란 시간이 중요하지 않고 장소도 물론 아니다. 기도하는 사람이 세상을 다스리시는 보이지 않는 하나님 앞에 서는 것, 그 마음, 그 자세가 중요하다. 이를 위해 예수님은 골방에 들어가 문을 닫고 기도하라고 하셨다. 골방은 몰래 기도할 수 있는 곳이란 의미를 심어주시기 위해 선택하신 한 예로 보인다. 그렇기 때문에 억지로 기도 굴을 마련하는 것이 기도한다는 사실을 사람들에게 보이게 만든다면 차라리 골방을 없애는 것이 예수님의 말씀을 그대로 따르는 행동이다.

또 기도에 많은 말, 아름다운 표현과 화려한 수식어가 사용되는 것은 기도의 성격에 역행하는 현상이다. 하나님은 영이시므로 하나님께 드리는 기도에는 사실 말이 필요치 않다. 말은 입을 가진 사람이 만들며 귀를 가진 사람이 듣는 것이다. 하나님은 우리가 말하지 않아도 우리의 마음과 생각을 아신다.

좋은 것에는 항상 위험이 따르는 법. 기도는 하나님께로 가는 길로서 하나님을 믿는 사람들의 특권인 만큼 이 특권이 인간성에 의해 다른 방향으로 발전할 위험은 항상 도사리고 있다. 이 부분을 설교함에 있어서 우리가 무관심하게 실행하고 습관화되어 가는 기도의 여러 가지 위험을 분석하고 지적해 주는 것이 필요할 것이다. 물론 믿는 사람들이 함께 모여 공동의 기도를 드리는 것조차 막거나 금하자는 말이 아니다. 주기도문에서 예수님은 오히려 우리가 함께 기도할 정당성을 보장하시고 함께 사용할 수 있는 아름다운 기도문을 만들어 주셨다는 것도 공동기도의 필요성을 더해 준다.

3) 주기도문(6:9~15)

주기도문은 공동기도문으로 주어졌다. 물론 개인적으로 이 기도를 드리는 것이 잘못은 아니겠지만 천국의 사람들이 함께 모여 하늘 아버지께 이

기도를 드릴 때 이 기도는 더 빛날 것이다.

함께 기도할 내용은 첫째 하나님의 이름과 관련되어 있다. 자신을 알리시기 위하여 인간의 소리를 빌려 만들어주신 이름, 그 이름이 하늘에서처럼 땅에서도 거룩하게 되는 것이 우리의 소원이다. 그 이름은 인간의 소리로 표현되어 있지만 우리나 모든 사람이 거룩하게 사용해야 할 이름이다.

하나님의 나라가 이 땅에 임하는 것도 우리의 소원이 되어야 한다. 그 나라의 왕으로 오신 예수님이 이렇게 기도하라고 하신 것은 얼마나 멋있는 일인가! 예수님의 활동으로 이 땅에 이미 시작되었지만 아직 재림의 때가 남아 있으므로 이 기도는 우리 모두가 여전히 드려야 할 기도이다.

비슷한 개념이지만 하나님의 뜻이 하늘에서처럼 땅에서도 이루어지도록 기도해야 한다. 인간의 욕구나 소원이 아닌 하나님의 뜻이 이루어지도록 예수님도 겟세마네에서 기도하셨고 '비아 돌로로사'를 거쳐 골고다의 길을 걸으셨다.

예수님은 우리의 삶을 위한 기도도 일러주셨다. 먼저 매일 필요한 양식, 즉 밥을 달라는 것이 우리 모두의 기도가 되어야 한다. 하나님은 살아있는 자들의 하나님이시고 세상이 없어지지 않는 한 우선은 살아남는 것이 우리의 제일 되는 임무이기 때문에 삶의 기도 그 첫 번째 줄에 '밥을 주십시오'라는 기도를 기록하신 것이다.

살아있는 사람들이 하나님 앞에 섰을 때 가장 시급한 것은 죄의 문제이다. 세상을 떠난 사람들은 더 이상 죄에 대해 고려할 필요가 없다. 죄도 의도 회개나 용서도 그들에게는 다 끝난 일이다. 그러나 숨을 쉬고 있는 사람에게는 용서를 위한 기도는 항상 기도의 첫 줄에 와야 한다. 기독교인에게도 이것은 마찬가지이다.

시험에 빠져 실수하고 죄를 짓고 좌절하는 일 또한 무시할 수 없는 우리의 현실이다. 깨끗이 흠 없이 시련도 좌절도 없이 평안하게 하나님의 은혜 아래 살아갈 수 있다면 얼마나 좋을까? 그래서 시험에 들지 않게 기도하는 것과 악에서 건져달라는 기도를 예수님은 세 번째 항목으로 넣어주셨다.

은혜와 의무를 붙여 놓으신 것 또한 간과할 수 없는 대목이다. 용서를 비는 사람들은 용서해 주어야 한다. 용서를 해 준 사람은 하나님의 용서를 빌수 있다. 신학적 난제를 만들어내는 이 표현을 예수님께서 주기도문에 붙여 놓으신 것이다. 하나님의 용서와 인간의 용서를 함께 말씀하심으로써 하나님의 용서를 비는 사람은 이웃을 용서해 주어야 한다는 강한 의무감을 지워주신 것이다. 용서에 있어서도 천국의 사람들은 하늘 아버지를 본받아야 한다.

4) 금식에 관하여(6:16~18)

유대인들은 금식할 때 독특한 관습을 따랐다. 얼굴을 씻지 않고 옷을 찢고 재를 머리에 뿌렸다. 어떤 사람은 수염을 쥐어뜯기도 했다. 극도의 고통과 슬픔을 외부적으로 표현한 것이다. 유대인들이 자기들끼리만 모여 살았을 때 이런 행동은 흠이 되지 않았다. 그것은 하나님 앞에 모두가 모이는 구심점이 되었다. 그러나 로마인들이 주도권을 쥐고 헤롯 가문이 왕좌에 앉아 있으며 예루살렘에도 이방인들이 득실거리는 시대에는 하나님께만 보여야 할 금식이 동질감보다는 이질감을 만들어내고 특히 이방인들에게 현실적으로 협조할 수밖에 없었던 사람들을 죄인으로 몰아세우고 더 경건한 사람들을 구별해 내는 외부적 표시로 사용될 수 있었다.

선한 동기와 선한 행동을 파고 들어오는 인간의 사악함, 그 간교함을 보신 예수님은 외부적 표시들을 모두 사람에게 보이려는 의도에서 나온 위선으로 단정하셨다. 금식은 하나님께 보이는 슬픔과 고통과 결단의 표시이다. 하나님께 드리는 절규요 몸으로 드리는 기도이다. 선한 도구가 오용되어서는 안 되기에 예수님은 머리에 기름을 바르라, 얼굴을 씻으라고 하셨다. 금식의 표시를 지우고 표나지 않게 하나님께만 슬픔을 표현하라는 것이다. 우리 시대에 머리에 기름을 바르는 것이 금식의 표시가 된다면 차라리 기름을 바르지 않는 것이 예수님의 말씀을 따르는 것이다.

이 부분을 설교한다면 과도한 금식 위주의 신앙생활을 경고할 필요가 있다. 또 살아 계신 하나님께 혼자 보여야 할 슬픔의 표시를 경멸하거나 비판하는 것도 지적해야 한다. 때에 따라서 믿는 사람들이 함께 모여 공동의 슬픔과 고통을 하늘 아버지께 몸으로 호소할 수도 있을 것이다. 금식은 하나님께서 주시는 은혜의 양식인 밥을 사양하는 행동이다. 죽음을 각오하는 그런 상황이 아니라면 "밥을 주소서" 기도하는 사람이 음식을 끊는 것은 별 유익이 없을 뿐 아니라 신앙생활에 혼선을 가져온다는 사실도 강조해야 할 부분이다.

4. 재물과 염려에 관하여(6:19~34)

몸을 가진 사람들은 물질을 필요로 한다. 천국의 사람들도 계속 땅에서 살아가므로 왕이신 예수님은 천국의 사람들이 물질, 재물, 돈에 대해 가져야 할 바른 태도를 알려주셨다. 재물에 관한 말씀은 단순히 용도의 문제가 아니라 우상숭배, 두 주인을 섬김이라는 신앙적 차원의 일이라는 사실이 이 부분을 이해하는 열쇠이다.

"아버지의 나라가 이 땅에 임하소서" 기도하는 사람들은 모든 물질을 이 천국에 맞추어 이해하고 사용해야 한다. 우선 예수님은 재물을 이 땅에 쌓는 것은 어리석다고 경고하셨다. 벌거숭이로 왔다가 그렇게 가는 인생의 재물에는 한계가 있다. 천국이 왔으므로 재물을 하늘에 쌓는 방법이 열렸다. 하늘 나라에 재물이 없어서가 아니라 하늘 나라에는 인간의 마음이 있어야 하기 때문이다.

재물, 즉 인간에게나 필요한 가치를 어떻게 창조주이신 하늘 아버지와 비교하셨을까? 용돈으로 주신 만 원 짜리 지폐 한 장과 용돈을 주신 아버지는 비교개념이 아닌 '비등가개념' 인 것이다. 하나님을 섬겨도 돈을 섬길 사람은 없다. 그러나 인간의 마음은 어리석어서 돈과 하나님, 재물과 재물을 주신 분, 물질과 창조주 하나님을 천칭 양편에 올려놓고 수시로 저울질한다. 때로는 하나님을 선택하고 재물을 포기한다. 더 자주 인간의 마음은 재물을 선택하며 하나님을 포기 내지 보류한다. 우상숭배는 밖에 있는 것이 아니라 인간의 마음에서 만들어진다. 재물에 눈멀어 온 몸이 어둡게 되고 온 삶이 어둡게 된다는 예수님의 분석은 이천여 년 전의 어제나 다름없이 오늘날에도 정확하게 들어맞는다.

이런 점 때문에 염려란 바로 우상숭배이다. 가장 귀중한 하나님, 하나님께서 주신 목숨의 가치를 망각하고 먹고 마시고 입는 문제에 마음이 온통 사로잡히기 때문이다. 예수님은 이런 것보다 목숨이 더 중요하다고 하셨다. 이 모두를 주시고 목숨을 주셨으며 세상을 다스리시는 하나님이 더 귀하신 분이다. 염려란 하나님의 살아계심과 세상을 다스리심을 믿지 못할 때, 의심할 때 내부에서 만들어지는 것이다. 인간의 감정과 본능이 반죽하여 구워내는 것으로서 감히 마음에서 하나님을 밀어내므로 염려란 우상숭배가 된다.

예수님의 적극적 충고는 하나님을 믿으라는 것이다. 하나님의 섭리와 도움을 바라보라는 것이다. 물론 인간적인 활동과 노력을 중지하라고 주신 말씀은 아니다. 염려란 아무 것도 만들어내지 못한다. 다만 인간의 마음을 헤집어 놓고 하나님을 향하지 못하도록 붙들어 맬 뿐이다. 하나님을 믿고 의지하며 사람들을 위해서 땅에 보내신 예수님을 따라 하나님의 의와 그 나라를 찾는 사람들에게는 염려란 항상 믿음의 반대말이 된다. 아버지를 향한 강한 확신을 나약한 작은 믿음으로 만드는 역할을 한다.

5. 먼저 할 것(7:1~12)

7장에는 논리적으로 구분하기 어렵고 그 연관성을 엮어내기 어려운 몇 말씀이 수록되어 있다. 따라서 한꺼번에 같이 다루며 그 내용을 정리하고자 한다. 예수님은 자신의 것을 미화하고 정당화하며 이런 저런 핑계를 만들어내는 사람들을 향해 남을 비판하지 말라, 비판하기 전에 자신의 처지를 먼저 깨달으라고 하셨다. 티와 대들보는 남의 약점은 크게 만들고 자신의 약점은 줄이는 인간의 심리를 지적하신 반어적 비유어이다.

천국의 사람들은 남의 눈에 있는 것은 티로 보고 자신의 눈에 있는 티는 대들보처럼 크게 느껴야 한다. 비판거리도 마찬가지이다. 남의 장점을 크게 말하고 자신의 장점을 감추는 지혜, 남의 허물을 작게 느끼고 자신의 허물을 크게 느끼는 지혜, 천국의 사람들은 이런 기준을 가져야 한다.

7절의 '구하라 찾으라 두드리라'는 말씀은 하나님을 지금 다스리시는 분, 모든 것을 주신 분, 또 주시는 분으로 믿는 것을 전제하고 주신 말씀이다. 하나님은 우리 아버지시므로 부족할 때 필요할 때 고통 중에 있을 때 하나님께 호소하는 것은 우리의 신앙생활이다. 예수님은 아들의 비유를 들어가시며 주실 것을 보장하셨다.

우리는 하나님을 믿는다고 하면서도 막상 하나님의 손보다는 사람들의 손을 쳐다보는 것에 익숙해져 있다. 멀리 계시고 침묵을 지키시는 것처럼 느껴지는 하나님보다는 가까이 있는 사람들의 손이 더 크게, 더 무섭게 보이는 것이다. 그러나 예수님은 하나님께는 구하고 찾고 두드리고, 그렇게 받은 것을 사람들에게는 주라 하셨다. "그러므로"가 바로 이 논리를 도입하고 있다. 결국 '사람들에게 기대하는 그대로'가 우리의 행동 원칙인 것이다. 이웃에게 그리고 세상에게 무언가 주는 사람들로 사는 것, 이것이 천국의 백성들의 삶이다.

6. 요약 및 결론(7:13~20)

산상설교의 몸통 부분을 요약하는 이 부분에도 아름답고 유명한 말씀이 수록되어 있다. 단순한 요약이 아니라 요약의 형태를 가진 적극적 권고이다.

좁은 문, 좁은 길이란 – 이 문맥에서 보면 – 앞에 말씀하신 모든 것을 지키는 것이 어렵다는 것을 지적하신 비유어다. 예수님의 설명, 즉 완성된 율법이 쉽지 않은 것임을 예수님은 알고 계셨다. 많은 사람들이 이 천국의 복음을 외면할 것을 안 것이다. 이것을 지키는 것은 좁은 길을 겨우 걸어 좁은 문으로 비집고 들어가는 것만큼 외롭고 어려운 길이지만 그것은 생명으로 들어가는 문이다. 넓은 문, 넓은 길은 예수님의 말씀과 상관없이 자유롭게 원하는 대로 살아가는 것이 쉽고 편함을 지적하신 비유어이다. 많은 사람들이 이 문을 선택하고 이 길로 걸어가겠지만 끝에는 멸망이 있다. '좁은 문, 좁은 길'을 산상설교에서 떼어내어 삶의 한 특수한 체험 내지 고난의 삶과 결합시키는 설교는 이 전체 문맥을 파괴하게 될 것이다.

생명을 얻을 사람과 그렇지 못한 사람들을 판별하는 기준은 없을까? 믿음이라는 기준은 이론적으로는 쉽게 제시되지만 느끼고 확인하기에는 상당히 어려운 부분이 있다. 제 삼자는 조금도 확인할 수가 없다. 때로는 자신이 믿는 사람인지조차도 모호하게 느껴질 때도 있다. 성령의 사람이라는 것도 당사자의 믿음과 표명만으로는 누구도 확인하기 어려운 표시이다. 외부적 은사로 나타나지 않는다면 공동체를 구성하는 근거로서의 표식으로 사용되기는 어렵다.

예수님은 좁은 길을 지나 좁은 문으로 들어가라는 말씀에 이어 나무와 열매의 상관관계에 관한 비유로서 예수님의 말씀을 지키는 것이 생명을 얻을 사람이라는 뚜렷한 흔적을 제시하셨다. 좋은 나무가 좋은 열매를 맺고 나쁜 나무가 나쁜 열매를 맺는다면, 다음의 진술, 즉 열매로 그들을 알 수 있다는 원리는 자연적으로 흘러나오는 귀결이 된다. 이보다 더 확실한 표식이 어디 있겠는가?

이것은 천국의 사람들을 판별하는 기준으로도, 지도자들을 판별하는 기준으로도 사용될 수 있는 예수님의 말씀이다. 좋은 열매를 맺는 나무는 좋은 나무이며 반대로 나쁜 열매를 맺는 나무는 나쁜 나무다. 이 표식에는 중간도 없고 혼합도 없다. 예수님은 자신이 가르치신 말만큼 분명하게 '예'와 '아니오'를 사용하셔서 천국의 사람들이 객관적으로 확인할 수 있는 표시를 이 곳에 정립하셨다. 열매는 나무의 정체를 보여주는 천국 사람들의 표식이 된다.

결론부: 하나님의 뜻을 따름(7:21~27)

예수님은 이 부분에서 다시 어조를 바꾸신다. 2인칭 표현법을 떠나 다시

3인칭 표현법을 사용하셨다. 이 3인칭 표현법을 우리는 마태복음 5장 3~10절에서 청중을 특별한 조건하에 구분하는 표현법이라고 설명했다. 조건에 맞는 대상에게만 말씀하시는 방법이다. 이 부분의 형식만이 아니라 내용도 '팔복'에 연결된다. 따라서 우리는 이 부분을 결론부라 이름지었다.

예수님을 향해서 "주여, 주여" 부른다는 것은 이 시점에서 또 이 문맥에서 형식적인 호칭으로 보기는 어렵다. 낯선 사람을 향해 주님이라고 부를 수는 없기 때문이다. 예수님께서 자신을 향해 주님이라고 부른 것을 통째로 거부하지 않으시고 다른 요소와 함께 거론하셨다는 것은 일단 이 용어가 긍정적 의미를 가지고 있음을 보여준다.

누가 예수님을 주님이라고 부르는가? 교회 안에 있는 사람들이 아닌가? 예수님이 누구신지 아직 아무도 알지 못하고 예수님도 아직 명확하게 자신을 드러내지 않은 이 상황에서 누가 예수님을 주님이라고 부를 수 있는가? 최적의 후보자들은 예수님의 제자들이다. 다시 말해 예수님에게 긍정적이고 우호적인 자세로 예수님의 말씀을 듣는 사람들인 것이다. 지금으로 치자면 교회 안의 사람들이다.

즉, 예수님은 "주여"란 칭호를 형식적으로 사용하거나 입에 발린 체면상의 칭호로 취급하시지 않으셨다. 또 예수님은 이 칭호를 자신에게 사용하는 행위, 자신에게 사용하는 사람들을 거부하신 것이 아니다. 예수님을 이렇게 부르면서도 하나님의 뜻을 행하지 않는 사람들을 거절하시겠다고 하심으로 산상설교를 통해서 선포된 자신의 말씀이 모두 하나님의 뜻을 선포하는 것이요 천국의 복음임을 확인해 주셨다.

예수님을 주님으로 인정하고 부르는 사람들은 예수님께서 선포하신 하나님의 뜻, 즉 산상설교를 지켜야만 한다는 의무감이 이곳에 표현되어 있다. 이렇게 설교를 마감하시며 예수님은 사람들이 - 제자들이든 무리들이든 - 설교를 시작할 때 선포되었던 말씀(마 5:3~16)으로 돌아가 자신을 검토하고 설교를 하시는 분과 설교의 내용에 개인적, 인격적 결단을 내릴 수 있도록 자극하신 것이다.

이어 나오는 두 가지 비유는 이 점을 반복적으로 설명하며 복 있는 사람들은 예수님에게 와서 예수님의 말씀을 들을 뿐만 아니라 그대로 실천하는 사람이어야 한다는 사실을 강조하고 있다.

　첫 번째 비유에서 예수님의 이름으로 귀신을 쫓아내고, 예언을 하며 많은 권능을 행함이 예수님의 말씀을 지키지 않아 불법을 행했다는 조건하에 예수님의 거부권에 부딪친다. 또한 두 번째 비유는 집을 짓는 유명한 비유로서 여기서 말하고 있는 홍수와 파괴 혹은 존립은 최후 심판의 장면을 묘사하고 있다.

04

하나님의 나라를
보여 주는 기적들

마태복음 8~9장의 주해와 적용

마태복음 8~9장은 예수께서 행하신 10가지 기적을 보여 주고 있다. 이러한 기적 사건들은 예수님의 메시아 사역을 이해함에 있어서 아주 중요한 역할을 한다. 마태는 크게 두 가지 면에서 5~7장에 기록된 산상수훈과 8~9장의 내용을 긴밀하게 연결한다. 첫째, 저자는 마태복음 5장 1절에서 예수께서 산에 올라갔다고 기록한 이후 처음으로 예수님의 기적 장을 시작하는 8장 1절에서 그가 비로소 산에서 내려왔다고 기록한다. 이로써 저자는 8장부터 전개되는 예수님의 행위사역이 5~7장에 기록된 예수님의 언어사역과 주제적으로 연결됨을 보여준다. 산상수훈을 통해 예수님은 하나님의 전적인 은혜로 천국 시민이 된 하나님의 새 언약 백성들이 어떻게 보다 나은 의를 추구하며 살아야 되는지를 집중적으로 말씀하고 있다. 이 말씀에 뒤따라 나오는 8~9장의 내용들은 예수님이 말씀만 잘 하시는 말씀의 메시아만이 아니고, 자신이 친히 말씀하신 그대로 정확하게 실천하는 행동의 메시아임을 보여주고 있다. 5~7장에 수록된 산상수훈에서 천국에 대하여 집중적으로 말씀하신 예수님은 8~9장에 기록된 10가지의 다양한 기적을 통해 동일한 천국에 대한 메시지를 행동으로 표출하셨다. 다시 말해서 산상수훈에서 귀로만 들을 수 있는 천국의 실재를 사람들이 눈으로 볼 수 있도록 기적을 통하여 시각화하신 것이다.

둘째, 5~7장의 산상수훈과 8~9장의 내용을 긴밀하게 연결하는 것은

5~9장을 한 그릇 속에 담는 동일한 구절을 산상수훈을 시작하기 바로 직전(4:23)과 기적의 장이 끝난 직후(9:35)에 전략적으로 사용하고 있는 사실이다. 이 사실을 도식화하면 아래와 같다.

A: 예수님의 천국 가르침과 치유사역 요약(4:23~25)
　B: 산상수훈을 주시는 말씀의 메시아(5~7장)
　B´: 10가지 천국 기적을 행하시는 행위의 메시아(8~9장)
A´: 예수님의 천국 가르침과 치유사역 요약(9:35~38)

　위의 사실에 비추어 볼 때 마태는 독자들이 마태복음 8~9장을 읽을 때, 권위 있는 말씀을 하신 메시아가 권위 있는 기적을 행하시는 능력의 메시아임을 깊이 깨닫도록 의도하고 있다. 더욱이 저자는 제자들의 사명을 교훈하는 10장에서 예수님에 관한 중요한 두 가지 사실(말씀과 행함)을 통합함으로 예수님의 이러한 모습이 바로 제자들의 구체적인 삶 속에 그대로 투영되어야 할 것을 나타내고 있다.

　예수님의 제자들이 가져야 할 모습은 5~7장에 기록된 천국의 복을 선포하는 것과, 8~9장에 기록된 각종 기적을 나타내는 모습이다. 다시 말해서 참된 제자들의 모습은 예수님에게서 들은 것을 선포하고 예수님에게서 본 것을 친히 몸의 처신을 통하여 보여주는 모습이다. 이 점을 분명하게 하기 위해서 저자는 예수께서 그에게 나아온 제자들을 위해 산상수훈을 주신 것으로 기록을 했고(5:1), 8~9장의 기적의 장을 이상적인 제자의 모습을 보여주는 문둥병자의 이야기로 열었고(8:4), 기적을 기록한 본 장에서 기적과 직접적으로 관계가 없는 제자도에 관한 교훈을 수록했으며(8:18~22), 마지막 부분에서 제자들이 추수할 복음의 밭으로 나가야 할 것을 기록하며 기적의 장을 마무리했다(9:37~38). 따라서 독자들은 5~7장을 읽은 다음에 8~9장을 읽으면서 천국시민의 놀라운 복을 받은 제자들이 어떻게 이상적인 제자의 모습을 가져야 할지 8~9장에 등장한 인물의 모습을 통하여 확인하게 된다.

독자들이 8~9장을 이해할 때 한 가지 주목해야 할 중요한 사실은 예수님의 기적에 대한 바른 이해이다. 여기에 기록된 예수께서 행한 10개의 기적은 한결같이 사탄의 나라를 점진적으로 붕괴시키고 하나님의 나라를 점진적으로 도래시키는 영적인 전쟁이다.[1] 다시 말해서 사탄의 나라를 파괴하고 하나님 나라를 점차적으로 도래시키기 위한 거룩한 전쟁을 예수께서 기적을 통하여 수행하고 계신다는 점이다.

8~9장에서 이 전쟁은 크게 두 가지 양상을 가진다. 한 국면은 예수님께서 사탄의 나라를 침투하여 그 나라의 포로가 된 사람들을 구출하여 하나님 나라의 백성을 삼는 것과, 다른 면은 세력을 얻어 가는 하나님 나라 앞에 사탄의 나라는 아무런 대책 없이 무기력하게 무너지고만 있는 것이 아니라 사람들을 동원하여 하나님 나라의 거룩한 전사 예수님과 그의 나라를 대항하여 반격을 하는 것과 관련되어 있다. 전자의 모습은 예수님께서 치유와 귀신축출을 통하여 사람들을 구원하는 기적에 나타나고, 후자의 모습은 이러한 예수님을 풍랑으로 물에 빠져 익사시키려는 사탄의 행동(8:23~27), 가다라 사람들이 예수님을 대대적으로 배척한 사건(8:34), 예수께서 귀신에 들려 말 못하는 사람에게서 귀신을 축출했을 때에 바리새인들이 그가 귀신의 왕을 빙자하여 귀신들을 축출하고 있다는 비난(9:34)에 나타난다.

이렇게 치열하게 전개되는 영적인 전쟁의 모습을 그리면서 저자는 이러한 전쟁이 예수님의 치유와 귀신축출 그리고 죽은 자를 살리는 사건으로 결정적으로 종결되는 것이 아니라 오직 예수님의 십자가 사건을 통하여 결정적으로 하나님 나라의 승리로 장식될 것을 8~9장의 기적기록을 통하여 예비적으로 보여준다. 8~9장에 예수님의 십자가 고난을 예고하는 요소들은 예수님의 치유사역과 이사야 53장과 연결하여 그가 우리의 연약한 것을 감당하고 친히 병을 짊어지셨다는 말씀(8:17), 인자는 머리 둘 곳이 없다는 말씀(8:20), 풍랑사건과 관련하여 예수님의 십자가 사건(27:54)과 부활(28:1) 때만 있었던 것으로 유일하게 마태복음만 기록된 지진이 풍랑사건의 기록에 등장하는 것(8:24), 예수께서 유대인 무리들에게 배척을 받은 것과 같이 가다라 도시에서 예수께서 모든 사람에게 배척받은 사건(8:34), 십자가 위에서 조롱을 받은 것(27:38~44)같이 한 통치자의 집에서 사람들에게 조롱을 받은 사건(9:24) 등이다. 또한 예수님의 고난에 관한 예고와 함께 8~9장은 예수님의 부활에 대하여도 – 고난에 관한 것만큼 분명하지는 않지만 – 예고한다. 이와 관련된 것은 이방인들의 대대적인 개종에 관한 예언(8:11), 예수께서 잠에서 깨어나 풍랑을 정복하고 이방 지역으로 가신 것(8:23~27), 12살짜리 죽은 소녀를 살린 사건(9:18~26) 등이다.

이와 같은 사실은 8~9장에서 놀라운 기적들을 행하시는 예수님은 결국 십자가 부활을 통하여 점진적으로 도래하는 하나님 나라를 결정적으로 도래시킬 고난의 메시아로 그려주고 있음을 보여준다. 특히 저자가 예수께서 결국 도시 전체에 의하여 배척받는 모습을 보여 주고 있는 가다라 군대 귀신축출 사건(8:28~34)을 8~9장의 기적 장에서 가장 핵심적인 부분으로 기록한 사실은 어떻게 사탄나라를 파괴하는 하나님 나라의 전쟁이 십자가의 사건을 통해서 최종적으로 절정에 도달하는지를 예시한다.

독자들이 이와 같은 사실들을 염두에 둘 때 8~9장의 기적 장을 바른 각도에서 이해하게 될 것이다. 따라서 본 글에서 마태복음 8~9장의 이해와 적용은 이러한 해석의 틀을 반영하는 역할을 할 것이다. 그러면 이러한 관점에서 8~9장의 내용을 하나씩 검토해 보자.

예수께서 중풍병자를 정결하게 하신 사건(8:1~4)

우리는 본문에서 두 가지 중요한 사실을 발견하게 된다. 하나는 육체적으로는 가장 비참하고 가련한 모습을 하고 있는 중풍병자가 너무나 아름답고 흠모할 만한 모습으로 등장하는 것이고, 다른 하나는 구약의 제사제도와 제사장을 능가하면서 여전히 구약의 제도에 순응하는 예수님의 모습이다.

먼저 중풍병자의 모습에 대하여 생각해 보자. 그는 예수님께 나아와 주님이라고 부르면서 참으로 이상한 요청을 했다(2절). 그에게 있어서 무엇보다 중요한 것은 자기의 문둥병이 치료받는 것이다. 그러나 그는 그의 문둥병 치료보다 자신의 문둥병과 관련된 주님의 주권적인 뜻을 더 중요하게 생각했다. 그것이 우리를 놀라게 하는 것이다. 비록 그가 구약의 문둥병에 관한 규정을 무시하고 대담하게 주님께 나아왔지만 예수님 앞에서 자신의 병 치료를 앞세우지 아니하고 주님의 주권을 앞세웠던 것이다. 그의 이러한 모습은 산상수훈에 기록된 주님의 가르침과 일치할 뿐만 아니라, 제자들에게서 기대하는 참된 제자의 모습이다.

그 다음은 예수님의 모습이다. 예수님께서 이 문둥병자를 손으로 만졌다는 사실은 구약의 규정에 빗나가는 놀라운 사건이다. 그를 만지지 않으면 문둥병을 치료할 수 없어서 그렇게 한 것은 아니었다. 병자에게 손을 얹지 않고 치료하신 사건이 아주 많기 때문이다. 예수님은 문둥병자를 만질 때 그 자신도 부정해진다고 생각하는 무리들을 상관하지 않으시고 그를 만졌던 것이다. 예수님은 그를 만짐으로 부정해지신 것이 아니라, 부정한 그를 정하게 하신 것이다. 예수님의 이 모습은 구약의 제사장을 능가하는 모습이다. 예수께서 육체적으로 부정한 문둥병자를 만져서 정결케 하신 사건은 그가 영적 의미에서 부정한 사람들, 구체적으로 말하면 죄인, 세리, 창녀들, 버림받은 사람들을 용서하고 정결케 하는 메시아임을 보여준다. 이러한 정결함을 가져오는 예수님은 부정한 죄인들과 접촉함을 통하여 그들의 죄를 짊어지고 결국은 십자가의 죽음을 통하여 죄 문제를 궁극적으로 해결하실 것이다.

예수님은 자신의 치료에 관하여 아무 것도 말하지 말고 제사장에게 가서 네 몸을 보이고 모세의 명한대로 예물을 드리라고 했다(4절). 이렇게 말씀하신 이유는 예수님의 사역의 성격에 관한 오해를 차단하기 위해서이고, 또 예루살렘의 제사장들에게 가서 나은 것을 증거하고 규정된 예물을 드림으로 예수님께서 제사장들이 할 수 없는 일을 하셨음을 증거할 수 있었기 때문이다. 더 나아가서 문둥병 때문에 하나님의 백성으로부터 소외되었던 그가 예수님에게서 부정함을 완전히 치료받았으니 제사장에게 가서 정결하다는 선고를 받아 하나님의 백성으로 회복되었음을 공식적으로 확인받게 하려는 것이었다.

백부장의 종을 치유한 사건(8:5~13)

마태는 이 기록에서 예수님의 놀라운 권세를 강조한다. 백부장이 예수님께 주님이란 호칭을 사용하면서 그의 권세를 인정한 사실(6~9절)과 그가 치유의 말씀을 하신 바로 그 시간에 그의 종이 병에서 나음을 받았다는 사실(13절)은 이 점을 잘 보여준다. 저자가 산상수훈의 결론 부분에서 예수님께서 서기관들과는 다르게 권세를 가진 자로서 가르쳤다고 기록(7:29)한 이후 처음으로 권세란 단어를 여기서 사용한다(9절). 백부장은 자신을 예수님의 권세 아래에 있는 사람으로 간주했다(8절). 권세 있는 가르침으로 무리들을 놀라게 한 예수님(7:28)은 자신의 권세를 인정하는 백부장의 말을 듣고 놀랐다(8:10). 백부장이 인정한 예수님의 탁월한 권세는 원거리에서 그의 즉각적인 치유의 역사로 확증되었다. 예수님의 이러한 권세를 전적으로 인정하고 믿는 자가 참된 믿음을 가진 자요, 큰 믿음을 가진 자이다. 이 점에서 백부장이 예수님께 대하여 보인 믿음은 산상수훈에서 예수께서 그의 제자들에게 요구하신 믿음이다. 백부장도 문둥병자와 같이 산상수훈이 내다보는 대로 주님의 이름을 부르고 하늘에 계신 아버지의 뜻대로 행하는 자이다(7:21b).

또한 이 사건은 하나님 나라에서 이방인과 유대인의 관계를 보여준다. 유대인들의 메시아 배척은 하나님 나라의 구성원의 변화를 가져온다. 유대인들의 자리를 대신해서 믿는 백부장으로 대표된 이방인들이 하나님 나라의 백성이 될 것이다. 유대인들의 대대적인 메시아 배척은 앞으로 이방인이 하나님 앞에 돌아오게 되는 결과를 가져오게 될 것을 예수님은 여기서 예고하신다. 이방인의 개종 시대는 예수께서 십자가에서 죽으실 때 그의 처형을 지휘했던 백부장과 그 일행의 신앙고백에서 곧 도래할 것이 암시되었고(27:54), 마침내 예수님의 부활로 말미암아 본격적으로 개시되었다(28:19~20). 그래서 부활하신 예수님은 온 세상으로 가서 복음을 전하라고 당부하신 것이다.

베드로 장모와 많은 사람들의 치유(8:14~17)

마태는 다른 복음서와는 달리 예수님의 제자들과 따르는 사람들에 관한 내용을 본문에 소개하고 있지 않다. 마가복음이나 누가복음과 같이 그곳에 다른 사람들이 있었다는 사실조차 언급하지 않는다. 이로써 남는 사람은 단지 예수님과 베드로의 장모뿐이다. 마태는 예수님의 3가지 행동과 베드로 장모의 3가지 행동을 기록한다. 예수님의 행동은 베드로 장모의 집에 들어가시고, 그녀를 보고, 그녀의 손을 만지는 행동이다. 이에 반응하여 장모와 관련한 3가지 행동은 열병이 떠나가고, 일어나서, 예수님을 섬기는 것이다. 예수님은 유대인들이 열병에 걸린 사람을 만지는 것을 금하는 유대 전통을 모르지 않았을 것이다. 마가와 누가는 베드로 장모가 일어나 그 집안에 있는 사람들을 시중들었다고(막 1:31, 눅 4:39) 하는 반면에 마태는 베드로의 장모가 일어나 예수님께 시중들었다고 기록하고 있다. 이것은 예수님께서 베풀어주신 구원에 대한 감사의 반응이 곧 예수님을 섬기는 것임을 강조하는 의미를 갖고 있다. 참 제자도의 삶은 주님의 섬김을 받아 치유 받은 사람이 이에 감사하여 역으로 주님을 섬기는 삶이다.

마태는 16절에서 예수께서 베드로의 집에서 행한 귀신축출과 치유사역에 대하여 요약한다. 그는 여기서 예수께서 말씀으로 귀신들을 축출했다고 기록한다. 문둥병자를 말씀 한마디로 정결케 하신 예수님은 백부장의 종을 만나지 않고 원거리에서 말씀으로 치유했고, 이와 비슷하게 말씀으로 귀신들을 축출했던 것이다. 이러한 능력 있는 말씀은 사탄의 세력을 붕괴시키고 그의 지배 하에 있는 자를 구출하는 구원의 역사이다. 이러한 묘사를 통해서 마태가 가르치고자 하는 것은 무엇인가? 마태는 예수께서 구약 예언의 성취로 치유와 귀신축출 사역을 감당하고 있기 때문에 그가 가셔야 할 유일한 길이 십자가의 죽음임을 여기서 예고하는 것이다. 20절에서 인자는 머리 둘 곳이 없다는 예수님의 말씀은 이러한 이해를 지지한다. 결국 예수님의 치유와 귀신축출 사건은 예수님이 자신의 희생적 죽음의 결과를 미리 적용하는 것으로 그가 필연적으로 십자가를 지셔야 할 것으로 예시하는 사건이다.

온전치 못한 제자도의 두 모습(8:18~22)

예수님을 따라가는 제자도의 삶은 그가 보여주신 메시아의 능력에 대한 반응으로 그가 인정하는 반응이어야 한다. 여기서 저자는 예수님이 인정하지 않는 제자도의 모습을 서로 다른 각도에서 제시하고 있다. 첫 번째 반응은 예수님을 따라 오고자 하는 한 서기관에게 예수님을 따라오려면 어떤 희생이든 각오해야 한다는 것이고(19절), 둘째 반응은 먼저 자신의 부친을 장사하고 난 다음에 주님을 따르게 허락해 달라는 한 제자에게 그런 일을 접어 두고 주님을 따르라는 말씀을 다루고 있다(20절). 제자도의 삶에 있어서 가장 중요한 것은 주님이 발하시는 명령을 따르는 삶이다. 예수님을 따라 오고자 했던 한 서기관과 예수님의 한 제자가 예수님의 명령에 대하여 애매 모호한 태도를 보이는 반면, 예수님의 제자들은 그의 명령대로(18절) 예수님을 따라 배에 탔다(23절). 이러한 대조를 통하여 저자는 예수님의 제자들이 바른 제자도의 길에 들어서기 시작했음을 보여준다. 아래 구조분석은 이 점을 잘 드러낸다.

A : 다른 쪽으로 가라는 예수님의 명령(18절)

B : 한 서기관의 고백과 예수님의 반응(19~20절)

B´ : 한 제자의 요청과 예수님의 반응(21~22절)

A´ : 제자들이 예수님의 명령에 순종함(23절)

예수께서 배척한 제자도의 두 모습에 대하여 생각해 보자. 첫 번째 모습은 예수님께 나아와서 예수께서 어디로 가든지 그를 따르겠다고 한 서기관의 모습에서 발견된다(19절). 그의 각오만은 외관상 대단한 것으로 보인다. 그러나 아무리 크게 보이는 각오를 하고 드린 고백이라 할지라도 예수님은 그의 고백에서 결점을 보셨다. 예수님은 그가 주님을 따르는 것의 의미를 깊이 생각하지 못하고 말하는 것으로 받아들이셨다. 예수님을 따라온다는 것은 단지 그를 선생으로 모시고 그의 가르침을 받는 정도로 족하지 않다. 그 서기관은 예수님을 주님으로 모시고 따라오는 삶에 어떠한 포기와 희생의 각오가 필요한지 깊이 생각하지 못했던 것으로 보인다.

그래서 예수님은 그에게 "여우도 굴이 있고 공중의 새도 거처(居處)가 있으되 오직 인자는 머리 둘 곳이 없다"고 대답하신 것이다(20절). 여기서 주목할 점은 인자는 그 어디에도 머리 둘 곳이 없다는 구절이다. 이 말씀은 예수께서 여기 저기 돌아다니시며 전도여행을 하시기 때문에 자기 소유의 일정한 거처가 없음을 말씀하는 것뿐만 아니라, 예수님의 삶의 모습이 이 땅에서는 배척받는 고난의 삶임을 암시한다. 결국 이렇게 고난받고 배척받은 삶의 최종 결과는 예수님이 가는 십자가 죽음의 길이다. 이 답변에서 독자들은 예수님을 따르는 제자의 삶이 예수를 주님으로 모시고 주께서 가시는 십자가의 길을 따라가는 것임을 발견한다.

예수님이 배척하신 두 번째 모습은 "주여 나로 먼저 가서 내 부친을 장사하게 허락하옵소서"라고 한 어떤 제자의 모습에서 발견된다(21절). 이 제자는 주님을 전적으로 따르기로 결심하기 전에 자신의 부친을 장사해야 한다고 했다. 이 때 예수님은 죽은 자들로 죽은 자를 장사하게 하고 너는 나를 따르라고 엄한 명령을 하신다. 독자들은 여기서 예수님의 답변에 놀라지 않을 수 없다. 더욱이 적절한 장례를 중요시 여기는 유대인들의 관습을 이해할 때 더욱 그러하다. 유대인의 관습에 따르면 부모가 죽었을 경우에 그의 자식은 매일 기도, 율법공부, 성전봉사, 할례준수, 유월절 양 잡는 일 같은 중요한 신앙적인 의무를 실행하지 않아도 된다.[2]

그러나 예수님은 이 제자에게 주님을 따르는 일보다 더 중요한 것이 없다고 말했다. 이 세상에 가장 중요하게 보이는 일도 주님을 섬기고 따르는 일보다 앞설 수 없다. 그래서 예수님은 "너는 나를 따르고 죽은 자들로 죽은 자를 장사하게 하라."고 말씀하신 것이다(22절). "죽은 자들로 죽은 자를 장사하게 하라"는 말씀에서 예수님은 제자의 삶은 영적으로 산 자의 삶이라는 것을 암시한다. 영적으로 산 자의 삶은 세상의 관심에 발이 묶여 사는 사람이 아니고, 세상의 그 어느 것보다도 예수님과 하나님 나라를 자신의 최고 우선순위로 여기는 그런 삶이다. 제자의 삶에 있어서 주님을 따르는 것보다 더 중요한 것은 이 세상에 하나도 없음을 예수님이 여기서 밝히신 것이다. 제자의 삶에 있어서 주님의 요구를 따르는 일이 그들의 삶의 최우선순위라는 이 말씀은 예수께서 산상수훈에서 하신 말씀을 상기시킨다. 천국 백성의 삶은 의식주 문제를 주된 목적으로 하는 삶이 아니라, 하나님의 나라와 그의 의를 구하는 삶이다(6:33).

적절하지 못한 제자도의 두 모습을 돌아볼 때 독자들은 주님의 제자로 그를 따르는 삶은, 주님으로서의 예수님의 절대적인 주권을 인정하고, 어떠한 십자가의 희생이라도 치를 각오를 해야 할 뿐만 아니라 그를 따르는 행위를 가장 최우선 과제로 삼아야 함을 발견하게 된다. 제자도에서 이러한 특성이 결여될 때 이것은 참된 제자도가 아닌 것이다. 저자는 예수님을 따르려고 했던 서기관과 한 제자가 예수님의 말씀에 대하여 어떠한 반응을 보였는지 기록하지 아니함으로 예수님의 절대적인 요구에 순응하지 못했음을 암시한다. 반면 예수님의 제자들은 예수님의 명령대로 행했음을 보여줌으로 독자들이 본받아야 할 모습이 이들에게 있지 않고 예수님을 따라서 배에 탄 제자들의 모습에 있음을 알려준다.

예수께서 풍랑을 잠잠하게 하신 사건(8:23~27)

이 사건은 마가복음 4장 35~41절과 누가복음 8장 22~25절에 기록된 사건과 동일하다. 특히 마태복음에서 이 기록은 이들 복음서와는 다른 각도에서 기록되었다. 첫째, 이 사건은 마가복음과 누가복음에서는 제자도의 교훈과 연결되어 있지 않지만 마태복음에서는 밀접하게 연결되어 있다 (8:18~22). 이것은 풍랑을 잠잠하게 하신 사건을 제자도의 각도에서 이해할 필요성을 제공한다. 둘째, 마태는 다른 복음서와는 다르게 풍랑이란 단어를 사용하지 않고 큰 지진(세이스모스 메가스)이 바다에 있었다고 기록한다(24절).[3] 셋째, 마태는 큰 지진으로 인하여 바다에 큰 파도가 일어나 제자들이 탄 배가 위태롭게 되었을 때 제자들이 한 행동을 믿음의 각도에서 기록한다.

예수님의 제자들이 예수님의 명령에 따라 배에 탄 것은 예수께서 배척한 두 제자의 모습과 반대되는 아름다운 모습이다. 또한 그들이 큰 지진으로 인해 격렬한 풍랑을 맞을 때 주님의 이름을 부르며 구원해 달라고 외친 것도 역시 제자들이 가져야 할 모습이다. 그러나 이러한 신앙적인 모습에도 불구하고 제자들은 아직도 온전한 믿음의 소유자는 아니다. 그들에게 믿음이 있기는 하지만 그들의 믿음은 불안과 걱정을 극복하지 못하는 적은 믿음이다. 더욱이 풍랑이 예수님의 한 마디 책망으로 잠잠해졌을 때 제자들이 예수님께 보인 반응은 그들이 아직도 예수님의 정체에 대하여 마땅히 알아야 할 만큼 알지 못했음을 보여준다. 그들이 예수님을 주님으로 따르고 있다는 점에서는 제자의 모습을 보여주고 있으나 아직도 주님의 정체에 대하여 깊이 인식하지 못하고 있다는 점에서 그들은 여전히 성숙해야 할 적은 믿음을 가지고 있는 것이다.

마태가 풍랑이란 단어 대신 큰 지진이란 단어를 본 기록에서 사용한 것은 그의 관점에서 볼 때 의미심장하다. 마태복음에서 '지진' 이란 단어는 풍랑 사건(8:24), 예수님의 십자가 죽음(27:54)과 그의 부활(28:2)과 관련하여 등장한다. 첫 번째 지진은 예수님께서 배에서 주무시고 있을 때, 두 번째 지진은 예수께서 십자가 위에서 운명하신 직후에, 세 번째 지진은 예수님의 부활 직전에 있었다. 즉, 큰 지진이 있기 전에 배에서 잠을 자고 계시던 예수님이 잠에서 일어나 풍랑을 잠잠하게 하신 후에 이방 땅으로 성공적으로 가는 모습은, 예수께서 죽었다가 부활하심으로 말미암아 어떻게 하나님 나라의 복음이 이방 땅으로 건너가게 될 것을 예고하는 것이나 다름이 없다. 바로 예수께서 잠에서 깨어나 풍랑을 잠잠하게 하신 후에 가다라 지방에서 두 청년들에게서 군대귀신을 축출한 사건은 이러한 모습과 무관하지 않다.

가다라 군대귀신 사건(8:28~34)

군대귀신 들린 두 청년에 관한 본 기록은 마가복음 5장 1~20절과 누가복음 8장 26~39절에 기록되어 있으나 마태의 기록이 가장 짧다.[4] 마태가 강조하려는 요점들이 무엇인지 생각해 보면, 저자가 이 사건을 보는 넓은 관점은 예수님의 사역을 통하여 임하는 하나님 나라의 현재적 성격이다. 하나님의 나라는 예수님이 가는 곳마다 임한다. 예수님께서 명령하지 않아도 귀신들은 떨고 사람에게서 물러나갈 수밖에 없다. 이렇게 하나님의 나라는 군대귀신 들린 두 사람에게 능력 있게 임했다. 하나님 나라의 운동은 사탄의 나라에 인질로 잡혀있는 자들을 구출하여 그의 백성으로 삼는 운동이다(마 12:20).

그러나 예수님의 귀신축출을 통한 하나님 나라의 점진적인 도래는 현 단계에서 사탄과 그의 추종 세력을 완전히 몰아내지 않는다. 29절에 언급된 때, 곧 마지막 심판이 이르기 전에는 사탄 나라의 세력이 완전히 이 땅에서 제거되지 않는다. 군대귀신은 하나님 나라의 진행 계획에 따라 아직 그들이 완전히 멸망될 시기가 오지 않았음을 예수님께 상기시켰고, 아울러 예수님께 하나님의 시간표에 따라 행할 것을 요구한 것이다. 지정된 마지막 심판의 시간 이전에 사탄과 그 귀신들은 파괴활동을 계속적으로 전개한다.

그렇기 때문에 사탄의 추종자들이 가는 곳마다 파괴의 역사가 일어난다.

마태의 원독자를 포함하여 오늘의 독자들은 본 기록에서 예고된 것이 십자가 부활로 성취된 이후에 살고 있기 때문에 예수님의 십자가 부활의 승리에 입각하여 복음을 통해 전개되는 하나님 나라의 영적 전쟁을 성실하게 수행하도록 촉구받는다. 이 전쟁은 아직도 사탄의 나라가 최종적으로 파괴되는 마지막 심판의 날이 있기까지는 사탄 나라의 저항과 반격 속에 진행될 것이다. 따라서 독자들은 본문을 통해 자신의 삶이 예수님의 편인지 아니면 반대편에 서서 살아가는지를 깊이 생각해야 할 것이다. 만일 독자들이 예수님의 편에 있다면 그는 하나님 나라의 편에 서서 영토확장의 전쟁을 하는 자일 것이고, 그렇지 않다면 하나님 나라의 확장을 방해하는 사탄 나라의 편에 서있는 것이다. 여기서 어느 편을 택해야 할지는 본문의 기록 속에서 등장하지 아니하는 제자들과 같이 순전히 독자들의 지혜로운 판단에 달려있다.

중풍병자의 치유(9:1~8)

마태가 이 사건을 예수께서 가다라 지역에서 전적으로 배척받은 사건과 연결해 기록한 것은 예수께서 중풍병자에게 선포한 죄의 용서가 그의 십자가 죽음을 통하여 이루실 구원의 선물임을 묵시적으로 가르치기 위함이다. 이러한 긴밀한 관계는 마지막 만찬석상에서 자신이 십자가에서 흘리실 피와 죄용서의 연결에서 다시 한 번 나타나고(26:28), 그의 십자가 죽음을 통해서 결정적으로 성취된다. 그렇기 때문에 저자는 예수님께서 죄용서를 선언하는 것이 너무나도 지당함을 보여준다.

마태는 중풍병자가 사람들에 의하여 침상에 들려 어떻게 예수님께 데려와졌는지에 대하여 상세하게 말하지 않고 단지 예수께서 그들의 믿음을 보셨다고 기록함으로 예수께서 그들의 믿음을 보시는 행동과 그의 죄용서 선언을 연결한다. 문맥적인 흐름에서 볼 때 예수님이 본 그들의 믿음은 단지 중풍병자가 치료받을 것을 믿는 치유의 능력에 대한 믿음이 아니라, 앞으로 사람들에게 배척을 받아 십자가에 죽게될 그를 믿는 믿음이다. 이러한 이해는 마태복음에서만 가능하다. 더 나아가서 이 사실은 예수님께서 십자가 죽음을 통하여 확보될 구원은 무조건 아무에게나 주어지는 것이 아니라, 이처럼 예수님을 믿는 자에게만 주어짐을 보여준다. 따라서 제자들이 (교회가) 사람들에게 죄용서를 선언할 수 있는 유일한 근거는 십자가에 죽었다가 다시 사신 예수님에 대한 신앙이다. 믿음이 없는 곳에 죄용서를 선언하는 것은 예수님의 십자가 구원에 근거하여 하나님께서 교회에게 허락하신 죄용서의 권세를 남용하는 것이요, 그에 대한 믿음을 죄용서 받은 방법으로 삼으신 예수님을 욕되게 하는 것이다.

마태의 부르심과 그의 집에서의 식탁교제(9:9~13)

본 기록은 기적의 장에 부적절하게 보이는 제자도 교훈에 이어서 두 번째로 등장하는 이야기이다. 이것은 마가복음 2장 13~17절과 누가복음 5장 27~37절에도 역시 기록되어 있다. 이들 기록과 비교해볼 때 한 가지 큰 차이점이 있다. "너희는 가서 내가 긍휼을 원하고 제사를 원치 아니하노라고 하신 뜻이 무엇인지 배우라"는 13 상반절의 말씀은 유일하게 마태의 기록에만 등장한다. 이 내용은 본 사건을 이해함에 있어서 중요한 열쇠 역할을 한다. 믿는다는 것이 무엇을 의미하는지를 분명하게 하는 것이 마태를 부르신 사건이고, 믿음으로 용서받은 사람들이 받는 복이 무엇인지를 밝히는 것이 예수님과 죄인들 사이에 있었던 식탁교제이다. 마태의 소명은 믿음이란 결국 조건없이 부르시는 예수님에 대한 '적극적인 응답'이다. 다시 말해서 믿음이란 "나를 따르라"는 예수님의 자비로운 부르심에 응답하는 계속적인 행위이다.

예수님으로부터 "나를 따르라"는 부름을 받은 마태는 세관에서 일하는 세리였다. 세리는 11절에서 죄인의 대명사로 바리새인들에 의하여 간주된다. 10절의 "많은 세리와 죄인들"이란 표현은 세리와 죄인을 각기 다른 그룹으로 취급하고 있는 것 같지만, 저자는 11절에서 "세리들, 곧 죄인들"이란 의미로 분명하게 표현했다.[5] 예수님 자신도 13절에서 "내가 의인을 부르러 온 것이 아니라 죄인들을 부르러 왔다."고 선언함으로 이러한 이해가 옳음을 보여준다. 이러한 사실에 비추어 볼 때 예수께서 마태를 부르심은 죄인 마태를 부르심이다. 이것을 믿음의 성격과 관련하여 볼 때 믿음이란 죄인을 부르시는 주님의 부름에 대한 응답임을 독자들은 알 수 있다.

예수께서 많은 세리들과 식탁교제를 나눈 것은 그들이 받은 불가시적인 구원을 식사행위를 통해서 가시화하는 중요한 행위이다. 식탁교제에서 그들이 누리는 음식은 신랑 메시아가 이 땅에서 부름에 응답함으로 회개하고 믿는 죄인들에게 베푸는 구원을 상징적으로 보여주는 역할을 한다. 예수님은 그의 식탁교제를 비난하는 바리새인들에게 호세아 6장 6절의 "너희는 가서 내가 긍휼을 원하고 제사를 원치 아니하노라"는 말씀을 인용하시고 이 말씀이 뜻하는 바가 무엇인지 가서 배우라고 따끔한 일격의 말씀을 주었다. 앞에서 지적했듯이 이 말씀은 마태복음의 기록에만 등장한다. 호세아서에서 이 말씀은 선지자가 백성들에게 하나님께 돌아갈 것(6:1), 하나님을 인정할 것(3절)을 권고하는 맥락에서 사용되었다. 이러한 배경을 염두에 두고 예수께서 하신 말씀을 이해할 때 예수님께로 돌아온 많은 세리들이 예수님과 가지는 식탁교제는 결국 하나님의 자비를 누리는 것임을 분명하게 확인하게 된다. 예수님의 사역을 통해 나타나는 하나님의 자비는 죄인들이 회개하기도 전에 예수님이 그들을 향하여 "나를 따르라"고 부르시는 행위에 나타날 뿐만 아니라, 부름에 응답한 후에 허락하신 죄용서와 하나님의 자녀로서 예수님과 함께 누리는 식탁교제를 통해서도 그대로 나타난다. 제사를 원치 아니하고 자비를 원하시는 하나님이 베푸시는 자비의 구체적인 표현이 예수님과 죄인들 사이의 식탁교제이다.[6]

금식에 관한 질문과 예수님의 답변(9:14~17)

요한의 제자들이 예수님께 제기한 금식에 관한 질문과 예수님의 답변은 바로 위에 언급된 예수님과 죄인 사이의 식탁교제를 배경으로 할 뿐만 아니라, 식탁교제의 성격을 좀더 구체화하는 역할을 한다. 이 질문은 예수님과 많은 세리들이 식탁교제를 나누고 있는 마태의 집에서 있었다는 점도 이러한 주제적인 연결을 강화한다. 이 단락은 마치 예수님의 제자들이 지금은 요한의 제자들과 바리새인의 제자들과 같이 금식을 하지는 않지만 신랑이 그들에게서 제거될 때가 되면 금식하게 될 것을 가르치는 것 같다(15절). 그러나 이것은 외관상의 교훈이지 예수님의 진의는 다른 데 있다. 다시 말해서 예수님께서 죄인들과 함께 나누는 식탁교제는 신랑 메시아가 결혼파티에 초대받은 사람들에게 베푸는 축하만찬이란 사실을 밝히는 데 있다. 구약은 앞으로 메시아 도래 때에 있을 하나님과 그의 백성 사이에 관계회복을 결혼의 은유를 통해서 예언했다(호 2:19; 사 61:10, 62:5).[7] 구약의 이러한 배경은 곧 예수님과 함께 식탁교제를 나누는 사람들은 신랑 메시아에게 돌아옴으로 말미암아 하나님과의 관계가 회복되었다는 사실을 일깨워준다. 이런 의미에서 예수님이 죄인들과 함께 나누는 식탁교제는 그들과 하나님과의 관계가 그들이 예수께 돌아옴으로 말미암아 회복되었음을 가시적으로 확증하는 사건인 것이다.

질문을 하는 요한의 제자들에게 예수께서 제시한 두 가지 예는 동일한 메시지를 두 번 반복해서 강조하는 역할을 한다. 새 천을 낡은 옷에 기우려고 하는 것이나(17절), 새 포도주를 낡은 가죽 부대에 부으려고 하는 것은 동일한 결과를 가져온다. 둘 다 쓰지 못하게 된다. 그렇다면 가장 지혜로운 처방은 무엇인가? 그것은 새 포도주는 새 부대에 넣는 것이다(17절). 예수께서는 두 가지 예 중에 낡은 옷에 새 천을 깁는 어리석음에 대하여 보다는 새 포도주와 새 부대의 예에 더 비중을 두었다. 그것은 구원의 축제만찬과 포도주란 단어가 아주 자연스럽게 잘 어울리기 때문이다. 문맥에 비추어 볼 때, 새 포도주는 신랑 메시아 예수님이 돌아오는 죄인들에게 베푸는 죄용서와 하나님의 자녀의 신분이고, 새 부대는 이러한 구원의 실재를 표현하는 예수님과의 식탁교제일 것이다. 여기서 분명한 것은 축제의 스타일은 예수님이 베푸는 구원의 은총에 대한 반응이란 점이다. 그렇다면 구원의 축하잔치는 메시아의 죽음으로 말미암아 금식과 같이 애곡의 장소로 바뀔 것이 아니라, 오히려 축제 스타일의 영구함을 가지게 될 것이다.

혈루(血淚)병 걸린 여인의 치유와 소녀의 다시 살아남(9:18~26)

마태의 본 사건 기록의 초점은 혈루병에 걸렸던 여인과 죽은 소녀의 아버지의 믿음에 있지 않고 전혀 다른 데 있음을 보여준다. 만일 다른 복음서에 나타난 것과 같이 저자가 이들의 행동이나 신앙에 관심을 가졌다면 이들 복음서에 기록된 상세한 내용들을 많이 반영했을 것이다. 그러나 저자는 이러한 것과 관련된 요소들을 생략하고 초점을 예수님에게 맞추어 기록하고 있다.

그러면 저자가 이 기록을 통하여 독자들에게 전달하고자 하는 중요한 메시지는 무엇인가? 마태가 본 기록을 예수께서 앞에서 하신 새 포도주와 새 부대에 관한 말씀과 긴밀하게 연결한 사실은 저자가 본 사건의 기록을 통해 앞에 제시된 내용을 좀더 구체화하고 있음을 보여준다. 예수님은 위 단원에서 신랑 메시아가 그의 제자들에게서 빼앗길 날들이 올 것이라고 말씀했다(15절). 저자는 이 말씀의 구체적인 의미를 여기서 설명하고 있는 것이다. 다시 말해서 소년이 죽었다가 다시 살아나는 것과 12년 동안이나 피를 흘리며 죽음을 향해 가던 여인은 너무나 명확하게 예수님의 죽음과 부활을 예고한다. 신랑 예수님이 제자들에게서 빼앗기는 구체적인 방법은 죽음이다. 그러나 예수님은 죽음으로 끝나실 분이 아니라 두 여자의 경우에서와 같이 다시 살아날 분이다. 저자가 예수님의 수난 예언(17:23, 20:19)과 그 실현으로 예수님의 부활(28:6~7)을 묘사할 때 집중적으로 활용한 동사 "일어나다"(에게이로)를 여기서 독특하게 사용하는 것은 이러한 이해를 지지한다. 더욱이 마태는 미묘하게 18절에 "나의 딸이 방금 죽었다"는 언급 후에 19절에서 "예수께서 일어나셨다"는 부활과 관련된 단어를 역시 수동태로 사용하는 것은 의미심장하다. 18절은 죽음을 이야기하고 19절은 문학적으로 부활을 이야기하는 것은 마가와 누가의 기록에는 전혀 등장하지 않는 내용이다. 이것은 곧 마태가 이러한 치밀한 표현을 통하여 독자들에게 예수님의 죽음과 부활을 미묘하게 예시하는 것이다.

두 소경의 치유사건(9:27~31)

본 기록은 다른 복음서에는 등장하지 않는 독특한 사건이다. 예수께서 소녀를 살린 부모의 집에서 떠나 길을 가고 있을 때에 두 소경이 그의 뒤를 따라오면서 "다윗의 자손이여, 우리를 불쌍히 여기소서"라고 외쳤다(27절). 이와 같은 동일한 외침은 나중에 예수께서 여리고에서 떠나실 때 두 소경의 입에서 나온다(20:30). 특히 여기서 주목을 끄는 것은 "다윗의 자손"이란 예수님의 칭호이다. 이 표현은 예수님의 족보에서 처음 등장한 이후(1:1) 사람의 입에서는 처음으로 나오는 호칭이다. 이 사실은 비록 두 소경이 육적인 눈은 멀었지만 영안은 열려 있어 예수님을 바로 인식하고 있음을 보여준다. 이 칭호와 함께 28절의 "주님"이란 호칭이 다시 등장하는 것은 이들이 예수님을 다윗의 자손, 주님으로 보고 있음을 보여준다. 예수님은 자신이 다윗의 자손일 뿐만 아니라, 주님이심을 인정했다. 그렇지만 종교지도자들은 예수님을 그리스도로 인정하지 아니했기 때문에 다윗의 자손으로도, 주님으로도 받아들이지 않았다(12:23, 22:42~44). 이러한 사실에 비추어 볼 때 두 소경의 고백은 예수님에 대하여 독자들이 가져야 할 지식이다.

구약에서 여호와의 종 메시아의 사역은 소경인 이스라엘 백성의 눈을

열어주는 사역으로 묘사되어 있다(사 28:18; 35:5; 42:7, 18~19). 두 소경의 이중
적인 모습 속에서 독자들은 한편으로는 하나님의 백성 이스라엘이 메시아
에 대하여 가져야 할 영안을 알려주고, 다른 한편으로는 이스라엘의 불순
종을 알려준다. 특히 복음서 중에서 마태복음은 예수께서 소경의 눈을 뜨
게 한 사건을 가장 많이 언급한다(11:5; 12:22; 15:30~31; 20:30; 21:14). 동시에
예수님은 이스라엘 백성의 지도자를 향하여 눈먼 지도자들이라고 호되게
질책했다(15:14; 23:16~17, 19, 24, 26). 이러한 사실에 비추어 볼 때 두 소경의
치유는 단지 개인적인 치유로 끝나는 것이 아니고, 예수께서 영적으로 눈
먼 이스라엘을 치유하기 위해 오신 메시아임을 보여준다.

귀신 들려 벙어리 된 자의 치유(9:32~34)

본 사건 역시 마태복음에만 기록된 내용이다. 마태는 여기서도 귀신 들
렸다가 귀신이 축출됨으로 말을 하게 된 사람에 대하여는 전혀 관심을 보
이지 않는다. 다른 곳에서와 같이 여기서 저자의 관심은 예수님의 능력 있
는 귀신 축출에 대한 사람들의 반응에 있다. 이러한 강조는 예수님께서 귀
신축출을 통하여 사탄의 나라를 붕괴시키는 하나님 나라 확장을 위한 영적
인 전쟁을 전개하는 데 있어서 사람들이 이것을 어떻게 인식하고 있는지
보여주는 것이다.

저자와 독자들의 관점에서 볼 때 예수님이 행하시는 귀신 축출은 사탄
의 나라를 점진적으로 붕괴시키는 하나님 나라의 영적인 전쟁인데, 바리새
인들은 눈이 어두워져서 이러한 실제를 전혀 인식하지 못하고 사탄 나라의
계속적인 붕괴를 오히려 사탄 나라의 기만으로 돌리고 있다(34절). 바리새
인들은 예수님을 이렇게 비난할 때 그들이 망하고 있는 사탄 나라의 편에
서 활동하고 있는 사실을 꿈에도 인식하지 못했다. 본문에서 등장하기 시
작한 바리새인들을 통한 사탄 나라의 반격작전은 12장에서 더욱더 고조된

상태로 나타난다(12:22~32).[8]

일반 백성들을 바른 길로 인도해야 할 지도자들이 백성들보다 더 영적으로 어두울 뿐만 아니라, 그들의 긍정적인 인식을 부정적으로 바꾸려는 바리새인들의 모습에서 독자들은 교회의 지도자들이 하나님의 백성을 바로 지도하기 위하여 어떻게 영적으로 바른 시각을 가져야 하는지 인식하게 된다. 그러나 불행하게도 예수님께 대하여 열린 마음을 가지고 있었던 일반 백성들은 결국 예수님의 십자가 처형과 관련하여 예수님을 대적하고 이러한 지도자들의 편에 서서 불행을 저지르고 만다.

예수님의 사역요약과 참 목자의 심정(9:35~38)

본 요약은 4장 23절에 언급된 내용과 병행을 이룬다. 4장 23절이 예수님의 이중사역을 여는 창이라면 9장 36절은 이를 닫는 역할을 한다. 이 두 사이에 기록된 예수님의 이중사역은 5~7장의 말씀의 사역과 8~9장의 치유와 귀신축출의 사역이다. 36절은 무리들을 대하는 참 목자로서 예수님의 심정을 묘사한다. 예수님은 무리들을 보실 때 목자 없는 양같이 고생하고 유리하는 가련한 존재로 보았다. 이 말씀의 배경은 바로 앞 단락에 기록된 종교지도자들, 특히 바리새인들의 영적인 무지이다. 예수님의 사역을 통하여 전개되는 하나님 나라의 점진적인 도래를 인식하지 못하고 이것을 사탄의 장난으로 간주하는 이들의 모습 속에 일반 백성들이 바른 길로 갈 수 있는 가능성이 없는 것은 당연하다. 반면 예수님의 모습은 그들과는 정반대로 무리들을 아끼고 보살피는 참 목자의 모습이다. 이것은 예수님의 사역은 목자가 양떼를 돌보는 사역임을 보여준다. 여기서 예수께서 염두에 둔 목자상은 자신의 말씀 선포, 병자들의 치유과 귀신축출을 통해서 전개하는 하나님 나라의 영적인 전쟁과 관련되어 있다. 왜냐하면 예수님의 이 같은 사역은 사탄나라에 인질로 포박된 자들을 그 손아귀에서 구출하여 내는 사역이기 때문이다.

　예수께서 제자들에게 "추수할 것은 많은데 일꾼은 적다"고 하신 말씀은 그의 십자가 부활사건으로 말미암아 하나님 나라의 영적인 추수가 확실할 것을 예견함과 동시에 예수님의 편에 서서 이 거룩한 운동에 참여하는 자들이 심히 적은 것을 지적한다. 이러한 상황에서 예수님의 제자들은 크게 두 가지 사실을 인식해야 한다. 하나는 예수님은 추수하는 주인이며 추수할 밭은 바로 그의 밭이라는 사실이다. 이 말씀은 하나님 나라의 비유장인 13장에서 좀더 구체적인 모습으로 나타난다. 다른 하나는 추수할 밭에 더 많은 일꾼을 보내달라고 주님께 기도해야 한다는 점이다. 독자들은 사도행전에서 어떻게 사도들과 초대 교회가 추수의 주인인 예수님께 기도함으로 이 말씀을 실현해가고 있는지 잘 알 것이다. 오늘의 독자들도 구원의 추수가 완성되기까지 예수님께 기도해야 할 것은 당연하다. 구원의 추수가 예수님의 십자가 부활 사건의 혜택과 결과임을 알면 알수록 독자들은 전 세계에서 더욱더 효과적인 구원의 추수를 위해서 기도에 힘을 쓸 것이다. 예수님의 제자들이 구원의 추수가 시작되는 시점에서 사도행전이 보여주는 대로 기도했다면 구원추수의 마지막 시점에 서 있는 우리들은 더욱더 목숨을 걸고 더 많은 일꾼 파송을 위해 주님께 기도해야 할 것이다.

05

파송받은 전도자의 자세

마태복음 10장의 주해와 적용

마태복음 10장은 예수님께서 열두 제자를 파송하시면서 교훈하신 말씀을 기록한 장(章)이다. 따라서 이 장은 전도자의 자세가 어떠해야 하는지, 무엇을 주의해야 하는지, 특히 핍박당할 때에 어떤 태도를 취해야 하는지에 대해 잘 말해 주고 있다. 이것은 오늘날 복음 전하는 자들과 교역자들에게도 귀한 교훈이 되고 있다.

열두 제자를 불러 세우심

먼저 1~4절은 예수님께서 열두 제자를 불러 세우시고 파송하기 위해 준비하시는 것을 보여 준다. 여기서 제자들을 '부르셨다'(προσκαλεσάμενος)는 것은 처음 부르신 것을 말하는 것이 아니라, 이미 부르시고 훈련하신 제자들을 특별한 목적을 위해 '소집하셨다'(call to oneself)는 의미이다. 이 때 제자들은 이미 부르심을 받아 예수님을 따라 다니면서 말씀을 듣고 배우며 훈련받고 있었다. 어느 정도 교육이 이루어진 다음 예수님께서는 이들을 현장으로 보내 실제로 복음을 전하며 귀신을 쫓아내며 병을 고치도록 파송하셨다. 이러한 예수님의 교육 방법은 이론과 실천을 겸한 교육이며, 교실과 현장을 고루 강조한 통합 교육이었다.

예수님께서는 제자들을 자기에게로 부르신 다음, 그들을 파송하기 전에 먼저 그들에게 '권능'(權能)을 주셨다. 권능이란 참으로 중요하다. 왜냐하면 권능이 없으면, 아무리 잘 배운 이론과 지식도 무력하고 효과가 없기 때문이다. 서기관들의 가르침은 논리적이고 분석적이기는 했지만 권세가 없었다(마 7:29). 그러나 예수님의 가르침은, 물론 논리도 있었고 지혜도 있었지만, 무엇보다도 권세가 있었다(마 7:29; 막 1:22). 사도 바울도 복음을 전할 때 '능력과 성령과 큰 확신'으로 하였다(살전 1:5; 고전 2:4). 그러나 오늘날의 교역자들 중에는 이 권능을 잃어 버리고 서기관들처럼 무미건조한 말만 늘어놓는 경우가 많다.

그러면 이 권능은 어디서 오는 것일까? 고함을 지른다고 되는 것도 아니요, 박사 학위를 받는다고 되는 것도 아니며, 화려한 가운을 입는다고 되는 것도 아니다. 권능은 오직 예수님께로부터 온다. 왜냐하면 제자들에게 권능을 주시는 분은 바로 '예수님'이시기 때문이다. 따라서 우리는 예수님께 기도함으로 권능을 받는다(눅 11:13 참조). 기도 외에는 달리 방법이 없다.

예수님께서 제자들에게 주신 권능은 크게 보아 두 종류였다. 하나는 '귀신들을 쫓아내는 권능'이었으며, 다른 하나는 '모든 병을 고치는 권능'이었다. 어떤 사람들은 이런 이적들은 오늘날에는 필요없다거나 일어나지 않는다고 주장하지만, 우리는 이런 능력이 꼭 사도들 시대에만 제한되어야 할 이유는 없다고 본다. 물론 사도들에게 예수님의 특별한 간섭과 능력 주심이 있었을 수 있음을 부정하는 것은 아니지만, 원칙적으로 이러한 권능이 사도들에게만 국한된다고 볼 수는 없다. 왜냐하면 이런 귀신들의 활동과 각종 병의 위세가 오늘날 줄어들었다고 보기는 어렵기 때문이다. 뿐만 아니라 살아 계신 주님께서는 지금도 천지만물을 그의 능력으로 다스리시며, 참 믿음으로 구하는 자들에게 능력 베푸시기를 원하신다(요 14:12; 막 9:23, 29). 따라서 누구든지 하나님을 진실하게 믿는 가운데 간절히 기도하면 하나님께서 능력을 베풀어주실 줄로 믿는다(약 5:13~18). 물론 이것은 이기적인 목적이나 사리사욕을 위한 것이어서는 안되며, 하나님의 영광을 위하는 것이어야 하고, 하나님의 뜻에 합당한 것이어야 한다.

다음에 마태는 열두 제자의 이름을 열거하고 있다(2~4절). 2절에서 마태는 '제자'란 이름 대신에 '사도'란 이름을 사용하고 있다. 그 이유는 이들이 이제는 '배우는 자'로서의 신분보다는 '파송받은 사명자'의 신분을 가지고 복음을 전하러 떠나기 때문이었을 것이다. 신학생이 주중에 학교에 오면 '학생'이지만, 주말에 교회에 가면 '전도사'가 되는 것과 비슷하다. 그러나 '제자'와 '사도'란 명칭은 그렇게 분명하게 구별되는 개념은 아니고 상호교환적으로 사용될 수도 있기 때문에 지나치게 구별하는 것은 옳지 않다. 그러나 여기 2절에서 '사도'라고 할 때에는 '파송받은 자'라는 개념이 분명히 들어 있다고 생각된다.

제자의 사명과 자세

그 다음 5절부터는 열두 제자를 파송하시면서 당부하신 말씀이 기록되어 있다. 먼저 5절부터 15절까지는 파송받은 제자들, 곧 전도자들이 가져야 할 기본적인 자세에 대해 말씀하신다.

1. 전도의 대상(10:5~6)

먼저 예수님께서는 그들이 어디로 가야 할지를 말씀하신다. 먼저 그들이 가지 말아야 할 곳은 '이방인의 길'과 '사마리아인의 고을'이었다. 이것은 예수님께서 이방인 전도를 싫어하셨다거나 사마리아를 멸시하셨다는 것을 의미하는 것은 아니다. 예수님께서는 여기서 일반적인 전도론이나 선교 원리를 말씀하신 것이 아니다. 예수님께서는 여기서 구체적인 상황에서 구체적인 전도 지침을 주신 것이다.

우리가 구체적인 상황에서 전도를 실시하려고 할 때에는, 그 시점에서 가장 효율적인 전략을 필요로 한다. 무턱대고 열심만 가지고 뛰어들었다가는 별다른 효과를 거두지도 못하고 끝나 버릴 수도 있다. 예수님께서는 그러한 무모한 전도를 피하시며, 그 시점에서 가장 효과적으로 전도할 수 있는 우선 대상을 선정하신 것이다. 그것은 곧 '이스라엘 집의 잃어버린 양'이었다(6절). 이는 이스라엘 백성들을 가리키는 명칭인데, 주님께서 보실 때 그들은 목자를 떠나 유리하는 '잃어버린 양'이었다. 예수님께서는 그들을 불쌍히 여기셨으며, 그의 제자들을 제일 먼저 그들에게로 보내셨다. 만일 그들이 듣지 않으면 그 다음 차례는 이방인들이었을 것이다(롬 1:16 참조). 그러나 이방인 전도를 위해서는 아직 때가 무르익지 않았다.

2. 전파할 내용(10:7)

이들이 가서 전파한 내용은 무엇이었을까? 그것은 "천국이 가까왔다"는 것이었다(7절). 이 말은 무슨 뜻으로 이해해야 할까? 많은 사람들은 그냥 "천국의 왕 되시는 예수님이 가까이 오셨다"는 의미로 이해하려고 하지만, 이렇게 보기에는 어려운 점이 있다. 왜냐하면 이 때 예수님은 '가까이 오신' 것이 아니라 '이미 오셨던' 것이다. 그래서 만일 예수님을 중심으로 생각했다면 제자들은 "천국이 이미 왔다"라고 전파했을 것이다. 그런데 이들은 세례 요한이나 예수님의 메시지와 마찬가지로 아직도 여전히 "천국이 가까왔다"고 전파하고 있다. 이것은 어떻게 설명해야 할 것인가? 이것은 단지 천국의 왕 되시는 '예수님의 도래'로 이해할 수만은 없고, 예수님의 도래로 말미암아 시작된 구원 사역의 결과 이제 '하나님 나라의 통치와 그에 따른 축복'이 바로 그들 가까이에 와 있다는 의미로 이해해야 한다.

따라서 만일 그들이 회개하고 예수님을 믿기만 하면 이 천국의 축복에 참여할 수 있다는 의미에서, 천국이 그들 앞에 가까이 온 것이다. 그러므로 "천국이 가까왔다"는 메시지는 바로 이 말씀을 듣는 사람들의 '회개'를 촉구하는 전도 메시지였던 것이다.

3. 해야 할 일들(10:8)

제자들은 단지 입으로 천국 복음을 전할 뿐만 아니라 또한 해야 할 일들이 있었다. 그것은 곧 "병든 자를 고치며 죽은 자를 살리며 문둥이를 깨끗하게 하며 귀신을 쫓아내는" 일이었다(8절). 이것은 예수님의 사역의 연장선상에 있다(마 4:23, 24; 9:35). 이러한 이적들은 천국의 임재의 표시이며, 또한 예수님의 권세의 표시였다(1절 참조). 이러한 권세는 제자들 자신에게서 나온 것이 아니라 예수님께서 주신 것이었으며 예수님께서 성령으로 역사하신 것이었다(마 12:28). 제자들은 이러한 권세를 '받아서' 그 권세를 '가지고' 역사했다기보다는, 오히려 예수님의 권세가 역사하는 '통로'에 불과했다. 마가복음 6장 7절은 이 사실을 암시하고 있는데, 마가는 여기서 '주다'라는 동사의 미완료 시상(ἐδίδου)을 사용하고 있다. 이는 곧 제자들이 이 권세를 한 번에 다 받아서 자기가 소유하고 있는 것이 아니라, 그때 그때마다 예수님께서 '지속적으로' 이 권세를 공급해 주시는 것을 나타내고 있다. 곧 이 권세의 근원은 항상 예수님에게 있음을 말하는 것이다. 병자를 고치며 죽은 자를 살리며 귀신을 쫓아내는 것은 하나님의 아들이신 예수님께 조금도 어려운 일이 아니었다.

이와 마찬가지로 예수님께로부터 이러한 권세를 받은 제자들이 이러한 이적을 행하는 것도 불가능한 일이 아니었다. 교부 이레니우스도 제자들이 죽은 자들을 살렸음을 말하고 있다(「이단 논박」 II, 31, 32와 32, 34).

4. 물질에 대한 태도(10:8하~10)

다음으로 예수님께서 강조하시는 것은 물질 문제에 관한 것이다. 제자들은 이러한 복음과 권세를 "거저 받았으므로 거저 주어야 한다"는 것이다(8하). 만일 그들이 이러한 복음과 권세를 예수님께 돈을 주고 샀다면 돈을 받고 팔 수도 있었을 것이다. 그러나 그들이 돈을 주지 않고 무료로 받았기 때문에 무료로 주어야 한다는 것이다. 이것은 복음 전파 행위는 전적으로 하나님의 은혜로 말미암았기 때문에 결코 상거래의 대상이 될 수 없다는 것을 의미한다. 돈을 받고 복음이나 하나님의 능력을 파는 행위는 거룩한 것을 돈으로 바꾸는 신성모독이 된다. 따라서 성령의 은사나 기도 응답의 대가로 돈을 받는 것은 잘못이며, 또한 성경을 판매하여 이익을 취하는 행위도 잘못임을 알 수 있다. 성경에 대해서는 사람이 '저작권'을 주장하지 못하는 것이 원리이다. 왜냐하면 하나님이 원저자이시며 사도들과 선지자들이 인간 저자이고, 그들 중 어느 누구도 저작권을 요구하지 않았는데, 어찌 오늘날 인간들이 하나님의 말씀에 대해 저작권을 요구할 수 있단 말인가? 하나님의 말씀은 아무런 대가 없이, 아무런 조건 없이 누구에게나 전파되어야 한다.

9절과 10절은 복음을 전할 때에 제자들이 물질 문제에 있어서 구체적으로 어떻게 행해야 할 것을 말씀해 준다. 먼저 지갑에 돈을 가지지 말라고 말씀하신다(9절). 이것은 전도여행을 할 때 경제 문제에 대해서는 염려하지 말라는 말씀이다. 하늘에 계신 아버지께서 친히 그의 자녀들을 돌보시며, 특히 천국 복음을 위해 수고하는 일꾼들에게 먹을 것을 공급해 주신다는 의미이다. 여행을 위하여 주머니(가방)나 두 벌 옷이나 신이나 지팡이를 가지지 말라는 말씀(10절)도 마찬가지 의미다. 여기서 '옷(χιτών)'이라 함은 속옷을 말함이 아니라 속옷 위에 입는 옷(외투 아래 입음)을 말한다. 따라서 이런 옷은 한 벌만 있으면 된다. 이처럼 예수님께서는 전도를 떠나는 제자들에게 최소한의 것 외에는 가지고 가지 말라고 하신다. 그 이유는 하나님께서 모든 것을 아시고 먹을 것을 공급해 주시기 때문이다.

5. 주거 문제(10:11~13)

예수님께서는 전도자의 주거 문제에 대해서도 말씀하신다. "아무 성이나 촌에 들어가든지 그 중에 합당한 자를 찾아내어 너희 떠나기까지 거기서 머물라"(11절). 여기서 우리가 생각할 것은, 전도자는 자기가 어디에 머물러야 할 것인지 '찾아야'(ἐξετάζω) 한다는 것이다. 가만히 앉아서 기다린다고 저절로 숙소가 생기고 먹을 것이 주어지는 것은 아니다. 하나님께서 주신 발과 입을 가지고 부지런히 돌아다니며 물어서 누구의 집이 합당한지를 찾아내야 한다. 이렇게 하는 것은 하나님을 믿는 믿음에 배치되는 것이 아니다. 마음으로 하나님을 굳게 믿는 가운데 발로 걸어다니며 입으로 수고 하는 것은 올바른 믿음에서 나오는 참 행동이다(시 128:2 참조).

그리고 예수님께서는 합당한 집을 찾아내면 떠날 때까지 그 집에 계속 머물라고 하신다. 이 집, 저 집 돌아다니는 것은 전도자로서 취할 행동이 아니다. 만일 그렇게 하면 전도자가 있을 곳이 없어서 전전긍긍하는 것처럼 보일 것이고, 그러면 복음의 권위가 땅에 떨어지고 만다. 전도자는 복음의 권위를 위해 당당하게 행동해야 한다.

그리고 전도자가 어느 집에 들어갈 때에는 "평안을 빌라"고 하신다(12절). 그러나 원문에 보면 "그 집을 문안하라"고 되어 있다. 물론 여기서 '그 집'이란 집 건물을 가리키는 것이 아니라 그 집 사람들 전체를 가리키는 총칭이다. 그리고 '문안하다'(ἀσπάζομαι)는 말은 '인사하다'는 뜻인데, 유대인들의 인사 방식은 '평안'을 비는 것이었다(13절 참조). 곧 히브리어로 '샬롬!'이라고 인사하는데, 이 말은 "평안이 있을지어다/있기를 바랍니다"라는 의미이다. 이것은 누가복음 10장 5절에 분명하게 "이 집에게 평안이 있을지어다"로 되어 있음을 보아도 알 수 있다.

그런데 만일 "그 집이 이에 합당하면 너희 빈 평안이 거기 임할 것이요, 만일 합당치 아니하면 그 평안이 너희에게 돌아올 것이니라"(13절)고 말씀하신다. 곧 제자들이 빈 평안은 그 자체로서 마술적인 효력을 갖는 것이 아니고 그것을 받아들이는 사람이 믿음으로 받아들여야만 효력이 있다는 것이다. 이것은 문안의 경우뿐만 아니라 기원의 일반적 성격과도 관계된다고 생각된다.

예를 들어 소위 '축도'(benediction)의 경우도 마찬가지다. 목사가 복을 선포(또는 기원)했다고 해서 자동적으로 모든 사람이 복을 받는 것은 아니고 청중이 그것을 '믿음'으로 받아들여야만 그 복이 임한다. 그렇지 않으면 그 빈 복은 도로 빈 자에게로 돌아온다. 이것도 기계적으로 또는 자동적으로 생각할 것이 아니라, 이 모든 것을 다 보고 계시는 하나님께서 그 빈 자를 복 주신다는 의미로 이해해야 할 것이다. 그러므로 우리가 다른 사람을 위해 복을 비는 것은 성도로서 마땅히 해야 할 바이며(롬 12:14), 그렇게 할 때 하나님께서는 우리에게 선(善)으로 갚아 주시는 것이다.

6. 영접지 않는 자에 대한 태도(10:14~15)

그러나 주님은 제자들을 영접지도 아니하고 그들이 전하는 말을 듣지도 아니하는 자들에 대해서는 단호하게 행동하라고 말씀하신다. 곧 그들의 "발의 먼지를 떨어 버리라"고 하신다(14절). 유대인들은 이방 땅을 여행하고 나서 다시 이스라엘 땅으로 들어오기 전에 그들의 신과 옷의 먼지를 떨어 버리는 관습을 가지고 있었다. 따라서 '발의 먼지를 떨어버린다' 는 것은 이를 통해 그 집을 이방 땅과 같이 여기며, 그 집 사람들과는 아무런 교제도 없다는 것을 의미한다고 한다.[1] 따라서 이것은 또한 복음을 받아들이지 않는 자들에 대한 하나님의 심판의 표이기도 하다(15절; 행 13:51; 18:6 참조).

하나님의 복음을 전하는 자들은 이러한 당당한 자세를 가져야 한다. 복음 전하는 것이 마치 구걸하는 것처럼 "제발 좀 믿어 주세요. 교회에 좀 나와 주세요."라고 해서는 안 된다. 그렇게 하면 복음의 권위가 땅에 떨어지고 하나님의 영광이 가리워진다. 혹자는 말하기를, 그렇게 해서라도 영혼을 구원하고 교회를 성장시키는 것이 더 중요하지 않느냐고 할지도 모른다. 그러나 영혼 구원보다도, 교회 성장보다도 더 중요한 것은 하나님의 영광이다. 아무리 영혼 구원이 중요하고 한 영혼이 천하보다 더 귀하다 할지라도 그것이 하나님의 영광보다 우선할 수는 없다. 하나님께서는 자신의 이름을 더럽히면서까지 전도하는 것을 원치 않으신다(하나님의 영광을 더럽히면 결국 전도도 되지 않는다). 그래서 하나님께서는 믿지 않는 자들을 위해 심판을 예비하셨으며, 불의를 행하는 악한 자들을 위해 징벌을 내리신다. 이 사실은 곧 하나님의 공의가 살아 있으며, 이를 통해 하나님께서는 자신의 이름의 영광을 보존하심을 나타내 준다. 따라서 복음을 전하는 자들이 지나

치게 현대인들의 욕구에 맞추려 하는 것은 옳지 못하다. 우리는 정당한 방법으로, 하나님의 영광을 가리지 않는 범위 내에서 복음을 전해야 하며, 그래도 듣지 않고 끝까지 반대하고 공격할 때에는 하나님의 심판에 맡겨야 한다(마 7:6 참조).

핍박에 대한 교훈

16절에서 23절까지는 제자들이 세상에서 핍박받을 것을 염두에 두고 하신 말씀이다. 세상은 전도자들을 환영하지 않고 여러 모로 핍박할 것을 주님은 미리 아셨다. 왜냐하면 세상의 권세 잡은 자 사탄이 복음전파를 결코 환영할 리 없으며, 가만히 앉아서 당하고 있지만은 않을 것이기 때문이다.

1. 세상 속에서의 처신(10:16)

예수님께서는 먼저 "내가 너희를 보냄이 양을 이리 가운데 보냄과 같도다"고 하시면서 "그러므로 너희는 뱀같이 지혜롭고 비둘기같이 순결하라"고 말씀하신다(16절). '뱀처럼 지혜로워라' 는 것은 뱀처럼 간사하거나 간교하라는 의미가 아니다. 여기서 '지혜롭다' 는 단어는 원어로 '프로니모이' (φρόνιμοι)인데, 이것은 '생각이 깊은, 사려 깊은, 신중한' 이란 뜻이다. 즉, 악한 세상에 나가서 복음을 전하고 행동할 때에 사려 깊게, 신중하게 처신하라는 의미이다. 왜냐하면 사탄이 간교한 술수로 유혹해서 넘어뜨리려 하기 때문이다. 따라서 전도자들은 이러한 '사단의 깊은 것' (계 2:24)을 잘 헤아려서 신중하게 행동해야 한다. 그리고 '비둘기처럼 순결하라' 는 말은 그 가운데서도 순수함을 지켜야 한다는 것이다. 여기서 '순결하다' 는 것은 원어로 '섞이지 않은, 때가 묻지 않은, 순수한' 이란 의미이다. 이것은 곧 우리가 악한 세상에서 죄에 빠지지 않아야 함을 뜻한다(요 17:15 참조).

뱀같은 지혜로움과 비둘기같은 순결함은 서로 조화되기 어려운 것처럼 보이지만, 우리는 이 둘을 다 갖추어야 한다. 특히 복음 전하는 자와 교회 지도자는 이 둘을 겸비하여야 한다. 이를 위해서는 끊임없는 말씀 읽기와 기도, 공부와 독서, 구체적인 현장 경험과 연륜이 필요하다.

2. 핍박당할 때의 태도(10:17~23)

그 다음에 예수님께서는 세상 사람들이 어떻게 핍박할 것인가를 말씀하신다(17, 18절). '핍박'이란 예수님 때문에 또는 복음 때문에 당하는 고난을 말한다. 이러한 핍박을 당할 때 "어떻게 또는 무엇을 말할까 염려하지 말라"고 하신다(19절). 왜냐하면 그들 안에 계신 성령께서 무엇을 말해야 할지를 가르쳐 주실 것이기 때문이다(19하, 20절). 이것은 역사를 통해 증명되었다. 기독교 역사상 많은 성도들이 핍박당하여 순교할 즈음에 사람의 지혜를 뛰어 넘는 믿음의 말들을 남겼다. 이것은 그들 가운데 계신 성령께서 그들에게 주신 말씀이며, 이를 통해 하나님께서는 그의 복음을 당대와 후세에 오래 오래 증거하셨던 것이다.

이어서 예수님께서는 구체적으로 제자들이 부모 형제로부터 핍박을 당하고 죽임을 당할 것임을 말한다(21절). 이처럼 핍박에는 가족도 혈육도 없다. 이것은 신앙이 외적인 혈통 관계를 뛰어넘는 근본적인 문제임을 의미한다. 하나님의 자녀들과 세상의 자녀들 사이의 대립과 갈등은 심오하고 근원적인 것이어서 가족 관계를 뒤흔들어 놓을 수도 있다. 그 배후에는 예수 그리스도를 미워하는 악의 세력이 자리잡고 있다. 그래서 예수님께서는 "너희가 내 이름을 인하여 모든 사람에게 미움을 받을 것이다"라고 말씀하신다(22절). 세상 사람들이 우리를 미워하는 이유는 그들이 예수님을 알지 못하기 때문이다(요 16:3).

그러나 끝까지 견디는 자는 구원을 얻을 것이다(22절). 견딘다는 것은 모든 환난과 핍박에도 불구하고 예수님을 믿는 믿음을 포기하지 않고 끝까지 붙드는 것을 말한다. 심지어 극한 고통과 죽음이 온다 할지라도 그 믿음을 배반하지 않는 것을 말한다. 이 인내가 없으면 구원을 얻지 못한다(마 24:13;

눅 8:15). 따라서 인내가 중요하다. 많은 성도들이 '능력'을 원하고 '은사'를 사모하지만, 이보다 더 중요한 것은 '인내'이다. 왜냐하면 인내를 통해 그 사람의 믿음이 연단되며 참 믿음이 드러나기 때문이다. 하나님께서는 우리에게 감당치 못할 시험 당함을 허락지 않으시기 때문에(고전 10:13), 어떤 어려움이 닥쳐와도 기도하면서 기다리면 능히 그 어려움을 견딜 수 있는 것이다.

그리고 예수님께서는 제자들에게 "이 동네에서 너희를 핍박하거든 저 동네로 피하라"고 말씀하신다(23절). 이 말씀은 이상하게 들릴 수 있다. 우리가 핍박을 당하면 의연하게 맞이해야 될 것 같은데 예수님은 "저 동네로 피하라"고 말씀하시니 이게 어찌된 일인가? 그러나 이것은 이상한 것이 아니다. 순교란 때가 있는 법이다. 때가 이르기 전에는 가능한한 피하면서 복음을 전하는 것이 옳다. 예수님도 때가 이르기 전에는 여러 번 피하셨다(마 12:15; 눅 4:30; 요 8:59; 10:39). 지금은 제자들이 순교할 때가 아니었다.

이어서 나오는 "내가 진실로 너희에게 이르노니 이스라엘의 모든 동네를 다 다니지 못하여서 인자가 오리라"는 말씀에 대해서는 논란이 많다. 몇 가지 해석을 보면, 첫째로 예수님께서는 실제로 매우 임박한 종말을 기대했었다는 해석이 있다(A. Schweitzer와 그 추종자들). 그러나 이 해석은 예수님이 잘못 판단하셨다는 것이 되기 때문에 옳지 않다. 둘째, 여기의 '이스라엘의 모든 동네'를 온 세상의 모든 동네로 보는 해석이 있다. 그래서 온 세상의 모든 동네에 복음이 다 전파되기 전에 예수님이 재림하실 것이라는 의미로 본다. 그러나 예수님께서 열두 제자를 파송하시면서 하신 이 말씀이 '온 세상의 모든 동네'를 돌아다니라는 뜻으로 말씀하셨다고 볼 수는 없다. 셋째, '이스라엘의 모든 동네'를 팔레스탄 지역으로 한정하고 '인자의 옴'을 주후 70년의 예루살렘 심판으로 보는 해석이 있다(J. Keulers). 그러나 '인자의 옴'을 예루살렘 멸망으로 보기는 힘들다. 넷째, '인자의 옴'을 예수님의 부활이나 오순절 날의 성령 강림으로 보는 해석이 있다. 이 해석은 앞의 해석들보다는 나으나, 여기서 '인자의 옴'을 그렇게 비유적으로 볼 수 있느냐 하는 문제와 '이스라엘의 모든 동네를 다 다닌다' 는 것을 예수님의 부활이나 오순절 성령강림 때까지의 모든 전도활동으로 확대할 수 있느냐 하는 문제가 있다. 다섯째, 예수님께서는 여기의 '사도들' 을 그 후의 모든 복음 전도자들과의 연결 속에서 보고, 그가 재림하실 때 아직도 회개하지 않은 자들이 있을 것이며, 그래서 아직도 그들에게 복음을 전하는 자들이 있을 것이라는 의미로 보는 해석이 있다(F. W. Grosheide). 물론 이 해석은 앞의 것들보다 좀더 세련되기는 했지만, 여기의 '너희' 를 갑자기 일반적인 너희(재림 때까지의 모든 전도자들)로 확장할 수 있느냐는 문제와 '이스라엘' 을 온 세상으로 보는 문제가 있어서 역시 자연스럽지 못하다.

따라서 우리는 이 구절에 대해 새로운 해석을 찾아야만 한다. 필자가 보기에 이 구절의 말씀은 전혀 어려운 것이 아니라고 생각한다. 신학자들이 어렵게 만들어서 문제가 됐지만, 사실은 아주 단순한 말씀이다. 우리가 여태까지 살펴본 바에서 알 수 있듯이, 마태복음 10장의 말씀은 어느 정도의 훈련을 받고 전도 실습을 떠나는 제자들에게 주신 구체적인 말씀이다. 따라서 우리는 23절의 말씀도 이러한 구체적인 상황에서 이해해야 한다. 곧 여기서 '인자' 는 예수님께서 자기 자신을 가리킬 때 즐겨 사용하신 칭호이고, '온다'(ἔρχομαι)는 것은 말 그대로 '온다' 는 것이다. 여기서 이 단어를 가지고 '재림' 을 생각하는 것은 구체적인 문맥에 맞지 않다.

그렇다면 이 구절의 의미는 무엇일까? 그것은 파송받은 제자들이 이 지역, 저 지역으로 할당받아 전도를 떠나는데, 문자 그대로 그들이 이스라엘의 동네를 다 돌지 못하여서 예수님께서 그들에게로 오실 것이라는 의미이다. 제자들은 지금 온 이스라엘의 각 지역으로 파송되어 복음을 전하였다(눅 9:6 참조). 이 때 예수님은 함께 가시지 않으시고 뒤에 남으셨다. 이 때 예수님은 아마도 산이나 조용한 곳에 가셔서 복음 전하는 제자들을 위해 기도하셨을 것이다. 아니면 다른 곳에 가셔서 따로 복음 전하셨을 것이다. 이렇게 서로 몇 주간, 또는 몇 달을 헤어져 지내다가 예수님께서 다시 제자들에게로 오시는데, 곧 그들이 이스라엘의 모든 동네를 다 다니지 못하여서 다시 오시겠다는 의미이다.

이처럼 간단하고 분명한 예수님의 말씀을 왜 그렇게 어렵게 생각하고 복잡하게 만드는지 모르겠다. 그 이유는 아마도 오늘날 신학자들이 '그 당시의 제자들'이 예수님의 말씀을 어떤 의미로 이해했을 것인가를 생각하기보다도, 현대 신학자들이 가지고 있는 '신학적 틀'을 가지고 본문을 읽기 때문일 것이다. 우리는 본문이 말하는 바를 그대로 이해하도록 해야 하며, 먼저 그 당시의 구체적인 상황에서 이해해야 한다.

두려워하지 말라

24절부터 33절까지는 핍박하는 세상 사람들을 두려워하지 말라는 위로와 격려의 말씀이다. 먼저 24절과 25절에서는 제자와 선생, 종과 상전의 예를 들어 두려워하지 말아야 할 이유를 말씀하신다. 곧 선생되는 예수님께서 이미 욕과 비방을 받았으니 그의 제자들도 핍박당하는 것을 두려워하지 말아야 한다는 말이다. 25절의 '바알세불'이란 말은 원래 '집 주인'이란 뜻인데, 귀신들의 우두머리인 사탄을 일컫는 말이었다(마 12:24 참조). 바리새인들이 예수님을 귀신의 왕 '바알세불(집 주인)'이라고 욕하였으니, 그 집 사람들(제자들) 욕하는 것이야 오죽하겠느냐? 그러니 너희들이 핍박받는 것은 당연한 것이니 그리 알고 두려워하지 말라는 말씀이다.[2]

26절, 27절의 말씀은 제자들이 두려워하지 말고 공개적으로, 당당하게 복음을 전하라는 의미이다. 모든 것은 결국 드러나게 되어 있고 알려지게 되어 있다. 마지막 날에는 불의한 자의 모든 불의도 알려지고 착한 자의 모든 선행도 알려질 것이다. 그러므로 복음을 전하는 제자들은 이러한 '종말론적인 신앙'을 가지고 담대하게 복음을 전파하라는 것이다. 어차피 모든 실상이 하나님에 의해 드러날 것이고 진리가 승리하게 되어 있으니, 조금도 두려워하지 말고 공개적으로, 담대하게 복음을 전해야 한다는 것이다.

그러기 위해서는 목숨 잃는것을 두려워하면 안 된다. 목숨을 내어놓기로 각오하면 사실 두려울 것이 하나도 없다. 그래서 예수님은 이렇게 말씀하신다. "몸은 죽여도 영혼은 능히 죽이지 못하는 자들을 두려워하지 말고 오직 몸과 영혼을 능히 지옥에 멸하시는 자를 두려워하라"(28절). 우리가 참으로 두려워해야 할 대상은 사람이 아니라 하나님이심을 말씀하신다. 사람이 죽일 수 있는 것은 오직 몸뿐이며 영혼은 죽이지 못한다. 그러나 하나님은 몸과 영혼을 다 지옥에 멸하실 수 있다.

여기서 우리는 '몸' 과 '영혼' 의 구별이 있음을 보게 된다. 간혹 인간에 대해 '이원론' 을 배격한다는 명분 아래 '몸' 과 '영혼' 의 구별이 없는 일원론을 주장하는 사람도 있는데, 이것은 결국 인간의 영혼의 존재를 부인하게 된다. 종교 개혁 당시에도 어떤 이들이 인간의 영혼은 죽은 후에 수면 상태에 있다고 주장하여(영혼수면설) 파문을 일으킨 적이 있었는데, 칼빈이 이에 대항하여 논문을 쓴 적이 있다(Psychopannuchia). 이 논문에서 그는 이 구절을 중요한 근거 구절들 중의 하나로 삼고 있음을 보게 된다. 인간은 단지 살과 피로 이루어진 '몸' 만 있는 것이 아니라 사후(死後)에도 계속 존속하는 '영혼' 이 있다. 아무리 정교하고 발달된 신경 체계나 뇌 조직도 그 자체는 육체에 속하며 영혼은 아니다. 영혼은 육체에 속하지 않으면서도 육체를 지배하고 통솔하는 영적 실체이며, 이러한 영혼은 사람이 어찌할 수 없다. 따라서 본문은 육체와 영혼의 구별을 분명히 가르쳐 준다. 이러한 육체와 영혼의 구별은 이원론이 아니다. 일원론이라고 해서 그 구성 요소에 있어서 구별이 없는 것은 아니다. 오히려 일원론 하에 여러 구성 요소들이 있으며 다양한 구별이 존재한다. 우리는 이원론 못지 않게 잘못된 일원론도 경계해야 한다.

29절~31절은 제자들이 두려워하지 말아야 할 것을 다시금 예를 들어 설명하신다. 참새 두 마리가 한 앗사리온에 팔린다. 한 '앗사리온' 은 16분의 1 '데나리온' 으로 매우 적은 가치의 화폐 단위이다. 따라서 참새 한 마리의 가치는 매우 적다. 그렇지만 이 하찮은 미물(微物)도 하나님 아버지께서 허락지 아니하시면 그 하나라도 땅에 떨어지지 아니한다(29절). 이처럼 하나님 아버지께서는 공중의 참새 한 마리까지도 돌보고 계신다. 그런데 우리에게는 "머리털까지 다 세신 바 되었다"고 하신다(30절). 그만큼 하나님 께서는 우리를 귀하게 보시고 돌보신다는 말씀이다(31절).

그래서 예수님께서는 제자들에게, 예수님 자신을 시인할 것을 두려워 말라고 말씀하신다(32, 33절). 여기서 '시인한다'(ὁμολογέω)는 것은 단순히 '그렇다'고 말하는 정도가 아니라, '공개적으로 고백하는 것'(to confess publicly)을 말한다. 우리가 사람들 앞에서 예수님을 주로 고백하면, 예수님 도 하늘에 계신 아버지 앞에서 우리를 아신다고 시인하실 것이다(32절). 그 러나 누구든지 사람들 앞에서 예수님을 부인하면 예수님께서도 하나님 아 버지 앞에서 그를 부인하실 것이다(33절). 그러므로 사람들 앞에서 예수님을 시인하는 것이 중요하다. 우리의 영원한 운명을 결정지을 만큼 중요하다.

우리는 사람들 앞에서 주님을 고백해야 한다. 사람의 눈치를 보느라 입 을 꼭 다물고 있지만 말고, 우리의 믿음을 사람들 앞에 드러내야 한다. 세 상 사람들은 "침묵은 금"이라고 말하지만, 예수님은 공공연하게 말해야 한 다고 하신다. '침묵'은 물론 쓸데없는 말을 늘어놓는 것보다는 낫지만, 또 한 자기 자신이 손해보지 않기 위해 입을 다물고 있는 이기주의와 비겁함 의 산물일 때도 많다. 선량한 다수가 침묵하기 때문에 불의한 소수가 판을 치고 있다. 이 경우에 침묵은 결코 선(善)이 될 수 없다. 기독교는 침묵의 종 교가 아니다. 기독교는 고백의 종교다. 왜냐하면 우리는 살아 계시는 하나 님을 믿기 때문이다. 우리의 몸은 능히 죽여도 영혼은 죽이지 못하는 사람 을 두려워하지 않기 때문이다. 따라서 우리는 말해야 한다. "내가 믿는 고 로 말하리라"(시 116:10)고 한 고백처럼, 우리는 각자 하나님 앞에서 옳다고 생각하는 바를 분명하게 표현해야 한다. 비록 나 혼자 반대하거나 나 혼자 찬성하는 한이 있더라도 자기의 의사를 분명히 나타내야 한다. 다른 사람 의 눈치를 보지 말고, 정치 계파를 의식하지 말고, 오직 하나님 앞에서 그 순간 내가 해야 할 말과 취해야 할 행동을 두려움 없이 드러내야 한다. 그러면 한국 교계에서 정치 계파가 사라질 것이며, 소수의 무리가 선량한 다수를 억압하는 불의도 사라질 것이다. 우리는 매순간 하나님 앞에서 고백적인 태도로 살아야 한다. 그러면 하늘에 계신 하나님께서도 늘 우리를 시인하시고 특별히 돌봐 주실 것이다.

주님께 합당한 자

이어서 예수님께서는 그의 제자들에게 어떠한 어려움이 닥치더라도 조금도 흔들리지 말고 결연한 태도로 그를 좇을 것을 요청하신다. 먼저 예수님으로 말미암아 가족들 사이에 불화가 생기고 다툼이 생길 것을 말씀하신다. "내가 세상에 화평을 주러 온 줄로 생각지 말라. 화평이 아니요 검을 주러 왔노라"(34절). 여기서 '화평'이란 근본적인 참 평안을 가리키는 것이 아니라 사람들 사이에 다툼이 없는 상태를 말한다. 예수님의 복음은 처음에 불화와 갈등을 가져온다. 부모와 자식 사이에, 며느리와 시어머니 사이에 불화가 생기며, 종종 극한 갈등과 대립이 일어난다(35, 36절). 이 때 아비나 어미를 예수님보다 더 사랑하는 자 또는 아들이나 딸을 예수님보다 더 사랑하는 자는 주님께 합당치 않다고 말씀하신다(37절). 육신적인 혈연 관계를 주님과의 관계보다 더 중요시하거나, 이 세상의 외적 평안을 주님이 주시는 참 평안보다 더 중요시하는 자는 하나님의 나라에 합당치 않다는 말씀이다.

또한 "자기 십자가를 지고 나를 좇지 않는 자도 내게 합당치 아니하니라"고 말씀하신다(38절). 이는 곧 우리가 주님을 좇을 때에 자기를 부인(否認)해야 함을 말한다. 곧 육신적인 평안함과 안락함을 버리고 고난의 길을 걸어가야 함을 말한다. 고난을 감수하지 않고서는 주님이 주시는 참 평안과 생명과 복락을 누릴 수 없다. 그래서 주님께서는 이 진리를 다음과 같이 역설적으로 표현하셨다. "자기 목숨을 얻는 자는 잃을 것이요, 나를 위하여 자기 목숨을 잃는 자는 얻으리라"(39절). 여기서 '자기 목숨을 얻는다' 는 것은 원어로 '목숨을 발견한다' 인데, 이것은 히브리적 표현으로(잠 21:21 참조) '목숨을 구원하려고 애쓰다' 는 의미이다(눅 17:33 참조). 그리고 예수님께서 여기서 '목숨'(ψυχή)이란 단어를 '육신적인 목숨' 과 '영원한 생명' 이라는 이중적인 의미로 사용하심으로 역설적인 진리를 나타내신다. 곧 누구든지 예수님을 부인하고 자기의 육신적인 목숨을 구하려고 하는 자는 영원한 생명을 잃을 것이요, 예수님을 위하여 자기의 육신적인 목숨을 잃을 각오를 하는 자는 영원한 생명을 얻을 것이라는 의미이다(Keulers).

제자를 영접하는 자의 상

마지막으로 예수님께서는 제자들을 영접하는 자의 상(賞)에 대해 말씀하신다. 제자들에게는 핍박만 있는 것이 아니라 그들의 활동을 귀하게 여기고 영접하는 자도 있을 것이다. 이런 자들을 하나님께서는 귀하게 보시고 상을 주신다는 것이다.

예수님께서는 먼저 일반적인 원리를 말씀하신다. "선지자의 이름으로 선지자를 영접하는 자는 선지자의 상을 받을 것이요"(41절). 여기서 '선지자의 이름으로 선지자를 영접한다' 는 것은 그를 선지자로 알고 선지자에게 합당한 예우로 영접하는 것을 말한다. 그러한 자는 선지자의 상을 받을 것이다. '선지자의 상' 이란 선지자에게 주어지는 상이란 의미이다. 즉, 어떤 사람을 선지자로 알고 선지자로 영접하면, 그 사람도 선지자가 받는 상에 동참한다는 의미이다. 왜냐하면 그도 하나님께서 보내신 거룩한 일, 곧 선지자의 일에 동참하였기 때문이다. '의인의 이름으로 의인을 영접한다' 는 것도 마찬가지로 그 사람을 의인으로 알고 의인에게 합당한 예우로 영접하는 것을 말한다. 이러한 자는 의인에게 합당한 상을 받을 것이다.

그리고 나서 예수님께서는 직접적으로 제자들의 경우에 대해 말씀하신다. "또 누구든지 제자의 이름으로 이 소자 중 하나에게 냉수 한 그릇이라도 주는 자는 내가 진실로 너희에게 이르노니 그 사람이 결단코 상을 잃지 아니하리라"(42절). 냉수 한 그릇은 목마른 사람에게는 요긴한 것이지만, 주는 자의 입장에서는 아주 작은 정성에 불과하다. 그러나 예수님이 파송하신 자를 예수님의 제자로 알고 그에게 냉수 한 그릇을 대접하는 자는 결코 상을 잃지 아니한다고 하신다. 이것은 대접하는 물질의 크고 작음이 문제가 아니라 대접하는 자의 정성이 중요함을 말한다. 뿐만 아니라 그 제자들의 사역을 바로 이해하고 거기에 참여하는 것이 귀중함을 말하는 것이다.

이러한 말씀은 오늘날의 우리들에게도 주의 이름으로 복음을 전하는 자들을 귀하게 여기고 돕는 것이 얼마나 가치 있고 귀한 일인가 하는 것을 가르쳐 준다. 동시에 복음 전하는 자들에게 그들의 사역이 얼마나 귀중한 것인가를 깨우쳐 주며, 그들의 수고에 위로와 긍지를 더해 준다.

06

메시아의 수용과 거부

마태복음 11~12장의 주해와 적용

마태복음 11장과 12장은 예수님께서 선교훈화(10장)를 마치신 다음(11:1) 예수님의 사역에 대한 반응이 어떠했는지를 보여주는 말씀이다. 예수님께서 갈릴리 도시들에서 표적을 행하신 후에 사람들이 예수님께서 하신 일을 근거로 예수님의 정체성(identity)에 대해서 어떤 반응을 보였는가 하는 말씀이다.

11장에 기록된 사람들의 반응은 대체적으로 예수님을 메시아로 수용하지 않은, 불수용(不收容)의 반응이다. 12장에 기록된 사람들의 반응은 예수님을 적극적으로 반대하는, 적대의 반응이다. 11장과 12장에는 사람들이 불수용과 적대의 반응을 보일 때 예수님께서 어떤 말씀을 하셨는가 하는 내용이 기록되어 있다.

11장은 세례요한이 그리스도의 하신 일을 듣고 그분의 정체성에 대해서 질문한 사건(11:2~15)으로부터 시작하여 사람들의 냉담한 반응을 장터 아이들 비유를 통해 다루고(11:16~19) 예수님께서 가장 많은 표적을 행하신 도시들이 회개하지 않은 것을 다룬 다음, 어린아이들같은 사람들이 천국 메시아를 수용한다고 하시면서 "수고하고 무거운 짐진 자들아 다 내게로 오라"고 하신 메시아의 초청으로 마감한다(11:25~30).

12장은 예수님께서 안식일에 제자들과 함께 밀밭 사이로 지나가시다가 제자들이 시장해서 밀 이삭을 잘라 부벼 먹은 것을 계기로 유대인들과 안식일 논쟁이 벌어진 사건부터 다룬다. 제자들이 밀 이삭을 잘라먹은 것이 노동을 통한 안식일 금지법을 범한 것이 아니냐는 질문에 예수님께서 답변하신 내용이다(12:1~8). 이어서 예수님께서 안식일에 회당에서 손 마른 사람을 고치신 사건을 두고 안식일에 병을 고침으로 안식일 노동금지법을 범한 것이 아니냐는 질문에 대해서 예수님께서 답변하신 내용이 나온다(12:9~21). 이렇게 안식일에 밀 이삭 잘라먹은 것과 병 고치는 것을 두고 벌어진 논쟁 후에는 또 귀신들려 병든 자를 고치신 사건을 두고 귀신의 왕을 힘입어 고친 것이 아니냐는 바리새인들의 생각에 대해서 예수님께서 대응하신 말씀이 나오고 있다. 예수님은 이 사건과 관련하여 성령훼방죄를 다루셨다(12:22~37). 이어서 표적을 구하는 사람들에게 예수님께서 답변하신 내용(12:38~45)과 하나님 아버지의 뜻을 행하는 자들이 예수님의 가족들이라는 말씀이 기록되어 있다(12:46~50). 요컨대 안식일 논쟁과 치유 논쟁과 표적 논쟁을 통해서 메시아에 대한 유대인들의 부당한 반응이 기록된 다음 하나님 아버지의 뜻을 행하는 것이 올바른 반응이라는 것으로 마감한 것이다.

메시아에 대한 반응에 있어서 11장은 불수용의 반응을 지적한 다음 메시아에게 겸손하게 나아오는 것이 바른 반응이라는 것을 지적하고, 12장은 적대의 반응을 지적한 다음 메시아가 전하신 성부의 뜻을 행하는 것이 바른 반응이라는 것을 지적한 것이다.

세례요한의 질문과 예수님의 답변(11:2~15)

세례 요한은 메시아의 전령(3:1~12)으로 예수님께 세례까지 베풀었던 인물(3:13~17)인데, 감옥에 있으면서 예수님께서 하신 일(8~9장)을 들은 후에 자기 제자들을 통해 예수님의 메시아 정체성에 대한 질문을 던졌다. 예수님께서 각종 병을 고치시고 심지어 죽은 자(소녀)를 살리시며(9:25) 바람과 바다를 잠잠하게 명령하시고(8:23~27) 중풍병자를 고치시고 죄를 용서하시는 사죄권을 발동하시기까지 하셨지만(9:1~9) 세례 요한은 "오실 그 이(메시아)가 당신이오니이까?" 하는 질문을 제기한 것이다(11:3). 이런 질문은 세례 요한이 감옥에 갇혀 있어서 약해져 있다는 데도 기인한 것이겠지만 메시아가 많은 기적을 행하면서도 정작 로마 식민정권과 그 앞잡이로부터 하나님의 백성을 해방시키시지 않는 데 기인한 것으로 보인다. 세례 요한 자신은 로마 식민정권의 앞잡이인 분봉왕 헤롯이 동생의 아내를 취한 것을 정죄함으로써 투옥되기까지 했는데, 메시아라는 분은 투옥된 요한을 출옥시키시지 않을 뿐 아니라 불의한 정치가들을 그대로 두고 있다는 점에서 메시아의 정체성에 대한 질문이 나온 것으로 보인다.

예수님은 세례요한의 이런 질문에 대해서 "소경이 보며 앉은뱅이가 걸으며 문둥이가 깨끗함을 받으며 귀머거리가 들으며 죽은 자가 살아나며 가난한 자에게 복음이 전파된다"는 것으로 자신이 메시아임을 밝히셨다(11:5). 이 내용은 8~9장에 기록된 내용과 10장의 복음전파 내용을 포괄한 것이다. 예수님은 자신이 분명히 메시아인데 세례 요한이 일시적으로 실족한 것으로 지적하면서 그런 식으로 실족하지 않는 자가 복이 있다고 말씀하셨다(11:6). 예수님은 정치적으로 불의한 세력을 힘으로 몰아내는 정치적 메시아가 아니라 자기 백성을 저희 죄에서 구원하시는 메시아(1:21; 16:16; 20:28; 26:28)이며 그 증거가 8~9장에 기록되어 있다는 식으로 답변하신 것이다.

예수님은 세례 요한이 일시적으로 실족한 것을 말씀하신 후에 무리에게 세례 요한을 어떤 사람으로 보는가 하는 도전을 던지셨다. "바람에 흔들리는 갈대"나 "부드러운 옷 입은 사람"(왕궁에 있는 사람)을 언급하신 것은 세례 요한이 '선지자'라는 것을 부각시키시기 위한 것이다(11:7~9). 무리는 세례 요한을 선지자로 보지만 예수님은 세례 요한은 선지자 이상의 인물이라는 것을 지적하셨다. 세례 요한은 선지자지만 구원역사의 진전과정에 있어서 가장 가까이에서 메시아를 예언한(11:10; 사 40:3), 메시아의 전령 "엘리야"(11:14; 말 4:5)로서 특이한 선지자이다. "모든 선지자와 및 율법의 예언한 것이 요한까지"인데(11:13) 요한은 메시아를 가장 가까이에서 예언했다는 점에서 "여자가 낳은 자 중에" 가장 큰 자이다. 그러나 세례 요한도 메시아의 성취된 천국에 들어와 있지 못하고 그것이 성취되기 전에 예언한 자로 머물렀다는 점에서 "천국에서는 지극히 작은 자라도" 세례 요한보다 더 크다 (11:11). 이 말씀은 결코 세례 요한이 아브라함이나 모세나 다윗이나 엘리야나 예레미야보다 인물 됨됨이가 낫다는 것이 아니다. 또한 신약 시대에 성취된 천국에 들어온 예수님의 제자들과 우리들의 인물 됨됨이가 세례 요한보다 낫다는 것도 아니다. 이것은 인물 됨됨이의 관점이 아니라 구원역사 진전의 관점에서 주신 말씀이다.

세례 요한에 의해 가장 가까이에서 예언된 천국은 "침노를 당하"는데 "침노하는 자는 빼앗"는다(11:12). 이런 진리를 들을 "귀 있는 자"는 듣고 천국에 대해서 올바른 반응을 보인다. 그들은 마치 침략하듯이 적극적인 열정으로 천국에 대한 반응을 보임으로써 천국을 차지하게 된다. 예수님 당시 바리새인들과 서기관들은 천국을 "침노"하지 않아 "빼앗"지 못했지만 세리들과 창기들은 천국을 침노해서 빼앗아 차지했다. 세례 요한도 천국과 그 메시아에 대해서 일시적으로 실족했지만 성취된 천국과 그 메시아에 대해서 가장 가까이에서 예언한 위대한 인물이다. 천국과 그 메시아에 대해 실족하지 않고 천국 진리를 들을 귀를 가지고 듣고 열정적으로 수용하는 자들은 복된 자들이고 천국을 차지한다.

우리는 감옥에 갇혀 있을 때의 세례 요한처럼 천국과 그 메시아의 성격에 대해서 오해해서 실족한 적은 없는가? 바리새인들과 서기관들처럼 천국과 그 메시아에 대해서 냉담한 반응을 보이지는 않는가? 바로 깨닫고 바른 반응을 보이는 자가 복되다는 메시아의 선언을 명심해야 한다.

장터의 아이들 비유(11:16~19)

예수님은 당시 장터에서 쉽게 볼 수 있는 아이들의 피리 불며 춤추는 결혼 놀이와 애곡하는 장례 놀이를 통해서 천국을 침노하여 빼앗지 않는 당시 사람들의 냉담한 반응을 지적하셨다.

아이들끼리 모여서, "얘, 넌 신랑 해!", "얘, 넌 신부 해!", "얘, 넌 피리 부는 사람 해!", "얘들아, 너희들은 춤 춰!" 이렇게 서로 역할을 분담한 다음 둥글게 서서 피리 소리에 맞추어 춤을 추는 것이 결혼 놀이였던 것 같다. 그리고 죽은 메뚜기들을 갖다 놓고 어떤 아이들은 장송곡을 부르고 다른 아이들은 거기에 맞추어 가슴을 치며 통곡하는 것이 장례놀이였던 것 같다. "우리가 너희를 향하여 피리를 불어도 너희가 춤추지 않고 우리가 애곡하여도 너희가 가슴을 치지 아니하였다"는 말은 장터에서 한 그룹의 아이들이 자기 동무들에게 결혼 놀이와 장례 놀이를 제의해도 그 동무들이 거절한 것을 탄식하는 말이다. 장터의 아이들 사이에 서로 자기들 마음대로 놀려고 하는 고집이 있는 것이다. 누가 무엇을 하자고 해도 거기에 따르지 않겠다는 마음이 있는 것이다. 예수님은 이런 고집불통의 아이들에게서 당시 자기 주변 사람들의 모습을 보신 것이다.

세례 요한은 천국 메시아가 나타나시기 직전에 "회개하라!"고 외치면서 자신의 회개 메시지에 걸맞게 "먹지도 않고 마시지도 아니하는" 금욕적인 생활을 했다. 요한의 이런 삶의 스타일은 아이들의 장례 놀이와 비슷한 것이었다. 이런 요한을 "이 세대"는 "귀신들렸다"고 조롱했다(11:18). 예수님은 "병든 자들의 의원", "죄인들을 불러 회개케 하시고 용서해 주시는 분"으로서(마 9:12~13) 당시 사회에서 문둥이 내지 에이즈(AIDS, 후천성 면역 결핍증) 환자 취급받던 "세리들과 죄인들"의 "친구"가 되어 그들과 같이 식사하시고 포도주를 마셨다. 이런 예수님의 삶의 스타일은 그분이 전하신 "복음"과 걸맞은 것이었다. 그런데 이런 예수님을 "이 세대"는 "탐식가"(貪食家)와 "술주정뱅이"로 비난하고 조롱했다(11:19상).

요한의 어두운 설교와 예수님 자신의 밝은 사역에 이렇게 냉담한 반응을 보이는 당시 사람들에 대해서 예수님은 "지혜는 그 행한 일로 옳다 함을 얻느니라"는 의미심장한 격언으로 일침을 가하셨다(11:19하). 이 말씀은 "하나님의 지혜는 지혜의 행위들, 즉 요한과 예수님의 삶의 스타일들(앞 절에 언급)에 의해서 그 정당성이 입증된다"는 데 초점을 두고 있는 것 같다. 아무리 그들이 하나님의 지혜를 거부한다 하더라도 하나님의 지혜는 요한의 삶과 메시지, 그리고 예수님의 삶과 메시지(11:5, 28~30)에 의해서, 또 그 결과에 의해서 그 정당성이 입증되고 있는 것이다.

하나님이 나의 통치자로 나를 다스리시도록 맡기는 것이 아니라, 아무리 회개와 복음을 외쳐도 나는 나대로 '나의 놀이'를 고집하고 즐기는 것은 본질적으로 바리새인들과 서기관들의 반응과 비슷하다. '나의 놀이'를 포기하고 '주님의 놀이'에 응하는 삶이 천국 백성의 바른 삶이다.

갈릴리 도시들에 대한 정죄(11:20~24; 눅 10:13~15)

예수님은 "권능을 가장 많이 행하신 고을들이 회개"하지 아니함으로 신랄한 책망을 하셨다(11:20). 고라신과 벳세다에 대해서는 "화 있을진저"라고 책망하셨고 가버나움에 대해서는 "네가 하늘에까지 높아지겠느냐 음부에까지 낮아지리라"고 책망하셨다. 고라신과 벳세다는 화 선언만 받고 가버나움은 교만을 지적받기만 한 것이 아니다. 고라신과 벳세다와 가버나움이 다 같이 화 선언과 교만 지적을 당한 것이다. 예수님의 많은 권능을 보고도 회개하지 않은 죄는 화를 선언 받을 죄이며 그 죄의 원인은 "하늘에까지 높아지려는 교만"에 있다는 것이다. 고라신과 벳세다와 가버나움 사람들이 교만해서 예수님의 많은 권능을 보고도 회개하지 않아 화 선언을 받은 것이다.

예수님이 많은 권능을 행하신 것은 사람들이 예수님을 기적가(miracle-worker)로 보도록 하시는 데 목적이 있는 것이 아니라 그런 권능을 행하신 천국 메시아 앞에서 자신들의 죄를 회개하고 그 메시아를 믿고 따르도록 하는 데 목적이 있는 것이다. 그들은 그물이 찢어지도록 많은 고기를 잡는 기적을 행하신 메시아 앞에서 "주여 나를 떠나소서 나는 죄인이로소이다"고 고백한 베드로와 같은 반응을 보였어야 하는 것이다(눅 5:8). 그러나 갈릴리 도시 사람들은 교만하기 때문에 메시아의 그 많은 표적들을 보고도 회개하고 천국을 받아들이는 반응(4:17)을 보이지 않은 것이다. 이에 대해서 예수님은 그들의 교만을 책망하시고 교만과 메시아 불수용의 죄는 결과적으로 화를 당한다는 것을 날카롭게 지적한 것이다. 지금도 복음을 듣고도 회개하지 않는 자들은 교만한 자들이고 끝까지 회개하고 천국 복음을 받아들이지 않으면 화를 당한다.

예수님은 이렇게 갈릴리 도시 사람들의 교만과 불회개의 죄와 그 결과로 화를 당할 것을 선언하시면서 그 도시들을 두로와 시돈 및 소돔과 비교하셨다. 예수님께서 두로와 시돈 및 소돔에서 그런 권능들을 행하셨다면 그들이 회개하였을 것이고 그 결과 지금까지 보존되었을 것이라는 말씀이다. 이 말씀은 갈릴리 도시 사람들은 구약 시대 두로와 시돈과 소돔 사람들보다 더 교만하여 불회개를 고집한 것이며 그 결과 구약 시대에 회개하지 않은 도시들보다 더 견디기 어려운 심판을 당한다는 것이다. 예수님께서 "심판 날에 두로와 시돈이 너희보다 견디기 쉬우리라", "심판 날에 소돔 땅이 너보다 견디기 쉬우리라"고 하신 말씀(11:22, 24)은 최후심판에 형벌의 등급이 있음을 밝히신 말씀이다. 상급에도 차등이 있지만(5:12, 19; 6:4, 6, 19~20; 16:27; 18:4; 19:29; 20:23) 형벌에도 차등이 있다. 계시의 정도(11:20)와 동기(6:1)와 행위(16:27)에 따른 하나님의 심판은 예수 그리스도를 믿어 구원받은 사람들에게는 순종에 따른 차등 상급심판으로 나타나고 예수 그리스도를 거절하여 멸망 받는 사람들에게는 불순종에 따른 차등형벌심판으로 나타난다.

메시아의 초청에 응하는 올바른 반응(11:25~30)

세례 요한은 메시아의 정체성에 대해서 일시적으로 실족하였고 당시 다수의 유대인들은 냉담한 반응을 보였으며 갈릴리 도시 사람들은 많은 권능을 보고도 교만과 불회개의 반응을 보였다. 예수님은 성부의 뜻, 곧 성부께서 은닉할 자들에게 은닉하시고 계시할 자들에게 계시하시는 뜻이라는 각도에서 이런 사실을 해석하셨다. 바리새인들과 서기관들을 포함한 다수의 유대인들이 메시아를 거절한 것은 그들이 "지혜롭고 슬기있는 자들"로 사회에서 대우받고 스스로 그렇게 여기는 교만 때문이다. 세리들과 창녀들이 천국을 침노하여 빼앗는 것은 그들이 '어린아이들' 처럼 겸손하기 때문이다. 성부 외에는 성자를 아는 자가 없고 성자와 성자의 소원대로 계시를 받은 자 외에는 성부를 아는 자가 없다. 그런데 성부의 뜻은 성자의 소원과 동일한 것으로서 교만한 자들에게는 천국과 천국 메시아를 은닉하시고 겸손한 자들에게는 계시하시는 것이다. 예수님은 성자로서 '천지의 주재' 이신 성부의 이런 뜻을 '옳소이다' 와 '감사' 로 받아들이셨다.

지금도 사람들 중에 천국 메시아의 복음을 받아들이거나 거절하는 반응으로 갈라지는데 받아들이는 자들은 겸손한 자들이고 거절하는 자들은 교만한 자들이다. 전자는 성부와 성자의 소원대로 계시를 받아 천국복음을 들을 귀를 가진 자들로 복된 자들이고, 후자는 성부와 성자께서 천국복음을 은닉하여 들을 귀가 없는 자들로 계속 거절과 불회개를 고집하면 화를 받을 자들이다.

예수님은 성부의 뜻에 따른 성자의 소원을 이렇게 밝히셨다. "수고하고 무거운 짐진 자들아 다 내게로 오라 내가 너희를 쉬게 하리라"(11:28). 이런 초청은 사기꾼이나 미친 사람이나 메시아가 아니면 발할 수 없는 것으로, 예수님이 무죄하시고(26:59~60; 요 8:46) 정신이 온전하신 참된 메시아임을 분명하게 밝힌 초청이다.

"수고한다"는 것은 힘겹고 어려운 노동(능동), 육체적인 노동과 정신적인 노동과 자기 구원을 자기 공로로 이루기 위한 노동과 행복을 위한 노동으로 지친 상태를 말한다. "무거운 짐을 진다"는 염려의 짐, 의심의 짐, 탐욕의 짐, 야망의 짐, 성취욕의 짐, 경쟁의 짐, 종교의 짐, 죄의 짐 등에 수동적으로 눌려 있는 상태를 말한다. 능동적인 짐이건 수동적인 짐이건 무거운 짐을 가지고 예수님께로 오면 참된 안식을 얻는다.

예수님의 안식은 역설적으로 예수님의 멍에를 메고 예수님에게 배우는 데서 얻는다. 28절은 '짐을 벗겨 주겠다'는 말씀이고 29절은 '내 멍에를 메라'는 말씀인데 이것은 모순이 아니라 역설이다. 멍에 없이는 참된 안식이 없다. 멍에 멘 소가 주인의 뜻대로 일하는 것처럼 예수님께 와서 온유하고 겸손하신 예수님에게서 인격과 교훈과 삶을 배우면 안식을 얻는다.

"소크라테스는 40년 간 가르쳤고 플라톤은 50년 간 가르쳤으며 아리스토텔레스는 40년 간 가르쳤다. 그러나 예수님은 단지 3년 간 가르치셨다. 그러나 그 3년은 고대에 가장 위대한 인물들인 소크라테스와 플라톤과 아리스토텔레스가 가르친 총 130년의 영향보다 무한히 더 큰 영향을 미쳤다. 예수님은 그림을 그리시지 않았다. 그러나 라파엘, 미켈란젤로, 그리고 레오나르도 다빈치의 위대한 그림들이 예수님으로부터 영감을 받았다. 예수님은 시를 쓰지 않았다. 그러나 단테와 밀톤과 수십 명의 세계적으로 유명한 시인들이 예수님으로부터 영감을 받았다. 예수님은 노래를 작곡하시지 않았다. 그러나 하이든, 헨델, 베토벤, 바하와 멘델스존이 예수님을 찬양하기 위해 작곡한 심포니들과 오라토리오들에서 절정적 완숙에 도달했다. 인간의 위대한 모든 영역이 이 겸손한 나사렛의 목수 예수님에 의해서 풍요롭게 되었다. 그러나 인류에게 예수님만이 하실 수 있는 독특한 공헌은 그가 사람들의 영혼을 구원하신다는 것이다"(헨리 워드 비처).

우리는 넘어지고 자빠지지만 온유하고 겸손하신 예수님이 붙잡아 주신다. 예수님은 "상한 갈대도 꺾지 아니하시고 꺼져가는 심지도 *끄지 아니*"(12:18~21)하시기 때문에 그분에게 배우면 안식을 얻게 된다. 예수님의 멍에를 메고 예수님에게 배우는 자들은 '내 짐이 내 노래'라는 것을 체험한다.

안식일 논쟁(12:1~21)

11장이 메시아에 대한 실족과 냉담과 불회개의 올바르지 못한 반응을 제시한 다음 겸손하게 메시아를 수용하는 올바른 반응으로 마감한 것처럼, 12장도 메시아에 대한 올바르지 못한 반응으로 안식일 논쟁과 축사(逐邪) 논쟁과 표적 논쟁을 제시한 다음 성부의 뜻을 행하는 올바른 반응으로 마감한다. 11장과 12장은 올바르지 못한 반응과 올바른 반응에 대해 예수님이 어떤 말씀을 하셨는가 하는 점에서 교훈을 준다.

1. 밀 이삭 사건 (12:1~8)

예수님께서 안식일에 제자들과 함께 밀밭을 지나가시는데 제자들이 시장하여 밀 이삭을 잘라먹은 것을 두고 바리새인들이 "안식일에 하지 못할 일"을 한다고 항의하였다. 이것이 안식일 논쟁의 계기이다.

예수님은 바리새인들의 이런 항변에 대해서 우선 두 가지를 지적하셨다. 첫째, 예수님은 다윗의 경우 시장할 때에 제사장 외에는 먹지 못하는 진설병을 먹음으로 금지법을 어겼다는 것을 지적하셨다. 예수님의 지적에 따른다면 시장하면 무슨 금지법이라도 범할 수 있는가? 사람이 필요(시장)에 따라 하나님의 법(진설병은 제사장만 먹을 수 있다)을 어겨도 되는가? 만일 그렇다면 오늘날 신자들이 급할 때에는 성경의 규정을 얼마든지 어길 수 있다는 말인가? 그것은 아니다. 목숨을 잃는 것보다 더 급한 것이 어디 있겠는가마는 자기를 부인하고 자기 십자가를 지고 따르라는 것이 예수님의 말씀(마 16:24)이고 보면 그런 논리는 성립이 되지 않는다. '제사장 외에는 진설병을 먹을 수 없다'는 것은 제사와 관련되고, '다윗이 시장하여 그 진설병을 먹었다'는 것은 자비와 관련된다. 하나님은 "나는 자비를 원하고 제사를 원치 아니하노라"(호 6:6)고 하심으로써 자비와 제사가 충돌할 경우 자비가 제사보다 우선한다는 원리를 말씀하셨다. 예수님은 이 말씀에 따라 제자들이 시장하여 밀 이삭을 안식일에 잘라먹은 것은 안식일(제사) 규정보다 자비의 원리에 적용되어야 한다고 말씀하신 것이다(11:7).

둘째, 예수님은 제사장들이 성전 안에서 안식을 범하여도 죄가 되지 않는다는 예외법을 지적하셨다(11:5). 안식일에 안식을 범하는 것은 일반법이지만 제사장들이 성전 안에서 안식을 범하여도 죄가 안 된다는 것은 예외법이다. 이 예외법은 범인을 추격하는 경찰이 교통법규를 어겨도 죄가 되지 않는 것과 같다. 예수님은 이것을 지적하시면서 자신이 "성전보다 더 큰 이"라고 말씀하셨다(11:6). 유대인들은 성전을 신성시하는데 나사렛 목수의 아들인 예수가 자신이 성전보다 더 크다니 기가 막힐 노릇이었다. 예수님은 말하자면 유대인들의 정신적인 지주를 허무는 발언을 하신 것이다. 바리새인들이 예수를 죽일 논의를 한 것은 이런 관점에서 이해가 된다(11:14). 그러나 바리새인들은 예수님의 정체를 모르고 이런 반응을 보인 것이다. 하나님께서 자기 백성 가운데 거하시는 것을 예표한 구약 성전은 그림자로서 "하나님이 우리와 함께"(임마누엘)의 실체이신 예수님(1:23)보다 더 작다(요 2:21). 제사장들이 성전 안에서 안식을 범하여도 죄가 되지 않았다면 하물며 제자들이 성전보다 더 큰 예수님 안에서 밀 이삭을 잘라먹은 것이 무슨 죄가 되겠는가.

예수님은 이런 의미에서 "안식일의 주인"이시다(11:8). 예수님은 제사장들이 안식일에 성전 안에서 안식을 범해도 죄가 되지 않도록 하는 성전보다 더 크신 분이시고 "자비를 원하고 제사를 원하지 아니하시는" 하나님의 아들이시다. 안식일이 예수님의 주인이 아니고 예수님이 안식일의 주인이시다. 예수님은 안식일을 제정하신 하나님이시고(창 2:3) 안식일 규정을 바로 해석하시고 집행하시는 주인이시다.

구약의 안식일이 신약의 주일로 변한 근거는 무엇이고 주일은 일주일 중 언제이고 주일을 지키는 방법은 무엇인가 하는 것은 다른 곳에서 다루어져야 할 문제이지만 오늘날 주일을 지키는 원리는 본문의 원리와 연결되어야 한다. 예수님은 모든 날의 주인이실 뿐 아니라 물론 주일의 주인이시므로 예수님이 기뻐하시는 것 중심으로 주일을 지켜야 하고 제사보다 자비가 우선한다는 원리 하에서 주일을 지켜야 한다.

2. 손 마른 자 치유 사건(12:9~13)

위의 사건은 제자들이 안식일에 밀 이삭을 잘라먹은 후에 바리새인들의
항변에 대해 예수님이 답변하신 사건이지만 본문의 사건은 예수님이 안식
일에 손 마른 사람을 고치기 전에 "안식일에 병 고치는 것이 옳으니이까?"
하는 질문에 대해 예수님이 답변하시면서 그를 고쳐주신 사건이다. 예수님
은 안식일에 병 고치는 것이 옳은가 하는 질문에 대해서 수사의문문을 던
지심으로써 답변하셨다. "너희 중에 어느 사람이 양 한 마리가 있어 구덩이
에 빠졌으면 붙잡아 내지 않겠느냐?" 예수님에게 질문한 사람들은 이 질문
에 대해 "예"라고 답변할 수밖에 없다. 안식일에 양이 구덩이에 빠졌으면
당연히 건져내기 때문이다. 예수님은 이런 당연한 사실에 근거하여 "사람
이 양보다 얼마나 더 귀하냐?"고 다시 질문하심으로써 그들의 입을 막으
셨다. 사람이 양보다 더 귀하다면, 안식일에 양은 구덩이에서 건져내면서
사람은 왜 병에서 건져내지 못하겠느냐는 것이다. 예수님은 이런 반문에
이어 "안식일에 선을 행하는 것이 옳으니라"고 논쟁에 매듭을 지으셨다.
안식일에 사람의 병을 고치는 것은 선을 행하는 것이므로 옳다는 것이다.

예수님은 이렇게 안식일에 병을 고치는 것이 선행이므로 옳다는 원리를
제시하신 다음 그 원리대로 손 마른 자에게 "손을 내밀라"고 하셨고 그가
"내밀매" 그 손이 다른 성한 손처럼 회복이 되었다. 이것은 예수님이 말씀
대로 행하셨다는 것과 말씀대로 행하실 수 있는 능력이 있다는 것을 입증
하는 치유기적이다. 이것은 또한 예수님은 때로 순종이 불가능해 보이는
것을 명령하시지만 그런 경우도 순종하면 예수님의 역사를 체험한다는 것
을 보여주셨다. 손 마른 사람은 손을 내밀 수 없으나 예수님은 "손을 내밀
라"고 명령하셨고, 그가 순종하기 불가능해 보이는 명령이지만 순종하여
"내밀매" 손이 성한 손으로 회복되었다.

밀 이삭을 잘라먹은 사건의 경우에 예수님이 주신 교훈과 손 마른 자를

치유하시기 전에 주신 교훈을 종합할 때 주일을 지키는 원리도 도출할 수 있다. 주일은 예수님이 기뻐하시는 방식으로 지켜야 하고 제사보다 자비가 우선이라는 원리, 주일에 선을 행하는 것이 옳다는 원리에 따라 지켜야 한다.

3. 예수님의 경계(12:14~21)

바리새인들은 안식일 논쟁에서 예수님을 논리적으로 반박할 능력이 없었지만 예수님이 자기들의 기존 관념에 도전했다는 이유로 "어떻게 하여 예수를 죽일꼬" 하는 의논을 했다(12:14). 자신들의 기존 관념이 논박할 수 없는 원리에 의해 도전을 받을 경우 그 기존 관념이 정당한 것인지 아닌지 자기반성과 자기혁신을 하는 것이 마땅하지만 바리새인들은 그렇게 하지 않고 오히려 자기들의 전통과 관념에 도전하는 예수님을 제거할 방도를 강구하였다. 우리는 하나님의 말씀에 의해 우리의 세계가 도전받을 때에 우리 세계를 고집하여 하나님의 말씀에 저항하지 말고 우리의 세계를 하나님의 말씀대로 맞추는 의식전환(paradigm shift)을 해야 한다.

예수님은 바리새인들이 자신을 죽이려는 흉계를 아시고 그곳을 떠나 자신을 따르는 많은 사람들의 병을 고쳐 주시면서 그들에게 "자기를 나타내지 말라"고 경계하셨다(12:16; 8:4; 9:30). 예수님이 왜 이렇게 자신을 나타내지 말라고 경계하셨을까? 11장과 12장이 계속 다루는 주제가 메시아 예수님에 대한 사람들의 반응, 특별히 예수님의 정체에 대한 그릇된 반응이다. 예수님은 병을 고쳐 주셨지만 사람들이 자신을 기적가(miracle-worker)로 보는 것을 원하지 않았다. 예수님의 기적은 그분이 메시아이심을 나타내는 표적이다(요한복음 전체의 한 주제). 그런데 사람들이 예수님의 기적만 보고 예수님의 정체를 오해한다면 예수님의 정체가 드러나는 것이 아니라 오히려 가리워지게 된다. 예수님은 행위와 말씀을 통해서 사람들이 자신을 메시아로 올바로 파악하는 것을 원하셨지, 정치적 메시아나 기적가로 오해하는 것을 원하지 않으셨다. 예수님께서 자신을 나타내시지 않은 것과 사람들에게 자신을 나타내지 말도록 하신 것은 이렇게 예수님을 참된 메시아로 이해하도록 하시는 과정에서 오해를 막으시겠다는 의도와 관련있다.

예수님은 오해하는 자들에게는 바로 깨달을 때까지 은닉하시고 깨닫는 자들에게 더 깨닫도록 하시면서 동시에 깨달을 수 있는 때까지 기다리시는 계시원칙을 사용하셨다. 예수님이 직설적으로 말씀하시는 것보다 비유로 말씀하신 것(13:10~17), 자신의 수난과 죽음과 부활을 적절한 때가 되었을 때에 비로소 말씀하신 것(16:21), 부활 이전에는 변화산 사건을 알리지 말라고 말씀하신 것(17:9) 등이 다 이런 원리에 의한 것이다.

위에서 지적한 메시아 비밀(Messianic secret) 주제는 예수님께서 기적을 행하신 다음 대중의 기대와 인기에 영합하는 승리적 메시아(triumphant Messiah)로 자신을 과시하지 않으시고 겸손한 종 메시아(servant Messiah)로 하나님의 뜻을 이루시는 것과 직결되어 있다. 본문은 이런 의미에서 예수님께서 병을 고쳐 주신 다음 자신을 나타내지 말라고 경계하신 것을 두고 '여호와의 종'에 관한 선지자 이사야의 예언(사 42:1~3)이 성취된 것으로 지적했다.

메시아는 하나님이 선택하여 기뻐하시고 사랑하셔서 성령을 주심으로 심판을 하게 하신 종으로서 이방인들에게 심판(정의)을 알리는 사명을 감당하시되 그것을 완전히 감당하시기까지 "다투지도 않고 들레지도(소리치지도) 아니하"시며 "상한 갈대를 꺾지 아니하며 꺼져가는 심지를 끄지 아니"하시는 분이시다. 기적을 행하신 후에도 자신을 승리의 메시아로 과시하시지 않고 겸손하게 약한 자들을 붙잡아주시면서 하나님의 뜻을 이루시는 "고난의 종" 메시아를 이방인들도 바라보고 구원받을 수 있는 것이다(12:21).

축사(逐邪) 논쟁(12:22~37)

예수님은 유대인들과 안식일 문제로 논쟁하셨지만, 귀신을 쫓아내신 축사사건과 관련해서도 논쟁을 하셨다. 논쟁이라고 해야 유대인들과 예수님이 일문일답 형식으로 주고받는 방식이 아니라 유대인들은 질문이나 생각으로 문제를 제기하고 예수님이 답변하시는 방식이었다. 예수님께서 귀신들려 눈멀고 벙어리 된 자를 고쳐주셨을 때 무리는 "다 놀라" 그분이 "다윗의 자손이 아니냐"는 반응을 보였다. "다윗의 자손"이란 당시 유대인들이 기대하던 메시아이고(22:42) 마태복음이 제시하는 메시아(1:17의 14대는 '다윗'의 히브리어 자음을 숫자로 환산하여 나오는 숫자로 메시아는 다윗 왕과 같은 분이라는 의미)이다. 무리는 이렇게 예수님의 축사기적을 보고 놀라면서 예수님이 메시아가 아니냐 하는 반응을 보였지만 바리새인들은 듣고 예수님이 귀신의 왕 바알세불을 힘입어 귀신을 쫓아낸다는 반응을 보였다. 그 때 예수님은 성령의 능력으로 귀신을 쫓아내신 것을 밝히신 바리새인들이 성령훼방죄를 범했음을 암시적으로 지적하셨다.

1. 축사자는 누구인가?(12:22~29)

예수님은 귀신의 왕을 힘입어 귀신을 쫓아냈다는 바리새인의 생각을 아시고 그것이 아니라는 것을 두 가지 점에서 밝히셨다. 첫째, 스스로 분쟁하는 나라나 동네나 집마다 서지 못한다는 것이다(12:25~26). 사탄이 만일 사탄을 쫓아내면 스스로 분쟁하는 것이니 그래서는 사탄의 나라가 설 수 없다. 따라서 사탄이 사탄을 쫓아낸다는 것은 말이 안 된다는 것이다. 이런 원리에 따라 예수님이 귀신을 쫓아내신 것은 귀신의 왕을 힘입은 것이 아니라는 것이다.

여기서 당장 질문이 제기될 수 있다. 무당이 굿을 하여 귀신을 쫓아내는 것을 실제로 체험한 사람들은 예수님의 이런 말씀에 어떤 반응을 보이겠는가? 무당이 귀신에게 제사를 지내서 귀신을 쫓아냈다면 그것은 귀신의 힘으로 귀신을 쫓아낸 것이 된다. 무당이 굿을 하여 귀신을 쫓아낸 것은 현상적으로 귀신의 힘으로 귀신을 쫓아낸 것으로 보이지만, 사실은 귀신이 쫓겨난 것이 아니라 귀신들끼리 쫓겨난 것처럼 가장함으로써 사람들로 귀신들을 섬기게 하는 사탄의 흉계에 불과하다.

둘째, 예수님이 만일 귀신의 왕을 힘입어 귀신을 쫓아냈다면 바리새인들의 아들들은 누구를 힘입어 귀신을 쫓아낸 것인가 반문하셨다. 예수님은 바리새인들의 아들들이 귀신을 쫓아낸 것을 인정하시면서 그들도 귀신의 왕을 힘입어 귀신을 쫓아냈느냐고 반문하신 것이다. 바리새인들은 "그렇다"고 대답할 수가 없었고, 예수님은 그런 반문으로 그들의 입을 막으신 것이다.

예수님은 이렇게 귀신의 왕을 힙입어 귀신을 쫓아낸 것이 아니라는 것을 밝히신 다음 "하나님의 성령을 힘입어" 귀신을 쫓아내신 것임을 지적하셨다(12:28). 이와 관련하여 "하나님의 나라가 이미 너희에게 임하였느니라"고 하셨다. 예수님께서 귀신을 쫓아내신 것은 천국의 메시아로서 성령의 능력으로(3:16; 12:18) 천국에 대치되는 사탄의 나라를 공격하신 행위이다. 예수님은 사탄보다 더 강한 자로서 "강한 자"인 사탄을 결박하시고 그 집을 약탈하신 행위와 같다는 것이다(12:29). 예수님이 귀신을 쫓아내신 것은 이렇게 사탄의 나라를 공격하여 약탈한 행위로서 사탄의 나라를 물리치시고 하나님의 나라를 임하게 하는 것이다. 이런 의미에서 "하나님의 나라가 이미 너희에게 임"하였다(12:28; 눅 11:20). 이것은 하나님의 나라가 바리새인들에게(within) 임했다는 것이 아니라 바리새인들 가운데(among) 임했다는 것이다. 예수님의 축사행위는 하나님의 나라가 당시에 임한 것을 보여주는 기적이라는 것이다. 예수님은 사죄권(9:6)과 치유기적(8, 9, 12장), 자연통제기적(8:23~27), 사망통제기적(9:25), 축사(逐邪) 기적 등을 통해서 자신이 메시아이심과 하나님 나라의 도래를 보여주신 것이다.

2. 성령훼방죄(12:30~37)

바리새인들은 예수님이 성령의 능력으로 귀신을 쫓아낸 것을 알면서도 (자신의 자녀들이 귀신을 쫓아내는 것을 통해서도 그것을 얼마든지 알 수 있었음) 예수님이 귀신의 왕을 힘입어 귀신을 쫓아냈다고 함으로써 예수님을 강력하게 반대하였다. 예수님은 이런 의미에서 "나와 함께 아니하는 자는 나를 반대하는 자요 나와 함께 모으지 아니하는 자는 헤치는 자니라"고 하셨다(12:30). 예수님은 추수의 심상(모으다, 헤치다)을 사용하셔서 자신을 반대하는 자들은 자신과 함께 종말적 추수를 하는 자들이 아니라 오히려 곡식을 흩는 자들이라고 비판하신 것이다.

예수님은 이와 관련하여 성령훼방죄를 언급하셨다. "사람의 모든 죄와 훼방"은 용서받을 수 있는 반면에 "성령을 훼방하는 것"은 용서를 받지 못하는 심각한 죄이다(12:31). "누구든지 인자(예수님)를 거역하면 사하심을 얻되 누구든지 말로 성령을 거역하면 이 세상과 오는 세상에도 사하심을 얻지 못"한다(12:32). 예수님의 이 말씀은 예수님이 귀신의 왕을 힘입어 귀신을 쫓아낸다고 한 바리새인들이 성령을 훼방했다는 것을 암시한 말씀이다. 그렇다면 그들이 성령을 훼방한 죄는 어떤 성격의 죄인가?

예수님은 '예수가 귀신의 왕을 힘입어 귀신을 쫓아낸다'는 '말'을 성령을 훼방한 심각한 죄로 보시면서 "실과로 나무를 안다"는 원리를 지적하셨다(12:33). 실과가 좋으면 나무도 좋고 실과가 좋지 않으면 나무도 좋지 않다. 실과는 좋은데 나무는 좋지 않다는 것은 어불성설이다. 바리새인들은 실과(귀신을 쫓아내어 귀로 듣고 입으로 말하게 함)는 좋은데, 나무(예수님)는 좋지 않다고 하는 우를 범한 것이다.

예수님은 바리새인들이 이렇게 말도 되지 않는 '말'을 하는 것은 그들이 악하기 때문이라는 것을 분명하게 지적하셨다. 그들은 보통 악한 것이 아니라 "독사의 자식들"로 "마음에 가득한" "쌓은 악"을 입으로 말한 것이다(12:34~35). 쌓은 선과 쌓은 악에서 선한 것과 악한 것을 말할 때에 무슨 말이든지 심판을 받을 정도로 심각하다. "사람이 무슨 무익한 말을 하든지 심판 날에 이에 대하여 심문을 받으리니 네 말로 의롭다 하심을 받고 네 말로 정죄함을 받으리라"(12:36~37).

말은 메시아에 대한 제자도와 천국에 대한 관계성의 표징이다. 최후 심판의 날에는 생각과 행동과 말이 심판의 대상인데 본문에서는 말이 문제가 되어 있기 때문에 말이 심판의 대상이라는 것이 지적되어 있다. 여기서 "의

롭다 함"은 사람이 예수님을 믿음으로 '의롭다' 칭함을 받는 칭의를 가리
키는 것이 아니다. 칭의는 이 세상에서 예수님을 믿는 순간에 받는 것이지
만 본문의 "의롭다 함"은 최후 심판의 날에 받는 것이므로 칭의와 다르다.
최후 심판의 날에는 말도 심판의 대상이라는 것이 본문의 포인트이다. 옳
은 말은 옳은 말로 그른 말은 그른 말로 평가된다는 것이다.

위의 내용을 종합할 때 바리새인들은 예수님이 귀신을 쫓아내신 것을
두고 그것이 명백하게 성령의 능력으로 된 것을 알고서도 귀신의 왕을 힘
입어 된 것이라고 '말' 함으로써 성령을 훼방하고 거절했다. 그들은 좋은 열
매를 보면서도 나무가 나쁘다는 식으로 말도 안 되는 말을 했다. 그들은 예
수님에게 역사하시는 성령을 거역함으로써 예수님을 강력하게 반대했다.
그들은 "독사의 자식들"로서 마음에 가득하게 "쌓은 악"을 드러냈다. 이것
이 성령을 훼방한 죄이다.

신자들 중에 '혹시 내가 성령을 훼방했으면 어떻게 하나? 현세와 내세에
서 용서받지 못하는 죄를 범했다면 나는 어떻게 될까?' 하는 염려를 하는
경우가 더러 있는 것 같다. 이런 염려를 하는 정도라면 본문의 바리새인들
처럼 성령의 능력이 나타났음을 명백히 알고도 마음에 쌓은 악에서 악을
쏟아내는 말을 하는 성령훼방죄를 범한 경우가 아니다.

표적보다 신의(神意) (12:38~50)

1. 표적을 구하는 악한 세대(12:38~45)

일부 서기관들과 바리새인들이 예수님에게 표적을 보여달라는 요청을
했다. 8장, 9장, 12장 등을 보면 이미 예수님이 행하신 표적들이 많이 있었
음에도 불구하고 그들은 표적을 구했다. 그 많은 표적들을 보고 들은 후에
도 표적을 구하는 것을 보면 인간들이 얼마나 믿기를 더디하며 얼마나 완
악한가를 알 수 있다. 웬만한 표적으로 만족하고 믿을 정도로 수용적이지

못하다는 것이다. 예수님의 모든 기적은 다 예수님이 메시아이심과 예수님을 통해 천국이 도래했음을 보여주는 표적들이다. 서기관들과 바리새인들이 그 많은 표적들을 보고 들었다면 그들은 예수님을 천국 메시아로 받아들였어야 하는 것이다. 그런데도 그들은 예수님을 받아들이지 않고 또 다시 표적을 구한 것이다.

예수님은 표적을 구하는 이 세대를 두고 "악하고 음란한 세대"라고 하시고(12:39), 더러운 귀신이 나갔다가 "더 악한 귀신 일곱"을 데리고 들어와 "나중 형편이 전보다 더욱 심하게" 된 "악한 세대"라고 규정하셨다(12:45). 귀신들이 "물 없는" 곳에 쉬기를 구했다는 것은 귀신은 물과 상극이라는 것을 의미하지 않고 귀신은 광야에 거한다는 비유적인 표현과 연결된 것이다(사 13:21; 34:14). 귀신이 "비고 소제되고 수리된" 집으로 돌아간 것도 실제로 그런 집에 귀신이 들어간다는 뜻이 아니라 귀신이 들어가 쉬도록 준비된 사람(들)에게 들어간다는 비유이다. 수많은 표적을 보고도 또 다시 표적을 구하는 사람들은 더 악한 귀신 일곱과 함께 떠난 귀신이 다시 들어온 집과 같다는 것이다.

예수님은 이런 말씀을 하시면서 "요나의 표적" 밖에는 보여줄 표적이 없다고 말씀하셨다(12:40). 요나가 밤낮 사흘을 큰 물고기 뱃속에 있었던 것처럼 예수님도 밤낮 사흘을 땅 속에 있을 표적, 즉 십자가에서 죽으시고 사흘 만에 부활하실 표적 외에는 보여줄 표적이 없다는 것이다. 십자가의 죽음과 부활의 표적은 예수님이 보여주실 최고의 표적이다. 예수님은 요나의 표적을 언급하시면서 자신이 "요나보다 더 큰 이"라고 말씀하셨다. 요나의 표적은 예수님의 죽음을 예표한 것이므로 실체인 예수님의 죽음이 그림자인 요나의 표적보다 더 크다. 예수님은 이런 의미에서 요나보다 더 큰 분이시다. 그런데 덜 큰 요나의 전도를 듣고도 니느웨 사람들은 회개했는데 더 큰 예수님의 말씀을 듣고도 당시 세대 사람들이 회개하지 않으니 니느웨 사람들이 예수님 당시 사람들을 보고 "당신들이 잘못 되었소."라고 정죄할 것이라는 것이다.

예수님은 요나의 표적을 말씀하신 후에 솔로몬의 지혜도 말씀하셨다 (12:42). 솔로몬의 지혜는 예수님의 지혜를 예표한 것이므로 예수님은 솔로몬보다 "더 큰 이"이시다. 남방 여왕은 덜 지혜로운 솔로몬의 지혜로운 말을 들으려고 남방에서 왔는데, 예수님 당시 사람들은 더 지혜로운 예수님의 말씀도 거절했다. 따라서 최후의 심판 때에 남방 여왕이 예수님 당시 사람들을 정죄할 것이라는 것이다.

표적 자체는 귀한 것이다. 요한복음을 보면 예수님의 행하신 일들이 다 표적으로 제시되어 있다. 표적은 귀한 것이지만 표적을 통해서 메시아를 발견하고 믿지 않을 때는 표적은 단순한 기적에 불과한 것이 되고 메시아는 기적가에 불과한 인물이 된다. 표적을 통해서 천국과 메시아를 깨닫게 될 때 표적을 바로 본 것이 된다(요 20:30~31).

유대인들은 표적을 구하기로 유명한 자들이었다(고전 1:22). 그들은 많은 표적을 보고도 계속 더 많은 것을 구했다. 우리는 이런 자들이 되면 안 된다. 주님이 주신 표적을 통해서 그것이 가리키는 진리를 깨달아야 하고 표적 위에 표적을 계속 구함으로 표적불감증에 걸리면 안된다. 예수님께서 도마에게 "너는 나를 본 고로 믿느냐 보지 못하고 믿는 자들은 복되도다"고 하신 말씀(요 20:29)을 명심해야 한다. 표적신앙보다 말씀신앙이 더 귀하다.

2. 성부의 뜻을 행하는 자가 예수님의 가족(12:46~50)

예수님께서 무리와 말씀하실 때에 예수님의 모친과 동생들이 예수님과 대화하려고 밖에 서 있다는 것을 예수님께 전하자 예수님은 "누가 내 모친이며 내 동생들이냐?"고 하시면서 제자들을 가리키며 "나의 모친과 나의 동생들을 보라"고 하셨다(12:46~49). 예수님은 이어서 "누구든지 하늘에 계신 내 아버지의 뜻대로 하는 자가 내 형제요 자매요 모친이니라"고 하셨다(12:50). 예수님은 이렇게 하나님의 뜻을 행하는 자들을 자신의 가족들로 보신다고 하신 것이다.

11장과 12장은 이렇게 메시아를 수용하는 것과 메시아의 말씀대로 사는 것을 하나님의 뜻으로 지적하면서 각 장을 마감했다. 예수님을 거절하지 말고 수용하며, 표적을 구하기보다 신의(神意)를 행하라. 이것이 두 장의 요체이다.

07

하나님나라의 비밀

마태복음 13장의 주해와 적용

오늘날 마태복음 13장의 독자들은 현재 설교자 자신뿐 아니라 자신의 신앙 공동체의 삶의 정황과 함께 이 본문의 세계로 들어갈 수밖에 없는 것이 사실이지만, 그럼에도 무엇보다 설교자는 우리에게 주어진 본문 중심의 역사 – 신앙적 문맥에 정초해서 '그 때 그 말씀의 비밀들' 을 조심스럽게 풀어나가면서 '오늘의 이 말씀의 의미' 를 제시해야 될 것이다.

하늘 나라 비밀들의 보화 창고

'하늘 나라(천국/하나님나라) 비유의 장' 으로 알려진 마태복음 13장은 모두 7~8개의 예수님의 비유들을 집중적으로 소개함으로써 하늘 나라의 비밀을 의미 있게 계시하고 있는 본문이라 할 수 있다. 예수님의 비유는 마태복음 전체 이야기 속에서 펼쳐지는 '또 하나의 작은 이야기' 로 이해할 수 있는데, 리델보스(Ridderbos 1990: p. 394)는 예수님의 비유를 통한 천국 비밀에 대한 가르침이 '예수님의 인격과 사역으로 말미암아 천국이(현재의 단계에서는 감추어진 독특한 방식으로) 이미 도래했다는 이 큰 하나의 비밀에 전부 근거' 하고 있음을 지적하고 있다.[1]

마태복음 13장에는 공관복음서에 모두 기록된 '씨 뿌리는 자의 비유' (마

13:1~9; 막 4:1~9; 눅 8:4~8)와 '겨자씨 비유'(마 13: 31~32; 막 4:30~32; 눅 13:18~19)가 있기도 하지만, 마가복음에는 없는 '누룩 비유'(마 13:33; 눅 13:20~21) 그리고 마태복음에서만 들을 수 있는 '알곡과 가라지 비유'(막 4:26~29의 '씨 자라는 비유'와 비교), '감춰진 보화 비유', '값진 진주 비유', '그 물 비유' 그리고 '새 것과 옛 것의 비유'가 나오고 있다. 이 비유들을 종합적으로 연관시켜 고려해 본다면 결국 마태복음 13장은, 유대인들에게 거절 당하여 보잘 것 없어 보이는 예수님의 하늘 나라 증거가 그 시작은 미미하게 보이지만 이미 도래하여 시작되었다고 하는 종말론적 실재와 함께, 이 하늘 나라의 엄청난 가치가 장차 예상치 못한 커다란 영적 결실로 나타나 마지막 때에 그 하늘 나라에는 거짓 백성들과 구별된, 즉 하나님의 계시의 은혜 가운데 깨닫게 되는 참 하나님의 백성들만이 거하게 될 것임을 드러내고 있다고 할 수 있다.

설교를 위한 마태복음 13장의 단락 구분

마태복음의 전체 구조 속에서 13장의 위치는 베이컨(Bacon)의 견해와 특히, 엘리스(Ellis)를 중심으로 한 학자들의 견해에 따른 교차대칭구조의 차원에서 볼 때[2] 마태복음 전체 이야기의 중앙에 속하는 핵심적 문맥이다. 뿐만 아니라 마태복음 11장에서부터 더욱 발전되기 시작하면서 아울러 13장 끝 단락에서도 언급되고 있는 예수님의 정체성에 대한 오해와 거절(11:19, 21, 23; 12:2, 24, 38; 13:53~58)의 주제 안에서, 예수님의 하늘 나라 비유들이 샌드위치되어 소개되고 있다. 이럴 경우 우리는 마태복음 안에서 '하늘 나라'에 대한 중요성뿐 아니라, 이 '하늘 나라'의 비밀이 예수님의 정체성에 대한 이해와 깊은 상관 관계가 있음을 인식할 필요가 있다.

마태복음 13장 1~52절의 물리적 구분은 다음과 같다. ① 씨 뿌리는 자 비유(1~9절: 비유 1), ② 비유 목적에 대한 설명(10~17절), ③ 씨 뿌리는 자 비유 해설(18~23절), ④ 곡식과 가라지 비유(24~30절: 비유 2), ⑤ 겨자씨 비유(31~32절: 비유 3), ⑥ 누룩 비유(33절: 비유 4), ⑦ 비유 목적에 대한 부연 설명(34~35절), ⑧ 곡식과 가라지 비유 해설(36~43절), ⑨ 감춰진 보화 비유(44절: 비유 5), ⑩ 값진 진주 비유(45~46절: 비유 6), ⑪ 그물 비유(와 해설)(47~50절: 비유 7), ⑫ 새 것과 옛 것의 비유(51~52절: 비유 8). 마태복음 13장의 이런 내용에 대해, 킹스베리(Kingsbury, 1991:27~34)는 1~35절과 36~52절을 크게 두 단락으로 나누고, 데이비스와 알리슨(Davies & Allison, 1991: pp. 370~372)은 1~23절, 24~43절, 44~52절의 세 단락으로 구분하고 있다. 이 외에도 게르하드슨(Gerhardsson 1972~1973), 웬함(B. D. Wenham 1978~1979)등의 학자들은 13장에서의 조직적 또는 대칭적 구조를 다르게 제시하고 있는데, 이것들은 다소 무리 있는 고안들이라고 판단된다(헤그너, 1993: pp. 362~364).

따라서 필자는 13장에서 예수님의 비유를 듣는 청중과 그 배경이 36절부터 전이되고 있음에 주의하면서도(예수께서 무리를 떠나사 집에 들어가시니 제자들이 나아와 가로되: 1~2절과 비교할 것), 37절부터 43절까지가 앞에서 언급된 알곡과 가라지 비유(24~30절)에 대한 해설임을 또한 고려해야 한다는 입장에서, 마태복음 13장 1절에서 52절까지의 본문을 아래와 같이 편의상 적절하게 나누어 비유들 중심으로 해설하고자 한다. 그 내용은 지면의 형편상 제한적으로 할 수밖에 없을 것 같다. 여기서 구분되어질 비유 단락들은 각각 한 편의 설교 본문으로 사용되어질 수 있음을 시사하는 것으로서 설교자는 각 비유 설교에 있어 그 비유를 사용하시는 목적에 대한 예수님 자신의 증언(10~17절; 34~35절)과 두 비유들에 대한 해설(18~23절; 37~43절)을 함께 고려하면서, 설교 본문으로서의 각 단락을 소화해야 될 줄로 안다.

1. 예수께서 무리들과 제자들에게 비유로 가르치심(1~35)

   1.1. 배경과 상황(1~2)

   1.2. 씨 뿌리는 비유와 그 해설(3~9; 18~23)

   1.3. 비유의 목적: 드러냄과 숨김(10~17; 34~35)

하늘 나라 비유의 두 청중

　　마태복음 13장은 '그 날에'(Ἐν τῇ ἡμέρᾳ ἐκείνῃ)라는 표현과 함께 시작함
으로써, 13장의 비유가 예수님께서 '무리들에게'(마 12:46) 하늘의 하나님께
서 자신의 아버지이시며, 그분의 뜻을 깨달아 행하고자 하는 자신의 '제자
들'(13:49)이 하나님을 한 아버지로 모신 참 하늘의 가족임을 간접적으로 드
러내신 바로 그 날에, 예수님께서 비유를 강론하는 것으로 짜여져 있다. 마
태복음 13장 1~52절 가운데 비유 밖에서 등장하는 인물들은 비유를 직접
말씀하고 계시는 예수님(13:1, 2, 3, 10, 24, 34, 36, 52)과 이 비유를 듣고 있는
두 그룹, 즉 '무리/저희/그들'(13:2, 3, 10, 11, 24, 34, 36)과 '제자들/너희'
(13:10, 11, 16, 17, 18, 36)로 구분되어진다(개역성경). 예수님의 제자들은 13장 1
절부터 나오고 있는 것이 사실이지만, 비유의 주된 청중은 35절까지 '무
리'(34절 참조)인 반면(이에 비해 10~23절의 비유의 목적과 그에 따른 그 해설은 제자들에
게만 하는 것으로 비쳐짐), 36절부터는 '제자들' 임을 보게 된다. 이와 함께 그
장면 배경은 전자의 경우 가버나움에 있는 베드로의 것(마 8:14 참조)으로 추
측되는 그 '집에서 나와'(ἐξελθών τῆς οἰκίας) 바닷가와 해변을, 후자의 경우

는 무리를(말하자면, 바닷가와 해변을) 떠나 그 '집에 들어가시는'($\mathring{\eta}\lambda\theta\epsilon\nu$ $\epsilon\mathring{\iota}\varsigma$ $\tau\mathring{\eta}\nu$ $o\mathring{\iota}\kappa\acute{\iota}\alpha\nu$) 것으로 묘사되고 있다.

이와 같은 분위기가 말해주는 것은 하늘 나라 비유를 듣고 있는 예수님의 청중들로서 '무리/저희'와 '제자/너희'가 갈라지고 있는 것을 효과적으로 드러내는 것으로서, 전자는 하늘 나라 밖의 사람들로서 그 비밀에 닫혀 있어 듣고 보아도 무지하여 깨닫지 못하는 자들로(거절), 후자는 하늘 나라 안의 백성들로서 이 비밀에 열려져 있어 듣고 보아서 깨달아 결실을 맺어야 할 자들로(영접) 그려지고 있는 것이다(13:11~17, 35). 이런 면에서 2절에 '큰 무리'($\mathring{o}\chi\lambda o\iota$ $\pi o\lambda\lambda o\acute{\iota}$)가 예수님께 모여든 것은 환영할 만한 일이긴 하지만, 사람들이 많이 모였다는 것 자체가 예수님의 감동을 일으키지는 못한 것 같다(마 8:10~12와 비교해 보라). 그렇다고 예수님께서는 자신에게 몰려온 수많은 사람들을 무시하지도 않으셨다. 그는 좀더 효과적으로 큰 무리를 향해 '하늘 나라'에 대해 강론할 작정으로 배에 올라가 앉으셨다.

주렁주렁 맺혀질 하늘 나라 말씀의 씨앗들: 3~9절, 18~23절

배에 올라 타신 예수님께서는 정성껏 여러 가지 교훈들을 비유로 가르치기 시작하셨다. 비유를 뜻하는 단어 파라볼레($\pi\alpha\rho\alpha\beta o\lambda\acute{\eta}$)는 마태복음 13장 3절에서 처음 나타나기 시작해서 본 장에서만 11번(10, 13, 18, 24, 31, 33, 34 – 2회 –, 35, 36, 53)이 더 사용되고 있는데(마 15:15; 21:33, 45; 22:1; 24:32 – 마태복음에서 모두 17번, 마가복음에서 13번, 누가복음에서 18번 그리고 히브리서에서 2번. 합하여 신약성경에서 모두 50번 발견됨) 이것은 본문의 경우 예수님께서 깊은 영적 진리, 즉 '하늘 나라'(19, 24, 31, 33, 44, 45, 47)의 세계를 일상 생활의 평범한 소재들을 가지고 설명하기 원하실 때, 그 전달 수단으로서 이용하시던 일종의 수사적 어법을 의미한다고 할 수 있다. 이런 가르침으로 인해 그 당시 청중들의 대부분이었던 유대인들에게 예수님은 그 당시 랍비들과 같은 율법 교사로 간주되면서도 그들의 권세와 능력과는 비교할 수 없는 자로 비춰지게 되었던 것이다(13:54; 7:28~29; 21:45~46). 그러나 예수님께서 다윗의 후손이며 하나님의 아들로서, 그리고 자신들의 경전에 예언된 그 메시아임을 깨닫고 알아보기에는 그들의 '영적 눈과 귀와 마음'이 너무 닫혀 있었던 것이다.

'씨 뿌리는 자의 비유'라는 이름으로 알려진 이 비유는 그 처음 시작하는 3절 "씨를 뿌리는 자가 뿌리러 나가서"와 함께 예수님 자신의 해설인 18절의 표현 "씨 뿌리는 비유를"(τὴν παραβολὴν τοῦ σπείραντος)에 근거해서 붙여진 것이라고 보는데, 이 비유는 그 주된 내용뿐 아니라, 비유 후에 주어진 예수님의 해설 경향에 기초해 볼 때 '땅들의 비유'로도 명명될 수 있는 여지가 많이 있다.³ 따라서 이 비유는 '씨 뿌리는 자'(3, 18절)의 주체적인 행위를 일차적으로 고려하면서(그리고 이 '씨 뿌리는 자'에 대한 해설이 없는 것도 역시 고려하면서), '씨'가 떨어진 네 가지 땅들을 또한 주목하지 않을 수 없게 한다.

이 네 가지 다른 토양은 결국 두 가지 땅으로 구별할 수 있는데, 그것은 바로 '열매 맺지 못하는 땅(씨)'과 '열매 맺는 땅(씨)'이다. 전자는 ① '길 가'에 떨어진 씨로서 새들이 쉽게 먹을 수 있는 토양으로 '말씀은 들었으나' (19절의 ἀκούοντος τὸν λόγον은 4절의 씨가 '떨어지매'의 해설) 깨닫지 못한 자에게 악한 자가 그 뿌려진 씨를 빼앗아 가는 것으로, ② '흙이 얇은 돌밭'에 떨어진 씨는 흙이 깊지 아니하여 싹이 빨리 나왔으나 해가 돋은 후에 말라버리는 토양으로서, '말씀을 듣고'(20절의 τὸν λόγον ἀκούων은 5절의 씨가 '떨어지매'의 해설) 즉시 기뻐하였지만, 그 말씀의 이해와 깨달음의 깊이를 더 해 주는 뿌리가 없어, (이 세상의) 환난과 핍박 때에 신앙을 버리는 자로, ③ '가시떨기'에 떨어진 씨는 그 씨가 자라기는 하지만 가시로 인해 방해가 되어 성장을 멈추게 되는 토양으로서, '말씀을 듣기는'(22절의 τὸν λόγον ἀκούων은 7절의 씨가 '떨어지매'의 해설) 하였지만 이 세상의 염려와 물질의 유혹이 영적 성장을 질식시킴으로 결실을 맺지 못하는 토양이다. 이에 비해, 이 비유의 마지막 끝 부분은 매우 극적으로 종결되어진다. 그것은 바로 '열매 맺는 땅' 으로서의 '좋은 땅' 에 떨어진 씨가 큰 결실을 하게 된 것으로, '말씀을 듣고 그리고 깨닫는 자가 결실을 하여' (23절의 ὁ τὸν λόγον ἀκούων καὶ συνιείς, ὃς δὴ καρποφερεῖ는 8절의 '떨어지매 ⋯ 결실을 하였느니라' 의 해설) 각각 100배, 60배, 30배로 나타나게 되는 것을 비유하고 있다.

'길 가', '흙이 얇은 돌밭' 그리고 '가시떨기' 에 떨어진 씨들의 공통점은 무엇보다 '씨 뿌리는 자' 가 씨를 떨어뜨려 각각의 땅에 그 씨가 떨어졌음에도, 그 씨의 결실이 맺어지지 못함에 있다고 할 수 있다. 그렇다면 땅은 '씨가 뿌려지는 것' 으로 끝나는 것이 아닌 그 씨의 결실을 보아야 하는 땅이어야 하는 것이다. 예수님의 해설 부분에서 의례적으로 그 설명이 없는 '씨 뿌리는 자' 는 유대인 청중들뿐 아니라 예수님의 제자들에게 있어[4] 일차적으로 하나님 자신에 대한 상징으로 이해되어질 수 있을 것이다.[5] 그러나 여기서 뿌리는 자의 씨가 '그 (하늘)나라의 말씀' (τὸν λόγον τῆς βασιλείας' 19절) 이라는 것은 '씨를 뿌리는 자' 가 하늘 나라를 선포하기 위해 오신 예수님 자신을 또한 의미한다고[6] 볼 수 있는데, 이것은 또한 '알곡과 가라지 비유' 에서 '좋은 씨를 제 밭에 뿌린 사람' (24절)을 '인자' (37, 41절)로 해설하는 것에서도 암시되어 있다. 이것은 또한 초대 교회와 오늘날 현대 교회에서 이 '씨 뿌리는 자' 를, 예수님과는 물론 구분되는 차원에서, '예수께서 주와 그리스도이심을 증거하는' 모든 신실한 증인들에게도 적용할 수 있는 여지가 있을 것이다.

여기서 열매 맺지 못한 각각의 땅에도 '그 씨가 떨어졌다' 는 것은, 열매를 맺지 못한 사람들도 '하늘 나라의 말씀' 을 들었다(19, 20, 22절)는 것을 말해주는 것이기에, 복음의 말씀을 듣는 자리에 있는 자는 중요하고 축복된 자리에 있다는 것이 분명한 사실이지만, 그것만으로는 충분하지 않음을 분명히 보여준다고 할 수 있다. 즉, 하늘 나라 말씀과 복음을 들은 자들은 그것을 '깨달아야 하는' 자리에까지 나아가야 하는 것이다. 여기서 23절의 (συνιείς)는 19절 (μὴ συνιέντος)와 대조를 이루는데, 이것은 19~22절에 나오는 자들 역시 모두 말씀을 받고 '하늘 나라 비밀'을 깨닫지 못했음을 시사하는 것이다. 이런 판단은 마태복음 13장의 7가지 비유들을 다 끝마치고서, 예수님께서 제자들에게 묻는 질문에서도 증거될 수 있다(아래를 참조하라). 그리고 그 하늘 나라 비밀을 깨닫게 되면(비교. 막 4:20 '말씀을 듣고 받아'; 눅 8:15 '말씀을 듣고 지키어'), 그는 반드시 결실을 하여 열매를 맺게 되는 자(마 7:16, 20; 12:33; 21:43 참조)가 되고 마는 것이다.

말씀을 받고도 깨닫지 못하는 것과 관련하여 우리가 주목해야 될 것은 하늘 나라 복음의 말씀들이 뿌려지는 이 세상에 '악한 자'(ὁ πονηρὸς 19절~38절의 '악한 자'는 39절의 '마귀'와 같은 의미임을 참조; 막 4:15은 ὁ Σατανᾶς로, 눅 8:12은 ὁ διάβολος로 기록)가 있다는 사실과 이 악한 자(들)의 방해가 말씀을 받은 자들에게도 미쳐, 어떤 이에게는 말씀 자체를 빼앗아가 버리고, 또 어떤 이에게는 환난이나 핍박의 환경으로, 또 다른 이에게는 세상의 염려와 재리의 유혹을 통한 인격적인 시험으로(눅 8:13 참조) 말미암아, 받았던 말씀을 결실하지 못한다는 사실이다. 이 세상에 악한 자(들)의 방해와 시험이 있다 할지라도, 이 비유와 그 해설의 강조점은 역시 마지막 부분에 있다. 그것은 바로 '하늘 나라 말씀'을 듣고 깨달은(회개한) 자에게 따라오는 당연한 결실이다. 키스트메이커(Kistemaker 1986: pp. 38~39)는 이 비유의 하이라이트가 그 당시 평균작인 십 배의 수확을 훨씬 능가하는 백 배, 육십 배, 삼십 배를 예수님께서 말씀 하심으로써, 하늘 나라의 풍성한(종말론적) 수확에 있다고 하였다.[7]

따라서 이 비유의 핵심은 '씨 뿌리는 자'와 '씨가 뿌려진 토양'의 성격과 함께 뿌려진 '씨'의 마지막 상태에 있다고 보아야 할 것이다. 말하자면, 뿌려진 씨는 실패(죽음)와 성공(생명/구원)의 결과 양쪽에 모두 열려져 있는데, 씨가 성장하고 결실하게 되는 경우는 씨와 함께 씨를 뿌린 자가 있었기 때문이라는 당연한 이유('하나님의 은혜')와 함께 그 뿌려진 씨가 잘 자랄 수 있는 토양('말씀을 받은 자의 깨달음을 통한 인내와 헌신의 반응')의 중요함에 있다. 이것은 바로 천국의 비밀과도 연관된다.

하늘 나라의 말씀을 뿌리며 그 나라의 비밀을 깨닫게 하시는 하나님의 주권적 사역과 그 은혜가, 인간 차원에서의 책임과 무관할 수 없는 신비로움 속에서 - 한 편으로는 그 말씀을 받는 자(`좋은 땅`)들의 깨달음(회개와 믿음)이 또 다른 한 편으론 그 말씀을 거부하는 자(`좋지 못한 땅`)들의 깨닫지 못함(교만과 인내치 못함)이 - 진행된다. 현재 거절을 당하고 있는 예수님의 사역을 통해 이미 시작된 하늘 나라의 운동이 그리고 지금도 예수님의 제자/증인들이 모여 교회를 통해 계속 전파되어지고 있는 `하늘 나라` 복음 운동이, 장차 놀라운 (종말론적) 결실로 열매 맺혀질 것을 약속하는 것이라 할 수 있다.

끝이 좋을 수밖에 없는 하늘 나라 자녀들: 24~30절, 37~43절

마태복음에서만 소개되고 있는 이 비유(막 4:26~29의 `씨가 자라는 비유` 와 비교)는 앞에 서술된 `씨 뿌리는 자의 비유` 와 같이 씨를 뿌리는 자와 그 뿌린 씨의 결과에 대한 언급, 그리고 이 비유에 대해 예수님께서 직접 해설(여기서 36절 이하로부터 나오는 이 해설은 이전보다 훨씬 분명하게 `무리를 떠나` 제자들을 향하여 하고 있다는 것을 주목할 수 있다)을 하신다는 점에서 앞에 서술된 `씨 뿌리는 자의 비유` 와 공통된 요소를 가지고 있다. 그러나 그 비유의 핵심은 다르다는 것을 보게 된다. 이 비유가 시작되는 24절에는 다음에 나오는 비유들의 첫 구절에서 공통적으로 발견되는 표현이 소개되고 있는데, 이것은 예수님께서 가르치고 계신 것이 무엇보다 `드러냄과 감춤`(11~17절, 34~35절)의 의도를 가진 비유라는 사실과 이 비유는 바로 하늘 나라 비밀로서의 그 무엇에 초점이 있음을 의미하는 것이라고 본다. "그가(예수께서) 그들에게 다른 비유를 베풀면서, 가라사대"(ἄλλην παραβολὴν παρέθηκεν αὐτοῖς λέγων 24, 31, 33절) "하늘 나라는 마치 …과 같으니"[ὁμοία ἐστὶν(ὡμοιώθη) ἡ βασιλεία τῶν οὐρανῶν 24, 31, 33, 44, 45, 47절; 52절 참조].

이 비유에 나오는 주요 인물들과 단어들의 풍자적 의미는 37~39절에 종합적으로 소개되어 있다. ① '좋은 씨를 뿌리는 사람'(24절)은 '집 주인'(27절; 마 10:25; 20:1; 21:33 참조)으로서 '인자'(37절), ② '밭'(24절)은 '세상'(38절), ③ '좋은 씨/곡식'(24절/29~30절)은 '하늘 나라의 아들들'(38절), ④ '가라지'(25절)는 '악한 자의 아들들'(38절), ⑤ '가라지를 심은 원수'(25절)는 '마귀'(39절), ⑥ '추수 때'(30절)는 '세상 끝'(39절), ⑦ '추수꾼'(30절)은 '천사들'(39절). 이 비유는 예수님의 복음 사역을 통해 이미 하늘 나라가 이 땅에 도래했음에도 불구하고, 마지막 심판이 있기 전까지 하나님께서는 하늘 나라 운동이 벌어지는 이 세상 가운데 하나님의 자녀들과 하나님의 원수인 마귀의 자녀들이 함께 공존하는 것을 하나님의 주권적 뜻 안에서(28~29절) 허락하시고 있음을 보여주고 있는 셈이다. 따라서 하늘 나라에 이미 속하여 이 세상에 여전히 살고 있는 하나님의 사람들이 적지 않은 고난과 불이익을 당할 수 있음을 시사하고 있는데, 악한 자(들)로 인한 이 세상에서 당하는 '지금의' 고통이나 어려움은 오히려 '장래의' 하나님의 자녀들의 안전을 더욱 확고하게 하기 위한 역설적 과정임을 보게 된다(29~30절).

이 비유의 핵심은 무엇보다 이같은 두 부류가 공존하는 이 세상에 그 끝이 분명히 있음을 드러냄으로써, 마치 추수 때에 다 자란 알곡과 가라지처럼, 종말의 마지막 풀무불 심판 때(단 3:6; 말 4:1 참조)에 하나님의 사람들과 마귀의 사람들이 온전히 구별될 뿐 아니라, 마귀의 자녀들은 심판으로, 하나님의 자녀들은 그 아버지의 나라에서 영광을 함께 누리게 된다(단 12:3; 말 4:2 참조)는 것에 있다.

이 비유의 대상과 의도는, 그 당시 예수님을 거절하는(교만하여 회개치 않는) 자들에게 경고와 심판의 메시지를 주는 것이라 할 수 있지만, 그 초점은 오히려 예수님이 거절 당하는 현실을 목도하고 있으면서도 자신을 따르고 있는 또는 따라야 하는 제자들(그리고 장차 모일 하나님의 백성들)에게 더 비중이 있는 것 같다(해설 부분들 참조). 따라서 내용의 포인트는, 하늘 나라에 속한 자녀들이 심판의 때까지 악한 마귀의 시험들을 인내하고 이겨냄으로써, 마지막 영광의 자리에 앉을 수 있는, '이 세상에 이미 펼쳐진 하늘 나라 시작과 과정, 그리고 특히 그 마지막 때'에 펼쳐질 한 비밀을 드러냄에 있는 것으로 보인다.

믿음의 눈으로 미리 보아야 할 하늘 나라: 31~33절

세 번째로 소개되는 겨자씨 비유(막 4:30~32; 눅 13:18~19 병행구)에서도 예수님께서는 하늘 나라의 비밀을 소개하는데 있어 앞의 비유들과 유사한 소재들('밭', '심은', '씨')을 사용하고 있다. 하지만 그 형식의 간결성뿐 아니라 내용에 있어서도, 이 겨자씨 비유는 네 번째로 소개되는 누룩 비유와 한 짝으로 이해하는 것이 좋을 듯 싶다(눅 13:18~21에서도 이 두 비유들은 함께 소개되고 있다). 즉, 겨자씨 비유는 하늘 나라 도래의 시작이 외형적으로 볼 때 보잘 것 없고 초라하다는 점, 하지만 그 나라의 마침은 역시 외형적으로 매우 강력하고 풍성한 결과를 낳음으로써, 그 시작과 마침의 차이가 비교될 수 없는 하늘 나라의 속성을 보여준다(겨자씨가 큰 나무로 장성한 묘사의 구약적 배경이 될 수 있는 단 4:10, 12, 21; 겔 17:23; 31:6; 시 104:12, 16~17을 참조하라).

이에 비해 누룩 비유(눅 13:20~21 병행구) 역시 적은 양의 보잘 것 없어 보이는 누룩이 가루 서말(σάτα τρία는 약 50 kg으로 성인 150명 가량을 먹일 수 있는 많은 양) 속 전체를 부풀게 하는 것처럼 하늘 나라의 나타남이 내부적으론 미미하게 보이고 은밀하지만, 이 나라의 영향력은 그 힘이 미치는 곳(사람)마다 분명하고도 풍성하게 나타난다는 것(마 16:6, 11~12; 고전 5:6; 갈 5:9 참조 및 비교)에 그 초점이 있다(겨자씨 비유에서의 모여드는 '공중의 새들'과 누룩 비유에서의 '여인'의 나타남은 그 당시 유대인의 집 안팎의 자연 환경과 부엌 상황을 자연스럽게 묘사하는 단순한 것으로 보아야 할 듯하다). 따라서 이 두 가지 비유들은 하늘 나라의 외적이고 내적인 두 역설적 속성을 하나의 짝으로 보여줌으로써, 결국 하늘 나라의 보잘 것 없어 보이고 비밀스러운 시작(과 과정)에도 불구하고, 그 마침은 그 처음과 감히 비교할 수 없는 장성함과 풍성함에 큰 강조점이 놓여 있음을 알 수 있다.

내 마음의 보화, 우리 마음의 진주: 44~46절

36절 이후로 예수님의 가라지 비유 해설(37~43절)뿐 아니라, 44~52절까지의 비유들은 이제 예수님의 제자들(또는 천국 백성들)에게 더욱 초점이 맞추어져 있다. 마태복음에서만 발견되는 이 다섯 째와 여섯 째의 '감춰진 보화 비유'(44절)와 '값진 진주 비유'(46~47절)는 앞에서 보았던 겨자씨 비유와 누룩 비유와 마찬가지로 그 비유의 모티브와 주된 핵심에 있어서 하나의 짝을 이룬다고 할 수 있다. 모티브와 관련해서, 우리는 '감춤'(hiddenness)과 '작음'(smallness)을 언급할 수 있는데, 전자의 경우는 누룩과 보화의 비유에, 후자의 경우에는 겨자씨와 진주의 비유에 각각 어울린다고 볼 수 있다. 형식적인 면에 있어서 이 두 비유에는 5가지 공통된 요소들이 발견되는데, ① 매우 가치 있는 것에 대한 실재(보화와 극히 값진 진주)가 있으며(θησαυρῶ와 πολύτιμον μαργαρίτην), ② 그것을 발견하게 되고(εὑρὼν 44, 46절), ③ 돌아가서 (ὑπάγει 44절, ἀπελθὼν 46절), ④ 자신이 소유한 모든 것을 다 팔아(πάντα ὅσα ἔχει / εἶχεν 44절/46절), 결국 ⑤ 그 가치 있는 것을 소유하게 된다(ἀγοράζει 44절 / ἠγόρασεν 46절)는 것이다(헤그너 1993: p.396). 한편, 밭에 감춰진 보화를 발견한 자의 기쁨은 우연한 경우에 그리 되었음을 암시하는 반면 극히 값진 진주를 만난 상인은 계속해서 좋은 진주를 구하기 위해 노력한 것임을 다소 대조적으로 볼 수 있을 것 같다.

그러나 보화(잠 2:4; 시락 20:30 참조)와 진주(욥 28:18; 잠 3:15; 8:11 참조)의 두 비유는 그 내용에 있어서 하나의 짝을 이루며 핵심적인 가르침을 던져주고 있다. 즉, 이 두 비유들은 하늘 나라의 엄청나고 기가 막힌 가치와 이 가치를 깨달은 하늘 나라의 백성들만이 과감한 결단과 희생을(너무나 당연한) 행동으로 실천할 수 있음을 드러내 주고 있는 것이다. 무엇보다 하늘 나라 비밀을 발견한(깨달은) 자는 이 세상에서 그 어떤 것과도 비교할 수 없는 그 나라의 가치를 체험하게 되는 것이다. 나아가서, 이 가치를 바로 깨달은 자는 이것의 존귀함으로 인해, 자신이 그 동안 가장 귀하고 소중하게 생각했던 '모든 (상대적인) 것'들을 팔고(버리고) 천국의 절대적 가치와 바꾸게 되는 새로운 삶을 시작하게 되는 것이다.

끝까지 남아야 될 하늘 나라 의인들:47~50절

그물 비유로 알려진 이 비유는 네 개의 절로 구성된 짧은 것임에도 불구하고, 비유와 함께 해설이 포함되어 있다. 이 비유(그물〈어부〉/좋은 물고기/나쁜 물고기)를 불름버그(1996, pp. 256~258)는 앞에서 보았던 '알곡과 가라지 비유'(농부/알곡/가라지)와 마찬가지로(251~256) '단순한 세 요점 비유'의 범주 속에 포함시키고 있다. 그리고서 그는 그물을 "하나님이 말세에 모든 사람을 모으는 것에 대한 (주권적 행위의) 상징"(256)으로, '각종'(παντὸς γένους) 물고기는 서로 다른 민족 내지 종족을 대표하는 것(p.257)으로 해석하고 있다. 무엇보다 이 비유의 핵심은 마치 두 종류의 좋고(정결하고) 못된(부정한) 물고기들을 따로 구별하여 나누어서 못된 것은 버리고(심판), 좋은 것은 그릇에 담듯이(구원), 하나님께서 정하신 세상의 마지막 어느 한 때에 "의인 중에서도 악인을 따로 갈라내어"(ἀφοριοῦσιν τοὺς πονηροὺς ἐκ μέσου τῶν δικαίων) 그 악인들이 철저하게 버림을 당하는 것으로 묘사되어 있다.

이 비유는 또한 가라지 비유와 마찬가지로 그 마지막이 '비극적'이어서, 그물 비유와 함께 소개되고 있는 해설의 마지막 부분 50절은 가라지 비유의 마지막 해설 부분인 42절의 그것과 헬라어 원어가 동일한 것도 결코 우연이 아닌 것이다. "풀무불에 던져 넣으리니 거기서 울며 이를 갊이 있으리라"(그러나 43절과 같은 의인들의 소망에 대한 해설 구절이 그물 비유에는 없다). 이 비유는 하늘 나라가 이미 도래한 이 세상에도 '의인들과 악인들이' 함께 공존한 다는 사실, 하지만 이 세상 마지막 때에는 분명히 하나님의 심판이 임하여 악인들은 의인들의 자리인 하늘 나라에 거하지 못한다는 사실을 가라지 비유의 교훈처럼 우리에게 보여주고 있는 셈이다.

그런데 우리는 여기서 가라지 비유 해설과 그물 비유가 모두 예수님의 제자들에게 일차적으로 주어졌다는 것을 목도할 필요가 있다. 말하자면, 여기서 '풀무불에 던져진 자'들이 '울며 이를 갊이 있음'은 '악인들로' 판명된 자들이 자신들의 그런 신분을 전혀 의식하지 못하고 오히려 '의인들로' 착각하고 있다가, 이 세상 마지막 때에 의인들의 자리인 하늘 나라에 들지 못하게 되자, 그들 나름대로의 억울함과 분을 삼키지 못하는 형편을 빗대고 있는 것이라 볼 수 있다는 말이다.[8] 결국 의인들은 악인들과 마찬가지로 마지막 때를 맞이하게 되지만, 그들은 그 마지막 심판 때 나타날 불가피한 갈라짐 속에서도 악인들과 달리 하늘 나라에 끝까지 남아있게 될 자들이다.

하늘 나라의 비밀을 전할 자들:51~52절

51~52절에는 예수님과 제자들 간의 짧은 대화와 함께 '새 것과 옛 것의 (보물 창고) 비유'가 소개되고 있다. 하지만 이 비유는 앞에서 살펴본 7가지 비유들처럼 실제적으로 하늘 나라의 그 무엇에 대한 묘사가 아니라는 점에서 차이가 있다. 오히려 이 마지막 비유는 예수님께서 이제 하늘 나라의 비밀들을 듣고 깨달은 자신의 제자들에게 그들의 신분과 사명을 새롭게 일깨우기 위한 것으로 그 교훈적 성격이 내포되어 있다고 볼 수 있다. 따라서 51절에 나오는 예수님의 제자들을 향한 질문, "이 모든 것을 깨달았느냐" (συνήκατε ταῦτα πάντά)는 일차적으로 36~50절까지의 해설과 비유들을 의미할 뿐 아니라, 사실상 3절부터 시작되는 마태복음 13장의 비유들과 해설들을 모두 다 포함시킬 수 있다고 보여진다.

예수님께서 비유들을 통해 하늘 나라 비밀들을 설명하신 후 최종적으로 자신의 제자들이 깨달았는지에(13, 14~15, 19, 23절; 마 16:12; 17:13 참조) 대해 묻고 있음은, 하늘 나라를 위해 무언가를 하려고 하는 자는 무엇보다 먼저 '하늘 나라'의 비밀을[9] 깨달아, 그 나라에 속하는 은혜를 입어('좋은 땅', '알곡', '좋은 물고기') 그 나라의 가치('감춰진 보화'와 '값진 진주')를 소유한 자로서의 결단과 헌신을 통해 장차 따라올 풍성한 영적 결실('좋은 땅', '겨자씨', '누룩')을 맺고 마지막 심판 때에 영광의 자리('알곡', '좋은 물고기')에까지 나아가야 하는 것이다. 제자들의 긍정적 답변에 따라 52절로 이어지는 예수님의 마지막 비유는 '그러므로'(διά τοῦτο)로 시작함으로써, 위의 논의가 타당함을 입증해 준다.

이 비유는, 하늘 나라 비밀을 깨달은 예수님의 제자들(그리고 후에 예수님의 일반 증인들)은 이제 하늘 나라 비밀에 대한 가르침과 교훈을 받은 진정한 서기관들(γραμματεὺς μαθητευθεὶς τῇ βασιλείᾳ τῶν οὐρανῶν)로서, 마치 '새 것과 옛 것'을 그의 보화 창고에서 꺼낼 줄 아는 집 주인으로 간주하고 있는 것이다. 이 비유에서 주목할 것은, 하늘 나라 서기관으로서의 제자들은 무엇보다 그들의 '보화 창고'(마 6:20~21; 19:21 참조)를 소유하고 있는 자들이라는 사실이다(Ridderbos 1990: p. 417). 그리고 이들은 바로 이 '보화 창고'로부터(ἐκτοῦ θησαυροῦ αὐτοῦ) 하늘 나라의 계속되는 가르침과 교훈을 주어야 할 자들인 것이다. 그렇다면 이 보화 창고는 '하늘 나라의 비밀/ 하나님을 깨닫는 지식과 믿음'으로 해석해 볼 수 있을 것이다.

그리고, '옛 것'(παλαιά)은 이 하늘 나라 또는 하나님을 계시해 주던 율법(옛 언약)으로, '새 것'(καινά)은 예수님이 이 땅에 오심을 통해 그의 새롭게 하시고 더 온전케 하시는 가르침(새 언약)으로 고려해 볼 수 있을 것이다(마 5~7장 참조). 그리고 이제 이 하늘 나라 복음을 전파할 자들은, 예수님으로 말미암아 시작된 새 언약의 시대에서 옛 언약의 시대를 다시 바라보면서, 하늘 나라 증거에 있어 좀더 능동적인 주인의식을 갖춘 '집 주인'(οἰκοδεσπότης 27절 참조)으로 나서야 하는 것이다. 즉, 보물 창고를 소유하고 있는 집 주인으로서의 특권과 새 것과 옛 것을 꺼내어서 적절하게 활용할 줄 알아야 하는 지혜로운 집 주인으로서 말이다. 이런 면에서 마태복음 13장의 하늘 나라 비유들은 그 일차적 대상이 하늘 나라를 증거해야 될 예수님의 제자들(그리고 후에 다른 예수님의 증인들)에게 있다고 보여진다. 그럼에도, 또한 이 비유들 속에 나타난 '마지막 심판 때의 의인과 악인의 갈라짐'은, 하늘 나라에 이미 속한 제자들(과 오늘날 성도들)이라 할지라도 사역의 현장 가운데서 신령한 긴장을 늦추지 않고 주목해야 될 자신들을 위한 경계의 메시지라 할 수 있을 것이다.

오늘의 설교자는 무엇보다 예수님의 비유들이 하늘 나라의 비밀들을 계시하는 것에, 그리고 이 계시의 중심에는 바로 예수님의 정체성(인격과 사역)에 대한 구속사적 메시지가 있음을 인식할 필요가 있다. 각각의 비유들을 해석하고 적용할 경우, 설교자가 또한 주의 깊게 살펴보아야 될 것은 비유 속에서 나오는 등장 인물(예, 좋은 씨를 뿌린 사람, 원수, 일하는 종들, 추수꾼, 의인화된 사물들인 곡식과 가라지)들을 잘 고려하면서, 비유의 일차적 핵심을 문맥에 따라 파악하면서 그 적용을 시도해 보아야 할 것이다.

마태복음 13장의 비유들을 나누면서, 예수님이 이 땅에서 보여주신 인격과 사역은 그 당시 유대인들뿐 아니라 오늘 날 지구촌의 모든 사람들에게 '비유 그 자체'로서 하늘 나라를 여전히 계시하고 있다는 사실을 생각해보게 된다. 말하자면 오늘의 현대인들이 기록된 말씀의 계시인 예수님의 비유를 깨닫지 못하고 그 말씀을 거절하는 것은 바로 '하나님의 그 비유'이신 예수님 자신을 거절하는 것이며 이것은 결과적으로 이 땅에 예수님을 보내주신 하나님을 거절하는 것이라 할 수 있다. 결국 하늘 나라의 드러냄과 감춤의 신비는 하나님의 계속되는 주권적 은혜와 회개치 못하는 인간의 자율적 교만함과 깨닫지 못하는 무지함 속에서 오늘날 이 세상에 나타난 하나님의 '또 하나의 신적 비유, 교회'를 통해 여전히 그 신비를 더해 나가고 있다.

08

세례 요한의 죽음과
예수님의 사역

마태복음 14~15장의 주해와 적용

　마태복음 13장의 끝부분에는 예수님께서 고향에서 환영받지 못하시고 배척받으신 사건이 기록되어 있다. 그리고 나서 마태는 새로운 단락의 시작을 세례 요한의 죽음에서부터 시작하고 있다. 물론 이것은 그때에 세례 요한이 죽었다는 의미는 아니다. 세례 요한은 이미 목 베임을 당하였는데, 그 사실이 여기에 와서 기록이 되었다는 의미이다.

　그렇다면 마태복음 14장에 와서 비로소 세례 요한의 죽음을 기록한 이유는 무엇일까? 그것은 예수님에 관한 소문이 퍼져서 분봉왕 헤롯의 귀에까지 들렸다는 사실에 있다(1절). 이에 대해 마가복음이 좀더 빛을 던져 주고 있다. 마가는 예수님의 고향에서의 배척과 세례 요한의 죽음 사이에 '열두 제자 파송'을 기록하고 있다(막 6:7~13). 누가도 열두 제자를 파송한 사건을 기록한 후에, 헤롯이 이 소식을 듣고 당황한 사실을 기록하고 있다(눅 9:7~9). 이로 보건대 세례 요한의 죽음에 대한 기록은 요한의 죽음 그 자체에 의미가 있다기보다도, 하나님 나라의 복음이 널리 전파되고 예수님에 관한 소문이 널리 퍼져서 분봉왕 헤롯의 귀에까지 들리게 되었다는 사실에 더 큰 의미가 있다. 곧 마태복음 14장의 기록은 세례 요한의 생애의 일부분으로서 기록되었다기보다도 예수님 사역의 진전의 차원에서 기록되었다고 볼 수 있다. 왜냐하면 복음의 주인공은 세례 요한이 아니라 예수님이기 때문이다.

따라서 마태복음 14장이 세례 요한의 죽음 사건에 대한 기록으로부터 시작하는 것은 예수님의 사역에 있어서 '상당한 진전'이 있었음을 말해 주고 있다. 예수님의 복음 전파는 이제 갈릴리 지역의 한 무리의 사건으로 끝나는 것이 아니라, 그 당시 갈릴리와 베레아(Perea) 지역을 다스리고 있던 헤롯에게까지 그 소문이 들리는 양상으로 발전했던 것이다.

세례 요한의 죽음(14:1~12)

먼저 14장 1~12절의 사건은 분봉왕 헤롯이 예수님의 소문을 들었을 때 그가 어떻게 반응했는가를 말하는 것으로부터 시작한다(1~2절). 먼저 여기에 나오는 헤롯은 헤롯 안티파스(Herod Antipas)인데, 헤롯 대왕의 여러 부인들 중의 하나인 말타케(Malthace)의 소생이다. 그는 주전 4년에 갈릴리와 베레아의 '분봉왕'으로 임명받아 주후 39년까지 다스렸다. '분봉왕'(tetrarch)이란 원래 4분의 1의 지역을 다스리는 통치자를 뜻하였는데, 후에는 '왕'(βασιλεύς)보다 등급이 낮은 통치지를 가리키는 일반적인 명칭이 되었다. 헤롯 안티파스는 대체로 무난하게 통치하기는 했지만, 복음서에는 세례 요한을 목베어 죽이고(마 14:1~12; 막 6:14~29; 눅 9:7~9) 예수님을 만나서 희롱한 사건(눅 23:8~12)이 기록되어 있다.

헤롯이 예수님에 대한 소문을 들었을 때 그가 보인 반응은 '이는 세례 요한이라. 저가 죽은 자 가운데서 다시 살아났다'(2절)고 하는 것이었다. 이것은 그가 전에 세례 요한을 목베어 죽인 것에 대한 죄책감이 남아 있어서 그를 괴롭히고 있었음을 암시한다. 그는 비록 하나님을 믿지는 않았지만 어려서부터 유대 지역에서 자랐기 때문에 유대의 종교와 관습을 잘 이해하고 있었다. 따라서 그에게 유대교의 간접적인 영향이 조금은 있었다고 볼 수 있다. 또한 그의 이 말은 그 당시에는 세례 요한이 유대와 갈릴리 온 지역에 강한 영향력을 끼친 인물이었으며, 예수님은 아직 잘 알려지지 않은 신인(新人)이었음을 시사하기도 한다.

그러면서 마태는 헤롯의 이러한 반응에 대한 부연 설명을 통해 전에 그가 어떻게 세례 요한을 죽였는가를 말한다(3~12절). 사건의 내용에 대해서는 이미 잘 알려져 있기 때문에 여기서는 간단히 몇 가지 보충 설명만 하고자 한다. 우선 헤로디아(Herodia)라는 여자는 헤롯 대왕이 첫 번째 마리암네(Mariamne I)에게서 낳은 아들인 아리스토불루스(Aristobulus)의 딸로서 정치적으로 야심이 컸다. 그녀는 원래 헤롯 대왕의 아들 중의 하나인 빌립(Philip)과 결혼하였으나, 나중에 안티파스(Antipas)의 눈에 들어 그와 결혼하였다. 그런데 이 빌립이 누구냐에 대해서는 논란이 있다. 이 빌립은 클레오파트라(Cleopatra)에게서 난 '분봉왕 빌립'은 분명히 아니었을 것이다. 그는 요단강 동쪽의 지역을 다스리는 분봉왕으로서 아내를 빼앗기고 가만히 있지는 않았을 것이기 때문이다. 만일 그랬더라면 전쟁이 일어났을 것이다.

그렇다면 여기 성경에 나오는 빌립은 두 번째 마리암네(Mariamne II)에게서 태어난 '헤롯'일 가능성이 크다. 그는 별다른 정치적 지위도 없었고 소박한 사람이었다. 그의 이름이 아버지의 이름과 똑 같았기 때문에 그에게 또다른 이름이 주어졌을 가능성이 크다. 그래서 그의 별명이 '빌립'이었거나 또는 아예 '헤롯 빌립'(Herod Philip)으로 불리웠을 가능성이 있다.[1] 이렇게 보는 것이 어떤 비평학자들이 주장하는 것처럼, 마태나 마가가 헤로디아의 첫 남편 '헤롯'을 '분봉왕 빌립'으로 착각했다고 보는 것보다 훨씬 더 타당해 보인다. 왜냐하면 당대에 그 지역에 살았던 마태나 마가가 그 지역의 통치자의 이름을 착각했다고 보는 것은 거의 불가능해 보이기 때문이다.

그 당시 안티파스 영토의 수도는 갈릴리 바다 서안의 티베리아스(Tiberias)였다. 그런데 그 당시 세례 요한이 갇혀 있던 곳은 요세푸스의 기록에 의하면 사해 동쪽의 마카이루스(Machaerus)였다(Antiquitates XVIII, pp 116~119). 따라서 만일 헤롯의 생일 잔치가 수도인 티베리아스에서 열렸다면, 세례 요한의 목을 베어 오는 데는 제법 시간이 걸렸을 것이다. 두 도시 사이의 거리가 130km 이상 된다는 것을 생각하면, 헤롯의 명을 받은 군인이 말을 타고 달려가서 요한의 목을 베어 오는 데는 적어도 대여섯 시간 이상 걸렸을 것이다.

어쨌든 중요한 것은 시간이나 장소가 아니라 세례 요한이 죽임을 당했다는 사실이다. 대략 일 년 정도 사역을 하다가 불의의 죽임을 당한 그의 죽음에 대해 오늘날의 어떤 사람들은 목회실패니 무모한 도전이었느니 말할지 모르지만, 그는 하나님께서 주신 사명을 다하고 갔다. 그는 주의 길을 예비하는 자로서 예수님의 활동 무대를 만들어 놓고서는, 주인공의 활동에 방해가 되지 않도록 일찌감치 자리를 비켜 주었다(요 3:30). 그는 자기 자신이 하나의 집단을 이룬다든지 세력을 키운다든지 하는 생각이 없었으며, 오직 주의 길을 예비하는 것으로 자기의 사명을 삼았다. 사람의 눈에 보기에 때 이른 투옥과 죽음을 당하였지만 그는 불평하지 않았다. 한 인생의 성공과 실패라는 것은 하나님이 보실 때에 하나님이 주신 사명을 잘 감당했느냐 그렇지 못했느냐에 달려 있는 것이지, 사람들의 보기에 크고 많은 것을 이루었느냐 그렇지 않았느냐에 달린 것이 아니다. 이런 점에서 세례 요한은 자신의 사명을 충실하게 이루고 간 위대한 선지자였다고 할 수 있다.

오병이어의 이적(14:13~21)

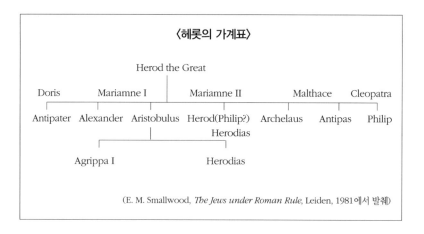

〈헤롯의 가계표〉

Herod the Great

Doris　　Mariamne I　　Mariamne II　　Malthace　　Cleopatra

Antipater　Alexander　Aristobulus　Herod(Philip?)　Archelaus　Antipas　Philip

Herodias

Agrippa I　　　　　　　Herodias

(E. M. Smallwood, *The Jews under Roman Rule*, Leiden, 1981에서 발췌)

이 이적은 사복음서 모두에 기록되어 있다(마 14:13~21; 막 6:30~43; 눅 9:10~17; 요 6:1~13). 그만큼 이 사건은 중요하고 의미있는 사건임을 알 수 있다. 이것은 예수님께서 떡 다섯 개와 물고기 두 마리를 가지고 큰 무리를 먹일 수 있는 능력을 가지신 분임을 증거하는 동시에, 또한 인간의 모든 경제 문제에 대한 해답을 가지고 계신 분임을 증거한다.

먼저 이 사건이 일어난 시간과 장소를 생각해 보자. 마태복음과 누가복음에서는 세례 요한의 죽음 후에 이 사건을 위치시키고 있다. 한편, 마가복음에서는 예수님과 제자들이 몹시 바쁘게 일한 후 조금 쉬기 위해 휴가를 떠났을 때 이 사건이 일어났음을 말하고 있다. 요한복음에서는 그냥 "그 후에"라고 함으로 특정한 사건과 연결시키고 있지 않다. 그렇다면 마태와 누가는 이 사건이 일어난 대략적인 시점을 말하고 있으며, 마가는 좀더 구체적으로 명시하고 있다고 생각된다. 그리고 이 사건이 일어난 장소는 벳새다에 있는 빈들이다(눅 9:10). 이곳에 여러 고을로부터 큰 무리가 모여들었다. 아마 일만 명이 넘는 대규모 군중이었을 것이다. 이것은 예수님의 사역이 어느 정도 진전되어 그의 소문이 크게 펴졌음을 암시한다. 세례 요한의 죽음 후에 예수님의 명성은 크게 올라가고 모든 관심이 그에게 집중되고 있었다.

그런데 이러한 즉흥적이고 자발적인 부흥 집회에 따르는 문제 중의 하나는 식사 문제였다. 이 문제에 대해 제자들은 무리들을 해산하여 각자 마을에 들어가서 스스로 사 먹게 하자는 것이었다. 이것은 합리적이고 타당한 대책이었다. 이 계획 자체에는 불신앙적 요소나 잘못된 것이 없다. 스스로 아무 일도 하지 않으면서 항상 이적만 바라는 것이 오히려 잘못된 신앙이라고 할 수 있다. 또는 저녁이 되었는데도 아무런 대책도 마련하지 않고 그냥 될 대로 되겠지 하면서 무작정 기다리는 것도 책임 있는 태도라고 할 수 없다. 한국 교회에서 한 때 무책임한 태도가 신앙인 것처럼 비춰진 때도 있었지만, 참된 신앙은 오히려 책임 있는 행동을 수반한다.

이처럼 제자들이 대책을 세운 것까지는 좋았으나, 예수님께서는 제자들이 알지 못하는 큰 일을 계획하고 계셨다. 그래서 제자들에게 "우리가 어디서 떡을 사서 이 사람들로 먹게 하겠느냐?"(요 6:5)고 물으셨을 때, 빌립이 "각 사람으로 조금씩 받게 할찌라도 이백 데나리온의 떡이 부족하리이다"(요 6:7)라고 말한 것은 확실히 불신앙적 태도의 표현이라고 볼 수 있다. 모든 능력의 주이시며, 신성의 모든 충만이 육체로 거하시는 예수님 앞에서 '부족'이란 말을 한 것은 확실히 불신앙 또는 적은 믿음의 표현이라고 할 수밖에 없는 것이다.

어쨌든 예수님께서는 떡 다섯 개와 물고기 두 마리를 가지고 성인 남자만 계산해서 오천 명을 먹이는 이적을 행하셨다. 많은 사람들이 어떻게 이런 일이 가능할 수 있는가 하는 의문을 품고 합리적인 설명을 시도하기도 하였다. 예를 들면, 그 때 마침 아라비아 대상들이 지나가고 있었는데 그 대상들에게서 먹을 것을 사 왔다는 설명이 한 때 있었다. 이런 식의 설명은 너무나 작위적이고 부자연스럽다. 하나님의 능력을 믿는 대신 인간의 합리성을 믿는 사람이 이렇게 비합리적일 수도 있구나 하는 생각을 하게 된다. 이적은 우리 인간의 일상 경험에 비추어 볼 때 드문 현상이라는 의미이지, 그것이 불가능하다는 의미는 아니다. 모든 것을 다 아시는 하나님의 입장에서 볼 때에는 이적도 일상사(日常事)와 마찬가지로 평범한 일일 따름이다. "이 일이 그 날에 남은 백성의 눈에는 기이(奇異)하려니와 내 눈에 어찌 기이하겠느냐? 만군의 여호와의 말이니라."(슥 8:6)

이러한 예수님의 이적적인 능력으로 말미암아 많은 사람들이 배불리 먹고 남은 조각을 열두 바구니에 거두었다(20~22절). 여기서 "배불리 먹고 남았다"는 사실은 무엇을 의미하는 것일까? 왜 배불리 먹고 남았을까? 예수님께서 수요 측정을 잘못하신 것일까? 아니면 예수님께서 자신의 능력을 통제하지 못해서 그만 넘쳐 버린 것일까? 아니다. "배불리 먹고 남았다"는 데에는 특별한 의미가 있다. 모든 것을 다 아시는 예수님께서는 의도적으로 배불리 먹고 남도록 역사하신 것이다. 이것은 '칠병이어'(七餅二魚)의 이적에서도 배불리 먹고 남은 것을 일곱 광주리나 거두었다는 사실에서도 알 수 있다.

그렇다면 이처럼 배불리 먹고 남도록 역사하신 하나님의 의도는 무엇일까? 그것은 우리 하나님은 우리로 하여금 배불리 먹고 남도록 역사하시는 '풍성한 하나님'이심을 보여 주시기 위함이다. 우리 하나님은 은혜에 풍성한 하나님이시다. 따라서 우리 하나님은 우리로 배불리 먹고 남게 하신다 (룻 2:14 참조). 이에 반해 우상이나 이방 신들은 우리로 하여금 모자라고 부족하게 한다. 우상숭배 제사와 허랑 방탕으로 재물을 탕진하고 나면 남는 것은 배고픔과 낭패뿐이다(눅 15:17). 그래서 해마다 모자라서 꾸고 빚지게 된다. 그러나 은혜에 풍성하신 우리 하나님은 그 풍성한 대로 우리 모든 쓸 것을 채우신다(빌 4:19). 그래서 하나님을 믿는 우리는 늘 배부르고 남게 된다.

이처럼 우리 기독교는 '잉여의 종교'이다. 반면에 이방 종교들은 '결핍의 종교'이다. 결핍의 종교를 믿는 나라들은 가난하게 되고 못 살게 되었지만, 잉여의 종교를 믿는 나라들은 잘 살고 배부르며 다른 사람에게 나눠주는 나라가 되었다. 그러므로 오늘날 우리가 예수님을 믿는다는 것은 단순한 개인 구원 이상의 의미를 가지고 있다. 예수님께 나아 오는 자는 배부르고 남을 것이며, 예수님을 믿는 나라는 부강하고 나눠주는 나라가 될 것이다.

물위로 걸어오신 예수님(14:22~33)

오병이어의 이적에 이어서 예수님께서 물위로 걸어오신 사건이 기록되어 있다(마 14:22~33; 막 6:45~51; 요 6:15~21). 이 사건도 앞의 사건과 마찬가지로 일상적인 소위 '자연 현상'을 뛰어넘는 초자연적인 이적으로서 의미가 있다. 즉, 이 사건을 통해 예수님께서는 자신이 모든 자연을 지배하시는 분이시며, 따라서 자신이 하나님의 아들이심을 계시하신다.

예수님께서는 먼저 제자들을 배에 태워 바다 건너편으로 보내신 후 무리들을 해산시키셨다. 그 후에 예수님은 기도하러 따로 산에 올라가셨다(23절). 이것은 큰 이적을 행하신 후에 닥쳐오는 유혹을 이기기 위해서였을 것이다. 곧 자기를 세상의 임금으로 삼으려는 무리들의 유혹을 물리치기 위해서는 상당한 기도 준비가 필요했을 것이다(요 6:15).

한편 배를 타고 바다를 건너가고 있는 제자들은 풍랑으로 인하여 고난을 당하고 있었다(24절). 이 때 밤 4경에 예수님께서 바다 위로 걸어서 오셨다. '밤 4경'은 로마식 시간 계산법으로 오늘날 새벽 3~6시에 해당된다. 바다 위를 걸어서 오신 것은 예수님께서는 이 우주의 자연 법칙을 초월하시는 분이심을 보여 준다. 이 우주 안에 있는 모든 물체는 소위 '중력'의 지배를 받고 있다. 이 '중력'의 실체가 무엇인지는 현대 과학자들도 아직 풀지 못하는 신비이지만, 하여튼 이 우주 안에 있는 모든 물체는 질량과 거리의 관계에 의해 중력의 지배를 받는다. 그래서 사람이 물위를 걸어가면 가라앉게 되지만, 예수님께서는 이러한 중력의 지배를 받지 않으셨다. 물론 평소에는 자연 법칙을 존중하고 중력 가운데 행하셨지만, 이 때만은 특별하게 중력을 초월해서 물위를 걸어오셨다.

물론 이것은 우리 인간의 일상적인 경험에 비춰 볼 때에는 신기한 일이지만 불가능한 일은 아니다. 우리 믿는 자들도 마지막 날 예수님께서 다시 오실 때에는 모두 공중으로 끌어 올려져 주님을 영접할 것이다(살전 4:17). 즉, 그 때에는 부활한 몸을 가진 성도들은 더 이상 중력의 지배를 받지 않을 것임을 암시한다. 그러나 예수님께서는 마지막 날이 오기 전에, 그리고 부활의 몸을 입기도 전에 물위를 마음대로 걸어 오셨다. 이를 통해 예수님은 모든 자연 법칙을 주관하는 신적 존재임을 보여 준다. 하나님께서 이스라엘 백성을 홍해 가운데로 건너게 하시고 요단 강을 마른땅으로 건너게 하신 것처럼, 예수님께서도 물을 자유자재로 주관하시는 분이심을 보여 주셨다. 사실, 하나님께서는 모든 자연 현상을 통해 이미 그의 영원한 능력과 신성을 보여 주셨다(롬 1:20). 해와 달과 별들의 움직임이 다 신기한 하나님의 능력을 나타내며, 들의 꽃과 숲의 새와 모든 생명 있는 것들이 오묘하신 하나님의 손길을 노래한다. 하지만 하나님께서는 때때로 초자연적인 이적을 통해 그의 살아 계심과 전능하심을 더욱 분명하게 증거하신다.

그러나 문제는 사람들이 이를 보고도 잘 믿지 않는다는 것이다. 예수님의 제자들도 물위로 걸어오시는 예수님을 보고 '유령'이라고 말하며 놀라서 소리질렀다(26절). 물위로 걸어서 오시는 분이 예수님이실 수도 있다는 것은 전혀 생각지 못하였던 것이다. 어려서부터 천지를 창조하신 하나님, 홍해를 마른땅으로 건너게 하신 능력의 하나님에 대해 수없이 듣고 입으로 고백하였지만, 그리고 예수님을 따라다니면서 날마다 이적을 보고 체험하였지만, 막상 위기에 처하면 그런 것은 다 잊어버리고 믿음 없는 자처럼 되는 것이 우리 인간의 모습이다. 그래서 예수님께서는 즉시 말씀으로 자신을 계시해 주셨다. 곧 "안심하라. 내니 두려워 말라"고 말씀하셨다(27절). 이것은 말없는 '자연 계시'나 '행위 계시'에 이은 직접적인 '말씀 계시'이다. 이로써 예수님께서는 자신을 분명하게 계시해 주셨다.

이 때 예수님의 제자들 중에서 베드로가 나섰다. "주여 만일 주시어든 나를 명하사 물위로 오라 하소서"(28절). 이것은 당돌하고도 대담한 제안이다. 인간적으로 볼 때, 어쩌면 목숨을 잃을지도 모르는 대담한 모험이다. 이러한 베드로의 용감한 행동은 그의 타고난 용감성에 기인한다기보다는 그의 단순함에서 나온 것이라고 할 수 있다. 베드로는 더 이상의 복잡한 생각 없이, 그냥 단순하게 대답한 것이었다. 만일 깊이 생각했더라면 감히 이런 말은 하지 않았을 것이다. 어쨌든 믿음은 종종 단순함에서 나오는 경우가 많다. 왜냐하면 '단순함'이란 하나님의 말씀을 있는 그대로 받아들이는 것이기 때문이다. 그래서 베드로는 용감하게 배에서 뛰어내려 물위를 걸어서 예수님께로 걸어갔다. 이것도 일상적인 자연 현상을 뛰어넘는다는 의미에서 이적인데, 이것은 베드로 자신에게서 기인한 것이 아니라 예수님에게서 기인한 것이었다. 베드로에게 예수님의 말씀을 단순하게 받아들이고 순종하는 믿음이 있었을 때에는 예수님의 능력을 받아들일 수 있었던 것이다.

　그러나 베드로가 바람을 보고 무서워할 때 그는 서서히 물에 빠지게 되었다. 예수님의 능력을 받아들이는 통로가 되는 믿음이 없어질 때, 그는 더 이상 초자연적인 능력으로 물위에 떠 있지 못하고 중력의 지배를 받아 물 아래로 가라앉게 되었던 것이다. 그러나 여기에 또 한번 베드로의 믿음이 작동하였다. 그것은 위기에 처해 주님께 부르짖은 것이다. "주여 나를 구원하소서"(30절). 위기를 당하였을 때 주님께 부르짖는 것은 중요하다. "환난 날에 나를 부르라 내가 너를 건지리니 네가 나를 영화롭게 하리로다"(시 50:15). 환난을 당하여서도 부르짖지 않는 것은 벙어리 개와 같아서 아무 소용이 없다. 그러나 환난 날에 부르짖는 것은 하나님께 긴급 구조 신호를 보내는 것과 같아서 위기에서 건져냄을 받을 것이다. 베드로가 물에 빠져 갈 때 예수님께 부르짖은 것은 그래도 그에게 믿음이 남아 있었다는 증거다. 물론 베드로는 "믿음이 적은 자여, 왜 의심하였느냐?" 라는 책망을 받았다 (31절). 이것은 그의 적은 믿음에 대한 책망이었다. 예수님께서 보실 때에는 베드로의 믿음도 아주 적은 믿음에 불과했다. 예수님을 온전히, 끝까지 신뢰하지 못하고 두려워하고 떨었기 때문에 그가 물에 빠져 갔던 것이다.

　베드로를 붙잡아 주신 예수님께서 그와 함께 배에 오르시자 바람이 그쳤다. 이 사실을 통해 예수님께서는 모든 자연을 지배하시는 '하나님의 아들' 이심을 나타내신다. 이 세상의 과학자들은 자연법칙을 이용해서 큰 과학 문명을 일으켰지만, 어느 누구도 자연 법칙을 지배하지는 못했다. 그들은 오직 만물 가운데 역사하는 자연법칙을 발견하고 기술하며 그것을 이용했을 따름이다. 그러나 예수님은 자연법칙 자체를 주관하시고 지배하시는 분이시다(히 1:3). 그래서 모든 자연이 그의 음성에 귀를 기울이고 순종한다. 그래서 소위 '자연법칙' 이라고 하는 것도 사실은 '하나님의 손길' 이고 '예수님의 다스림' 이며 '성령의 인도하심' 인 것이다.

게네사렛 땅에 당도하심(14:34~36)

예수님께서 제자들과 함께 갈릴리 바다 서쪽에 있는 게네사렛 땅에 이르렀을 때에 그 곳 사람들이 두루 연락하여 모든 병든 자를 예수님께 데리고 왔다(34~35절). 그리고는 예수님의 옷가에라도 손을 댈 수 있도록 간구하였다. 그래서 예수님께 손을 대는 자는 다 나음을 얻었다(36절). 이 짤막한 기록을 통하여 예수님의 명성이 널리 퍼지고 그의 능력이 크게 역사하였음을 알 수 있다.

장로들의 유전(15:1~20)

이렇게 예수님의 명성이 크게 높아지고 있을 때에 그를 대적하는 사람들이 찾아 왔다. 그들은 예루살렘에서 온 서기관과 바리새인들이었다(1절). 그들이 예수님께 제기한 문제는 '장로(長老)들의 유전' (遺傳)에 관한 것이었다. 여기서 '장로들' (프레스뷔테로이)이란 유대의 옛 종교 지도자들을 가리킨다. 곧 '랍비' 라고 불리운 서기관들을 가리킨다. 이들은 율법 외에도 많은 것들을 덧붙여서 지키라고 전해 주었는데, 이것이 나중에 '장로들의 유전' 이라고 불리게 된 것이다. 그 중의 하나가 곧 음식을 먹기 전에 손을 씻는 것이었다. 그 씻는 물의 양과 질, 물 붓는 방법, 그것을 도와주는 사람, 손의 자세 등 자세한 부분에 이르기까지 서기관들에 의해 규정되었다.[2] 그러나 예수님의 제자들은 이러한 관습을 무시하였다. 즉 손을 씻지 않고 음식을 먹었던 것이다. 이것이 서기관과 바리새인들에게 좋은 공격 거리를 제공해 주었다(2절).

이에 대한 예수님의 대답은 도리어 그들이 '하나님의 말씀' 을 폐한다는 것이었다(3절). 그들은 '인간의 유전' 을 지키는 데 힘썼지만, 그보다 훨씬 더 중요한 '하나님의 말씀' 을 폐하는 잘못을 범하였던 것이다. 한 예로 예수님께서는 제5계명을 들었다. 하나님께서는 "네 부모를 공경하라"고 명하셨건만, 그들은 교묘한 방법으로 이 계명을 회피하였다. 그들은 부모를 섬겨야 할 어떤 것이 '고르반'(korban), 곧 '하나님께 바친 물건'이라고 선언하기만 하면, 그것에서 나는 것으로 부모를 섬기지 않아도 된다고 가르쳤던 것이다. 예를 들어, 어떤 사람에게 포도밭이 있으면 거기서 나는 소출 중의 일부를 부모에게 드려야 한다. 그렇게 하는 것이 부모를 공경하라는 제5계명을 지키는 한 구체적인 방법이었다. 그런데 많은 유대인들은 그 소출의 일부를 부모에게 드리는 것을 아깝게 생각하게 되었다. 그래서 생각해 낸 한 방법이 이 포도밭은 하나님께 바친 것, 곧 '고르반'이라고 선언하는 것이었다. 그러면 이 밭은 하나님께 바쳐진 성물(聖物)이기 때문에 그 소출로는 부모를 섬기지 않아도 되었다. 곧 랍비들은 어떤 것을 성전에 바치겠다고 맹세하면, 그것은 부모를 섬기는 것보다 우선한다고 가르쳤던 것이다(Keulers, p. 201f.). 그런데 이 '고르반' 제도의 묘미는 하나님께 바쳤다고 선언하기만 하면 되며, 실제로 그것을 실천할 의무는 없었다는 점에 있다. 그래서 그들은 자기 밭에서 나는 소산을 전부 다 차지할 수 있게 되었다. 이처럼 유대인들의 이기적인 탐욕과 타락한 종교 지도자들의 야합으로 생겨난 고르반 제도로 인하여 하나님의 말씀인 제5계명이 사실상 무력화되고 말았다. 이것이 그 당시 유대교의 실상이었다.

이에 대해 예수님께서는 그들을 향해 '외식(外飾)하는 자들'이라고 꾸짖으셨다(7절). '외식'이란 무엇을 가장하고 꾸미는 것을 말한다. 속의 진심(眞心)은 감추고 겉으로만 그럴 듯하게 가장(假裝)하는 것을 가리킨다. 그래서 예수님께서는 이사야의 예언을 인용하여 그들을 책망하셨다. "이 백성이 입술로는 나를 존경하되 마음은 내게서 멀도다. 사람의 계명으로 교훈을 삼아 가르치니 나를 헛되이 경배하는도다"(8~9절). 이것은 예수님 당시의 타락한 종교의 실상을 잘 나타내 주고 있다. 그 당시의 유대교 곧 바리새 종교는 여러 가지 복잡한 의식과 엄격한 규율들을 가지고 있었지만, 그 마음은 하나님에게서 많이 멀어져 있었던 것이다.

이러한 외식적인 바리새 종교에 대해 예수님께서는 '마음의 성결'을 강조하신다(10~20절). 외적인 정결보다도 마음의 성결이 훨씬 더 중요하다. 이것을 예수님께서는 "입에 들어가는 것이 사람을 더럽게 하는 것이 아니라 입에서 나오는 그것이 사람을 더럽게 하는 것이니라"고 비유적으로 말씀하셨다(11절). 음식을 먹기 전에 손을 씻느냐 씻지 않느냐 하는 것은 마음을 성결케 하는 것에 비하면 훨씬 덜 중요한 문제이다. 이처럼 참 종교는 사람의 마음을 성결케 하는 것을 중요시한다. 외적인 것을 중요시하는 것은 사람에게 보이기 위한 인본주의이다. 그러나 예수님께서 가르치신 것은 사람의 마음을 감찰하시는 살아 계신 하나님 앞에서 행하는 것이었다.

가나안 여인의 믿음(15:21~28)

그 다음에는 예수님께서 두로와 시돈 지방으로 가셨을 때 어떤 가나안 여자를 만난 사건이 기록되어 있다(21~28절). 마가복음에 보면 이 여자는 '헬라인'이요 '수로보니게 족속'이라고 되어 있다. 여기서 '헬라인'이란 헬라 반도에 살고 있던 원래의 헬라인을 말하는 것이 아니라 유대인이 아닌 이방인을 가리킨다. '수로보니게' 족속이란 민족적으로 '페니키아인' (Phoenician)이란 뜻인데, 아프리카에 있는 페니키아인과 구별하기 위해 '수로 – 페니키아인'(Syro – Phoenician)이라고 불리웠다. 이스라엘 백성들이 가나안 땅에 들어오기 전에 페니키아인들도 가나안 땅에서 살고 있었기 때문에 마태복음은 그냥 '가나안인'이라고 부르고 있다.[3]

그런데 이 여인에게는 귀신 들린 한 딸이 있었다. 이 여인은 어느 날 예수님의 소문을 듣고 예수님께 나아와 도움을 청하였다. "주 다윗의 자손이여, 나를 불쌍히 여기소서. 내 딸이 흉악히 귀신 들렸나이다."(22절) 예수님에 대한 이 칭호를 보면, 이 여인은 예수님에 대한 어느 정도의 지식과 믿음을 가지고 있었음을 알 수 있다. 그러나 예수님은 평소와는 다르게 한 말씀도 대답지 않으시고 침묵하셨다. 그녀에게는 지극히 답답하고 두려운 침묵이었을 것이다. 그러나 이것은 그녀의 믿음을 시험하시기 위함이었다. 예수님께서는 왜 우리를 꼭 시험하셔야만 하는가 하는 의문이 들지만, 시험을 통해 우리의 믿음이 단련되고 강화되는 것은 분명한 사실이다. 이처럼 예수님께서는 그 여인의 딸을 단순히 고쳐 주는 것으로 끝나는 것을 원치 않으시고, 그 여인의 믿음을 확실히 하고 굳건하게 하시기를 원하셨다. 이를 통해 예수님께서는 그 여인과 나아가서 그 가족과 친지를 구원하시기 원하셨으며, 또한 주위의 많은 사람들에게도 교훈을 주시기 원하셨을 것이다.

예수님의 이러한 침묵에도 불구하고 이 가나안 여인은 물러서지 않고 계속 간구하였다. 이 때 예수님은 이 여인의 믿음을 시험하기 위해 다소 모욕적인 대답을 하셨다. "자녀의 떡을 취하여 개들에게 던짐이 마땅치 아니하니라"(26절). 여기서 '자녀'는 이스라엘 백성들을 뜻하고 '개들'이란 이방인들을 뜻한다는 것을 이 여인도 금방 알았을 것이다. 그런데 이방인들을 '개들'이라고 부른 것은 좀 심한 모멸적인 언사라고 생각된다. 어떻게 예수님께서 이런 언사를 사용하실 수 있을까 하는 의문이 들 수 있다.

그러나 원어에 보면, 일반적으로 '개'를 뜻하는 '퀴온'(κύων)이 아니라 축소형 어미가 붙어 있는 '퀴나리온'(κυνάριον)이 사용되었다. 축소형 어미는 대개 작은 것, 귀여운 것, 사랑스러운 것을 나타낸다. 그래서 이 단어를 우리말로 번역하자면 '강아지'라고 할 수 있을 것이다. 예수님께서 이처럼 축소형 어미가 붙은 '퀴나리온'이라는 단어를 사용하신 것은 지나친 모멸감을 주는 단어를 피하시기 위해서였을 것이다. 그래서 예수님께서는 모욕적인 언사를 피하시면서도 적당히 그 여인을 시험할 수 있는 단어를 택하신 것이다.

예수님의 이러한 자극적인 말씀에 대한 이 여인의 대답은 훌륭한 걸작이다. "주여 옳소이다마는 개들도 제 주인의 상에서 떨어지는 부스러기를 먹나이다"(27절). 이 여인의 대답은 비록 이방인이라 할지라도 이스라엘 백성들이 누리는 구원과 축복에 어느 정도 참여할 수 있지 않느냐는 것이다. 상에서 떨어지는 부스러기라도 먹겠다는 표현에서 우리는 이 여인이 얼마나 겸손하고 간절한 마음으로 예수님의 도우심을 바라고 있는가 하는 것을 알 수 있다. 보통 사람들 같으면 분개하고 욕을 하면서 떠나갔을 것이다. 이 여인도 만일 그랬더라면 그의 딸은 귀신 들린 채 한 평생을 보내고 말았을 것이다. 그러나 이 여인은 그 모든 굴욕과 비천함을 참고 자신의 이방인된 처지를 인정하면서 겸손히 주님의 은혜를 간구하였다. 여기서 우리는 참 신앙이란 자신의 비천한 처지를 인정하는 겸손과 하나님의 은혜를 받고자 하는 간절한 마음이 있어야 한다는 것을 알 수 있다.

이러한 간절한 믿음에 대한 예수님의 대답은 칭찬과 기도 응답으로 나타났다. "여자여 네 믿음이 크도다. 네 소원대로 되리라"(28절). 이처럼 포기하지 않는 믿음, 어떠한 일이 있어도 끝까지 인내하면서 하나님의 은혜를 바라는 간절한 믿음을 가진 사람에게 하나님은 마침내 큰 은혜를 베풀어주시고 복을 주시는 것이다.

병자들을 고쳐 주심(15:29~31)

29~31절에서는 예수님께서 갈릴리 호숫가의 산에서 많은 병자와 불구자들을 고쳐 주신 것을 기록하고 있다. 어디를 가나 병자들과 불구자들이 많이 있었다. 이것은 그만큼 이 세상에 죄가 많고 문제가 많다는 것을 말해준다. 수많은 사람들이 죄와 비참함에 빠져서 도움을 기다리고 있었다. 예수님께서는 이러한 세상에 오셔서 많은 사람들을 고쳐 주셨다. 이것은 예수님의 크신 긍휼과 사랑의 표현이었다. 우리 주님께서는 먼저 사람들을 불쌍히 여기셨다. 믿는 사람이든 믿지 않는 사람이든 불쌍한 사람들을 일단 불쌍히 여기는 것이 목자의 마음이다. 하나님을 믿지 않는 사람이라고해서 무시하거나 멸시하거나 도움을 주지 않는 것은 목자의 태도가 아니

다. 물론 하나님께서는 택자들을 특별히 사랑하시지만, 또한 믿지 않는 자들도 사랑하시며 돌보신다. 하나님께서는 불의한 자와 악한 자들에게도 해를 비추어 주시며 비를 내려 주신다(마 5:45). 그러므로 우리도 이러한 하나님의 사랑과 예수님의 긍휼을 본받아 넓은 마음으로 사람들을 사랑하도록 해야 하겠다.

칠병이어의 이적(15:32~39)

〈오병이어 이적과 칠병이어 이적의 차이점〉

	오병이어 이적	칠병이어 이적
떡	다섯 개	일곱 개
물고기	물고기 두 마리	작은 생선 두 마리
남은 양	열 두 바구니	일곱 광주리
먹은 사람 수	오천 명(성인 남자만)	사천 명(성인 남자만)
이적 후 가신 장소	게네사렛	마가단/달마누다

32~39절에는 떡 일곱 개와 작은 생선 두 마리로 성인 남자들만 계산해서 사천 명을 먹이신 사건이 기록되어 있다(막 8:1~10 참조). 소위 '칠병이어'의 이적으로 불리는 이 사건은 앞에 나온 '오병이어'의 이적과 유사한 점이 많이 있다. 그래서 어떤 사람들은 이 두 사건을 혼동하기도 하며, 비평가들은 동일한 사건의 다른 두 전승으로 보기도 한다. 그러나 본문을 자세히 읽어보면, 이 두 사건 사이에는 여러 다른 점들이 있음을 알 수 있다.

우선 떡의 숫자가 '다섯 개'와 '일곱 개'로 서로 다르다. 다음으로 오병이어의 이적에서는 '물고기 두 마리'가 등장하지만, 칠병이어의 이적에서는 '작은 생선 두 마리'가 등장한다. '작은 생선'(ἰχθύδιον)은 '물고기'(ἰχθύς)의 축소형으로 크기가 작은 것을 말한다. 그리고 남은 것을 거둔 양도 서로 다르다. 오병이어의 이적에서는 '열 두 바구니'를 거두었지만, 칠병이어의 이적에서는 '일곱 광주리'를 거두었다. '광주리'(σπυρίς)는 '바구니'(κόφινος)보다 큰 것이다. 사도 바울은 '광주리'를 타고 다메섹 성을 내려가 도망쳤다(행 9:25). 그리고 먹은 사람의 수도 다르다. 성인 남자들만 쳐서, 오병이어의 이적에서는 '오천 명'이 먹었고 칠병이어의 이적에서는 '사천 명'이 먹었다. 그리고 이적을 행하신 후에 가신 장소도 다르다. 오병이어의 이적에서는 바다를 건너 '게네사렛' 땅에 이르렀으나(마 14:34), 칠병이어의 이적에서는 '마가단' 지방(마 15:39) 또는 '달마누다' 지방(막 8:10)으로 가셨다. 이 마지막 두 지명은 같은 지역을 일컫는 것으로 생각된다.

이처럼 이 두 이적 사이에는 자세한 부분에 이르기까지 차이가 있으며, 이 점이 분명히 기록되어 있다. 따라서 마태와 마가가 이 두 사건을 혼동했다고 볼 수는 없으며, 각각 서로 다른 사건임이 분명하다. 만일 서로 다른 사건이 아니었다면, 동일한 한 복음서 안에 같은 것을 두 번씩 기록하지는 않았을 것이다.

그러나 이 두 사건에서 공통되는 점도 있다. 그것은 두 경우 모두 무리들이 배불리 먹고 남았다는 사실이다. 이것은 앞에서 말한 바와 같이, 우리 하나님은 우리로 하여금 배불리 먹고 남게 하시는 '풍성한 하나님'이심을 말해 준다. 우리 하나님께 나아 오는 자는 결코 주리지 않고 부족함이 없을 것이다. 왜냐하면 우리 하나님은 우리로 배불리 먹게 하시는 하나님이시며, 남은 것을 거두게 하시는 하나님이시기 때문이다.

이러한 풍성한 하나님을 믿고 있는 우리는 경제 문제로 염려할 필요가 없다. 물론 우리는 맡은 일에 열심하고 최선을 다해 노력해야 하지만, 이방인들처럼 늘 물질 문제를 가지고 염려하며 걱정할 필요는 없다. 왜냐하면 우리에게는 우리로 배불리 먹고 남게 하시는 하나님이 계시기 때문이다. 세상 사람들은 한 평생 경제 문제로 애쓰다가 죽지만, 우리 하나님의 자녀들은 그보다 더 높고 고상한 문제들에 신경 써야 한다. 곧 하나님의 나라와 그의 의를 구하는 일에 우리의 주된 노력을 경주해야 한다. 그리할 때 하나님께서는 우리에게 필요한 모든 것을 풍성하게 채워 주실 것이다.

09

예수님은 과연
어떠한 메시아인가

마태복음 16~17장의 주해와 적용

본문의 위치

우리가 다루려고 하는 본문을 보다 넓은 문맥에서 보기 위해서는 우선 마태복음의 전체 구조를 살펴볼 필요가 있다. 마태복음의 구조에 대한 학자들의 다양한 의견 중에서 크게 두 가지 주장이 흥미를 끈다. 첫째, 베이컨(B. W. Bacon)이 말하는 '5대 강화'를 중심으로 마태복음의 구조를 이해하는 견해이다. 즉, 산상보훈(5~7장), 선교 강화(10장), 비유(13장), 교회 치리 강화(18장), 그리고 종말 강화(23~25장)가 있는데, 이는 부활하신 예수가 마태 교회에 하신 주요 설교들이라는 것이다. 이 5중 구조는 각 강화가 끝나는 부분에 "예수께서 … 을 마치시매"(7:28; 11:1; 13:53; 19:1; 26:1)라는 문장 형식이 등장하는 것이 특징이다. 이것에 바탕을 두고 마태복음 전체를 교차 대칭 구조(chiastic structure)로 설명하는 견해도 있지만 여기에서는 생략한다. 중요한 것은 이 구조를 통해 우리는 예수가 모세처럼 새 율법을 선포하며, 랍비처럼 하나님의 말씀을 해석하고 설명하고 있는 특징을 찾아볼 수 있다는 것이다. 그러나 이 구조는 예수의 탄생 및 유아 이야기(1~2장)와 수난 및 부활 이야기(26~28장)를 서언 및 종결 부분으로 처리함으로써 그 중요성을 희석시키고 있으며, 또한 강화(discourse) 사이에 존재하는 서사적 부분(narrative)을 보조적 수준으로 끌어내리고 있는 문제점도 내포하고 있다.

둘째는 로마이어(E. Lohmeyer)나 스톤하우스(N. B. Stonehouse), 그리고 나중에 이러한 견해를 요약해주는 킹스베리(J. D. Kingsbury)가 제시하는 것처럼 메시아 예수의 인격, 선포, 운명에 초점을 맞춘 3중 구조로 마태복음의 구조를 이해하는 견해이다. 이 구조 분석에는 "이 때부터 예수께서 비로소 … 하시기를 시작하셨다"(4:17; 16:21)는 두 번의 문장 형식이 중요한 역할을 한다. 이러한 형식을 기준으로 마태복음서를 구분하면, ① 메시아 예수의 인격(1:1~4:16), ② 메시아 예수의 선포(4:17~16:20), ③ 메시아 예수의 고난, 죽음, 부활(16:21~28:20)로 나눌 수 있다. 이는 마태복음 전체를 메시아 예수라는 기독론적 주제에 따라 일관성 있게 파악할 수 있게 해 준다. 첫 부분은 예수가 메시아로서 어떠한 인물이며 어떠한 자격을 갖춘 분인가 하는 것을 보여주고, 둘째 부분은 예수가 메시아로서 이스라엘 앞에 자신을 공적으로 나타내고 하늘 나라에로 초대하는 내용을 다루며, 셋째 부분은 제자들 앞에서 그가 어떠한 운명을 맞이할 것인가를 드러내고 있다. 그러나 이 구조의 문제점은 두 개의 특징적인 문장 형식만을 가지고 마태복음서의 전체 구조를 세밀하고 분명하게 보여줄 수 있겠느냐 하는 의문을 불러일으킨다.

어떠한 구조 분석도 완벽하지 않다는 점을 전제하면서도 본문에 대한 보다 넓은 문맥인 구조를 파악하고 그 가운데서 다루려고 하는 본문을 살펴보는 것은, 큰 그림을 그리는데 있어서 그리고 본문의 위치와 성격을 이해하는 데 있어서 유용하다. 그러면 우리의 본문(마 16, 17장)을 위의 두 가지 구조에 따라 살펴보면 어떠한 위치에 속하고 있는가? 이 본문은 비유 강화(13장)와 교회 치리 강화(18장) 사이에 위치하는 서사적 이야기의 후반부에 속한 것임을 알 수 있다. 또한 본문은 메시아 예수의 공적인 선포가 끝나고 제자들에게 자신의 운명에 관해 은밀하게 가르치시는 내용으로 넘어가는 가운데에 위치하고 있다. 우리는 이곳에서 두 강화 사이에 존재하는 14장에서 17장 전체 서사 이야기를 본문으로 하고 있지 않기 때문에, 특별히 후자에서 말한 '메시아 예수의 공적 선포에서 제자들에게 사적으로 말한 가르침으로 넘어가는 전이적(transitional) 구조'에 주목하도록 하겠다.

본문 해석과 관련된 세 가지 주요한 대조적 관점

첫째, 본문은 이스라엘 백성을 대상으로 하늘 나라를 선포하시는 단계에서, 그 하늘 나라를 실현하는 방법으로서 메시아이신 예수가 수난과 죽음을 당하시게 되는 단계로 발전하는 내용을 담고 있다. 이것을 극명하게 대조적으로 보여주는 부분을 본문 중에서 지적한다면, 바로 베드로의 신앙 고백(16:13~20)과 뒤이어 나오는 수난 예고(16:21~28)이다. 그리고 이 수난 예고는 계속 반복됨으로써(17:22~23; 20: 17~19; 26: 1~2) 그 비중의 정도를 보여준다. 이러한 대조는 예수를 메시아로 고백하는 신앙의 내용이 관점에 따라서 엄청난 차이를 나타낼 수 있다는 것을 증거하는 것이다. 이것은 두 가지 관점에서 관찰될 수 있다. 첫째는 교회 외적 관점으로서, 예수를 메시아라고 고백하는 교회의 신앙 고백과 당시 유대교적 배경 하에서 이해된 메시아 이해와는 차이가 있었음을 보여주는 것이다. 둘째는 교회 내적 관점으로서, 역사적 예수(historical Jesus)와 부활 이후의 그리스도(kerygmatic Christ) 사이에 인식의 불일치가 있었음을 암시하는 것이다. 다시 말해, 마태의 교회가 가진 신학적 환경은 불안정할 뿐만 아니라 위험스러울 수 있는 예수관을 배경으로 하고 있었다. 이러한 점에 유의하면서 본문을 읽어야 할 것이다.

둘째, 본문은 전체적 구조와는 별도로 자체적인 구조의 특징을 보여주는데, 이는 예수에 대한 잘못된 인식 및 부정적인 태도(A)와 예수에 대한 올바른 인식 및 긍정적인 태도(B)를 보여주는 내용이 반복적으로 등장하고 있는 것이다. 다른 말로 하면, 예수에 대한 회의와 믿음의 반복적 구조가 나타난다. 이를 도표화하면 다음과 같이 정리할 수 있을 것이다.

A. 16:1~12   바리새파 사람들과 사두개파 사람들의 표적 구함과
            제자들의 적은 믿음
B. 16:13~20 베드로의 신앙 고백

A. 16:21~28 첫 번째 수난 예고
B. 17:1~13   예수의 영광스런 변모

A. 17:14~23 제자들의 믿음 없는 행동과 두 번째 수난 예고
B. 17:24~27 하늘 나라에 대한 새로운 해석(성전세를 내시는 예수)

　이러한 구조는 예수님에 대한 올바른 인식(다른 말로 하면 기독론)을 촉구하려는 의도를 보여준다고 하겠다. 예수님에 대한 올바른 신앙(B 부분)은 하나님의 계시(16:17; 17:5 그리고 "예수께서 '먼저' 말씀을 꺼내셨다"고 한 17:25을 참조하라)와 관련되어 있음에 유의할 필요가 있다. 이처럼 마태는 하나님의 계시에 의한 바른 기독론을 강조함으로써 당시 교회의 신앙을 든든한 토대 위에 세우려고 한 것으로 보인다.

　셋째, 하나님의 아들로서의 그리스도와 인자로서의 예수의 대조이다. 본문에는 예수의 칭호로서 인자(16:13, 27, 28; 17:9, 12, 22)와 하나님의 아들(16:16; 17:5)이 부각되어 있다. 이밖에 "그리스도"라는 칭호도 중요하지만, 본문에서는 "하나님의 아들"이라는 칭호 개념과 불가분의 관계에 있기 때문에 별도로 취급하지 않는다. 킹스베리(J. D. Kingsbury)에 따르면, "인자"(Son of man)는 '대중적'인 성격을 가지고 있으며, 특별히 그를 대적하는 무리들 또는 백성의 지도자들과의 관계에서 쓰여지고 있다고 한다. 예수는 사람들에게 자신을 인자로 소개하고 있으며, 그의 수난, 재림, 그리고 심판과 관련하여 인자라는 칭호를 사용한다. 이에 비해 "하나님의 아들"(Son of God)은 철저히 "고백적"인 칭호로 사용되고 있어서 예수에 대한 마태 교회의 신비를 담고 있다는 것이다. 다시 말해서 두 기독론적 칭호는 마태 기독

론의 중심을 차지하는 가운데, 인자는 세상적인 시각에서 예수를 바라보며, 하나님의 아들은 교회의 시각에서 예수를 소개하는 칭호로 부각되고 있다. 물론 이 두 칭호가 상호 배타적으로 쓰여진 것은 아니지만, 인자와 하나님의 아들이라는 칭호의 비교를 통해 후자가 전자보다 우위에 있는 칭호라는 것은 분명한 듯이 보인다. 이는 베드로가 신앙 고백을 하는 문맥에서 "사람들이 '인자'를 누구라고 하느냐?"라는 질문에, 보통 사람을 뜻하는 인자와 동급에 속하는 세례자 요한, 엘리야, 예레미야, 또는 예언자들 중 하나와는 질적으로 다른 "하나님의 아들"로 고백하고 있는 데서 확인된다.

이상에서 살펴본 세 가지 대조되는 관점은 우리의 본문이 예수께 대한 바른 인식, 즉 올바른 기독론을 중심으로 전개되고 있음을 가르쳐 준다. 그러면 구체적으로 본문의 내용을 이야기의 흐름을 따라서 간략하게 짚어보기로 하자.

본문의 내용과 해석

본문은 마태복음 안에서 매우 중요한 위치를 차지하고 있다. 앞에서도 살펴본 바와 같이 본문은 예수의 공적인 사역이 마무리되고 메시아의 수난을 예고하는 장면으로 이어지고 있다. 공적 사역의 결론에 이은 새로운 국면이 전개되고 있는 셈이다. 이제 독자들은 예수에 대한 확실한 결론을 내리지 않으면 안되는 시점에 도달한 것이다. 마태의 저자는 확정된 신학을 토대로 하여 마태 공동체를 가르치고자 한다.

우리는 앞에서 본문을 주제에 따라 여섯 부분으로 나누어 보았다. 여기서는 본문을 보다 세분화하여 본문이 어떻게 전개되고 있는지, 그 구체적인 내용은 어떠한지 살펴보려고 한다. 지면 관계상 한절 한절 살피지 못하고 단락별로 내용을 추적하게 될 것이다.

1. 표적 가르침(16:1~4)

바리새파 사람들과 사두개파 사람들(사두개파가 여기에 같이 등장하는 것은 마태 본문의 특징이다. 막 8:11 참조)은 예수를 곤경에 빠뜨리기 위하여 하늘로부터 내리는 표적을 요구하였다. 그렇다면 예수가 행한 이제까지의 표적들(가까운 문맥만 보더라도 14장의 오천 명을 먹이신 기적 및 물 위를 걸으신 기적과 15장의 사천 명을 먹이신 기적)은 모두 땅에 속한 기적이었단 말인가? 이스라엘 지도자들의 이러한 부정적 평가에 대해 예수는 그들의 음험한 속마음을 읽고 단호하게 내리친다. 그들은 땅이 아닌 하늘에 관심을 표명하는 것 같지만, 예수는 오히려 그들이 그렇게 선호하는 "하늘"이라는 단어를 사용해 그들이 관심을 가지고 있는 "하늘"이 오히려 땅에 속한 내용임을 드러내신다. 천기의 기상을 분별하는 일반 상식을 들어, 종교 지도자들이 아는 것은 그 정도의 하늘 개념임을 드러내신다. 이것은 풍자요 조롱(parody)이다. 예수는 "시대"의 징조, 즉 새로운 세상, 다시 말해 하늘 나라의 도래를 알지 못하는 종교 지도자들을 질책하신다. 그러면서 요나의 표적밖에는 보여줄 것이 없다고 선언하신다. 이는 이미 마태복음 12장 38~40절까지의 본문에서 언급했던 내용의 반복으로서, 예수의 수난과 죽음과 부활을 예고하신 것이다. 하나님의 나라는 예수의 죽음과 불가분의 관계 속에 놓여져 있다.

2. 누룩 가르침(16:5~12)

예수를 제대로 이해하지 못하는 사람들은 세상 사람들과 종교 지도자들 뿐만은 아니었다. 여기에서는 제자들의 무지가 폭로된다. 제자들은 여전히 예수의 기적을 이해하지 못하였고, 따라서 예수의 정체성을 알지 못한다. 그들은 갈릴리 건너편에서 기적으로 얻은 빵을 가져오지 못하였음을 아쉬워하고 있기 때문이다.

바리새파 사람들과 사두개파 사람들의 "누룩"이란 그들의 잘못된 가르침이다. 한편으로는 합리성을 바탕으로, 다른 한편으로는 전통을 바탕으로 예수의 행하신 일들을 재단함으로써 예수의 사역을 방해하려고 한 점을 경계하신 것이다. 제자들이 실수를 한 것과 같이 우리는 예수의 정체성을 바르게 보지 못한다. 언제나 그러한 위험에 직면해 있다. 문제는 우리의 실상이 그러한데 우리는 그것을 알지 못하거나 인정하려 들지 않는다는 것이다.

3. 베드로의 신앙고백(16:13~20)

예수는 사람들의 집중 공세를 받는 갈릴리 지역을 벗어나 한적한 가이사랴 지방에 이르렀을 때 제자들을 깨우치고자 질문하셨다. "사람들이 인자를 누구라고 하느냐?" 제자들의 대답은 객관적인 보고였다. 세례자 요한, 엘리야, 그리고 예레미야는 모두 예언자들인데, 예수는 그런 예언자 중한 사람으로 인식되고 있었음을 말한 것이다. 여기에서 예언자라는 평가는 기독론적 칭호나 신앙 고백적 표현으로서가 아니라, 단지 믿지 않는 사람들이 예수에 대해 가지고 있었던 막연한 생각을 나타내고 있는 단어에 지나지 않는다. 그러나 예수는 제자들에게 보다 주체적이고 고백적인 대답을 듣고 싶어 하셨다. "너희는 나를 누구라고 하느냐?" 시몬 베드로는 "살아계신 하나님의 아들 그리스도"라고 고백한다. 이는 풍랑 속에서 베드로를 구원하신 예수의 능력을 보고 제자들이 행한 고백(14:33)을 반복하는 것에 지나지 않는 듯이 보이지만, 여기에서는 그 의미가 후속적인 대화를 통해 분명하게 밝혀지고 있다.

이곳의 "하나님의 아들" 기독론은 인자 기독론 또는 예언자 기독론에 비해 예수가 기대했고 교회가 요구했던 신앙 고백이었다. "하나님의 아들"로서 예수를 소개하고 있는 부분은 마태복음 전편에 뚜렷하게 나타나 있지만 (킹스베리, 「마태복음서 연구」, 기독교문서선교회, 1993, 2장 참조), 이 중에서 주목되는 것은 예수께서 세례 받으신 직후에 하늘로부터 "내 사랑하는 아들"이라고 음성이 들린 장면(3:13~17)이다. 두 장면 모두 하늘의 계시를 통해 예수의 정체성이 세상에 공개되고 있다. 그런데 여기에서 우리의 주의를 끄는 것은 이러한 계시가 일어나고 있는 시점이다. 세례 장면은 공생애의 선포 (4:17~ 16:20)가 시작되기 바로 직전에 위치하고 있으며, 베드로의 신앙 고백은 예수의 수난과 영광의 사역(16:21~28:20)이 시작되기 직전에 자리하고 있다. 즉, 하나님의 계시없이 예수를 알 수 있는 길은 없는 것이다.

베드로의 신앙 고백은 칭찬 받기에 충분한 고백이었지만, 그것은 결코 그의 자랑이 될 수 없었다. 왜냐하면 그것은 하나님의 계시에 의한 것이었기 때문이다. 우리가 행하는 신앙 고백과 예수님에 대한 신앙은 하나님의 계시적 은총에 의존한다. 오직 이러한 바탕 위에서만 교회는 설립되고 존재한다. 이밖에 어떠한 요소도 교회를 순수하게 만들지 못한다. 이러한 신앙 고백의 반석(헬라어로 '페트라') 위에서 교회는 하나님의 뜻인 "맺고 푸는" 사역을 감당할 수 있다. "맺고 푸는" 일이란 청지기들이 정확하게 업무를 수행하듯이 교회는 하늘 나라를 대리하는 역할을 하게 될 것이라는 약속임과 동시에 위임 명령이다. 이것은 세상이 알지 못하는 하늘 나라의 비밀에 속하는 것이다. 왜냐하면 "자신이 그리스도라는 것을 아무에게도 알리지 말라"고 말씀하신 의미가 바로 여기에 있다고 보기 때문이다.

4. 수난 예고(16:21~28)

이 단락의 처음 부분에서 우리가 주목하게 되는 단어는 "이 때로 부터"와 "비로소 가르치니"(21절)이다. "이 때"는 어느 때인가? 그것은 바로 앞에서 말한 예수가 하나님의 아들 그리스도로 계시되고 공개된 때를 의미한다. 예수가 하나님의 아들과 그리스도로 공개되었다는 것은 무엇을 의미하는가? 그것은 구약과 유대교가 기다려 왔던 그리스도, 즉 메시아가 이 세상에 왔다는 것을 뜻하는 것이다. 메시아가 오면 하나님의 뜻이 실현되고 이스라엘은 속박에서 풀려나며 경제적으로 번영하게 되고 종교적으로 새로운 세상을 맞게 된다는 것을 의미했다. 이것은 희망이 완성되고 기쁨이 요동치며 정의가 승리하는 것을 의미했다.

그러나 역사적으로 예수의 수난과 영광 이후에도 세상은 크게 바뀐 것 같지 않았으며, 예수 자신도 그의 메시아 선포가 이스라엘이 기대했던 그런 것과는 다르다는 것을 알고 있었다. 역사적 예수와 부활하신 그리스도께 대한 신앙은 꼭 일치하지 않을 수도 있다는 위기 의식이 여기에 스며들 수 있다. 여기에서 기독교의 가장 위대한 진리가 선포된다. 메시아이신 예수가 죽임을 당해야 한다는 것이다. 메시아의 죽음은 받아들이기 어려운 개념이다. 왜냐하면 메시아는 승리자여야 하기 때문이다. 이제 적들을 물리치고 승리를 선언하기 일보 직전에서 패배자처럼 죽음을 수용하는 것처럼 보이는 예수의 수난 예고는 상식적으로 반발을 불러일으키기에 충분하였다. 이러한 심정을 대변하고 있는 인물이 다름 아닌 방금 전에 위대한 신앙 고백을 했던 베드로였다. 이것은 아이러니이다. 기독교는 이러한 아이러니의 신앙을 표방한다.

그래서 예수는 그가 수난을 당하여야 하며 그것을 통해서만 부활의 영광에 이를 수 있음을 밝히 가르치기 "시작하셨다." 베드로는 예수의 이러한 의도를 만류하다 못해 "책망하였다"(헬라어로 '에피티만'이라는 동사를 사용함. 개역은 "간하였다"로, 표준새번역은 "항의하였다"로 번역하였는데, 점잖지 못하게 들리더라도 "책망하였다"라고 강하게 번역하는 것이 좋을 듯하다). 베드로의 책망은 "절대로"(22절)라는 부사 속에 잘 표현되어 있다(표준새번역을 따른다면). 예수는 앞 절에서 "반드시" 수난을 당하여야 한다고 밝힌 바 있기 때문에, 예수와 베드로의 갈등은 "반드시"(헬라어로는 '데이')와 "절대로"(헬라어로는 '우 메')라는 두 부사의 대결인 셈이다. "반드시"와 "절대로"는 글자 그대로 타협의 여지가 없는 개념이다. 이 두 개념은 충돌할 수밖에 없고 어느 하나가 물러서야만 한다. 타협은 있을 수 없으며, 중간 지대는 없다. 그렇기 때문에 예수 역시 베드로에게 "사단아 내 뒤로 물러가라"고 말씀하실 수밖에 없었던 것이다(마가복음에는 예수께서 베드로와 똑같이 '에피티만'이라는 동사를 사용함으로써, 두 진영 사이의 대결 양상을 더욱 분명하게 보여준다). 베드로의 태도는 하나님의 일이 아닌 사람의 일만을 생각한 것이기에 예수에게 걸림돌이 될 수밖에 없었다. 하나님을 믿고 따르는 것이 어려운 이유는 하나님의 요구하심이 너무나 치열한 까닭이다.

본문은 또 다른 주제로 넘어간다. 24절에서 예수의 제자가 되려면 자기를 부인하고 제 십자가를 지고 "따라야" 한다고 말한다. 여기에서 자기를 부인한다는 것은 인간적인 뜻을 접고 죽음을 통한 부활이라는 하나님의 뜻을 받아들이는 것을 의미한다. 본문의 문맥에서 자기 십자가를 진다는 것은 세상적인 방식으로(다시 말해 유대적 기대대로) 하늘 나라를 실현하는 것을 포기함으로써 발생하게 되는 모든 불이익과 희생을 감수하는 것을 의미한다. 이것은 순교를 포함하는 신앙을 요구하는 것이다. 이것이 참다운 생명을 얻는 길이다. 이러한 삶을 선택하는 사람은 하나님의 약속된 생명을 얻을 수 있고, 인자가 재림할 때 보상을 받게 될 것이라고 보증한다.

제자는 "배우는 자"(헬라어 '마떼인'에서 파생된 '마떼테스')라는 어원을 가지고 있지만, 마태는 "따르는 자"가 제자라는 것을 강조한다. 따르는 것이 배제된 신앙은 껍데기뿐인 열매와 같다. 신앙은 어떠한 교리를 믿는 것이 아니라, 예수의 삶으로 보여준 방식을 실천하는(27절의 "행실대로"라는 단어 참조) 것이다. 이러한 의미에서 신앙은 윤리이며 윤리 이상의 것이다.

5. 변화산 사건(17:1~13)

예수의 영광스런 변모 이야기는 제자들이 따라야 하는 예수의 정체성을 밝혀주는 내용을 담고 있다. 이는 직접적으로는 "여기 섰는 사람들 가운데 죽음을 맛보지 않고 살아서 인자가 자기 왕권을 차지하고 오는 것을 볼 사람들도 있다"(16:28)는 난해 구절에 대한 설명의 역할도 수행한다. 그러나 보다 넓은 문맥에서 예수의 정체성을 설명해 주는 것으로 보아야 할 것이다.

예수는 대표적인 제자 세 사람(베드로, 야고보, 요한)과 더불어 한 높은 산에 올랐다. 여기에서 두 가지 현상이 일어나는데, 그 하나는 예수의 형체가 해와같이 빛나는 모습으로 바뀐 것이고, 다른 하나는 하늘로부터 하나님의 아들인 예수의 말씀을 들으라는 음성이 들린 것이었다. 변모된 예수는 율법서와 예언서의 대표격인 모세와 엘리야와 대화하는 신비한 모습으로 나타난다. 베드로는 이에 감동하여 초막 셋을 지어 예수와 모세와 엘리야를 모시겠다고 함으로써 예수를 다른 두 사람과 동등하게 인식하고 있음을 보여준다. 이 때 하늘로부터 음성이 들려 왔는데, 여기에서의 강조점은 예수의 권위만을 인정하라는 것이다. 마태복음 3장 17절에서와 마찬가지로, 하늘에서 "이는 내 사랑하는 아들이다. 내가 그를 기뻐한다"라는 음성이 들려진다. 그러나 이곳에서는 "너희는 그의 말을 들어라"라는 명령이 추가됨으로써, 신적 형체를 가진 예수만이 권위를 가진 분임을 천명한다. 제자들에게 "본 것을 말하지 말라"고 한 것이나 세례자 요한을 엘리야로 해석한 부분은 모두 앞의 내용을 강화하는 기능을 하고 있다.

6. 겨자씨만큼의 믿음(17:14~20)

예수와 세 제자가 변화산상에 있을 때 다른 제자들은 다른 문제와 씨름하고 있었다. 그것은 다름아닌 귀신 들린 한 아이를 고쳐줄 것을 요청받고 있었던 것이다. 그들은 그 문제를 해결하지 못한 채 예수가 내려오시기만을 기다리고 있었던 것 같다. 예수는 제자들에게 믿음이 없고 비뚤어진 세대라고 책망하면서, "언제까지 너희와 같이 있어야 하며, 언제까지 너희에게 참아야 하느냐?"고 한탄하신다.

여기에서는 "언제까지"라는 단어에 주목해 볼 필요가 있다. 이 말은 예수가 떠나고 없는 교회의 상황과 관련된 것으로서, 교회는 예수 없이도 그 사명, 즉 믿음의 실천을 감당해야 할 것을 요청하는 것이라고 보여진다. 그러나 제자들은 여기에서 예수 당시의 과거적 사건의 인물들이지만 사실은 현재의 마태공동체를 대변하고 있다고 말할 수 있을 것이다. 제자들(마태의 교회)은 "적은 믿음"(20절)에 대해 예수님으로부터 질책당하고 있다. 예수는 제자들에게 겨자씨와 같은 믿음만 있어도 신앙의 기적은 일어났을 것이라고 말함으로써, 한편으로는 예수에 대한 올바른 믿음(기독론적 토대)에 기초한 실천적 행동이 매우 어려웠던 교회의 사회적 정황을 알려주고 있으며, 다른 한편으로는 소박하고 순수한 신앙을 단순하게 요구하고 있는 것으로 보인다.

7. 두 번째 수난 예고(17:22~23)

예수는 다시 한 번 그의 수난을 예고하신다. 이를 부활 이후의 관점에서 보면, 그의 고난과 죽음이 역사적인 사실이었듯이 부활도 역사적인 사실임을 강조하려는 의도를 보여준다. 제자들은 두 번째 수난 예고를 듣고 이제는 몹시 슬퍼하였다. 첫 번째 수난 예고 후에 나타난 제자들의 반응이 부인 혹은 거부였다면, 시간이 흐르고 예수의 말씀에 대하여 곰곰이 생각해 보고 그의 말씀이 진지하다는 사실을 알고 나서는 인간적인 감정적 슬픔을 나타내었다. 이 슬픔은 감상적인 것이 아니고 고통스런 슬픔과 괴로운 심정을 의미하는 것이었다. 이는 예수의 수난과 죽음이 피할 수 없는 사실로 드러날 것을 알고 절망하고 있는 것이다.

8. 성전세(17:24~27)

우리는 본문의 문맥이 메시아의 공적 선포에서 메시아의 수난과 죽음으로 넘어가는 전이적 성격을 가지고 있다고 보았다. 그렇다면 성전세를 내는 문제를 다루고 있는 이 단락은 이러한 문맥 가운데서 어떠한 의미를 지니고 있는가? 언뜻 보면 전혀 관련 없는 내용이 이 중요한 위치를 차지하고 있는 듯이 보이기도 한다. 그러나 자세히 살펴보면 그렇지도 않다. 먼저 우리들은 이러한 문제가 제기된 배경과 상황을 이해해야만 한다. 마태복음이 유대 전쟁(주후 66~70년)을 치르고 난 이후에 쓰여졌다고 한다면, 마태 공동체는 당시 유대 전쟁을 일으킨 혁명적 유대인들과 차별화될 것을 요구받던 상황이었을 것이다. 로마 군대는 기독교인들을 혁명적인 유대인들과 구별하기 어려웠을 것이다. 그래서 기독교인들은 기독교가 로마와 평화적인 관계를 가지기를 원한다는 것을 알리고자 했다.

그런데 여기에서 언급된 '성전세'는 전통적인 성전을 위한 세금을 의미하고 있지 않다는 점을 알아야 한다. 로마인들은 이 성전세를 거두어 로마의 제우스 신전을 짓는 데 사용하려 했던 것이다. 따라서 사람들이 많이 왕래하던 가버나움에서 성전세를 공개적으로 요청받은 예수와 제자들은 곧

경에 빠질 수 있었다. 이교도 성전을 짓는데 세금을 낸다면 이는 매국적인 것은 물론 하나님을 믿는 신앙과도 배치되기 때문이었다. 그러나 예수는 세금을 내는 결단을 내린다. 비록 하나님의 자녀로서 세금이 면제되는 특권이 있지만, 이방인들과 충돌할 필요가 없다는 판단으로 세금을 낼 것을 베드로에게 지시한다. 세금을 내는 문제는 본질이 아니라 부수적인 문제라고 보고 있다. 사소한 문제 때문에 일을 그르칠 수는 없다는 것이다. 오히려 예수는 이 사건을 통하여 그가 추구하는 하늘 나라가 이 세상 나라와는 전혀 다른 새로운 차원임을 암시하고자 한다. 물고기 입 속에서 기적적으로 은돈 한 닢을 찾아내고 있는 것은 이러한 하나님 나라의 성격을 단적으로 보여주는 사건이기도 하다. 이러한 의미에서 성전세를 내는 문제를 다루는 이 단락은 정당성을 얻고 있다.

설교에의 적용

베드로의 신앙 고백과 수난 예고를 그 핵심으로 하고 있는 본문은 한국 교회의 아킬레스건을 건드리고 있다. 왜냐하면 한국 교회는 예수를 하나님의 아들 그리스도로 고백하고 있으면서도 자기를 부인하고 십자가를 지는 제자의 삶을 제대로 살지 못하고 있기 때문이다. 형식은 있는데 내용이 뒷받쳐 주지 못하고 있기 때문이다. 그래서 우리는 베드로와 같이 '반석'이 '걸림돌'로 책망 받는 위치로 전략하고 있다. 구체적으로 우리의 삶에서 본문을 어떻게 적용하며 살 것인지 몇 가지 요점을 중심으로 생각해 보기로 하자.

1. 믿음과 행위

믿음과 행위는 서로 분리된 것이 아니다. 바른 믿음을 가졌다면 바른 행실을 보일 것이다. 베드로는 칭찬 받을 만한 신앙을 고백하였지만, 신앙 고백의 내용이 달랐기 때문에 예수의 행위를 막고 나섰다. 여기에서 우리는 다 같은 말이라고 해서 똑같이 취급해서는 안된다는 것을 알 수 있다. 많은 사람들이 하나님을 찬양함을 자랑하고 예수 믿는 신앙을 말하고 성령의 은혜를 내세운다. 저 사람은 목사요 장로요 권사요 집사라고 하면, 믿지 않는 사람들은 모두 신앙과 인격을 갖춘 것으로 받아들이기도 한다. 그러나 실상은 어떠한가? 목사도 다 같은 목사가 없고, 장로도 다 같은 장로가 없다. 예수 믿는 모든 사람들이 다 제각각이다. 똑같은 신앙 고백을 하는 것 같아도 다 같은 의미가 아니다. 이것을 어떻게 판별할 것인가? 그 행실을 보아서 알 수밖에 없다. 오로지 그 행실을 보아서 알 수 있을 뿐이다.

최근에 TV나 방송 매체를 통해서 예수의 신성을 부인하는 인간적인 '예수론'이 화제로 등장하고 있다. 이러한 것이 뉴스거리가 되고 사람들의 관심을 끄는 이유는 어디에 있는가? 그것은 근본적으로 예수 그리스도의 정체성이 사람들의 흥미를 끄는 요소가 있으면서도 이해하기 힘든 주제이기 때문이기도 하지만, 한국 교회와 성도들이 한국 사회를 향하여 바른 예수상과 교회상을 보여주지 못하여 그 불만과 오해가 투영된 결과이기도 하다. 그러므로 우리 그리스도인들은 참된 예수의 인격과 활동을 본받아 살아 나가야 할 의무와 책임이 더욱 크다고 하겠다.

2. 나를 부인함

"나를 부인한다"는 말이 얼마나 오해되고 있는가? 이 말이 때로는 건강하고 정상적인 성취 욕구를 억누르는 말로 둔갑하고 있지는 않는가? 자신을 비하하고 자존심도 없는 인간을 부추기는 말로 받아들여지지는 않는가? 쓸데없는 저자세와 비굴한 겸손을 미화시키는 말로 쓰여지지는 않는가? 여기에서 "나를 부인한다"는 말의 의미는 하나님의 뜻과 치열한 대결을 벌이는 상황에서 사용되고 있다. 가장 강하고 소신에 찬 인간이 하나님의 뜻을 깨닫고 순종하는 것을 의미한다. 자신의 욕망을 포기하고 세상적인 생활방식을 바꾸는 적극적인 의미를 담고 있다.

3. 십자가를 짐

또한 "십자가를 진다"는 말은 얼마나 많은 오해를 불러일으켜 왔는가? '내가 십자가를 지겠다'라는 말을 하는 정치인들이 있다. 희생 정신이 바탕이 된 십자가의 의미를 입신양명의 수단으로 전락시키지는 않았는가? '제가 져야 할 십자가지요'라고 말하는 교인들도 있다. 자신의 실수나 죄에 대한 책임을 감당하는 것을 마치 십자가를 진다는 숭고한 정신으로 바꿔치기하는 것은 아니었는가? 때로는 '여러분이 십자가를 지시오'라고 윽박지르거나 요구하는 말도 들린다. 힘들고 어려운데 그것을 군말 말고 감수하라는 명령이나 다름 없다. 불쌍한 노동자들이 임금을 제 때에 받지 못해 생계가 어려운 판인데, 자신의 이익은 손해 없이 챙기는 기독교인 악덕 기업주가 '우리 모두 십자가를 집시다'라고 말했다면 이는 십자가라는 말에 온갖 허위의식을 덧씌우는 꼴이다. 우리가 이러한 말에 현혹된다면 권력의 횡포를 방조하는 것이나 다름없다.

십자가를 진다는 것은 예수의 제자로서의 믿음과 삶의 방식 때문에 세상에서 손해를 보고 모욕을 당하고 희생을 감수하는 것을 말한다. 자기보다 못한 다른 사람들의 약점과 실수를 그 사람 대신 떠안는 것이다. 장애인들의 불행을 힘을 들여 도와주고, 불행하고 어려운 가족 관계를 묵묵히 견디어 내고 긍정적인 환경으로 바꾸어 가는 것이다.

4. 표적과 신앙

우리는 얼마나 자주 표적을 구하는 신앙에 떨어지고 있는가? 눈에 보이는 것이 없으면 믿음이 생기지 않는 피상적인 믿음의 소유자들이 아닌가 반성해 보게 된다. 끊임없이 새로운 요구 사항들을 하나님께 늘어놓으면서 그것 중 하나라도 응답되지 않으면 교회를 저주하고 하나님을 원망하고 목회자에게 등을 돌리기까지 하는 사람들도 있다. 왜 우리의 신앙은 자성적이지 못한가? 자신의 내면을 들여다 보고 눈에 보이지는 않지만 마음 속에서 우러나오는 확신이 생길 때까지 기다리지 못하는가? 왜 기독교의 신앙은 철학적인 깊이를 상실하고 있는가? 왜 기독교의 신앙은 구도자적인 진지함을 외면하고 있는가? 왜 한국 교회는 겉만 화려하고 쉽게 손에 넣을 수 있는 감언이설에 빠져드는가? 치열한 자기와의 싸움을 통해 보다 성숙한 단계로 나아가지는 못하는가?

5. 바른 권위

한국 교회는 예수 이외의 권위에 얼마나 자주 굴복하고 있는가? "너희는 오직 예수의 말을 들으라"라고 말하는 하늘의 음성, 성령의 목소리를 들으려 하지 않고, 잘못된 다른 힘에 이끌리고 만다. 교회 안에서도 세력 있는 장로와 금력 있는 권사의 말에 기울어지는 현상이 나타나고, 기독교 기관에서도 비리와 부정을 보면서도 언젠가 다시 그들의 힘을 빌려야 할지 모른다고 하는 정치적 계산 때문에 어정쩡한 태도를 보인다. 사람 자체를 사역의 초점으로 삼지 않고 조직과 프로그램으로 승부하려는 유혹에 빠지는 경우는 또 얼마나 많은가? 이제 한국 교회는 다시 한번 기본(basic)으로 돌아가야 한다. 하나님의 아들 그리스도 예수에 대한 바른 신앙 고백과 자기를 부인하고 십자가를 지고 제자의 삶을 살아가는 자리로 되돌아와야 한다. 끊임없는 자기 반성과 개혁 없이(semper reformanda) 교회는 반석 위에 설 수 없기 때문이다.

10

공동체 안에서의 대인관계

마태복음 18장의 주해와 적용

마태복음 18장은 흔히 '공동체 훈화'로 알려진 본문이다. 이것은 예수님의 제자들(하나님의 백성들) 간의 대인관계가 어떠해야 하는가에 대한 교훈이다.

마태복음 18장이 "그 때에"로 시작되는 것으로 보아 공동체 훈화는 17장의 변화산 사건 및 성전세 사건과 관련된 것 같다. 예수님께서 베드로와 야고보와 요한, 세 제자만 데리고 변화산에 올라가서 변모하신 사건에 대해서 세 제자에게 부활 전에는 아무에게도 말하지 말라고 하셨어도 그 사건이 제자들 사이에 "누가 크냐?" 하는 문제를 유발할 수 있었을 것이다. 예수님은 자신과 제자들이 왕이신 하나님의 자녀들이므로 백성들이 왕에게 내는 세금(성전세)을 내지 않아도 된다고 하셨는데, 그렇다면 그렇게 자유스럽고 좋은 천국에서 누가 가장 큰 사람이 될 것인가 하는 질문이 나올 수 있다.

18장은 35절로 되어 있는데 그 중에 11절은 "(없음)"으로 되어 있다. 초기의 사본들에는 "인자는 잃어버린 자들을 구하러 왔다"(눅 19:10)는 말씀이 들어 있지만 그것이 10절과 12~14절을 잘 연결시키기 위해서 후에 삽입된 것으로 보이기 때문에 본문에는 들어 있지 않다. 전체 35절을 공동체 생활, 신자들 간의 대인관계 면에서 분석해 보면 다음과 같이 된다. 신자들은 교만하지 말고 겸손해야 한다(1~4절). 소자들을 실족하게 하지 말고 영접해야 한다(6~10절). 소자들을 상실된 상태로 버려 두지 말고 찾아야 한다(12~14절). 범죄하는 자는 사랑으로 권징해야 한다(15~20절). 회개하는 자를 용서해야 한다(21~35절).

교만하지 말고 겸손하라(18:1~4)

예수님은 자신이 곧 당하실 수난과 죽음에 대해서 말씀하셨지만 (17:22~23) 제자들은 거기에 전혀 영향 받지 않고 오히려 다투면서(눅 9:46에서는 '변론이 일어났다'고 되어 있다) "누가 크니이까?"라는 질문을 했다. 베드로는 베드로대로 '나는 바다 위도 걸었어. 나는 변화산에서 예수님이 변화하시는 것도 보았어. 나는 물고기 입에서 나온 기적적인 돈으로 주님과 함께 성전세를 냈어'하는 생각으로 자신이 가장 큰 인물이라고 내세웠을지 모른다. 다른 제자들도 나름대로 각기 큰 인물이라고 내세웠을 것이다. 이런 질문의 뿌리에는 교만이 있었다. 교만은 인간 타락의 뿌리이다(창 3:5). 교만은 공동체에 갈등과 분쟁을 야기한다(빌 2:1이하).

"천국에서 누가 크니이까?"는 교만한 질문을 한 제자들에게 예수님은 제자들 중의 한 사람을 위대한 인물로 손들어 준 것이 아니라, 한 어린아이를 가운데 세우시고 상징적인 교훈을 하셨다. 어린아이들을 이등 시민들로 무시하는 것이 당시 유대인 사회였다. 예수님은 어린아이를 철이 없다거나 어리석다거나 보챈다거나 쉽게 속아넘어간다는 의미의 모델로 세우신 것이 아니라 겸손(자신을 낮춤, 4절)과 의존(예수님을 믿음, 6절)의 모델로 세우셨다. 어린아이들을 무시하고 멸시하는 상황에서 그들을 긍정적인 모델로 세우신 것 자체가 제자들에게 큰 충격이었다. 그것은 제자들의 인습적인 사고의 틀을 깨는 것이었다.

겸손은 자신을 자기 이하로 생각하는 것(출 3:11 이하의 모세)도 아니고 자기 이상으로 생각하는 것(롬 12:3)도 아니다. 참으로 겸손한 사람은 자기를 알고 자기를 그대로 받아들이며 자기 자신의 모습을 통해서 하나님께 영광을 돌리는 사람이다. 겸손한 사람은 하나님이 자기에게 주신 은사를 부인하지 않고 그것을 하나님의 영광을 위해서 사용한다.

예수님은 어린아이를 세우시고 "너희가 돌이켜 어린아이들과 같이 되지 아니하면 결단코 천국에 들어가지 못하리라"는 말씀과 "누구든지 이 어린아이와 같이 자기를 낮추는 그이가 천국에서 큰 자니라"는 말씀을 하셨다 (3~4절).

예수님은 천국 안에서(in) 누가 크냐로 논쟁하는 제자들에게 그런 식의 교만은 천국에서 큰 인물이 되게 하기는커녕 천국 안으로 들어가지도 못하게 하는 죄라고 말씀하셨다. 어린아이처럼 되지 아니하면 천국에 결코 들어가지 못한다는 것은 천국에 들어가는 조건이 어린아이처럼 되는 것이라는 말이 아니다. 천국에 들어가는 여부가 인간의 노력 여하에 달려 있다는 것이 아니다. 천국에 들어가는 것은 예수님을 천국의 메시아로 받아들이는 것으로 결정된다는 것이 마태복음 전체에 전제되어 있는 교훈이다. 마태복음은 그리스도인이 되는 방법보다는 그리스도인의 삶을 알려주는 데 더 큰 중점이 있다. "너희가 돌이켜 어린아이들과 같이 되지 아니하면 결단코 천국에 들어가지 못하리라" 하는 말씀도 천국에 들어가는 방법에 대한 말씀이라기보다 이미 천국민이 된 제자들의 성품에 대한 말씀이다. 어린아이의 겸손과 의존은 천국시민들의 특징적인 성품이라는 것이다.

어린아이의 겸손과 의존은 동시에 천국에서 "큰 자"의 특징적인 성품이다. 천국에서는 '영적인 사다리'(spiritual ladder)에서 스스로 높은 자리에 있다는 자가 큰 자가 아니라 낮은 자리로 내려가는 자가 큰 자다. 자신이 큰 인물이라는 생각을 가장 작게 하는 사람이 사실 가장 큰 인물이다. 제자들이 "누가 크니이까?" 하는 질문을 던진 것 자체가 천국에서 작은 자라는 것을 스스로 노출시킨 것이다. 예수님은 후에(20:20~28) 천국의 통치질서는 집권자들이 백성들을 마음대로 주관하면서 권세를 부리는 이 세상 질서와 다르다는 것을 말씀하셨다. 천국 시민들 중에 "크고자 하는 자"는 "섬기는 자"가 되어야 하고 "으뜸"이 되고자 하는 자는 "종"이 되어야 한다고 하셨다. 천국의 리더십은 '섬기는 리더십'(servant leadership)이다. 예수님은 이것이 자신의 구속사역의 목적에 부합되는 것이라고 말씀하셨다. "인자가 온 것은 섬김을 받으려 함이 아니라 도리어 섬기려 하고 자기 목숨을 많은 사람의 대속물로 주려 함이니라"(20:28).

실족케 하지 말고 영접하라(18:5~10)

참으로 겸손한 사람은 남을 무너뜨리지 않고 세워준다. 남에게 거침돌(stumbling block)이 되는 것이 아니라 발판(stepping stone)이 된다.

예수님이 위 구절에서는 '어린아이'를 "자기를 낮추는" 주체로 등장시키셨으나, 5절 이하에서는 영접하거나 실족케 하는 객체로 등장시키셨다. 예수님은 또한 5절에서 '어린 아이'(파이디온)라는 단어를 사용하시다가 6절에서는 '소자'(미크로스)라는 단어를 사용하셨다. 예수님은 10장 마지막 부분에서 선지자와 의인과 대조되는 제자로서의 '소자'를 언급하셨다 (10:41~42). '소자'는 예수님을 믿는 자들 중에 선지자나 의인처럼 훌륭하게 드러난 유명한 사람이 아니라 초라하고 단순해 보이는 무명한 사람을 가리킨다. 예수님이 18장 본문에서 '어린아이'에서 '소자'로 넘어간 것은 '작은 자' 이미지의 공통점 때문이다.

예수님이 공동체 훈화에서 특별히 '소자'를 언급하신 것은 사람들은 흔히 위대하고 훌륭하고 탁월하고 유명한 사람들에게 특별한 관심을 기울이지만 예수님은 '소자들'(미크로이)에게 특별한 관심을 보이신다는 것을 보여주시기 위함이다. 신자들의 공동체가 주님이 기뻐하시는 방향으로 움직이기 위해서는 유명인들에 대한 관심보다 무명인들에 대한 관심을 두어야 한다.

예수님은 예수님의 이름으로 '어린아이'(소자) 하나를 영접하는 것이 곧 자신을 영접하는 것이라고 말씀하셨다(5절). 이 말씀은 '어린아이'(소자)를 거절하는 것은 예수님을 거절하는 것임을 암시한다. 예수님은 이렇게 소자 영접을 예수님 영접과 동일시하시면서 소자를 사랑하고 환대할 것을 교훈하셨다. 예수님께서 "너희를 영접하는 자는 나를 영접하는 것이요 나를 영접하는 자는 나 보내신 이를 영접하는 것이니라"고 말씀하신 것도 같은 맥락이다(10:40). 예수님의 제자들이 천국복음을 전할 때에 예수님의 이름으로 하나님 아버지의 구원의 복음을 전하는 것이므로 성부와 성자가 배후에 계신다는 의미로 예수님이 그런 말씀을 하신 것이다. 제자들의 공동체 생활에서도 예수님의 제자는 아무리 초라해 보여도 예수님의 이름과 직결된 '소자'이기 때문에 예수님을 영접하듯 그 소자를 영접해야 하는 것이다.

예수님은 '소자'를 영접하는 것은 간단하게 한 절로 말씀하시고 실족케 하지 말라는 것은 네 절(7~10절)로 말씀하셨다. 제자들의 대인관계에 있어서 다른 제자를 실족케 할 가능성이 그만큼 많기 때문일 것이다. 제자들은 유혹이 많은 세상에서(7절) 서로 어울리는 교제과정(6절)에서 손, 발, 눈으로 표현되는 죄의 본성(8~9절) 때문에 상대방을 실족케 할 가능성이 많다. '실족케 하다'(7절) 혹은 '범죄케 하다'(8~9절, 스칸달리조)는 단어는 '거침돌(스칸달론, stumbling block)을 놓다'는 것을 의미한다. 제자가 말이나 태도나 행동을 통해서 다른 제자가 걸려 넘어져 범죄하도록 하는 거침돌을 놓는 것이 실족케 하는 것이다. 제자는 남으로 범죄하게 할 수도 있고(6~7절) 자기 스스로 범죄케 할 수도 있다(8~9절). 제자는 범죄를 행하는 손과 범죄로 걸어가는 발과 범죄유혹을 느끼도록 하는 눈을 통해서 범죄할 가능성이 있다.

예수님은 실족케 하는 죄의 심각성을 지적하셨다. 첫째, 소자를 실족케 할 바에는 "차라리 연자 맷돌을 그 목에 달리우고 깊은 바다에 빠뜨리우는 것이 나으니라"고 하셨다(6절). '연자 맷돌'은 여인이 곡식을 빻기 위하여 손으로 돌리는 작은 맷돌이 아니라 소나 나귀가 돌리는 큰 맷돌을 말한다. 이런 큰 맷돌을 목에 달리우고 깊은 바다에 빠지면 결코 빠져나올 수 없이 신속하고 확실하게 죽는다. 소자를 실족케 하면 실족케 한 그 사람에게 이렇게 무서운 결과가 온다는 것이다. 큰 맷돌을 목에 달리우고 깊은 바다에 빠뜨리우는 것은 그 소자를 그렇게 한다는 것이 아니다. 본문의 문맥은 "실족케 하는 그 사람에게 화"가 임한다는 문맥이다(7절). 소자를 실족케 한 책임은 그를 실족케 한 자에게 있고, 그 책임이 그만큼 무겁다는 것이다.

둘째, 예수님은 인간의 죄악된 본성과 유혹으로 들끓는 세상 때문에 실족케 하는 일이 없을 수는 없으나 실족케 할 경우 실족케 하는 그 사람과 세상에는 화가 임한다고 하셨다(7절). 범죄케 하는 본인 자신도 화를 입고 불신자들의 공동체("세상")도 화를 입는다는 것이다. 범죄케 한 자신은 예수님의 제자를 넘어지게 한 죄를 범했으니 화를 입는 것이고 세상 사람들은 사망의 결과를 낳는 죄(롬 6:23)가 더해진 탓에 화를 입는 것이다.

셋째, 예수님은 제자가 다른 제자를 실족케 하거나 자신을 실족케 하는 것은 '지옥'에 들어갈 죄라고 말씀하셨다. 이것은 제자들이 지옥에 간다는 말씀이 아니라, 위에서 천국에 들어가는 것과 같은 이치로서 그 죄의 본질이 지옥에 들어갈 죄라는 것이다. '지옥'(게엔나)은 예루살렘 남쪽 '게이 힌놈'('힌놈'의 골짜기)에서 유래된 것으로 그곳은 아이들이 몰록신에게 불로 바쳐졌던 곳이며(왕하 23:10; 대하 28:3; 렘 7:31; 32:35), 후에 요시야 왕 때 불로 쓰레기를 태우고 벌레가 들끓는 곳이다(왕하 23:10). 따라서 '게엔나'는 마귀와 악령들과 그리스도를 알지 못하는 자들을 위해 준비된 "영원한 불"(8절; 5:22; 10:28; 25:46; 눅 12:5; 약 3:6; 계 19:20; 20:9~10)에 대한 적절한 이미지이다.

예수님은 남을 실족케 하든 자신을 실족케 하든 그것이 이렇게 심각한 죄이기 때문에 손이나 발이나 눈이 실족케 하면 "찍어 내버리라""빼어 내버리라"고 하셨다. 이것은 '영적인 수술'(spiritual surgery)을 말하는 것이다. 참된 겸손은 자기조사(self-examination)로 시작되고 자기부인(self-denial)으로 계속된다. 본문은 실제로 손발이나 눈을 찍거나 빼어 내버리라는 것이 아니라 범죄케 하는 것(유혹, 습관, 본성의 일부)을 신속하고 단호하고 철저하게 제거해 버리라는 것이다. 실제로 신체의 일부를 잘라내어도 실족케 하는 마음은 그대로 남아 있기 때문에 중요한 것은 신체의 일부를 자르는 것이 아니라 마음을 다스리는 것이다.

예수님은 이렇게 소자를 영접할지언정 실족케 하지 말라고 하시면서 "이 소자 중에 하나도 업신여기지 말라 너희에게 말하노니 저희 천사들이 하늘에서 하늘에 계신 내 아버지의 얼굴을 항상 뵈옵느니라"고 하셨다. 이 구절은 5~10절을 12~14절과 연결시키는 다리이다. 당시 바리새인들은 초라하고 단순한 신자들을 무시했고(눅 18:9~12) 랍비들은 군중을 "땅의 백성"이라고 멸시했지만, 예수님을 '소자들'을 업신여기지 말라고 하셨다. 우리는 어린아이들(소자들)처럼 되고(4절) 어린아이들을 영접할지언정(5절) 어린아이들을 실족케 하거나(6절) 어린아이들을 멸시하면 안 된다(10절). 하나님이 소자들을 돌보시고 그 천사들이 소자들을 감시하며 소자들을 영접하는 것이 그리스도를 영접하는 것이 될 정도로 하나님은 소자들을 귀하게 보신다. 따라서 우리도 소자들을 귀하게 여겨야 한다.

본문은 수호천사설을 입증할 수도 논박할 수도 없도록 하는 구절이다. '소자들의 천사들'이라는 개념이 소자 한 사람 한 사람에게 수호천사가 있다는 의미일 수도 있고, '소자들'을 전체로 보고 그들을 돌보는 천사들이 있다는 의미일 수도 있다. 천사들은 하나님의 백성들을 위해서 개입해서 돕고(시 91:11), 민족들을 감시하며(단 10:10~14) 구원을 상속할 자들을 섬기는 존재들이다(히 1:14). 천사들이 "내 아버지(성부)의 얼굴을 항상 뵈옵는다"는 것은 그들이 항상 성부에게 접근한다는 뜻이다. 천사들이 예수님의 제자들을 위해서 항상 성부에게 접근한다는 것은 제자들을 돌보시는 하나님의 명령을 수행한다는 뜻이다. 따라서 소자들을 업신여길 수 없는 것은 하나님께서 천사들을 통해서 그들을 항상 돌보시고 계시기 때문이다.

잃은 상태에 내버려두지 말고 찾으라(18:12~14)

예수님은 계속 '소자'에 대한 교훈을 이어가시면서 잃은 양 비유를 드셨다. 이 비유는 누가복음에도 나오는데 누가복음(눅 15:4~7)에서는 바리새인들과 서기관들에게 이 비유를 말씀하신 것으로 되어 있으나 본문에서는 제자들에게 말씀하신 것으로 되어 있다. 누가복음에서는 아직 예수님을 믿지 않는 자들을 '잃은 양들'로 보고 말씀하신 것이고, 마태복음에서는 이미 예수를 믿는(6절) 제자들을 '잃은 양들'로 보고 말씀하신 것이다. 예수님은 같은 비유나 비슷한 교훈을 여러 경우에 말씀하셨을 것이다.

본문에서 예수님은 양 백 마리 중에 한 마리가 길을 잃어도 많은 양들 중에 한 마리라고 생각하여 그 한 마리를 무시하지 아니하고 찾는 비유를 통해서 소자 중 하나라도 잃어 버린 상태에 버려지는 것이 "하늘에 계신 너희 아버지의 뜻"이 아니라고 하신 것이다(14절). 이 비유의 초점은 한 마리의 잃은 양을 찾는다는 것과 찾았을 때 기뻐한다는 것이다.

이미 예수님을 믿는 자들이건 아직 예수님을 믿지 않는 자들이건 '잃은 양'을 찾는 것이 성부의 뜻이다. 우리는 성부의 뜻을 이루기 위해서 사는 사람들로서 짝가정, 장기 결석자, 태신자, 새가족 등 네 가지 범주의 사람들에게 특별한 관심을 가지고 그들이 주님께 돌아와서 주님과의 관계가 정착되도록 최선을 다해야 한다.

본문의 말씀 중에 찾는 과정에서 "아흔아홉 마리를 산에 두고 가서"라는 구절을 99마리를 보호하지 않고 버려둔다고 오해하면 안 된다. "이 소자 중에 하나라도 잃어지는 것은 하늘에 계신 너희 아버지의 뜻이 아니니라"는 말씀은 잃은 양 한 마리에게도 해당되지만 남아 있는 99마리에게도 해당되기 때문이다. "길을 잃지 아니한 아흔아홉 마리보다 더 기뻐하리라"는 구절도 잃은 양 한 마리가 99마리보다 더 가치가 있기 때문에 "더 기뻐한다"는 것으로 오해되면 안 된다. "더 기뻐한다"는 것은 잃었다가 발견한 기쁨을 강조하는 것이다.

예수님은 이 비유를 하실 때에 제자들에게 수사의문문을 던져 그들로 하여금 답변하게 하는 방식을 택하셨다. 듣는 자들이 생각하고 답변하게 되면 그만큼 그들에게 그 교훈이 새겨지기 때문이다. "너희 생각에는 어떻겠느뇨 ··· 길 잃은 양을 찾지 않겠느냐"(12절). 예수님은 효과적인 교사, 설득력이 강한 교사였다. 강해할 때에 설득할 자료나 기법이 없이 무작정 윽박질러 밀어붙이는 것은 예수님의 방법이 아니다.

범죄하는 자는 사랑으로 권징하라(18:15~20)

제자들의 공동체 생활에서 교만의 문제, 실족케 하는 문제, 양을 잃는 문제 등도 심각한 문제이지만 범죄의 문제도 심각한 문제이다. 예수님은 8~9절에서 자기 손이나 발이나 눈이 자기를 범죄케 할 경우 범죄하게 하는 유혹과 습관과 본성을 제거하는 '자기권징'(self discipline)을 말씀하셨는데, 여기서는 '공동체권징'(community discipline)을 말씀하셨다. 권징의 경우 사랑으로 해야 한다는 원리(갈 6:1)는 "네 형제"가 범죄한다는 말씀과 "네 형제를 얻는다"는 말씀에서 추론할 수 있을 뿐 아니라, 범죄하는 형제를 한 단계로 처리하지 않고 네 단계로 처리하게 하신 주님의 배려에서도 추론할 수 있다.

주님께서 "너와 그 사람과만"의 제1단계, "두세 증인의 입으로"의 제2단계, "교회에"의 제3단계, "이방인과 세리와 같이 여기라"의 제4단계로 말씀하신 것은 형제자매가 범죄하여 그 범죄를 다룰 때에 최소한의 공중성(least publicity)으로 다루라는 것이다. 우리는 누가 범죄했다고 하면 일단 터뜨려 놓고 보거나 퍼뜨려 놓고 보는 악한 습성이 있다. 그러나 이런 습성을 버려야 한다. 권징은 폭로의 방법이 아니라 가급적 비밀의 방법으로 해야 하고 때리는 데 초점을 두지 말고 얻는 데 초점을 두어야 한다. 어쩔 수 없이 알려야 할 경우도 처음부터 교회 앞에 알리는 것이 아니라 처음에는 당사자끼리 해결하고, 당사자로 안 될 경우는 "두세 증인"으로 해결하게 하고, 그래도 안 될 경우 "교회에" 알리고, 교회 말도 안 들으면 "이방인과 세리와 같이 여기라", 즉 회개할 수 있도록 멀리하고 출교하라는 것이다. 동료 제자들(교회)이 정확한 사실에 근거하여 사랑하는 권면하는 말을 듣지 않는 제자라면 진정한 교제는 불가능하다. 제4단계도 범죄자를 파멸에 이르도록 하기 위한 것이 아니라 구원을 얻도록 경계하기 위한 것이며, 다른 제자들을 오염시키지 못하도록 하기 위한 것이다(고전 5:1~8, 11). 죄는 정직하게 다루지 않으면 누룩처럼 번진다.

여기서 권징의 대상은 사소한 실수나 범죄가 아니라, 궁극적으로 교회 전체를 오염시키고 하나님의 영광을 크게 손상시키는 범죄이다. "두세 증인"이 있고 교회 전체 앞에 알려도 교회가 당연한 처벌이라고 생각할 정도의 범죄가 권징의 대상인 것이다. 교회는 자칫 권징대상을 잘못 잡아 권징에 실패할 수도 있고, 권징의 단계를 제대로 밟지 않아 실패할 수도 있다. 제1단계에 "가서" 처리하지 않고 멀리하고 말거리를 삼아 실패할 수도 있으며, 제4단계에 출교의 절차를 밟을 때에 일반법정과 충돌하는 문제(교회법으로 출교하는 것이 일반법정에서 명예훼손으로 걸릴 수 있음)를 두려워하여 실패하는 수도 있다. 권징의 정신이 '사랑'이라는 것과 권징의 목적이 '회복'이라는 것을 알면서도, 권징하면 다른 교회로 가버리기 때문에 권징 자체를 아예 무시해 버리는 경우도 많다. 권징의 과정에서 목회자나 장로로서 목회자나 장로의 이익을 지키려는 자세, '저 목사님(장로님)이 넘어지면 우리도 넘어진다'는 식의 집단이기주의 때문에 실패하는 경우도 많다.

우리는 갈등을 무시하지 말고 다루어야 한다. 우리는 갈등을 과장하지 말고 공적으로 폭로하거나 공적으로 조사하는 것은 최소화해야 한다. 갈등을 반복하지 말고 일단 해소된 갈등의 경우 바로 원만한 대인관계로 돌아가야 한다. 우리가 이런 주님의 말씀을 순종하여 권징을 제대로 시행할 때 현대 교회 자체의 회복과 대사회적 공신력의 회복이 있을 것이다.

예수님은 권징을 말씀하시면서 18~20절에서 "진실로 너희에게 이르노니", "진실로 다시 너희에게 이르노니"라는 식으로 인감도장을 찍어 권징의 권위를 높이셨다. 교회가 바른 권징을 시행할 때 "땅"에서 매고 푸는 것이 "하늘"에서 매고 푸는 것이 되고(18절) "땅"에서 구하는 것이 "하늘"의 성부께서 시행하시는 것이 된다(19절). 주님의 말씀에 순종하는 "두세 사람"의 모임에 주님도 함께 계신다는 것이다(20절). 땅에서 매고 푸는 것이 하늘에서 매고 푸는 것과 직결된다는 말씀이 "주는 그리스도시요 살아계신 하나님의 아들"이라는 바른 신앙고백의 공동체 문맥에서도 나오고(마 16:19) 바른 권징의 문맥인 본문에도 나온다. 본문은 대게 합심기도에 적용되어 왔는데 그것이 불합리한 것은 아니나 일차적인 의미는 아니다. "두 사람이 합심하여 무엇이든지 구하면 하늘에 계신 너희 아버지께서 저희를 위하여 이루게 하시리라"는 말씀(19절)은 권징의 맥락에서 주님을 믿는 공동체가 합심하여 범죄자의 회복을 구할 때에 하나님께서 그 회복기도를 들으신다는 것이다. 권징에는 말씀의 권위와 함께 기도의 합주(symphony, "합심")가 있어야 한다.

회개하면 용서하라(18:21~35)

1. 올바른 이해

본문은 공로 구원의 근거가 아니다. 칭의와 관계된 하나님의 용서는 한 번으로 영원한 효력을 미친다. 그러나 본문 21절에 "몇 번이나 용서하여 주리이까"는 말씀에서 "몇 번이나"는 여러 번 하는 용서를 가리키므로 본문은 칭의의 문맥이 아니라 생활의 문맥이다.

무조건 몇 번이라도 용서해 준다면 국가의 사법제도는 무용지물이 아닌가, 죄를 묵인하고 범죄를 조장함으로써 정의를 무너뜨리는 것이 아닌가 하는 질문이 나올 수도 있다. 하나님은 국가제도를 창설하셨고 국가로 하여금 하나님의 정의를 구현하도록 칼을 주셨다(롬 13:1~7). 국가기관에 종사하는 자들은 죄인을 사랑하되, 죄를 미워하는 자세로 국가법대로 범죄를 정의롭게 처리해야 한다. 15~20절은 범죄하는 형제가 있으면 징계하되 소자(小子)를 중시하는 마음으로 신중하게 징계하라고 한 후에 본 비유에서는 형제를 용서하라고 한다. 본 비유는 '용서하지 않는' 불의를 무너뜨리는 비유이다. "네 형제가 죄를 범하거든 경계하고 회개하거든 용서하라"(눅 17:3).

베드로는 "주여 형제가 내게 죄를 범하면 몇 번이나 용서하여 주리이까 일곱 번까지 하오리이까"는 질문을 했다. 유대인 랍비들은 3회까지는 용서해 주되 4회는 절대 용서하지 말라고 가르쳤다. 베드로는 당시의 용서규율에 비해 아주 너그러운 용서에 대한 질문을 하고 칭찬을 받을 것으로 생각했으나, 예수님의 답변은 전혀 뜻밖이었다. 베드로는 일곱 번이면 최고로 한 것이라고 생각했는데, 예수님의 답변은 "일곱 번뿐 아니라 일흔 번씩 일곱 번이라도 하라"는 것이었다. 누가복음 17장 4절에는 "만일 하루 일곱 번이라도 네게 죄를 얻고 일곱 번 네게 돌아와 내가 회개하노라 하거든 너는 용서하라"고 되어 있다. 베드로의 기존관념(旣存觀念)은 쇠몽둥이를 맞았다고 볼 수 있다. 베드로의 차원과 예수님의 차원은 뱁새와 황새 이상의 차이가 있었다. 이것은 결코 베드로의 경우만이 아니다. 예수님의 답변은 3회까지 용서한다는 당시인들에게 "우물 안 개구리들아, 우물 밖으로 나가라!"는 도전이었다.

우리들은 용서에 너무 인색한 자들이다. 열 번 잘 하다가도 한 번 잘 못하면 '하나를 보면 열을 안다'면서 따돌린다. 십 년 전에 들었던 섭섭한 말한 마디가 넘어가다가 걸린 생선 가시처럼 걸려 있다. "하루에 일곱 번"은 고사하고 평생 한 번도 용서하지 못하는 경우도 있다. 이런 우리들에게 예수님의 "일흔 번씩 일곱 번이라도"라는 말씀은 원한의 진지를 부수는 미사일 같은 것이다. 예수님이 이렇게 관대한 용서를 말씀하신 것은 공허한 말장난이 아니었다. 자신을 세 번 부인한 베드로를 용서하시고 부활하신 후에도 다시 전직으로 돌아간 베드로를 찾아가셔서 사랑을 확인하셨으며, 로마에서 도망가던 베드로에게 다시 나타나셔서 "나는 십자가 지러 다시 로마로 간다"고 말씀하신(전설) 예수님의 삶은 펑펑 쏟아지는 용서의 원천이다.

내가 참을 수 없는 그 사람/ 이름만 들어도/ 내 속에 적개심의 불을 지르는 그 사람이/ 내 인생을 통제하는/ 바로 그 사람이라는 것이/ 너무도 이상하다/ 나는 그가 나를 해친/ 그곳에 그를 남겨 두지 않고/ 내 마음 속에서/ 그를 끌고 내 집으로 데려온다/ 나는 그를 내 방으로 데려가서/ 그와 함께 시간을 보낸다/ 내 생각들 속에서 그는 나를 지배한다/ 그는 내 혀를 통치하여/ 내가 사랑하는 자들에게도/ 채찍을 가하도록 자극한다/ 내 속에 불을 지르는 것이다/ 그리고 곧 그는/ 내 태도와 행동에 명령한다/ 그래서 나는 그에게 말려든다/ 증오의 불이 증오의 목표물보다/ 증오하는 자에게 더 큰 피해를 주는 것이 그 몇 번인가/ 오 주여, 당신의 식히는 사랑을/ 내 불난 가슴에 부어주소서/ 제가 품은 모든 상처들을/ 주님 발 앞에 내 놓습니다. −린다 클링(Linda Kling

용서하라고 할 때는 흔히 '용서하고 잊으라'(forgive and forget)고 말한다. 용서할 때는 반드시 잊어야 하고 잊지 못할 때는 용서하지 않은 것이라는 공식이 통하는 것 같다. 과학자들의 연구에 의하면 우리의 두뇌는 컴퓨터의 저장실과 같아서 중요하지 않은 것과 중요한 것을 분류한 다음 중요한 것은 장기 저장실에 입력된다고 한다. 그래서 용서하고 나서도 그것이 기억에서 사라지지 않고, 전혀 없었던 것처럼 완전히 기억에서 사라지는 것은 불가능하다고 한다. 용서한 것이 기억에 나는 것은 인간 심리상 불가능한 것이므로, 용서한 것이 기억에 남아 있다고 해서 용서하지 않은 것으로 착각하고 괴로워할 필요는 없다.

2. 용서를 안하면

"주인이 노하여 그 빚을 다 갚도록 저를 옥졸들에게 붙이니라 너희가 각각 중심으로 형제를 용서하지 아니하면 내 천부께서도 너희에게 이와 같이 하시리라"(34~35절). 여기서 "옥졸들"은 "고문하는 자들"(torturers)을 가리킨다. 용서하지 않는 사람들을 참아 보실 수 없을 정도로 자비로운 하나님을 강조하는 말씀인 것이다.

신자들의 일상생활에서는 용서하지 않으면 용서하지 않는 동안 하나님과의 관계가 실제로 단절된다(마 5:7; 6:14,15; 약 2:13). 하나님께로 올라가는 기도의 파이프가 막히고 하나님으로부터 내려오는 말씀의 파이프가 막히며(벧전 3:7; 사 59:1~2), 형제와의 관계가 단절된 상태에서 자신이 만든 자신의 감옥에 자기 자신이 갇혀 고문을 당한다. 이것이 하나님의 정의의 원칙이다.

용서하지 않는 마음은 마치 모래시계 맨 꼭대기에서 바둥대는 벌레와 같다. 그 밑의 모래가 자꾸 밑으로 흘러내리는 것을 느끼면서 최대한 빨리 바둥대지 않으면 좁은 구멍을 통해서 밑으로 떨어져 버릴 것이라는 공포에 시달린다. 밑으로 떨어지면 위에 있는 모래들이 그 위에 떨어져 그 속에 묻히고 말 것이라는 불안에 시달린다. 그러니까 밑으로 빠지지 않기 위해서 안간힘을 쓰게 되는 것이다. 그러면서도 탈출구를 찾지 못한다. 이것이 용서하지 못하는 마음이다.

다른 비유를 든다면 용서하지 않을 때 우리의 삶은 마치 깊은 구덩이 속에 혼자 있는 것 같다. 자유가 없다. 낮에는 머리 위에 떠 있는 태양을 보고 사람들이 말하고 웃으면서 삶을 즐기는 것을 구경만 한다. 당연히 누려야 할 삶의 기쁨을 누리지 못한 채 구경만 하고 있는 것이다. 밤이 되면 이 구멍 바닥에 쭈그리고 앉아서 고독과 불안에 시달린다. 내가 왜 이렇게 깊은 구덩이를 팠으며 왜 용서를 안 해서 이 구덩이 속으로 들어왔는가 해서 자기 자신에 대한 분노도 느낀다.

나찌 집단 수용소에서 석방된 자들 중에 용서한 자들은 바깥 세계에서 새 삶을 꾸릴 수 있었으나, 용서하지 않은 자들은 계속 불구자들로 남아 있었다고 한다. 이렇게 정신과 함께 인생 전체가 파괴되는 것이다. 이것이 "옥졸들" 즉 "고문하는 자들"에게 고문당하는 모습이다.

3. 천국시민의 생활방식을 익혀야

용서하면 자유를 누리겠는데, 어떻게 용서할 수 있는가? 당해 보지 않아서 이런 말을 하지 당해 보면 용서라는 말을 입 밖에도 못낼 것이 아닌가?

"일만 달란트 빚진 자"가 나온다. 한 달란트는 약 6,000데나리온이고, 한 데나리온은 노동자의 하루 품삯이다. 그러니 한 달란트는 노동자의 약 20년 노임이다. 1만 달란트는 노동자의 약 20만년 노임이다. 당시 노예 한 명의 최고가가 2,000데나리온이었는데, 최고가로 해도 가족 30,000명을 노예로 넘겨야 갚을 수 있는 거액이다. 자신의 "몸과 처와 자식들과 모든 소유물"을 다 팔아도 갚을 수 없는 빚이다. 당시에 로마가 사마리아에서 거둔 세금이 600달란트, 갈릴리와 베뢰아에서 거둔 세금이 200달란트, 팔레스틴 전역에서 거둔 세금 총액이 이렇게 800달란트였다. 1만 달란트는 팔레스틴 전역에서 짜낸 세액의 10배가 넘는 금액이다.

이렇게 도무지 갚을 수 없는 거액인데, "그 종이 엎드려 절하며 … 내게 참으소서 다 갚으리이다"고 했을 때 "주인이 불쌍히 여겨 놓아 보내며 그 빚을 탕감하여 주었다"(27절). 여기서 "불쌍히 여겼다"는 것이 전액 탕감의 비결이다. 우리는 일만 달란트 빚진 자처럼 도무지 갚을 수 없는 죄의 빚을 졌던 자들이다. 그런데 하나님께서 죄인된 우리, 원수된 우리를 사랑하셔서 자신의 외아들을 대속물로 삼으심으로써 우리의 죄를 사해 주셨다(롬 5:8, 10). "동이 서에서 먼 것같이 우리 죄과를 우리에게서 멀리 옮기셨으며 아비가 자식을 불쌍히 여김같이 여호와께서 자기를 경외하는 자를 불쌍히 여기시나니 이는 저가 우리의 체질을 아시며 우리가 진토임을 기억하심이로다"(시 103:12~14).

이렇게 "불쌍히 여김"을 받은 종이 100데나리온 빚진 동료 종의 "멱살을 잡았다"(28절). "참아 주소서" 하는 그의 간청을 뿌리치고 그를 "빚을 갚도록 옥에 가두었다"(29~30절). 비유를 듣는 자들이 주먹을 불끈 쥐고, "아니 도대체 저럴 수가 있는가!"고 격분할 만한 일이 나타난 것이다. 그는 과연 "악한 종"이었다. "내가 너를 불쌍히 여김과 같이 너도 네 동관을 불쌍히 여김이 마땅치 아니하냐"(33절).

1만 달란트의 빚과 100데나리온의 빚이 잘 대조될 때에 여기 "마땅치 아니하냐"는 말씀이 강력하게 부딪혀 오게 된다. 100데나리온의 빚은 주머니 하나에 다 들어갈 수 있다. 그러나 1만 달란트 빚은 장정 8천 6백 명이 각기 잔뜩 지고 가야 할 분량이다. 8천 6백 명이면 한 걸음씩 떨어져 간다 해도 5마일의 줄을 이룬다는 것이다. 주머니 한 개에 들어갈 수 있는 분량과 장정이 5마일 줄을 서서 각기 잔뜩 지고 가야 하는 분량. 얼마나 대조적인가! 장정 8천 6백 명이 힘겹게 지고 가야 할 빚을 탕감 받은 사람은 주머니 한 개에 들어갈 빚을 진 동료를 불쌍히 여겨 탕감해 주는 것이 천번 만번 "마땅한" 것이다.

이렇게 "마땅한" 일을 그 종은 왜 하지 못했는가? 1만 달란트 빚진 자가 전액 탕감을 받은 것이 그의 입장에서는 그냥 그렇게 일어난 사건이었을 뿐 그의 세계관을 바꾸지는 못했기 때문이다. 그는 엄청난 혜택을 받았으면서도 이기적인 가치관을 바꾸지 못한 것이다. 하나님의 엄청난 은혜를 받을 때에 동료들을 보는 눈이 바꾸어져야 마땅한 것이다. 그런데 탕감 받은 종은 은총은 받았으나 시각은 변하지 않았다.

물에 떠내려 갈 때의 심정과 구출 받은 후의 심정이 달라지기 쉬운 것이다. 살려달라고 애걸하는 사람 건져 주면 신발 내 놓으라고 하는 것이 현실이다. 그 종의 가치관이 탕감 받은 사실로부터 단절되었기 때문에 100데나리온 빚진 동료의 멱살을 잡은 것이다.

코리 텐 붐(Corrie ten Boom) 여사는 레이번스브루크 강제 노동 수용소에서 가족들을 살해한 간수를 독일에서 집회 후에 만났다. 그 간수가 접근해서 용서를 구했을 때, 선뜻 용서할 마음이 내키지는 않았지만 말씀에 순종하기로 결심했다. "전기 같은 것이 내 어깨에서 시작해서 내 팔로 그리고 우리가 마주 잡은 손으로 흘러 내려갔습니다. 그리고 나서 이 치료하는 따스함이 내 전인격 속에 밀물처럼 밀려들어왔고 내 눈에는 눈물이 흘러내렸습니다. '형제여, 진심으로 용서합니다' 고 나는 부르짖었습니다."

레오나르도 다 빈치가 "최후의 만찬" 작품을 시작하기 전 동료 화가와 격렬한 논쟁을 했다고 한다. 분개한 나머지 그의 얼굴을 가룟 유다의 얼굴로 그려 복수를 하고자 했다고 한다. 그러나 그렇게 가룟 유다의 얼굴을 그리고 난 다음 그리스도의 얼굴을 그리는 시간에 아무리 애써도 그리스도의 얼굴을 그릴 수 없었다. 그래서 가룟 유다의 얼굴을 지우고 다시 시작해서 그 작품을 완성했다고 한다.

상처받은 사람이 용서하기 어려운 것은 사실이다. 그러나 우리는 1만 달란트 빚졌는데 탕감받은 의식을 가지고 주님이 나를 보시는 시각으로 가해자를 용서하여 가족들과 화해해야 한다.

주님이 주신 공동체의 훈화대로 순종하면 교회는 세상의 소금과 빛이 된다. 범죄하도록 유혹하는 것들이 많은 세상에서 부패한 본성을 가진 제자들이 서로 마찰 없이 산다는 것은 힘들다. "우리가 사랑하는 성도들과 위(하늘)에서 사는 것은 확실히 영광스러울 것이다. 그러나 우리가 아는 성도들과 아래(땅)서 사는 것은 전혀 다른 얘기다." 이렇게 제자들의 대인관계가 세상에서는 힘들지만 그대로 제자들이 서로에 대해서 시기심과 경쟁심을 가지고 교만을 부리지 말고 겸손하게 서로 섬기면 아름다운 대안사회가 형성된다. 소자를 실족하게 하지 말고 영접하며 잃은 자를 찾으며 범죄한 자를 사랑으로 권징하고 회개할 때 용서하면 이 땅 위에 하나님 나라의 모습이 드러나는 것이다.

11

천국과 제자도

마태복음 19~20장의 주해와 적용

　요한복음은 예수님께서 그의 공사역기간 동안 적어도 세 번 이상 유대인 명절에 예루살렘을 방문한 사실을 전하고 있지만(요 2:15; 5:1; 7:10), 공관복음서는 예수님의 공사역 마지막 기간 중에 단 한 번 예루살렘을 방문한 사실만을 전하고 있다(마 19:1~2; 막 10:1; 눅 9:51). 마가는 예수님께서 갈릴리를 떠나 예루살렘까지의 여정 중에 있었던 일을 10장 한 장에 수록하고 있는 반면에, 누가는 무려 아홉 장에 걸쳐 전하고 있다(9:51~18:43). 반면에 마태는 두 장(마 19~20장)에 걸쳐 전하고 있다. 19장 1절~20장 34절의 내러티브(Narrative)는 다음과 같이 20장 1~16절에 나오는 포도원 품꾼들의 비유를 중심으로 일종의 교차대구법 형태로 구성되어 있다:

1. 이혼과 독신생활에 대한 질문과 교훈(19:3~12)
　2. 어린아이에 대한 축복과 교훈(19:13~15)
　　3. 부자 청년과 재물 포기에 대한 교훈(19:16~30)
　　　4. 포도원 품꾼들의 비유(20:1~16)
　　3´. 세 번째 수난 예고(20:17~19)
　2´. 높아지고자 하는 제자들에 대한 교훈(20:20~28)
1´ 두 소경의 눈을 고치심(20:29~34).[1]

위의 구조에서 볼 수 있는 것처럼, 마태는 동일한 마가의 여행 내러티브(막 10장)에서 찾아볼 수 없는 포도원 품꾼들의 비유를 여행 내러티브의 중심에 배치함으로써, 포도원 품꾼들의 비유를 사실상 전체 내러티브를 이해하는 열쇠로 제시한다. 즉 세상 나라의 원리와 대조되는 천국의 원리를 보여주는 포도원 품꾼들의 비유를 통하여, 19~20장의 전체 내러티브가 천국의 일꾼으로 부름 받은 제자들이 이 세상에서 어떻게 살아가야 할 것인가를 가르쳐주는 제자도에 관한 메시지를 담고 있음을 보여주고 있다.

본문의 주해

1. 이혼과 독신생활에 대한 질문(19:3~12)

마태는 이혼에 대한 예수님의 교훈을 이미 산상설교 가운데 수록한 바 있다(5:31~32). 천국시민의 삶의 원리를 가르쳐주는 산상설교에서 예수님은, 설사 모세의 법에는 누구든지 아내를 버릴 경우 그녀로 하여금 재혼할수 있게끔 이혼증서를 주라고 하였다고 할지라도, 그러나 천국의 왕으로 오신 예수님이 통치하시는 세계/교회 안에서는 누구든지 음행한 연고없이 아내를 버리거나 혹은 버린 여자와 결혼하는 것은 일곱째 계명을 어긴 간음죄에 해당한다고 선언하였다.

19장에서 이혼문제를 제기한 사람은 예수님이나 그의 제자들이 아니라 예수님을 시험코자한 바리새인들이었다(19:3). 바리새인들은 이혼에 대한 예수님의 교훈을 받기 위해 예수님께 아내와 이혼하는 것이 정당한가를 물은 것이 아니고, 이미 이혼에 대한 예수님의 강경한 입장을 알고 있는 자들로서, 예수님께서 이혼에 관한 모세의 교훈을 거스리고 있다는 사실을 공개적으로 노출시키기 위해 질문을 제기하였다. 왜냐하면 예수님 당시 유대교 안에 문제가 되고 있었던 것은 이혼을 할 수 있느냐, 없느냐가 아니라, 신명기 24장 1~4절의 가르침대로 이혼은 가능한데 어떤 조건에서 이혼이 가능한가 하는 것이었기 때문이다.[2] 즉 신명기 24장 1절이 말하고 있는 이혼의 조건인 '수치스러운 일'이 구체적으로 무엇을 뜻하고 있느냐 하는 것이 논란의 대상이 되고 있었다. 보다 엄격한 바리새 학파인 샴마이학파는 모세가 말한 '수치스러운 일'은 간음을 뜻하며, 따라서 간음 외에는 이혼할 수 없다고 주장한 반면에, 보다 자유로운 힐렐학파는 그것을 확대 해석하여 아내가 밥을 태우거나, 다른 여자보다 얼굴이 못생긴 것도 이혼의 조건에 해당한다고 보았다.

이혼문제를 가지고 자신을 시험하려는 바리새인들에 대하여 예수님은 다음과 같이 엄격한 이혼 금지에 대한 교훈을 하셨다. 첫째, 이혼은 하나님이 제정한 창조와 결혼 질서(창 1:27; 2:24)에 위배된다(19:4~6). 둘째, 설사 모세가 이혼을 허용하였다고 할지라도 그것은 사람들의 마음의 완악함 때문이며, 이혼은 하나님이 본래 제정하신 창조와 결혼 질서가 아니다. 셋째, 설사 모세가 이혼을 허용하였다고 할지라도 음행한 연고 외에 이혼하여서는 안된다.

이처럼 이혼에 대한 예수님의 교훈은 당대의 엄격한 샴마이학파의 가르침보다 더 엄격하며, 심지어 이혼의 가능성 여부 자체를 인정하지 않으려 하신다. 왜 이혼에 대한 예수님의 교훈이 이처럼 엄격한가? 예수님 당대의 가부장적 유대사회구조에 따라 이혼이 너무 성행하였기 때문인가? 우리는 예수님께서 이혼문제를 창조, 타락, 구속/재창조라는 구속사적 구조의 틀을 통해 교훈하고 있음에 유념하여야 할 것이다. 하나님이 창조하신 본래의 질서 안에 이혼이 용납될 수 없었다고 한다면, 예수 그리스도를 통해 회복되는 새창조 혹은 구속된 하나님의 나라의 질서 안에는 더더욱 이혼이 용납될 수 없다는 것이다.[3] 따라서 이혼에 대한 예수님의 교훈으로부터 우리는, 비록 오늘 우리 교회 안에서조차 인간의 부패성, 연약성 혹은 그 밖의 불가피한 사정으로 인해 가끔 이혼이 허용되고 있다고 하더라도, 이것은 하나님의 창조 질서와도, 예수님을 통한 새로운 구속의 질서와도 일치하지 않는, 혹은 그 어떠한 이유를 들어서라도 정당화될 수 없는 옛 세계와 타락한 질서의 유산임을 잊지 말아야 할 것이다.

이혼에 대한 예수님의 엄격한 교훈은 제자들에게 "차라리 결혼하지 않고 독신으로 사는 것이 좋지 않겠습니까"라는 질문을 불러일으켰다. 그러나 예수님은 결혼 그 자체를 거부하거나 무용지물로 만들지는 않으셨다. 대신 독신생활은 아무나 할 수 있는 것이 아니고, 오직 하나님의 특별한 사역을 위해 은사를 받은 자, 곧 천국을 위하여 스스로 독신생활을 할 수 있는 은사를 받은 자만이 가능하다고 말씀하신다. 이처럼 예수님은 독신생활을 어디까지나 하나님의 특별한 은사의 영역에 돌리심으로써, 당대의 쿰란 공동체의 주장과는 달리 독신생활이 결혼생활보다 더 우위에 있다거나, 혹은 독신생활이 하나님의 나라에 들어가는 더 좋은 조건이 될 수 있다고 말씀하지 않으신다.

이와 같은 예수님의 교훈은 고린도전서 7장에 나타나 있는 바울의 교훈과 정확하게 일치한다.[4] 바울은 고린도전서 7장 7절 이하에서, 자신의 경우처럼 독신생활이 결혼생활보다 주님의 사역을 하는 데 유리하기는 하지만, 이것 역시 은사의 영역에 속한 것이라고 말하면서 자의적인 독신생활이나 금욕생활이 결코 교회 안에서 혹은 천국 백성으로 살아가는 데 있어서 특권이나 자랑거리가 될 수 없음을 밝힌다.

2. 어린아이를 축복하심(19:13~15)

이혼과 결혼생활에 관한 예수님의 교훈은 자연스럽게 어린아이들에게 관한 교훈으로 인도된다. 사람들이 예수님의 축복을 받고자 어린아이들을 데리고 오자 예수님의 제자들이 이를 꾸짖었다. 그 때 예수님은 제자들에게 "이를 금하지 말라, 천국이 이런 자의 것이니라" 하면서 어린아이들에게 안수를 해 주셨다. 그리고 다시 한 번 어린아이들을 천국 생활을 하여야 하는 제자들의 모델로 제시하셨다. 어린아이들에 관한 마가복음서의 본문(막 10:13~16)은 마태의 본문보다 더 길고, "어린아이들과 같이 되지 않는 자는 결단코 하나님의 나라에 들어가지 못한다"는 말씀이 첨부되어 있다. 그러나 마태의 경우 동일한 말씀이 이미 18장 3절에서 소개되었기 때문에 생략된 것 같다. 어쨌든 이 본문도 이혼과 독신생활의 경우처럼 천국백성들의 삶에 관하여 말하고 있다.

3. 재물에 대한 포기를 요구하심(19:16~30)

공관복음서에 나오는 부자 청년의 이야기(마 19:16~22; 막 10:17~22; 눅 18:18~23)는 이 이야기에 뒤따르는 부와 제자도에 관한 교훈에서 볼 수 있는 것처럼(마 19:23~30; 막 10:23~31; 눅 18:24~30), 예수님의 참된 제자가 되는 것이 얼마나 어려운가를 보여주는 교훈의 모델로 제시되고 있다. 이 부자 청년은 선행을 영생의 조건으로 생각하고, "무슨 선한 일을 하여야 영생을 얻을 수 있는가"를 예수님께 질문하였다. 예수님은 선행에 대하여 나열하지 않으시고 그 대신 "너희는 나의 규례와 법도를 지키라. 사람이 이를 행하면 그로 인하여 살리라"는 레위기 18장 5절에 근거하여, "네가 생명에 들어가려면 계명들을 지키라"고 답변하셨다. 그가 예수님께서 열거하신 십계명 후반부의 계명들을 다 지켰다고 하자, 예수님은 그에게 "네 소유를 팔아 가난한 자들에게 나누어주고 나를 좇으라"고 말씀하셨다. 즉 예수님은 완전한 자, 곧 예수님의 참된 제자가 되는 조건으로, 자신의 모든 재물을 포기할 것을 요구하셨다. 그러나 그는 제자가 되라는 예수님의 부르심을 받았음에도 불구하고, 배와 그물과 가족들까지 포기하고 예수님을 따른 베드로, 안드레, 야고보, 요한(마 4: 18~22)과는 달리, 재물을 포기할 수 없어 예수님의 제자됨을 포기하였다. 그는 예수님의 부르심보다도 자신의 재물을 더 소중하게 생각하였기 때문이다.

예수님은 부자 청년의 행동으로부터 제자들에게 재물의 위험성, 곧 재물이 천국에 들어가는 데 얼마나 큰 장애물이 되는가에 대한 교훈을 이끌어 내셨다(19:23~30). 부자가 천국에 들어가는 것이 낙타가 바늘귀로 들어가는 것보다도 더 어렵다는 것이다. 재물과 하나님의 나라가 서로 양립하기 어렵다는 점은 이미 산상설교에서 누구든지 하나님과 돈을 겸하여 섬길 수 없다(마 6:24)는 교훈을 통해 지적된 바 있다. 예수님의 교훈은 제자들에게 즉각적으로 '그렇다면 부자는 그 어떤 사람도 구원받을[5] 수 없겠구나' 하는 오해를 불러 일으켰다. 예수님은 제자들의 오해를 불식시키기 위해 "사람은 할 수 없으나 하나님은 할 수 있다"고 하시면서 하나님은 부자도 얼마든지 구원받게 할 수 있다는 사실을 밝히셨다. 구원은 사람의 재물 여부에 달려 있는 것이 아니라 하나님의 주권에 달려 있다는 것이다.[6] 실제적으로 예수님을 추종하는 자들 중에는 아리마대 사람 요셉, 나사로, 삭개오, 마태 등 적지 않은 부자들도 있었다.

부자 청년과 대조적으로 예수님을 따르기 위해 모든 것을 포기한 제자들을 대변하여 베드로가 예수님에게 "우리가 모든 것을 버리고 주님을 좇았으니, 우리가 무엇을 얻을 수 있습니까?"(19:27)라고 질문을 하였다. 예수님은 자신이 인자의 영광을 가지고 만물을 새롭게 할 때, 곧 자신을 통하여 새 하늘과 새 땅이 이루어지게 될 때, 그들이 주님과 함께 영광스러운 열두 보좌에 앉아 이스라엘 열두 지파를 심판하게 될 것을 약속하셨다. 그러나 이러한 상급과 영생의 선물은 제자들에게만 주어지는 것이 아니고, 예수님의 이름을 위하여, 곧 예수님이 하나님의 아들이며 동시에 십자가에 죽고 부활하실 인자임을 알고 그를 따르기 위하여 모든 것을 희생한 자들에게는 누구든지 상급과 영생이 주어질 것을 말씀하셨다.[7] 그렇게 함으로써 예수님은 제자들의 특권의식과 공로주의 의식을 배제하셨다. 예수님은 천국에서의 상급과 영생의 선물이 결단코 제자들 자신의 공로에 대한 것이 아니라 어디까지나 하나님의 은혜의 선물임을 밝히시기 위하여, "그러나 먼저 된 자로서 나중 되고 나중 된 자로서 먼저 될 자가 많으니라"(19:30)는 말씀과 함께, 포도원 품꾼들의 비유를 말씀하셨다.

4. 포도원 품꾼들의 비유(20:1~16)

이미 앞에서 언급한 것처럼, 포도원 품꾼들의 비유는 19장에서 말한 예수님의 모든 교훈의 결론인 동시에 비유 이하에 나타나는 모든 교훈의 근거가 된다. 비유 본문은 서론(20:1a)과 본론(20:1b~15)과 그리고 결론(20:16)으로 구성되어 있다. 본론은 세 장면으로 구성되어 있다. 첫째 장면(20:1b~7)은 포도원 주인이 아침 6시부터 오후 5시까지 시장터에 가서 일꾼들을 고용하여 자신의 포도원에 보내는 장면이다. 둘째 장면(20:8~10)은 노동 시간이 끝났을 때 포도원 주인이 청지기를 통해 고용된 품꾼들에게 임금을 지불하되 제일 나중에 고용되어 한 시간밖에 일하지 않은 자들로부터 먼저 시작하여 제일 먼저 고용되어 하루 종일 일한 사람들에게까지 똑같이 한 데나리온을 지불하도록 한 장면이다. 마지막 세 번째 장면(20:11~15)은 한 데나리온을 받은 하루 종일 일한 품꾼들이 포도원 주인에게 찾아가서 왜 한 시간밖에 일하지 않은 자들에게 자신들처럼 한 데나리온을 주었느냐고 항의하는 장면과 포도원 주인이 이들의 불평과 항의가 이유가 없다고 일축하는 장면이다.[8]

포도원 품꾼들의 비유는, 19장에서 제기된 제자들의 상급과 보상에 관한 질문과 관련하여, 하나님의 나라에서는 세상의 나라에서 통용되는 공로의 원리가 아닌 은혜의 원리가 지배한다는 사실을 교훈하여 주고 있다. 사실상 비유에서 품꾼들을 고용하는 주인이 하나님 나라의 주인이신 예수님/하나님을 대변하고 있다고 한다면, 품꾼들은 예수님의 제자들을 대변하고 있다. 예수님은 데나리온이 주인으로부터 주어지는 은혜가 아니라 자신들의 공로의 대가로 생각하여 불평하는 품꾼들의 모습을 통해서 하나님의 나라에서는 그 어떤 인간의 공로주의도 용납되지 못한다는 사실을 교훈하고 있다.[9] 즉 제자들이 주님을 따르기 위해 모든 것을 버렸다고 할지라도, 그리고 주님께서 그들에게 상급과 영생을 주신다고 할지라도, 그것은 제자들의 공로에 대한 대가가 아니라 어디까지나 주님의 은혜로운 선물이라는 것이다.[10] 하루 종일 일한 품꾼들은 데나리온을 은혜의 선물이 아닌 자신들의 노력에 의해 당연히 받을 수 있는 공로의 대가로 생각하였기 때문에, 즉 하나님 나라에서의 사역을 하나님 나라의 원리로 생각하지 않고 세상의 원리로 판단하려 하였기 때문에, 그들은 불평을 하게 되었다.[11] 그러나 예수님은 은혜의 원리만이 지배하는 하나님의 나라에 공로와 보상의 세상적 원리가 개입될 수 없다는 사실을 단호하게 밝히셨다.[12]

3′. 세 번째 수난 예고(20:17~19)

마가복음에 따르면, 재물의 위험성에 대한 교훈에 이어 바로 예수님의 세 번째 수난예고가 뒤따른다.[13] 그러나 마태복음은 재물에 대한 교훈과 세 번째 수난 예고 사이에 천국 질서를 말하고 있는 포도원 품꾼들의 비유를 두어 양자가 모두 천국과 밀접한 관계를 가지고 있음을 암시한다. 즉 제자들이 천국으로 상징되는 영생을 소유하는 조건으로 재물에 대한 철저한 포기가 요구되는 것처럼, 예수님께서 인자의 영광을 가지고 세상을 새롭게 하는 천국 도래에 앞서 십자가의 죽음과 삼일만의 부활이 요구되고 있다는 사실을 암시한다.

2′. 높아지고자 하는 제자들에 대한 교훈(20:20~28)

예수님의 거듭된 수난 예고에도 불구하고, 예수님의 제자들은 예수님의 임박한 수난을 올바르게 이해하지 못하고, 오히려 그것을 예수님을 통해 메시아 왕국이 지상에 세워지는 계기로 생각하였다. 그래서 야고보와 요한은 자신들의 어머니를 통해 예수님에게 미리 높은 자리를 확보하려는 소위 인사청탁을 하였다. 예수님은 이들 두 제자에게 세 가지 관점의 교훈을 주셨다. 첫째, 그들은 예수님이 말한 천국을 올바르게 이해하지 못하고 있다. 둘째, 그들은 예수님의 십자가의 죽음을 잘못 이해하고 있다. 셋째, 그들은 천국의 자리는 공로의 대가가 아니라 하나님 아버지의 주권에 달려 있다는 사실을 모르고 있다.

한편 야고보와 요한의 인사 청탁소식을 들은 다른 제자들은 두 제자에 대하여 분노하였다. 왜냐하면 다른 제자들 역시 당대 유대교 안에 통용되고 있었던 지상적이고 유대민족적 메시아 왕국개념에 따라 동일한 생각을 가지고 있었기 때문이었다. 그래서 예수님은 아직도 천국을 세상의 논리로 생각하고 있는 제자들을 향해, 다시 한 번 세상의 나라와 천국이 얼마나 다른가 하는 점을 보다 명백하게 교훈하신다. 즉 세상의 나라에서는 다른 사람을 지배할 수 있는 명예와 권세를 가지는 것이 숭상되고 있지만, 천국에서는 오히려 그 반대의 원리가 지배하고 있다는 것이다. 크고자 하는 자는 섬기는 자가 되고, 으뜸이 되고자 하는 자는 오히려 종이 된다는 것이다.

예수님은 이러한 사실을 역전을 거듭하고 있는 포도원 품꾼들의 비유를 통해 이미 제자들에게 교훈하여 주었지만, 제자들은 그 비유를 통하여 주어진 천국 세계와 질서를 충분하게 이해하지 못하고 있었던 것이다. 그래서 예수님은 섬김을 받기 위해서가 아니라 오히려 섬기려 하고, 자신의 생명까지 대속물로 내어주려는 자신의 삶을 제자들이 본받아야 할 모범적 실례로 제시하였다. 즉 예수님의 제자들의 삶의 자세는 그들의 스승인 예수 그리스도 자신의 삶의 자세와 정확하게 일치하여야 한다는 것이다.[14]

1′. 두 소경의 눈을 고치심(20:29~34)

마태는 예수님께서 예루살렘으로부터 약 27Km 떨어진 여리고를 지나면서 두 소경을 고치신 사건을 예루살렘 여행 중의 마지막 교훈적 사건으로 보도한다. 마가는 이 사건을 두 소경 중의 하나인 디매오의 아들 바디매오에 초점을 두고 전개하고 있지만(막 10:46~52), 마태는 두 소경에 관하여 말한다.[15] 두 소경은 예수님께서 여리고를 지나가실 때, "주여 우리를 불쌍히 여기소서, 다윗의 자손이여"라고 외쳤다. 무리들이 조용히 하라고 그들을 꾸짖었음에도 불구하고, 그들은 더욱 소리를 높혀 "주여 우리를 불쌍히 여기소서, 다윗의 자손이여"라고 외쳤다. 아마도 그들은 예수님께서 다윗의 자손으로 오신 메시아일 것이라는 것과, 그리고 메시아이신 예수님을 통해 메시아 시대의 증표인 소경이 눈을 뜨게 되는 일(사 42:7)이 자신들에게 일어날 수 있을 것임을 확신하였던 것 같다. 이점은 "네 믿음이 너를 구원하였느니라"(막 10:52)는 마가복음의 본문을 통해서 확인된다. 예수님은 그들의 믿음대로 그들의 눈을 보게 하였고, 그들은 즉시 예수님을 따르는 제자가 되었다. 예수님은 메시아 시대 도래의 증표가 되는 두 소경의 눈을 고쳐주심으로써 자신이 다윗의 자손인 참된 메시아라는 것과, 자신을 통하여 메시아 시대가 도래하였음을 보여주셨다. 그래서 그들은 예수님을 따르게 된 것이다.

높아지려는 제자들의 교훈(2′)이 어린아이들로부터의 교훈(2)과 서로 대칭을 이루고, 재물 포기에 대한 예수님의 교훈(3)이 예수님의 수난예고(3′)와 서로 대칭을 이루고 있는 것처럼, 두 소경의 이야기(1′)와 바리새인들의 이혼문제 제기 이야기(1)는 서로 대칭관계를 보여준다. 첫째, 두 소경의 자세는 19장 초두에 나오는 바리새인들의 자세와 날카롭게 대조를 이룬다. 바리새인들은 예수님을 시험하기 위해 예수님께 나아왔지만, 이 두 소경은 눈을 뜨기 위해 예수님께 부르짖었고, 마침내 눈을 뜨자마자 예수님을 좇아 제자가 되었다.[16] 둘째, 예수님은 이혼을 엄격하게 금하심으로써 자신이 모세를 능가하는 메시아임을 보여주신 것과 같이, 두 소경의 눈을 뜨게 함으로써 자신이 메시아 시대를 도래하게 하는 주인공임을 천명하셨다.[17]

본문의 적용

예수님이 선포하신 천국은 한편으로 이미 지상에서 실현과정에 있으며, 또 다른 한편으로 주님의 재림 때의 완성을 기다리고 있다. 이와 같은 천국의 양면성은, 이 땅에서 살면서 이 세상의 구조와 삶의 원리의 영향을 피할 수 없는 제자들에게, 이 세상의 삶의 원리와는 전혀 다른 천국의 원리를 따라 살아야 할 것을 요구하고 있다. 바로 이것이 예수님의 제자들에게 요구되는 제자도요, 천국백성의 윤리이다. 마태복음 19장과 20장은 이 세상의 삶의 구조에 속한 이혼, 결혼, 자녀들, 재물, 명예, 질병 등의 문제와 관련하여 예수님을 믿는 신자들은 이 세상의 삶의 원리와 방식에 따르지 말고, 새로운 삶의 원리, 곧 천국의 원리에 따라 살 것을 교훈하여 주고 있다. 세상의 삶의 구조, 옛 세계의 구조에서는 이혼도 가능하고, 재물과 공로와 명예가 숭상되고 있지만, 천국의 삶의 구조, 예수 그리스도를 통해 새롭게 회복되는 새 세계의 구조 안에서는 이러한 것이 용납될 수 없으며, 전혀 새로운 삶의 방식이 요구되고 있다는 것이다. 마태의 여행 내러티브의 중심부에 자리잡고 있는 포도원 품꾼들의 비유는 이를 잘 보여주고 있다. 사실상 예수님 자신의 생애가 이 세상의 삶의 방식과 전혀 다른 새로운 세계의 삶의 방식을 보여주는 모델이 되고 있다. 따라서 예수님을 따르는 제자들이라고 한다면, 그의 스승인 예수님의 새로운 삶의 방식에 동참하여야 할 것이다.

12

예루살렘의 예수

마태복음 21~23장의 주해와 적용

자신의 고난과 죽음을 내다보시며 세 번 예고하셨던 대로 예수님은 여리고를 거쳐 예루살렘으로 올라가셨다. 그곳에서 예수님은 약 일주일 간 머무시며 활동하셨고 마지막 날 십자가를 지시고 예루살렘을 떠나셨다.

마태복음 21~23장에는 벳바게에서 예루살렘을 향해 출발하신 사건에서 시작하여 마지막 주간의 첫 며칠 동안 있었던 예수님의 활동과 가르침이 기록되어 있다. 예수님은 이 때 주로 성전에서 활동하셨으며 무리, 유대 지도자들 등 많은 사람들이 모여 있는 곳에서 공개적으로 활동하셨다. 24장 이후에는 일 주간의 후반기에 제자들과만 함께 계셨던 일들이 기록되어 있다. 따라서 21~23장에 기록되어 있는 내용들을 우리는 예수님의 마지막 공개 사역이라고 부를 수 있을 것이다. 물론 제자들도 함께 있었다.

마태 사도는 이 기간에 있었던 일들을 그냥 순서대로 모아 놓지 않았다. 그는 예수님의 활동과 가르치심을 '이스라엘의 운명과 새 백성의 출현'이라는 주제에 주도면밀하게 엮어 놓았다. 예루살렘에서 예수에 의해 벌어진 일련의 사건들은 천국의 왕으로 오신 예수님께서 이스라엘의 과거와 현재를 꾸중하시고 그 특권과 위치를 박탈하시고 새로운 백성 교회의 출현을 선언하셨다.

이런 까닭에 우리는 마태복음 21장부터를─문학적 분석법을 사용한다면─마태가 전해준 복음의 절정(= 클라이맥스)이라고 부를 수 있을 것이다. 그 이유는 첫 복음서가 시작할 때 암시, 예고, 기대되었던 일들이 21장에 와서 이루어지기 시작한 때문이다.

설교자들은 이 부분을 설교함에 있어서 우선 그 역사적 의미를 살려 천국의 왕이 성도(聖都) 예루살렘에 오신 사실에 초점을 맞추어야 할 것이다. 예수님의 입성과 활동은 정치, 군사, 사회 운동 등의 성격을 전혀 가지고 있지 않았다.―이런 관점에서 설교한다면 예루살렘의 예수는 정말 초라하고 보잘것없이, 어쩌면 우스꽝스럽게 보이고 말 것이다.―천국의 왕이 자신의 백성을 저희의 죄에서 구원하신다는 영적, 구원론적 성격만이 예루살렘의 예수에게 가장 잘 어울리는 설명이다.

유대인 무리 혹은 지도자들이 예수님에게 보였던 태도나 언동을 우리는 일차적으로 실제적인 것으로 설명하면서도, 이차적으로는 사람들이 지금도 살아 계신 그 예수님께 표명할 수 있는 태도로 확대할 수 있다. 그들의 부정적이고 적대적인 언동은 현대인들이 경계하고 피해야 할 부정적인 예로 작용할 것이다.

예수님께서 당시 유대인들에게 하신 꾸중이나 권고는 현 시대의 신자들에게 직접 주신 교훈처럼 적용할 수 있다. 그들은 누구보다 열심히 하나님을 섬긴다고 단언하고 있었다. 하나님을 성실히 믿고 따른다는 사람들은 누구나 이렇게 될 위험이 있으므로 그들을 향한 책망은 곧 우리를 향한 경고 및 권고가 되는 것이다.

예루살렘 입성(21:1~11)

감람산의 동쪽 기슭에 있는 마을 벳바게에서부터 이 사건이 일어났는데 마가복음과 누가복음에는 이곳을 "벳바게와 베다니에" 거의 다 갔을 때로 되어 있다. 베다니는 예루살렘에서 여리고로 가는 길에 감람산의 동쪽 기슭에 있었다. 벳바게는 베다니와 예루살렘 사이에 베다니와 붙어 있었거나 가까운 거리에 있었던 것으로 추정된다.

예수님은 나귀를 타시고 거룩한 성 예루살렘으로 들어가셨다. 메마른 산길에는 양탄자 대신 때묻은 겉옷이, 급히 잘라온 나무 가지들이 깔렸다. 가난한 사람들이 흙먼지를 일으키며 앞서거니 뒤따르거니 함께 걸으며 소리소리 질러댔다. "호산나 다윗의 자손이여!" 나사렛 예수의 일행이 예루살렘에 도착하자 예루살렘은 금방 소동이 일어났다(9~10절). 하나님의 아들은 이렇게 초라하게 하나님 성 거룩한 성을 방문하셨다. 군대도 풍악도 없었다. 종려나무 가지들이 군기와 무기 대신 햇빛에 번쩍거렸다. 예루살렘에 울려 퍼진 노래는 "호산나 다윗의 자손이여! 찬송하라 주님의 이름으로 오시는 이여 가장 높은 곳에서 호산나"였다.

누가 이 광경을 정치적으로나 군사적으로 설명할 수 있을까? 경제적 폭동도 민족적 봉기도 끼여들 틈이 없다. 예수는 혁명가도 민중 지도자도 아니었다. 인류를 호령하는 사령관의 모습도 아니다. 이 땅에 유토피아를 건설하려 한다는 어떤 암시도 없다. 나귀를 타고 예루살렘에 들어가신 나사렛 예수! 하늘 높이 피어 오르는 뿌연 흙먼지와 사람들의 고함, 흥분과 소동만이 있었다. 이 광경은 며칠 후 예루살렘을 떠나시는 예수님의 마지막 모습과 너무나 잘 어울린다. 더 많은 사람들의 고함과 흥분, 소동 속에 예수님은 혼자 십자가를 지시고 골고다로 오르시지 않았던가!

그것은 예수님이 스스로 선택하신 방법이었다(1~3절). 그렇다면 이 장면을 가장 잘 설명할 수 있는 분은 예수님뿐이시다. 예수님은 죽기 위해 그렇게 입성하신 것이다. 홀홀 단신으로 하나님 앞에 서신 예수! 그것이 예루살렘의 예수였다. 제자들은 예수님이 지시하신 이 방법이 하나님에게서 나왔고 구약성경에 예언되어 있던 것임을 나중에 알게 되었다. 그래서 마태는 이 사건과 함께 "선지자를 통해 하신 말씀을 이루려고 이렇게 하셨다"(4절)고 기록했다. 그가 인용한 구절은 스가랴 9장 9절이었다. "시온의 딸에게 말하라. 보라 네 왕이 네게로 가신다. 그는 겸손하여 나귀 곧 멍에 메는 짐승의 새끼를 탔다."

예수의 입성 광경과 이 예언을 연결해 주는 연결 고리는 나귀였다. 그렇다면 나귀를 타고 가신 예수는 예언 속에 나오는 '시온의 왕' 이시다. 하나님의 계획을 따라 하나님의 백성을 구원하시려고 예수는 그렇게 하나님 앞에 서신 것이다. 하나님의 심판 하에 기꺼이 십자가를 지셔야 할 예수! 예수는 죄인들의 왕이 되어 나귀를 타고 입성하신 것이다. 천국의 왕은 죄인들의 구원자였다.

예루살렘 입성에는 겉으로 드러난 사건들, 즉 사람들이 내보인 기대와 함성 속에 하나님의 계획과 예수님의 의도가 스며 있었다. 사람들은 예수님을 나사렛 출신 선지자라고 했다(11절). "다윗의 아들"(9절)이라고 불렀고 "주님의 이름으로 오시는 분"이라고 찬송했다. 이런 점만 감안해도 예루살렘 입성은 메시아적 성격을 충분히 가지고 있다. 그러나 사람들은 이 용어들로 예수님을 모세와 같은 민족의 해방자로 생각했다. 그들의 노래는 이스라엘의 회복과 영광에 대한 흥분에서 나왔다. 사람들이 어떻게 생각하고 무슨 기대를 가졌던지 예루살렘에 오신 예수님은 자기 나름대로 이 찬송을 들으셨고 자신의 의도대로 자신의 길을 가셨다.

성전정결사건(21:12~17)

예루살렘의 예수는 성전을 가장 먼저 찾으셨다. 그러나 그곳에서 순례객들을 위해 돈을 바꾸어주고, 제사에 쓸 비둘기를 파는 상인들을 발견하시고 이들을 모두 성전에서 쫓아내셨다. 제사를 통해 하나님께 기도하도록 마련된 특별한 장소가 "강도의 소굴"(13절, 사 56:7의 인용)로 보였던 것이다. 예수님은 소경과 저는 자들을 고쳐 주심으로 자신이 사람들에게 하나님의 자비를 베푸시는 그 메시아이심을 나타내셨다(14절). 성전은 이렇게 사람들의 기도와 하나님의 은총이 만나는 곳이어야 했던 것이다.

변화하는 상황에 동화되며 성전 안에서 편리라는 이름으로 환전과 매매를 허용했던 대제사장들, 서기관들 등 당시 성전을 관리하며 하나님의 백성을 지도하던 사람들에게는 예수님의 이런 행동이 오히려 "이상한 일"(15절)로 비쳐졌다. 예수님의 행동으로 이 지도자들은 곤경에 빠졌고 권위에 심각한 손상을 입었다. 그들이 승인한 적도 없는 예수에게 "호산나 다윗의 아들이여!" 외치는 아이들을 보고 분통을 터트렸다.

그러나 예수님은 아이들의 찬송을 받아들이셨다. 하나님의 집에서 무슨 내용인지도 잘 모르면서 순진하게 예수님을 찬송하는 아이들의 소리가 엉뚱한 기대와 개인적, 민족적, 역사적 선입관념으로 찌든 어른들의 환호보다 훨씬 듣기에 좋았던 것으로 보인다. 예수님은 이 광경을 '아기와 젖먹이들의 입에서 나오는 찬미를 온전케 하셨다'(16절, 시 8:3에서 인용)고 설명하심으로 그들이 보고 항의하는 이 광경이 구약의 예언이 이루어지는 바로 그 순간임을 알려주셨다.

열매 없는 무화과나무를 저주하심(18~22)

베다니에서 예루살렘으로 가는 산길 가의 한 무화과나무를 저주하신 사건은 사실이면서도 다분히 상징적이고 교훈적인 의미가 들어 있다. 이 부수적인 의미는 사건 후 있었던 대화와 뒤따르는 사건에서 밝혀졌다. 사건의 핵심은 이 때가 과연 열매가 맺힐 시기였는지, 꽃이 핀 뒤에 먹을 수도 있는 작은 열매가 잠시 달렸다 떨어지는지가 아니다. 열매의 때가 아니었기 때문에 열매가 없었고, 이 때문에 예수님이 그 나무를 저주하셨다 하더라도 이스라엘의 미래에 대한 상징적인 교훈을 주시기 위해서 또 제자들의 뇌리에 인상적인 교훈을 새겨주시기 위해서 그렇게 하셨다면 충분히 의미 있는 일임에 틀림없다.

열매가 없어서 '영원토록 열매를 맺지 못할 것이다' 라고 선언하심에 따라 나무가 말라죽었다는 이 사건은 잠시 후에 진행될 이스라엘에 대한 교훈, 즉 이스라엘은 하나님의 백성으로 선택되었지만 아무런 열매를 맺지 못해서 이제 그 독특한 위치를 박탈당한다는 예수님의 선언에 대한 상징적 교훈을 담고 있다. 하나님을 믿는 믿음이 있고-이것은 기적에 대한 신념 혹은 자신도 능력이 있다는 자신감과는 다르다-하나님께서 그렇게 해주실 것을 의심치 않는다면 하나님께 기도함으로 무엇이든 다 받을 수 있다는 것을 가르쳐 주신 교육적 의미가 있다.

예수님의 권위에 대한 질문(21:23~27)

예수님께서 다음날 다시 성전에 들어가시자 전날의 사건으로 분노했고 아마 이 때문에 그 대책을 심사숙고했던 이스라엘의 지도부, '대제사장들과 장로들이' '무슨 권한으로 이런 일을 하는지' 예수님께 질문했다. '이런 일'이란 포괄적으로 예수님이 예루살렘에서 하신 모든 활동을 지시할 수 있다. 직접적으로는 상인들, 환전상들 등을 성전 마당에서 쫓아내신 권한을 묻는 것이다.

성전 마당을 그런 방식으로 이용할 수 있도록 허락한 것이 바로 이 사람들이었다. 그들은-그들 나름대로는 합법적으로-이 권한을 하나님께 받았고 상인들에게 허락했다고 믿고 있었다. 반면에 예수에게는 그들이 아무런 권한을 준 적이 없다. 따라서 이 질문으로 그들은 예수님의 활동을 제재할 근거를 찾고 손상 당한 권위를 회복할 수 있다고 믿었던 것으로 보인다.

그러나 예수님의 대답은 엉뚱한 역공세로 나타났다. 세례자 요한의 세례가 어디에서 온 것인지를 말한다면 예수님도 대답하시겠다는 것이었다. 이 역 질문의 의도는 대답을 회피하시려는 데 있지 않고-잠시 후에 예수님은 충분히 대답하시다-예수님이 무슨 말씀을 하시더라도 그들은 믿거나 받아들이지 않고 계속 예수님의 활동을 막을 것이므로 예수님에게 그런 질문을 던질 자격이 그들에게는 없다는 것을 지적하시는 데 있었다. "하늘로서"는 유대인들이 흔히 '하나님에게서'의 대용어로 사용하던 말이었다. 세례자 요한이 세례를 준 것이 하나님이 시키신 것인지 아니면 요한이 혼자 그렇게 한 것인지를 묻는 질문이었다.

유대인 지도자들은 혼란에 빠졌고 당황해 했다. 예수님의 활동을 제재하자면 요한을 하나님이 보내신 선지자로 인정해서는 안 되었다. 합법적 지도자들인 그들과는 아무런 상관이 없었기 때문이다. 하지만 이 경우 백성들의 지탄을 각오해야 한다. 그러나 요한을 선지자로 인정하면 더 어려운 문제가 발생한다. 첫째, 왜 그를 믿지 않았느냐는 반문이 예상된다. 둘째, 사람들이 예수님을 나사렛에서 나온 선지자라고 부르는 이 마당에 예수님의 활동도 전혀 제재할 수 없게 된다. 이럴 때 할 수 있는 대답은 '모른다' 뿐이다. 예수님도 당연히 '나도 말하지 않겠다'고 하셨다.

그러나 예수님은 잠시 후 비유를 말씀하시면서, 자신의 권위에 대해서만이 아니라 세례자 요한에 대해서, 유대 지도자들의 불신과 위선에 대해서, 그리고 이스라엘의 운명에 대해서 명쾌한 대답을 주셨다. 예수님(과 요한)의 권위는 하나님에게서 나온 것이며 이스라엘 특히 그 지도자들이 이것을 거부하고 있다는 것이 답이었다.

두 아들의 비유(21:28~32)

이 비유는 예수님의 질문에 '모른다'고 대답한 대제사장들과 장로들에게 그들이 요한의 권위를 거부함으로써 하나님의 뜻을 거부했으면서도 진실을 숨기고 있음을 지적하신 것이다. 이러한 태도의 연장선에서 그들은 지금 예수의 활동을 받아들이지 않음으로써 하나님의 뜻을 거역하고 있고 하나님의 뜻을 따른다는 미명 하에 그 하나님의 아들을 죽이고 말 것임을 예고하신 것이다.

예수님께서 큰 아들, 작은 아들의 순서로 말씀하셨는지 거꾸로 작은 아들, 큰 아들의 순서로 말씀하셨는지 사본상의 문제가 남아 있다. 그러나 이 순서는 비유의 의미를 바꾸어 놓지는 못한다. 비유는 두 아들이 있었는데 한 아들은 처음에 일하러 가겠다고 하였지만 가지 않음으로써 아버지의 뜻을 어겼고, 다른 아들은 처음에 가지 않겠다고 했지만 나중에 일하러 포도원에 들어감으로써 결국 아버지의 뜻을 따랐다는 내용이다.

한글 성경(개역)은 큰 아들, 작은 아들의 순서를 따랐다. 포도원은 '하나님의 나라'(31절)에 대한 비유어이다. 아버지의 뜻을 행한 사람이 누구냐는 예수님의 질문에 유대 지도자들은 '작은 아들입니다'고 대답했다. 이 작은 아들은 하나님의 보내심을 받고 온 요한을 믿고 그의 세례를 받은 '세리들과 창녀들'에 대한 비유어이다. 큰 아들은 하나님의 사람들이라고 자부하면서도 세례자 요한을 믿지 않은 합법적 유대 지도자들을 지시하는 비유어이다. 예수님의 결론은 '세리와 창기들이 너희보다 먼저 하나님의 나라에 들어간다'였다. 그들은 세례자 요한의 세례를 받음으로써 하나님의 뜻을 따랐기 때문이다. 반면 그들은 이런 현실을 눈으로 보면서도 끝내 세례자 요한을 거부하고 그렇게 하나님의 뜻을 어겼기 때문이다.

세례자 요한의 때부터 하나님의 나라, 하나님의 부르심, 하나님의 구속 사역은 새롭게 시작되었다. 이것을 인정하는 것이 믿음이다. 천국의 복음을 듣고 회개하고 믿는 사람들은 어떠한 조건이나 상황에 관계없이 하나님의 나라 사람으로 인정된다. 반대로 이를 거부하는 것은 하나님의 최종 심판을 확정하는 것이 된다. 회개와 믿음이란 하나님께서 누구에게서나 보기를 원하시는 삶의 아름다운 열매인 것이다.

악한 일꾼들의 비유(21:33~47)

예수님은 유대 지도자들이 공식적으로 제기한 질문 '무슨 권위로?'에 대한 답으로 이 비유를 말씀하셨다. 이 비유는 앞의 '두 아들 비유'와 기본적으로 같은 내용을 가지고 있다. 그러나 그 적용 범위가 예수님을 거부한 '이스라엘 전체'와 예수님을 믿는 '새로운 하늘 나라의 백성'으로 확대되었다.

포도원을 만들고 이를 세주고 멀리 떠난 집주인은 하나님에 대한 비유어이다. 포도원을 세내어 일하는 일꾼들은 이스라엘에 대한 비유어이다. 하나님은 아브라함과 이스라엘을 선택하셔서 하나님의 나라, 영적 축복의 나라를 맡기셨다. 그러나 이스라엘은 하나님 율법과 약속을 맡았으면서도—마치 베다니에서 예루살렘으로 가는 길가에 서 있었던 그 무화과나무처럼—아무런 열매도 맺지 못했고 아무런 소산도 바치지 못했다. 이들을 각성시키려 하나님께서 보내신 거룩한 선지자들을 거부하고 박해하고 죽였다. 그 마지막에 주인은 사랑하는 아들을 그들에게 보냈다. 그러나 일꾼들은 아들을 공경하기는커녕 그를 '잡아 포도원 밖에 내어쫓아 죽였다.'(39절)

예수님은 이 비유에서 자신이 보냄을 받은 하나님의 아들이심을 은유적으로 표현하셨다. 이스라엘의 역사를 거절, 배반의 연속으로 요약하셨다. 그 정점이 아들을 죽이는 것이다. 이 시점에 이 비유는 예수님 자신의 미래, 즉 자신이 바로 그 하나님의 백성에 의해 버림을 받고 성 밖으로 끌려나가 죽임을 당하실 것을 예언, 예고하신 것이 된다. 마태의 입장에서는 예수님께서 유대 지도자를 향해 예고하신 말씀 그대로 정말 그렇게 되었음을 회고하는 증거의 역할을 한다.

예수님은 앞의 비유에서처럼 듣는 사람들 스스로 답을 찾도록 하셨다. 포도원 주인이 이 일꾼들을 어떻게 하겠느냐? 유대 지도자들은 이 질문에 그들의 운명이 달려있다는 사실을 깨닫지 못한 채 비유의 겉만 핥고 대답했다. "그들을 죽이고 제 때 열매를 바칠 수 있는 다른 일꾼들에게 포도원을 세주어야 합니다"(41절). 비유를 듣는 누구나 내릴 수 있는 이 결론이 예수님을 거부한 이스라엘의 미래였다. "하나님의 나라를 너희는 빼앗긴다"라는 말을 왕이신 예수님의 직접 선언으로 바꾸어 보면, "이제 나는 하나님의 나라를 너희에게서 빼앗아 다른 사람들, 즉 그 나라의 열매 맺는 다른 백성에게 줄 것이다"가 된다.

물론 과거의 모든 유대인들이 천국에서 쫓겨났다는 표현은 아니다. 지나간 것은 그대로 인정된다. 그러나 시간의 선로 위에서 이 순간부터 하나님의 백성 이스라엘은 더 이상 존재하지 않게 되었다. 그 특별한 역사는 그 단절에 도달했다. 이스라엘의 특권과 위치는 이제 역사 속에서나 기억되는 과거의 실체로 완성되었다. 예수님 당시에 살면서 과거의 이스라엘과 미래의 이스라엘을 연결할 수 있는 고리의 역할을 해야 할 유대인들, 이를 합법적으로 대표하고 현실적으로 이끌어 가는 대제사장들과 장로들 등 지도자들은 하나님께서 그들을 위하여 보내신 아들을 거부함으로써 미래를 상실하고 말았다.

이 비유의 더 중요한 내용은 그 긍정적인 면에 있다. 예수님은 이 비유에 자신의 미래를 담아 말씀하셨다. 건축가들 즉 유대인들이 버린 돌 예수는 다른 곳에서 모퉁이 돌이 되고 그 위에 한 새로운 건물이 지어져갈 것이다 (42절, 시 118:22, 23의 인용). 버림받았지만 하나님에 의해 새로운 건축물의 기초가 될 '산 돌', 그가 예루살렘의 예수였다. 예수님은 예루살렘에서 벌어지는 그리고 앞으로 벌어질 모든 일들을 근본적으로 하나님의 뜻과 관련짓고 계셨다. 겉으로 나타나는 일들은 사람들이 알 수 없는 하나님의 일들이 진행되는 역사적 껍질들일 뿐이었다. 이 점이 "이것은 주로 말미암아 된 것이요 우리 눈에 기이하다"는 감탄문에 담겨 있다.

새로운 백성에게 하나님의 나라가 주어진다. 예수님의 선언이었다. 그 나라의 열매를 맺는 백성이 그것을 받을 것이다. 예수님의 예고였다. 이 예고에는 예수님이 가이사랴 빌립보로 가는 길에서 말씀하셨던 그 때의 예언이 그대로 반복되고 있다. 그 때 예수님은 "음부의 권세가 교회를 이기지 못하리라"고 하셨다(16:18). 여기서는 "이 돌 즉 천국의 이 새 백성 위에 떨어지는 자는 깨어지겠고 이 돌이 사람 위에 떨어지면 저를 가루로 만들어 흩으리라"(44절)고 하셨다. 나사렛 예수는 이 새 백성을 출현시키기 위하여 예루살렘으로 가셨고 잠시 후 십자가를 지고 골고다로 향하실 것이다. 하나님의 영적, 구속적 축복의 사역은 이제 교회를 통하여 구현된다. 교회는 이 땅에 심기고 자라고 큰 나무로 변하는 그 '하늘나라의 새로운 백성'이다.

예수님의 설명을 듣고서야 대제사장들과 바리새인들은 그들이 비유의 주인공들로 묘사되었음을 눈치챘다. 그러나 그들은 뉘우치고 예수님 앞에 무릎을 꿇지 않았다. 여전히 불신이 그들을 짓누르고 있었다. 오히려 예수님이 비유에 그려놓은 그들의 부정적인 모습 때문에 그들은 흥분하였고 예수님을 잡고자 했다.—무리가 무서워 세례자 요한의 세례가 '사람에게서 나온 것이다'고 감히 말하지 못했던 것처럼—예수님을 선지자로 생각하고 있는 무리가 무서워 어떻게 하지 못했다. 이런 상황에서 예수님의 말씀은 다른 국면으로 전환된다.

혼인잔치 비유(22:1~14)

예수님은 앞의 주제를 이어 가시면서도 새 백성에 초점을 더 강하게 맞춘 혼인잔치의 비유를 말씀하셨다. 하나님의 나라는 이미 이스라엘과 함께 시작되었다. 그러나 이제 새로운 백성이 등장한다. 예수님의 생애를 통하여 이런 전환이 일어나기는 하지만 하나님의 나라란 관점에서 하나로 통일된다. 하나님의 나라는 하나님께서 아들의 혼인잔치를 마련하고 이 잔치에 참여할 사람들을 불러모으는 것과 같은 그런 것이다.

혼인잔치를 베푼 임금은 하나님에 대한 비유어이다. 먼저 청함을 받은 사람들은 하나님의 옛 백성 이스라엘에 대한 비유어이다. 때가 무르익어 왕은 잔치를 시작하려고 했으나 청함을 받은 사람들은 하나같이 오기를 거부했다. 모두 자기 일에 분주했다. 뿐만 아니라 하나님의 은총의 소식을 전하는 사람들을 모독하고 죽였다. 임금은 군대를 보내어 이 사람들을 죽여 버렸다. 여기까지는 앞의 비유와 비슷하다.

잔치를 위해 왕은 길에 가서 아무나 데려오도록 명령하고 혼인자리는 악한 자나 선한 자 등 종들이 만나는 대로 데려온 손님들로 곧 가득해졌다.

이 점이 이 비유의 다른 강조점이다. 새로운 하늘나라의 백성을 특별히 규정할 용어가 없다. 닥치는 대로 끌어온 것이다. 민족적 경계선이나 정치적 울타리도 이제 존재하지 않는다. 혼인잔치에 들어오라는 초청에 긍정적으로 반응하는 사람들은 선한 자나 악한 자나 모두 천국에 가담할 수 있다. 예수님은 하나님의 축복이 이스라엘이란 민족적 한계를 벗어나고 세상의 모든 사람에게 확산될 것을 이렇게 비유로 미리 알려주신 것이다.

그러나 여전히 한 가지 제한은 남아 있다. 닥치는 대로 데려온 사람들이지만 잔치자리에 들어가기 전에 임금이 준비한 예복을 누구나 입고 들어와야 한다. 어떤 사람이 예복을 입지 않고 잔치자리에 앉아 있는 것을 보고 비유 속에 나오는 임금이 그에게 질문했다. '왜?', 그러나 그는 대답이 없다. 결국 초청 받았고 묵묵히 따라 들어왔지만 예복을 입지 않았다는 이유로 그는 결박되어 밖에 던져져 슬피 울며 이를 갈게 되는 처지가 되고 말았던 것이다.

이스라엘을 하나님의 백성으로 삼은 조건은 하나님의 선택이었다. 아브라함을 부르셨기 때문에 그의 후손 유대인들이 하나님의 백성으로 축복과 약속을 상속해왔다. 하나님의 선택에 근거한 혈통, 혈연이 조건이었다. 그 위에서 하나님의 계명들을 준수하는 것이 조건이었다. 이스라엘이 그 특권을 잃고 다른 백성이 천국을 상속하면서 이 조건은 사라졌다. 천국의 새 백성들에게 제시하신 하나님의 조건, 즉 '예복'은 무엇일까? 이스라엘을 대신하여 들어왔다는 면에서 예복은 그들이 실패한 것, 즉 '하나님의 아들 예수에 대한 믿음'이라고 보아야 한다. 마태복음 전체의 문맥에서 보면 예수님을 믿고 예수님의 말씀에 순종하는 사람들만이 긍정되므로 '예복'은 예수님을 믿고 예수님의 말씀대로 살아가는 것이라고 말해야 한다.

'청함을 받은 자는 많되 택함을 입은 자는 적다'(14절)는 예수님의 최종 선언은 일차적으로 예수님을 거부한 이스라엘의 과거와 현재에 적용되는 말씀이다. 동시에 혼인잔치에 들어오도록 만나는 대로 초청을 받은 새 시대의 백성들, 즉 교회에도 적용되는 말씀이다.

세금에 관한 질문(22:15~22)

예수님의 활동을 통제하려는 일차 시도가 빗나갔을 뿐 아니라 창피만 당하고 분노만 더 크게 안게 된 유대 지도부는 오랜 토론 후에 묘책을 발견하고 제자들과 헤롯당을 함께 보냈다. 그러나 앞에 보도된 사건에서 그러했던 것처럼 이들의 새로운 시도도 예수님을 막거나 정죄하기는커녕 오히려 이것이 동기가 되어 교회에 필요한 하나님의 뜻이 더 많이 알려지게 되었다. 지도자들이 보낸 질문은 세금에 관한 것이었다. 이 질문에 잘못 대답할 경우 이를 꼬투리 잡도록 헤롯 당원들이 함께 왔다. 로마 황제에게 세금을 바치라고 하면 유대 율법에 의해 그는 선지자가 아닌 것으로 판명된다. 바치지 말라고 하면 헤롯 당원이 예수를 황제에 대항하는 사람으로 고소할 것이다. 어떻게든 걸릴 수밖에 없는 두 대답 중 성실하게 어느 한 편을 택하도록 그들은-이런 사실을 믿지 않으면서도-예수를 진실히 하나님의 뜻을 가르치고 체면치레로 혹은 건성으로 대답하는 분이 아니라고 추켜 세웠다(16절).

그러나 예수님은 그들의 악함을 대뜸 간파하셨다. 그들의 아름다운 말과 칭찬은 입발림이었다. 주 목적은 예수님을 시험하여 고소할 근거를 찾으려는 것이었다. 예수님은 그들이 기대한 것과는 전혀 다르게 대답하심으로 현실에 타협하기 위해 율법을 변형시키는 것을 허용하지도 않았고 하나님의 말씀을 보류하거나 거부하는 길을 선택하도록 하지도 않으셨다.

세금을 낼 때 쓰는 특수한 동전은 황제가 바로 그 목적으로 자신의 초상을 만들었으므로 황제에게 당연히 돌려주고 하나님의 것은 항상 하나님께 바쳐야 한다는 것이 예수님의 대답이었다. 예루살렘의 예수는-비록 짧은 기간이기는 했지만-나사렛에서처럼 지혜와 지식, 능력이 넘쳤으며 어떤 어려운 문제로도 흠잡을 데 없었다.

부활에 대한 질문(22:23~33)

유대인의 최고 행정 · 정치 · 종교권을 쥐고 있는 산헤드린을 구성하는 또 다른 한 부분이 동원되었다. 그들은 오랫 동안 유대 사회의 대부분을 독점하고 헬라 · 로마의 통치세력에 협력하여 기득권을 유지하고 있던 사두개인들이다. 모세 오경 이외에는 거의 어떤 책도 인정하지 않고 바리새인들과는 달리 부활도, 영생도, 영적 존재도 믿지 않은 이 사람들이 예수님께 왔다는 것은 무슨 일이 있어도 예수님을 제거하겠다는 산헤드린의 단호한 의지를 반영하는 것이었다. 하나님 앞에서 사람들을 구원하시고 하나님과의 평화를 이루려 하시는 예루살렘의 예수 앞에서 서로 경쟁하고 시기하며 싸우던 이 사람들이 모두 의기투합했다는 사실은 묘한 역설적 모습이 아닐 수 없다. 그러나 그것은 악을 성취하기 위한 악의의 연합이었을 뿐이다.

그들이 제기한 문제는 형의 가계를 잇기 위해 동생이 형수와 결혼하여 아이를 낳게 해야 한다는 계명과 관계되어 있었다. 부활이 있다면 일곱 형제와 다 관계를 맺은 이 여인은 누구의 아내가 될 것인가? 그들에 의하면 부활은 이런 어려운 문제를 안고 있으니까 없어야 한다. 그러나 그들의 질문은 오히려 예수님이 부활의 성격을 설명하는 동기가 되었다. 그들의 혼란은 성경도 모르고 하나님의 능력도 인정하지 않는, 그리고 예수님을 적대하는 오해와 불신에서 나온 것이다. 부활은 이생의 모든 관계를 초월하고 육체의 한계를 변화시키는 것이다. 하나님은 죽은 자들의 하나님이 아니라 산 자들의 하나님이시다.

예수님의 말씀 중 '죽었다' 거나 '살았다' 는 표현은 특별한 성경적 용어로 설명해야 할 것이다. 마지막 날 모든 사람이 부활한다. 현재의 삶과 대조되는 표현이다. 그러나 그 부활은 두 종류로 구분된다. 생명의 부활과 심판의 부활이다. 심판의 부활은 하나님의 심판에 따른 영원한 죽음을 뜻하기 때문에 성경적 의미로는 부활이라고 부를 수 없다. 즉 살았다는 것은 하나님께서 예비한 축복과 영생, 영광을 위한 부활에 참여하는 것을 의미한다. 하나님은 죽은 자들의 하나님이 아니라 산 자들의 하나님이라고 하심으로써 하나님은 생명에 들어가지 못할 사람들의 하나님으로 불리는 것을 거부하셨다는 것이다.

가장 큰 계명에 관한 질문(22:34~40)

앞의 부활에 대한 대답은 사두개인들의 입을 다물게 만들었는데 이런 소문을 들은 바리새인들은—그들도 부활을 믿고 있었기 때문에—한 편으로는 후련해 했지만 다른 한 편으로는 계속 예수님을 고소할 꼬투리를 찾으러 모여들었다(막 12:28~34 참고). 마가복음에는 이 질문을 던진 서기관의 태도가 예수님을 향해 상당히 우호적인 것으로 기록되어 있다. 특히 예수님의 대답에 대한 서기관의 반응과 "네가 하나님의 나라에 멀지 않다"는 예수님의 결론은 마태복음의 분위기와는 상당히 다르다. 사건의 끝 분위기는 마태복음에는 수록되어 있지 않다. 따라서 질문하는 시작만 비교해 보면 두 복음서의 분위기는 크게 다르지 않다. 바리새인들은 모두 사두개인들의 패배를 듣고 모여들었다. 그들이 사두개인의 실패에 고소해 하고 있었다 하더라도 예수님을 시험하는 분위기는 여전했던 것으로 보인다.

모든 계명은 하나님의 말씀이다. 하지만 이 모두를 늘 지킨다는 것은 쉬운 일이 아니다. 변화하는 역사적 환경이 그 문자적 이행을 불가능하도록 만들었다. 이런 현실적 문제와 관련하여 바리새인들은 하나님의 모든 계명들을 변하는 시대에 맞추어 그래도 준수할 수 있는 것으로 설명하기 위하여 고심하던 사람들이었다. 그 현실적 대안으로 그들이 찾아낸 것은 소위 장로들의 유전이었다. 구약계명의 상황적 해석이라고 부를 수 있을 것이다.

그들에 따른다면 구약성경에 수록되어 있는 613개의 금지나 명령에 경중을 두는 것 자체가 옳지 않다. 기록된 계명과 유전의 가치를 구별하는 것도 문제가 된다. 따라서 어느 한 계명을 선택하는 것은 기록된 계명이든 유전에 속한 것이든 다른 계명들의 가치를 떨어뜨리는 것으로 예수님을 공격할 재료가 된다. 하지만 유명한 랍비들도 종종 전체를 포괄할 수 있는 한 계명을 얘기한 흔적이 있어서 가장 큰 계명에 관한 질문은 예수님을 붙들 치명적인 이유가 되지는 못했다고 보아야 한다.

여기서 두 가지를 지적하는 것이 좋을 것이다. 첫째, 그들이 준비한 비장의 무기들은 이미 바닥이 났다는 것이다. 그런 이유에서 차선의 질문을 가지고 왔다고 생각된다. 둘째, 그들은 사두개인들이 물러간 이 상황에 적대적인 분위기를 좀 누그러뜨리고 예수님이 부활에 대해 비슷한 견해를 가지셨다는 것에 고무되어 있었던 것 같다.

어쨌든 이들의 질문 때문에 예수님의 율법관이 보다 분명히 소개되었다. 모든 계명은 두 가지 방향을 가지고 있다. 계명이 하나님에게서 나왔다는 점에서 모든 계명은 "마음을 다하고 목숨을 다하고 뜻을 다하여 주 너의 하나님을 사랑하라"는 계명에 뿌리를 두고 있다. 계명이 모두 사람들 사이에서의 문제를 다루고 있다는 점에서 "네 이웃을 네 몸과 같이 사랑하라"는 계명에 결부되어 있다. 예수님은 하나님 사랑과 이웃 사랑이 중첩된 단어 "사랑"을 율법과 선지자들 즉 구약 계명들의 강령으로, 하나님의 뜻에 녹아 있는 근본 정신으로 요약해 주셨다.

예수님의 메시아관(22:41~46)

예수님께서 메시아로 오셨지만 예수님의 활동은 사람들이 기대하고 있었던 메시아관과 같지 않았다. 이 때문에 그리스도란 칭호와 관련하여 예수님의 모호한 태도가 나타났다. 즉 사람들이 예수님께서 의도하신 그러한 내용을 가지고 메시아란 칭호를 사용하면 예수님은 긍정적으로 대답하셨다. 칭찬하셨다. 그러나 사람들이 그들 나름대로의 기대와 생각을 가지고 접근해 오면 예수님은 마치 메시아가 아닌 것처럼 소극적인 반응을 보이셨다.

메시아로 오신 예수님은 무엇보다 먼저 '메시아가 어떤 분이며 어떤 역할을 하시는가'를 사람들에게 가르치셔야만 했다. 제자들은 삼 년의 체험을 통해서 이 점을 충분히 배웠다. 십자가를 지시기 전에 예수님은 이 사실을 모두에게 공개적으로 확실하게 설명하셨다. 이 알림은 바리새인들에게 던진 예수님의 질문 형태로 시작되었다. 그리스도는 누구의 자손이냐?

그들은 다윗의 자손이라고 대답했다. 예수님이 예루살렘으로 입성하시던 장면을 연상시키는 대답이다. 사람들은 그 때 모두 예수님을 다윗의 자손이라고 찬송하며 열광했었다. 사람들은 모세와 같은 해방자를 기다리고 있었음이 분명하다. 이 칭호는 인간 예수의 출발점을 지시할 뿐 인간이 되신 그리스도의 더 깊은 신분을 담지 못한다. 예수님은 사람들이 자신을 인간 예수로만이 아니라 인간이 되신 하나님의 아들로 믿을 것을 요구하셨다. 믿도록 여러 가지 표적을 보여 주셨다. 제자들이 '하나님의 아들 그리스도십니다'라고 고백할 때 비로소 만족하시고 칭찬하시며 교회의 설립을 약속, 예고하셨고 이 일이 실제로 이루어질 수 있도록 자신의 고난과 죽음, 부활을 알려 주셨다. 사람들이 기대하던 다윗의 아들은 예수님을 설명하기에는 턱도 없이 부족한 칭호였던 것이다.

다윗과의 관계만을 조명한다면 그리스도는 다윗의 자손이 아니라 다윗의 주님이시다. 예수님은 이 점을 성경을 통하여 가르치셨다. 다윗이 그리스도를 주님이라고 부르지 않았느냐? 그런데 어떻게 그의 자손이 될 수 있는가? 이 질문에 대답하는 사람은 아무도 없었다. 그러나 답은 예수님의 활동을 통해서 이미 주어져 있었다. 마태는 그의 복음서에 이 답을 이미 여러 곳에 수록해 놓았다. 따라서 마태복음을 읽어온 독자라면 충분히 알고 있었다.

예수님의 이 말씀은 예수님을 믿는 사람들에게는 예수가 누구인지를 더 강하게 확신시키는 역할을 했고 그를 믿지 않는 사람들, 처음 만나는 무리들, 바리새인들에게는 이 말씀이 의문만 증대시켰음이 분명하다. 그리스도와 관련된 문제는 증거가 확실한가에 있는 것이 아니라 작은 증거라도 믿음으로 수용하느냐와 관련되어 있었다.

가르치는 사람에 대한 교훈(23:1~12)

예수님은 '율법과 선지자들', 즉 구약성경의 계명들에 대한 입장을 분명히 밝히신 바 있다(5:17~20). 그 계명들은 모두 하나님의 뜻이기 때문에 누구도 파기할 수 없는 것이다. 예수님은 자신도 이를 폐지하러 오신 것이 아니라 완성시키러 오셨다고 하셨다. 본문에 같은 입장을 표명하시며 '서기관들과 바리새인이 모세의 자리에 앉아서 말하는 것은 모두 행하고 지켜라'(2~3절)고 하셨다.

'모세의 자리'란 유대인들이 율법 교육과 예배를 위해 사용하던 건물 회당 앞자리에 마련되어 있었던 높은 의자에 붙은 이름이다. 랍비가 이 자리에 앉아서 율법을 읽고 설명하곤 했다. 그들의 주임무는 기록된 하나님의 계명들을 가르치고 설명하는 것이다. 이렇게 모세의 이름으로 낭독되는 것은 하나님의 말씀이므로 누구나 지켜야 한다고 하신 것이다. 물론 그들이 만들어낸 계명의 상황적 해석과 적용까지 삶의 규범으로 인정하신 것은 아니다. 그것은 이미 여러 곳(예를 들면 5:21~48 등)에서 배척하셨다. 여기서는 그들의 가르침과 행실을 비교하셨기 때문에 규범의 문제는 더 이상 다루지 않으신 것으로 보인다.

서기관과 바리새인들을 예수님은 잘못된 선생들의 예로 거론하셨다. 주된 이유는 말만 하고 행치 않는다는 것이다. 그들은 '손가락으로도 움직이려 하지 않았다'(4절). 사람들에게 보일 수 있는 행동에만 열중했다. 명예를 좋아했고 존경받는 것과 인사 받는 것을 좋아했다. 선생으로 살지는 못하지만 랍비라 불리는 것을 좋아했다. 이러한 서기관들과 바리새인들의 잘못을 예수님은 여러 번 지적하신 바 있다. 이스라엘의 최종 포기를 선언하시기 위해 다시 한 번 이들의 실패를 집중적으로 모아서 말씀하신 것으로 보인다. 선생이 이렇다면 그들에게서 배운 보통 사람들은 그들보다 더 잘 될 수는 없을 것이기 때문이다.

천국의 새 백성을 위해 같은 역할을 맡아야 할 선생들은 그리스도 아래서 형제들이요 자매들이다. 선생은 한 분뿐이다. 살아 계신 그리스도, 나사렛 예수 그리고 예루살렘의 예수가 교회의 선생님이시다. 교회는 믿음의 공동체가 될 것이기 때문에 이제 모두가 하나님을 아버지라고 불러야 한다. 지도자는 한 분뿐이다. 그 지도자 그리스도 아래서 모든 사람은 동등하고 공평하다. 따라서 서로 섬기는 것이 삶의 주된 태도가 되어야 한다. 가장 잘 섬기는 사람이 교회에서 큰 사람이다. 높이는 자는 낮아지고 자기를 낮추는 자는 높아질 것이다.

이 원칙은 비단 교회에서만이 아니라 기독교인이 들어가 있는 어느 사회에나 철저하게 구현되어야 할 것이다. 그렇기 때문에 가장 잘 섬기는 사람들을 지도자로 뽑고 다스리는 사람의 위치에 앉히라는 것도 우리 주님의 명령인 것이다.

서기관과 바리새인에 대한 화의 선언(23:13~36)

산상설교에서 예수님은 팔 복을 선언하신 바 있다(5:3~10). 그것은 예수님을 따라 나선 사람들, 즉 왕이신 예수님에 의해 천국의 백성으로 부르심을 받는 사람들에 대한 축복이었다. 그와는 대조적으로 이곳에 예수님은 일곱 번 화를 선언하셨다. 이 화의 선언은 일차적으로 당시 유대인의 지도자들, 서기관과 바리새인들을 향하고 있다. 그러나 넓은 범위에서는 이 사람들에게 배워서 더 나쁘게 될 수밖에 없었던 이스라엘 전체를 향해서 주신 말씀이다.

이들을 책망하신 주된 이유는 하나님의 말씀을 알면서도 행하지 않았다는 것, 그러면서도 하나님의 사람인 것처럼 꾸미는 것, 즉 외식 혹은 위선에 있었다. 그들로 인해 이스라엘 전체가 외식적, 위선적 삶과 역사를 만들어내고 말았다. 이것이 예수님의 눈에 비친 이스라엘이었다. 하나님의 아들이라고 말했다는 이유로 잠시 후 예수님을 십자가에 못 박을 이 사람들에게 예수님은 미리 결별을 선언하신다. 화의 선언은 이스라엘의 독특한 역할과 위치가 담긴 구 시대를 마감하는 이스라엘의 메시아 예수님의 고별사인 것이다.

그들은 천국 문을 맡았으면서도 천국 문을 닫았고 자신도 들어가지 않을 뿐 아니라 아무도 들어가지 못하게 했다(13절). 메시아를 낳은 백성 이스라엘은 메시아를 기다렸으면서도 그를 보지 못한 것이다. 그리고 아무도 보지 못하도록 막았다. 바로 이스라엘의 첫 번째 죄는 그리스도에 대한 불신에 있었다. 그들은 사람들이 하나님을 믿도록 가르쳤으면서도 결과적으로 잘못된 가르침으로 인하여 몇 배나 더 악한 사람이 되게 하고 말았다(15절). 눈에 보이는 성전과 그 안에 있는 것들은 귀하게 여기고 지키고 사랑하면서도 그 성전을 짓게 하신 하나님에 대한 두려움과 사랑을 버렸다(16~22절). 율법의 형식과 절차는 귀하게 여겼으나 더 중요한 것, 하나님을 향한 진실함과 사랑과 믿음을 버렸다(23~24절). 겉을 깨끗이 하는 모습은 있었으나 이 겉을 조절하는 인간의 마음에는 탐욕과 방탕, 위선과 불신 등 온갖 더러운 것으로 꽉 차 있었다(25~28절).

마지막 화의 선언은 그들이 선지자들의 무덤을 만들고 비석을 꾸미며 선지자들의 편에 서있는 것처럼 행세하지만 실제로는 모두가 하나님께서 보내신 선지자들을 죽이는 편에 서 있었다는 것을 향했다(29~36). 이 마지막 화의 선언은 다분히 예언적인 성질을 가지고 있다. 즉 잠시 후 그들은 예수님을 죽임으로써 조상들이 남긴 분량을 모두 채우게 될 것이라는 말이다(32절). 뿐만 아니라 이들이 교회를 핍박할 것도 예수님은 예고하셨다(34절).

이스라엘은 결코 그 책임을 면할 수 없다. 따라서 이스라엘은 메시아를 기다리고 예언했고 이 땅에 태어나게 한 민족이면서 동시에 선지자들과 메시아를 죽인 그 민족이 된다. 그들은 이제 더 이상 하나님의 백성이 아니다. 천국의 열쇠를 가지고 있지도 않다. 하나님의 성전도 율법도 그들의 역사와 함께 모두 구약 시대라는 한 묶음으로 묶어졌다. 그들이 낳은 메시아는 새로운 한 백성을 택하셔서 하나님의 축복을 이 땅에 실어 나르신다.

예루살렘을 향한 애가(23:37~39)

예수님이 예루살렘에 입성하실 때 마태는 예수님의 모습을 시온의 딸을 찾아가는 나귀를 타신 왕으로 설명했었다. 그러나 예루살렘의 예수는 성전의 더럽혀진 모습에 분개하시고 이스라엘의 역할 마감을 선언하셨다. 그 정신적 지주였던 서기관들과 바리새인들을 비롯하여 유대인 모두에게 화를 선언하시고 하나님의 집 성전이 있는 예루살렘을 향하여 슬픔을 표현하셨다. 이것은 화의 선언의 결론에 해당한다.

유대인들은 하나님의 백성이면서 하나님의 사람들인 선지자들을 죽였고 또 예수와 예수께서 보낼 선지자들을 죽일 것이다. 예루살렘이 그렇게 했다. 예수님은 이스라엘의 남은 자들을 구원하시기 위하여 오셨고, 제자들을 보내셨으며(10:6) 이렇게 여러 번 시온의 딸들을 하나님의 나라로 모으려고 했다. 그러나 그들은 원하지 않았다.

"보라 너희 집이 황폐하게 되고 버린 바 될 것이다"(38절). 역사는 예수님의 예언이 성취되었음을 알려 준다. 서기 70년에 예루살렘은 멸망하고 말았다. 성과 성전을 구성하고 있던 바위들은 이러 저리 사방으로 버려졌으며 돌 위에 돌 하나도 남지 않고 분해되고 말았다. 그 흔적은 아직 예루살렘에 남아 있고 세계의 화약고가 되어 그 버린 바 된 역사를 묵묵히 말하고 있다.

그렇다면 이스라엘은 이제 무엇인가? 예수님의 마지막 한 말씀에 그들의 미래가 담겨 있다. 예루살렘은, 이스라엘은, 과거 하나님의 사랑과 은

총, 약속을 경험했고 보존하고 있었던 아브라함의 후예들은 그 자손으로 오신 예수님을 믿음과 순종으로 받아들이지 못했다고 성경은 말한다. 나귀를 에워싸고 걸어갔던 소수의 사람들의 입에서만 찬송이 터져 나왔다. 성전에서 "호산나 …" 찬송하는 아이들을 오히려 못마땅해 했다. 그들은 이제 바로 그 예수, 잠시 후에 그들이 죽일 '예루살렘의 예수'를 향하여 진심으로 "호산나 주님의 이름으로 오시는 이여" 고백할 때까지 결코 메시아를, 그 하나님의 아들을 다시 보지 못할 것이다.

아브라함의 자녀들은 이제 평범한 민족의 하나로 전락했다. 그들도 예수님을 믿어야만 하나님의 영광을 경험하고 하나님의 백성이 될 수밖에 없는 것이다. 결국 이스라엘로 말미암아 복음의 문이 모든 이방인에게로 열렸다. 이스라엘도 이제 그 이방인 속에 들어있는 것이고 복음은 그들에게도 열려 있다. 그렇기 때문에 예수님을 그리스도, 하나님의 이름으로 오신 분으로 고백한다면 그들도 천국의 새 백성이 된다.

13

성전 파괴와
마지막 때에 대한 교훈

마태복음 24~25장의 주해와 적용

24~25장은 마태복음 내의 다섯 강화 단락들[1] 가운데 다섯째 단락에 해당한다. 이 단락의 주제는 '심판'이다. 전반부(24:1~35)에서는 예루살렘과 성전에 대한 심판을 다루고, 후반부(24:36~25:46)에서는 마지막 때 있게 될 심판을 다룬다. 사실 심판 주제는 23장의 주제이기도 하며, 따라서 24~25장은 23장과 그 주제상 긴밀하게 연결되어 있는 것이 분명하다.[2] 하지만 교훈의 대상에 있어서, 23장은 공개적인 가르침인데 반해, 24~25장은 제자들에 대한 사적인 가르침이라는 점을 고려해 볼 때, 두 단락은 상당히 구분된 단락이라는 점 역시 주목해야 할 것이다. 사실 앞의 다른 네 개의 강화 단락들 모두가 제자들만을 그 대상으로 하는 사적인 가르침이었다는 점을 고려한다면, 다섯 번째 강화 단락은 24~25장으로 한정시키는 것이 더 적절한 것으로 보인다.

예루살렘과 성전에 대한 심판(24:1~35)

24장은 해석상 심각한 문제들을 불러일으켜 왔다. 이 장은 다가올 성전 파괴에 관한 예견으로 시작하지만, 그 마지막 부분에 이르러서는 마지막 때 인자의 오심이라는 주제가 다루어지고 있다. 그런데 이 두 가지 주제는 이미 3절의 제자들의 질문 가운데서 연결되어 나타나고 있다: "우리에게 이르소서 어느 때에 이런 일 (즉, 성전 파괴; 참조. 2절)이 있겠사오며 또 주의 임하심과 세상 끝에는 무슨 징조가 있사오리이까." 그렇다면 이들 두 사건 사이에는 어떤 관계가 있는 것인가? 그리고 본 장은 어디에서 주제상의 전환이 이루어지고 있는가? 보다 구체적으로, 34절의 '이 세대'는 무엇을 의미하는가? '이 세대'가 지나가기 전에 다 이루어질 일은 성전 파괴를 지칭하는가, 아니면 예수의 재림[3]을 의미하는가, 아니면 둘 다를 의미하는가? 만일 그 일이 예수의 재림을 지칭한다면, 예수는 과연 실수를 범한 것인가? 만일 예수께서 실수를 범하신 것이 아니라면, 그 일은 예수의 재림과는 무관한 성전 파괴만을 지칭하는 것인가?

이와 관련된 질문으로서, 29~31절은 성전 파괴에 관한 예언인가, 아니면 예수의 재림에 관한 예언인가? 또한 32~33절의 무화과나무의 비유는 어느 때와 관련된 비유인가? 한편 4~35절에서는 때에 대한 징조가 주어지고 있는데 반해, 36~51절(그리고 25:1~13)에서는 그 때가 아무런 징조도 없이 갑자기 도래하리라는 진술 사이의 긴장관계는 어떻게 설명될 수 있는가?

이와 같이 다양한, 그러면서도 서로 연관된 문제들을 내포하고 있는 본문을 해석하는 데 있어서는 그러한 문제들과 관련된 기본적인 관찰과 입장을 먼저 정리해 보는 것이 필요하다. 이와 관련해 프랑스(R. T. France)는 매우 유용한 요점들을 아래와 같이 제공해 준다.[4]

첫째, 제자들의 질문(3절)과 예수의 대답(4~51절; 또한 25:1~46)에서 성전 파괴와 세상 끝이 함께 다루어지고 있다는 사실은 이들 두 사건이 적어도 신학적으로는 연관되어 있음을 시사해 준다. 두 사건 모두 예수의 사역을 완성하는 측면들을 가지며, 또한 두 사건 모두 심판적인 요소들을 포함한다. 이들은 아마도 다니엘 7장 13절의 '인자의 오심' 예언에 대한 각각 다른 단계에 속하는 성취들로 보인다.

둘째, 24장의 주요 목적들 가운데 하나는 세상 끝에 대한 설익은 기대와 흥분을 가라앉히기 위함이었음이 분명하다. 이러한 주제는 4~5, 6b~8,

14, 23~28, 36절에서 아주 분명하게 반복해 나타난다. 사실 24장의 전체적인 분위기는 임박한 마지막 때에 대한 기대를 조장하는 것이라기보다는 오히려 그러한 기대를 누그러뜨리는 것을 지향하고 있다. 그러한 분위기와 '이 세대 안에' 마지막 때가 도래할 것이라는 선언(참조. 35절)은 결코 어울리지 않는다.

셋째, 주후 70년에 일어난 예루살렘과 성전의 파괴 사건과 세상 끝 사이의 신학적 연관성 그 자체가 이들 두 사건이 동시에 일어날 것임을 의미하는 것은 아니다. 물론 제자들은 자신들의 질문 가운데서(3절) 그렇게 기대했던 것으로 보인다. 그리고 만일 29절의 "그 날 환난 후에 즉시 해가 어두워지며 달이 빛을 내지 아니하며 별들이 하늘에서 떨어지며 하늘의 권능들이 흔들리리라"는 예수의 예언이 세상 끝을 지칭하는 것으로 해석될 경우, 예수는 그 세상 끝이 34절에 예언된 대로 '이 세대가 지나가기 전에' 성전 파괴와 함께 일어날 것으로 기대하셨다고 추정해야 한다. 하지만 만일 이것이 예수의 예언의 의도였다면, 세상 끝에 대한 예견적 시점에 있어서 예수는 과연 실수를 범하셨다는 말인가?(실제로 세상 끝은 '이 세대'가 아니라 2000여 년이 지난 지금까지도 임하지 않았기 때문에!) 그러나 36절에서 그 시점에 대한 예수의 무지(無知) 선언으로 미루어 볼 때, 예수는 세상 끝의 시점에 대해 예견하려는 의도가 전혀 없으셨던 것이 확실하며, 그렇다면 예수는 이들 두 사건이 동시에 일어날 것으로 기대하지 않으셨다는 결론에 도달하게 된다.

넷째, 이런 여러 가지 점들로 미루어 볼 때, 29절과 34절 그리고 그 사이의 내용들은, 일반적으로 추정되어온 것처럼 세상 끝(즉 예수의 재림)을 언급한 것이라기보다는 오히려 예루살렘과 성전에 대한 임박한 심판을 언급한 것이라는 결론에 도달하게 된다. 그럴 경우 세상 끝에 대한 언급은 36절에서 비로소 시작되는 것으로 보인다. 이처럼 4~35절은 제자들의 질문(3절)의 앞부분에 대한 대답을 제공해 준다: 즉 성전 파괴는 '이 세대 안에' 일어나게 될 것이고, 그 징조는 제시된 바와 같다. 이에 반해 36절 이하는 제자들의 질문의 뒷부분에 대한 대답을 제공해 준다: 즉 세상 끝의 시점은 예수 자신에게까지도 알려져 있지 않으며, 따라서 그에 대한 징조도 없다. 이렇게 볼 때 24장은 이들 두 사건이 신학적으로 연관되어 있다는 사실뿐 아니라, 두 사건이 역사적으로는 구분되어 있다는 사실도 강조적으로 보여준다.

다섯째, 24장 전체는 구약성경(특히 다니엘)의 언어에 많은 빚을 지고 있으며, 따라서 그 구약적 배경에 비추어 이해되어야 한다. 특히 29~31절은 시대착오적일 수도 있는 통상적인 문자적 개념 이해에 의거해 해석되어서는 안되며, 철저히 구약성경의 상징적 의미들에 비추어 해석되는 것이 매우 중요하다.

이제 이러한 기본적 관찰과 입장에 의거하여 24장을 좀더 자세하게 살펴보도록 하자.

1. 성전 파괴에 대한 예수의 예언(24:1~2)

예수께서 성전에서 나오심은 23장 38절에서 선포된 예루살렘 성전의 운명을 상징하는 행동으로 이해될 수 있다(1절상). 그럼에도 불구하고 성전의 건물들에 집착하는 제자들의 모습은 예수의 그러한 행동과 너무도 큰 대조를 이룬다(1절하). 어쩌면 성전 건물들에 대한 제자들의 그와 같은 집착은 성전 건물이 다시는 파괴되지 않으리라는 당시의 묵시적 신념을 반영해 주는지도 모른다. 하지만 예수는 그 엄청난 규모의 건물들이[5] 철저히 파괴될 것임을 보다 명확히 선언하신다(2절; 참조. 26:61, 27:40; 또한 참조. 렘 7:12~14; 미 3:12). 예수의 이러한 선언은 성전에 그 구심점을 두고 있는 유대교 지도자들과 민족주의에 대한 준엄한 정죄 선언이다(참조. 23:37~38).

2. 설익은 기대에 대한 경고들(24:3~14)

마가복음 13장 4절에서 제자들의 질문은 성전 파괴의 시기와 징조들에만 연관되어 있는 것이 분명하다: '어느 때에 이런 일이 있을 것이며 이 모든 일들이 이루어지려 할 때 징조가 무엇입니까.' 하지만 마태복음에서는 제자들의 질문(3절)이 두 가지 사건에 관련된 것으로 확장되고 있다: 즉 ① '어느 때에 이런 일이 있겠습니까?' ② '당신의 오심(즉, 재림)과 세상 끝의 징조는 무엇입니까?' 마태복음에 나타난 제자들의 질문에서 성전 파괴와 세상 끝이 연결되고 있다는 사실은, 당시 제자들이 성전 파괴를 곧 세상 끝의 도래나 마찬가지로 인식할 정도로 대단히 엄청난 사건으로 인지하고 있었음을 보여준다. 이러한 제자들의 기대와 질문에 직면한 예수는, 한편으로는 그들의 질문에 대답해 주면서도, 다른 한편으로는 그들의 기대의 오류를 지적할 필요를 느끼셨을 것이다. 24~25장은 예수의 이러한 두 가지 관심을 구분하면서도 균형 있게 제시해 줄 것이다.

4~8절에서 예수는 세상 끝에 대한 설익은 기대와 흥분의 위험성을 지적하신다. 그러한 흥분을 자아내는 요소들로서, 우선 많은 '거짓 그리스도들'의 출현이 경고된다(4~5절). 실제로 유대 전쟁이 발발하기 전 수 년 동안에 걸쳐 대중적인 관심과 환호 속에 많은 민족 지도자들이 나타났다는 사실은 예수의 이러한 경고와 무관해 보이지 않는다(참조. Josephus, War, 2. pp. 259, 433~456; 6, 285~288; Ant. 17. pp. 271~285 등; 또한 참조. 행 5:36~37; 21:38). 또한 전쟁과 자연 재해 역시 세상 끝에 대한 분위기를 조성할 수 있다(6~7절). 하지만 예수는 그러한 일들이 일어나더라도 그것은 끝이 아님을 분명히 하고 있다(6절). 그것은 단지 '산통(産痛)의 시작'(ἀρχὴ ὠδίνων)일 뿐이다(8절). 물론 산통이 없이는 아기가 태어날 수 없는 것과 마찬가지로, 이러한 현상들이 세상 끝의 도래와 무관한 것은 아니다. 하지만 한 아기가 출생하기까지 산통이 계속 반복해 일어나는 것과 마찬가지로, 세상 끝이 오기까지 그러한 전쟁과 자연 재해들은 계속 반복해서 나타날 것이다. 그렇다면 제자들뿐 아니라 그 이후의 세대들도 계속 경험하게 될 전쟁과 자연 재해들은 세상 끝이 곧 임할 것을 알리는 징조가 될 수 없으며, 또한 그것에 근거해 세상 끝의 시기를 계산할 수 있는 지침이 될 수도 없다. 이는 마치 산통이 처음 시작하자마자 아기가 태어나지 않는 것과 같으며, 또한 처음 산통이 온 후 몇 번의 산통이 있어야 아기가 태어날 것인지 예측할 수 없는 것과 같다.

9~12절에서 예수는 이 산통의 시기에 제자들이 겪게 될 핍박과 미움에 대해 예견하신다. 사실 제자들이 세상으로부터 핍박을 당하고 미움을 받는 다는 원리는 이미 앞에서도 언급되었다(참조. 5:10~12, 10:17~22). 그런데 이제 제자들이 실제 역사적 상황 가운데서 그러한 고난을 보다 심각하게 겪게 될 것이라는 예견이다. 하지만 그러한 고난은 세상 끝의 시점을 알려주는 특별한 징조들이 아니며, 단지 세상 끝이 올 때까지 제자들이 계속 겪어야 하는 반복적인 상황일 뿐이다. 이러한 상황에 처한 진정한 제자의 특징은 '인내'에서 발견된다(13절). 10장 22절에서처럼 여기에서도 인내가 구원의 조건으로 제시되고 있다는 점은 제자의 삶에 있어 인내가 얼마나 본질적인 것인지를 보여준다.

14절은 세상 끝이 왜 지연되어야 하는지를 밝혀 준다. 세상 끝은 '온 세상에'($\dot{\epsilon}v$ ὅλη τῇ οἰκουμένῃ[6]) 복음이 전파된 다음에 올 것이다. 복음 전파의 영역이 온 세상, 모든 민족으로 확장될 것이라는 예수의 예견은 10장 5~6절과 15장 24절에서 복음 전파 대상이 이스라엘에만 제한되어야 한다는 예수의 언급과 좋은 대조를 이룬다. 이는 예수 부활 이후 복음 전파의 새로운 시대가 시작될 것임을 시사해 준다(참조. 28:18~19).[7] 세상 끝의 도래와 복음 전파 사이의 상관 관계가 이처럼 분명하지만, 복음 전파의 정도가 세상 끝의 시점을 계산하는 지침으로 사용될 수는 없을 것이다. 왜냐하면 '온 세상'과 '모든 민족'의 의미와 범위가 그렇게 정확하게 규정될 수 없기 때문이다.[8] 사실 본문에서 '온 세상'과 '모든 민족'이라는 표현은 그 완벽한 전체성보다는 이스라엘의 한계를 뛰어넘은 제한 철폐 및 포괄성의 의미가 더 강한 것으로 보인다.

3. 유대 땅에 임할 위기(24:15~28)

앞 단락(24:4~14)에서 예수는 세상 끝의 징조로 간주되어서는 안될 내용들을 언급하신 데 반해, 이제 본 단락에서는 제자들의 질문의 첫 부분(3절상; 즉 성전 파괴의 시기)에 대한 답변을 제공해 주신다. 먼저 15~22절에서는 유대 땅에 곧 임하게 될 위기 상황이 묘사된다. 그리고 23~28절에서는 그러한 위기 상황에서도 인자의 재림에 대한 설익은 기대는 금물이라는 점이 재차 강조된다.

15절의 '멸망의 가증한 것'(참조. 단 9:27, 11:31, 12:11)이 거룩한 곳에 세워지는 사건은(세상 끝의 전조가 아니라)⁹ 성전 파괴의 전조로 인식되어야 하며, 따라서 제자들은 그러한 위기 상황에 직면하여 유대 땅으로부터 떠날 것이 권면되고 있다(16~20절). 그 위기 상황은 너무도 급박한 것이기 때문에 아무런 지체도 있어서는 안 된다는 점이 다양한 상황들과 관련하여 경고되고 있다.¹⁰ 21절에서 예언되고 있는 주후 66~70년 유대 전쟁의 참혹함에 대해서는 요세푸스가 잘 예시해 준다(War 5, pp. 512~518; 참조. 단 12:1). 하지만 이러한 환난 가운데서도 그의 백성을 향한 하나님의 신실하신 구원 계획에는 변함이 없으며, 따라서 하나님은 그들을 구원하시기 위해 그 환난의 기간을 줄이시기까지 하실 것이다(22절). 이는 성전을 파괴하는 전쟁마저도 실은 하나님의 주권 하에 있음을 보여준다. 사실 성전 파괴는 로마인들의 승리라기보다는, 메시아를 반역한 이스라엘에 대한 하나님의 심판적 승리이다(참조. 23:37~38).

23~25절은 거짓 그리스도들을 언급한다. 23절의 '그 때에'는 '그 날들이 감하여진 후에'가 아니라, '그 환난의 기간 동안에'를 의미한다.¹¹ 이러한 위기 상황은 그러한 거짓 무리들에게 절호의 기회를 제공해 줄 것이다(참조. 5절). 사람들의 마음이 갈피를 잡지 못하고 있을 때, '큰 표적들과 기사들'을 행하는 거짓 그리스도들은 하나님께서 보내신 자로 쉽게 오인될 수 있을 것이다. 하지만 이러한 기적적인 행위들이 언제나 하나님의 활동으로 간주되어서는 안 된다(참조. 신 13:1~3; 계 13:13~14). 따라서 그러한 위기 상황에서도 그리스도인들은 세상 끝에 대한 설익은 기대로 말미암아 거짓 그리스도들에게 미혹되지 않도록 주의해야 한다(24~25절).

26절은 1세기 당시 널리 퍼져 있던 메시아에 대한 일반적 기대에 비추어 거짓 그리스도의 출현을 경고한다. 그때 당시 메시아가 광야에 나타날 것이라는 기대가 있었는가 하면(참조. 3:1~12; Josephus, *War* 2. pp. 258~263, 메시아가 처음에는 비밀스럽게 임할 것이라는 기대도 있었다. 참조. 요 7:27). 하지만 인자는 그러한 일반적 기대와는 전혀 다르게 임할 것이다. 즉 그는 '번개가 번쩍이는 것'이 모든 사람에게 일시에 드러나듯이, 갑작스럽고도 공개적으로 임하실 것이다(27절). 이렇게 볼 때 27절의 인자의 재림에 대한 언급은, 4~26절에서 묘사된 위기 상황이 인자의 재림과 관계가 있음을 보여주는 것이 결코 아니다. 오히려 그 언급은 그러한 위기 상황이 인자의 재림 상황과 무관하며, 따라서 그러한 현상을 인자의 재림과 연결시켜서는 안 된다는 것을 경고하기 위한 것이다. 28절의 의미는 다양한 해석을 불러일으켜 왔지만,[12] 문맥상 그 의미는 분명하다. 주검이 있는 곳에는 필히 모여드는 독수리들을 누구나 볼 수 있는 것과 마찬가지로, 필연적인 인자의 임함도 모든 사람들이 볼 수 있을 것이다.[13]

4. '이 세대' 안에 이루어질 위기의 절정(24:29~35)

앞 단락들(4~14절, 15~28절)에서는 유대 땅에 임할 위기 상황들에 대한 언급이 있어 왔다. 그러나 정작 2~3절에서 예견되었고 질문되었던 성전 파괴 사건 자체에 대해서는 아직 언급이 없었다. 그렇다면 29절에서 '그 날들에 있을 환난 후 즉시'[14] 있게 될 결정적인 사건에 대한 언급(29~31절)은, 앞의 질문(3절)에 대한 보다 직접적인 대답으로서, 성전의 운명에 관한 것으로 보는 것이 이야기의 전개상 가장 자연스럽다. 물론 본 단락에서 성전에 대한 언급이 명시적으로 나타나지는 않는다. 오히려 29~31절에서는 언뜻 세상 끝에 대한 묘사로 보이는 구약의 묵시적 묘사가 나타나고 있다. 하지만 문제는 이렇게 묘사된 사건들이 '이 세대 안에' 일어날 것으로 명백히 규정되고 있다는 데 있다(34절). 뿐만 아니라 '인자가 임하는' 세상 끝은 그처럼 시간이 한정될 수 없다는 명백한 선언이 곧 뒤따르고 있다(36절). 이렇게 볼 때 29~31절에서 묘사되고 있는 사건은, 그 구체적인 언급의 결여에도 불구하고 성전 파괴와 일치되어야 할 것이다. 그렇다면 29~31절의 묵시적 언어를 어떻게 이해해야 하는가? 프랑스(R. T. Frame)는 이러한 언어가 성전 파괴 사건에 매우 적절히 적용될 수 있음을 설득력 있게 제시해 준다.[15]

29절의 "해가 어두워지며 달이 빛을 내지 아니하며 별들이 하늘에서 떨어지며 하늘의 권능들이 흔들리리라"는 구절은 이사야 13장 10절("하늘의 별들과 별 떨기가 그 빛을 내지 아니하며 해가 돋아도 어두우며 달이 그 빛을 비취지 아니할 것이로다")과 34장 4절("하늘의 만상이 사라지고 하늘들이 두루마리같이 말리되 그 만상의 쇠잔함이 포도나무 잎이 마름같고 무화과나무 잎이 마름 같으리라")로부터 온 것이다. 그런데 이사야 13장 10절은 바벨론 제국의 멸망을 묘사한 것이고, 이사야 34장 4절은 에돔을 비롯한 열국들에 대한 하나님의 심판을 묘사한 것이다. 만일 이방 나라들과 제국들의 몰락을 묘사하는 데도 이러한 묵시적 언어가 사용되었다면 하물며 하나님의 택하신 민족과 그들의 신앙의 중심인 성전의 파멸을 묘사하는 데 이러한 묵시적 언어가 사용되는 것은 너무도 자연스럽지 않은가? 그렇다면 29절의 묵시적 언어 역시 반드시 세상 끝을 묘사할 필요는 없으며, 오히려 얼마든지 예루살렘과 그 성전의 정치적 몰락을 묘사할 수 있는 것이다(참조. 겔 32:7; 욜 2:10; 암 8:9).

30절의 '하늘에 인자의 징조가 나타날 것이다'는 구절은 초대 교회 이래로 다양하게 해석되어 왔다.[16] 하지만 그 현상은 구체적인 자연 현상이라기보다는(예를 들어, 하늘에 나타난 십자가), 묵시적 상징으로서(31절의 '나팔' 상징과 마찬가지로) 인자의 심판적 전쟁의 시작과 더불어 그의 백성의 회집을 알리는 '군기'를 지칭하는 것으로 보인다(참조. 사 11:12, 49:22). 이스라엘에 대한 인자의 이와 같은 심판적 전쟁의 승리는 '이스라엘 땅의 모든 지파들'로 하여금 통곡하도록 할 것이다(슥 12:10~14).[17] 예수는 로마에 의한 예루살렘과 성전의 파괴를 인자의 심판으로 간주하시며, 또한 이스라엘 모든 백성이 인자의 그와 같은 심판적 행위와 권위로 말미암아 통곡할 운명에 처할 것임을 예견하신다.

그렇다면 '인자가 구름을 타고 능력과 큰 영광으로 오는 것을 보리라'는 구절도 본 문맥에서 그 의미와 역할이 분명해진다. 먼저 다니엘 7장 13~14

절에 기초하고 있는 이 예언은 그 원래 문맥에 비추어 이해하는 것이 필요하다. 그런데 원래 다니엘 7장 13~14절에서 '인자의 오심'은 인자가 땅으로 오는 것보다는 권위와 영광을 받기 위해 하나님께로 가는 것과 그 결과 인자의 권위와 왕권이 온 세상에서 인지되게 되는 것을 의미한다. 그런데 앞에서 지적한 대로 예루살렘 성전 파괴는 인자의 권위가 온 세상에서 공개적이고 구체적으로 인지되는 결정적인 심판적 행위로 간주될 수 있으며(참조. 23:37~38, 24:2), 따라서 이 구절은 예루살렘 성전 파괴를 지칭하는 데 매우 적절하게 적용될 수 있는 것이다.[18]

31절의 구약적 배경(사 27:13; 신 30:4; 슥 2:6)은 이스라엘이 포로에서 다시 모여들 것과 관련되어 있다. 하지만 본 절에서는 그 모여드는 자들이 '그 택하신 자들'이라고 규정되고 있다. 그렇다면 본 절은, 성전 파괴 사건과 더불어 반역하는 이스라엘 백성에 대한 인자의 심판자로서의 권위가 확인됨으로써, 이제 그의 복음이 더 이상 이스라엘 민족의 한계에 머물지 않고, '그의 사자들'(τοὺς ἀγγέλους αὐτοῦ; 참조. 11:10)에 의해 모든 민족에게 전파될 것임을 언급하는 것으로 보인다(참조. 8:11~12). 그럴 경우 '모은다'는 개념은 한 장소에 모이는 의미라기보다는 하나님 나라의 영향력 하에 들어가는 것을 의미한다.

32~33절의 비유의 의미는 분명하다. 팔레스타인 내에서 너무도 흔히 볼 수 있는 무화과나무는 늦은 봄이 되어서야 잎사귀를 낸다. 따라서 팔레스타인 내에 사는 사람이라면 누구든지 무화과 잎사귀가 나타나는 것을 보고서 여름이 바로 임박해 있음을 감지하게 된다. 이와 마찬가지로, 15~28절의 현상들은 29~31의 성전 파괴 사건에 대한 놓칠 수 없는 분명하고도 임박한 징조가 될 것이다.

34절은 '이 모든 일들'(πάντα ταῦτα; 즉, 15~33절, 특히 29~31절에서 예언된 일들)이 일어나는 시한(時限)을 '이 세대가 지나가기 전'으로 명백히 하고 있다. 이제 우리가 29~33절까지를 위와 같이 해석해야 하는 이유가 분명해졌다. 첫째, 만일 우리가 29~31절을 세상 끝에 대한 언급으로 이해할 경우 예수의 예언은 거짓된 것으로 드러날 수밖에 없다. 하지만 29~31절을 성전 파괴에 대한 언급으로 이해할 경우, 예수의 예언은 주후 70년 예루살렘 함락 당시 성취되었다(예수의 예언을 들었던 세대 중 많은 자들이 이 사건을 목격했을 것이다). 둘째, 만일 우리가 29~31절을 세상 끝에 대한 언급으로 이해하고, 32~33절을 세상 끝에 있을 징조로 이해할 경우, 이는 36~51절의 예수의 가르침과 상충된다. 32~33절에서는 세상 끝에 대한 징조가, 그리고 34절에서는 그 시한(時限)이 언급되고 있는데 반해, 36~51절에서는 세상 끝의 시점에 대한 무지가 선언되고 있을 뿐 아니라, 그 시점을 예견하려는 시도 자체가 부정적으로 다루어지고 있기 때문이다. 하지만 우리가 29~34절 모두를 예루살렘 성전 파괴와 관련된 언급으로 이해할 경우, 이러한 상충의 문제는 아무 무리 없이 해결된다.

이처럼 종래의 일반적이고 통속적인 해석들의 오해와 문제들은, 구약적 배경에 충실히 기초해 있고, 문맥의 흐름도 있는 그대로 받아들일 뿐 아니라, 예수의 실수를 인정할 필요도 없는 위의 해석에 의해 적절히 점검되고 해결될 수 있을 것이다.

예기치 않은 인자의 재림(24:36~25:13)

이제 24장 36절에 이르러 24장 3절의 제자들의 질문 중 두 번째 부분인 '세상 끝'(즉, '인자의 재림')의 시기와 징조에 대한 예수의 대답이 마침내 제시되기 시작한다. 그런데 이 대답에 나타난 강조점은 인자의 재림의 때가 드러나 있지 않다는 점과, 그 때는 가장 예기치 않은 시점에 임하리라는 점이다. 성전 파괴의 경우와 달리, 인자의 재림 시기와 관련해서는 미리 경고로서 인식될 만한 아무런 징조도 없을 것이다. 따라서 제자들은 끊임없이 경성해 있어야 하는 것이다. 사실 이 주제는 24장 36절에서 진술된 이후 24장 39, 42, 43, 44; 50절, 25장 13절에서도 명시적으로 반복해 나타나고 있을 뿐 아니라, 이 단락 안에 나타나는 다양한 비유들과 다른 짧은 말씀들에 서도 암시적으로 나타나 있다. 이 주제에 대한 마태의 강한 관심은 본 단락 이 마가(13:32~37)나 누가(21:34~36)의 경우보다 훨씬 더 길게 확장되어 있다 는 점에 의해 드러난다.[19] 사실 마태는 이 주제의 중요성을 강조하기 위해, 이미 24장 3절에서 제자들의 질문 중 '인자의 오심'에 관한 부분을 명시적 으로 첨가했었다. 그런데 이제 이와 관련된 대답에 해당하는 본 단락을 확 장함으로써, 그 대답의 양에 있어서도 첫 부분(24:4~35)과 둘째 부분 (24:36~25:13, 혹은 24:36~25:46) 사이에 대등한 균형을 이루고 있다.

24장 36절의 '그 날과 시각'(τῆς ἡμέρας ἐκείνης καὶ ὥρας)은 24장 33~34 절에서 다루어진 '이 모든 것들'(πάντα ταῦτα)에 대한 주제와 대조되는 주제 의 전환을 시사해 준다. '이 모든 것들'에 대한 시한(時限)과 징조는 주어지 지만, '그 날과 시각'은 누구에게도 알려져 있지 않으며, 따라서 그 때를 알 려줄 수 없다는 것이다.

노아의 때(24:37~39), 도둑(24:42~44), 지혜 있는 종과 미련한 종(24:45~51), 열 처녀(25:1~13) 비유들은 24장 3절의 제자들의 질문 중 '인자의 재림'(즉, '세상 끝')의 징조에 관한 질문의 대답으로 주어지고 있다. 이 비유들은 인자 의 재림의 때가 알려져 있지 않을 뿐 아니라, 그 때가 가장 예기치 않은 시 기에 임하리라는 점을 공히 강조해 준다. 그 때와 관련해서는, 징조가 주어 지고 있는 성전 파괴의 때와는 달리(참조. 15~35절), 미리 경고로서 인식될 만 한 징조가 없을 것이며, 그 결과 대부분의 사람들은 불시에 심판의 때를 맞 이할 것이다. 따라서 제자들은 끊임없이 경성함으로써 그 때를 맞을 준비 를 해야 하는 것이다. 한편 25장 13절은 24장 36절과 인클루지오(inclusio) 구 조를 형성하며, 그렇게 함으로써 이 두 절 사이의 모든 비유들이 알려져 있 지 않은 '날'과 '시각'의 주제에 관한 확장된 논의임을 보여준다.

노아의 때 비유(24:37~39)의 주된 초점은 노아 당대 사람들의 준비되지 못한 모습에 맞추어져 있다. 그 결과 그들은 멸망을 당할 수밖에 없었던 것 이다. 그런데 인자의 재림도 그처럼 전혀 예기치 않은 상황에서 있게 되리라는 것이다. 한편 실제로 구약의 노아와 그의 가족이 구원을 받은 것은 그들이 홍수의 때를 예측하여 셈하였던 때문이 아니라, 하나님의 경고에 항상 준비된 모습으로 살았기 때문이었다.

24장 40~41절은 일상적인 생활이 갑자기(예측할 수 없는 모습으로) 중단될 것임을 보여준다. 문제는 무슨 일을 하고 있는가가 아니라, 어떤 일에 종사하든지 준비된 모습인가 아닌가에 달려 있는 것이다.

24장 42절의 "그러므로 깨어 있으라"는 권면은 24장 36~41절의 논의에서 유추된 자연스런 결론이다. 이 권면은 또한 24장 43~51절과 25장 1~13절의 논의의 초점을 이루게 된다. 제자의 본분은 인자의 재림의 때를 계산하여 아는 것이 아니라 깨어 있는 것이다(참조. 25:13).

도둑들 비유(24:42~44)는 재림의 때를 계산하려는 시도의 무익함을 확실히 하고 있다. 제자들은 재림의 때를 계산하려 하기보다는 오히려 끊임없이 준비되어 있어야 한다는 점을 인상적으로 보여준다.

지혜 있는 종과 미련한 종 비유(24:45~51) 역시 문제의 초점은 동일하다. 특히 50절의 "생각지 않은 날 알지 못하는 시간에"(ἐν ἡμέρᾳ ᾗ οὐ προσδοκᾷ καὶ ἐν ὥρᾳ ᾗ οὐ γινώσκει 참조. 24:36, 25:13)[20]라는 중복적 표현은 예수의 재림의 때를 예측할 수 없다는 사실을 지극히 강조해 준다. 이에 더하여 이 비유는 준비된 모습이 어떠한 것인지를 보다 실제적으로 설명해 준다. 준비된 모습이란 단지 가만히 앉아서 기다리는 것을 의미하는 것이 아니라 재림의 때를 위해 열심히 활동적으로 임무를 수행하는 것을 의미하는 것이다.

열 처녀 비유(25:1~12)에서는 도둑 비유에 인상적으로 나타난 '준비성'(44절) 주제와 나머지 비유들에 나타난 '두 종류의 운명'(24:40~41, 45~51) 주제가 함께 나타난다. 인자의 재림을 내다보는 자들은 기름을 준비함으로써, 즉 하나님 나라에서의 자신의 본분에 합당한 행동을 행함으로써 준비되어 있어야 한다. 그런데 그 준비란 그 날이 오기 전까지만 가능하며, 일단 그 날이 오면 더 이상 준비는 불가능하다. 왜냐하면 '문이 닫힐 것'이기 때문이다(25:10).

마지막 때를 위한 준비(25:14~30)

위의 네 비유들에 뒤이어 나타나는 달란트 비유(25:14~30)에서도 준비성의 주제는 계속되고 있다. 하지만 이 비유는 '준비함'의 성격을 보다 명확히 규명해 준다. 그것은 단순히 수동적으로 기다리는 것을 의미하지 않는다. 그것은 오히려 주인이 와서 보고 인정할 수 있는 결과를 가져오는 책임 있는 활동을 의미한다. 다시 말해 기다림의 기간은 무의미하고 공허한 '지연'의 기간으로 의도된 것이 아니며, 오히려 그의 종들에게 맡겨진 달란트들을 선히 사용할 수 있는 기회의 기간으로 의도된 것이다.

예수의 사역의 성격에 비추어 볼 때, 종들에게 맡겨진 돈(τάλαντον 달란트)[21]은 일반적인 사람들에게 주어진 자연적 재능이라기보다는 하나님 나라에서 제자들에게 주어진 특권들과 기회들을 지칭하는 것으로 보인다. 제자들에게 열려 있는 기회들은 그 특성과 크기가 다를지도 모른다. 그러나 그들 모두는 주인이 돌아오기 전에 그 기회들을 충실히 활용해야 하는 것이다. 그렇다면 '준비성'이란, 그 크고 작음을 떠나 제자들로서의 우리들의 책임들을 충실히 수행하는 데 있다고 할 수 있다. 책임의 크기를 조정하시는 분은 하나님이시다. 제자의 의무는 그 크기에 상관하지 않고 자신에게 부여된 역할을 충실히 수행하는 것이다.[22]

한편, 셋째 종의 실수는 단순히 게으름에 있었다기보다는 그의 주인에 대한 그릇된 이해에 있었다. 그는 주인이 어떠한 분인지를 잘못 이해했기 때문에, 그릇된 운명론적 사고(思考)에 빠졌던 것이다. 이 비유는 그릇된 행동을 하지 않는 데만 온 마음을 쏟는 소극적인 종교적 성향의 위험성을 적절히 지적해 준다. 주인의 기대는 자신을 깨끗이 유지하는 것에 그치지 않고, 책임성 있는 충실한 봉사를 통한 결실들에 모아져 있기 때문이다.

마지막 심판의 기준(25:31~46)

25장 31~46절의 양과 염소 이야기는 24장 36절로부터 시작된 마지막 때에 관한 주제의 절정을 이룬다. 이 이야기는, 지금까지 여러 비유들(특히, 열 처녀 비유, 달란트 비유)을 통해 계속 촉구되어 왔던 준비함이 무엇을 의미하는가를 구체적으로 설명해 준다. 이 이야기는 또한 최종적 구분의 필연성을 강조해 준다(32~33절; 참조, 13장의 비유들, 24:38). 의인과 악인이 섞여 있는 상태는 더 이상 존재하지 않는다는 것이다.

31절의 "인자가 자기 영광으로 모든 천사들과 함께 올 때에" 구절은 이미 16장 27~28절, 24장 30~31절에서도 유사한 형태로 사용되었었다. 그런데 앞의 경우들에 있어서는 이 구절이 다니엘 7장 13~14절의 성취의 초기 단계(즉 부활, 성전 파괴 등)와 관계가 있었다. 하지만 본 절에서는 드디어 그 성취의 절정 단계(즉 인자의 재림)를 지칭한다. 34절에서 왕이신 예수로부터 오른 편에 있는 자들이 상속받게 되는 '나라'는 아마도 왕적 권위를 지칭하는 것으로 보인다(참조, 19:28; 단 7:14).

그런데 최종적 판단의 기준이 되고 있는 '선행들'이란 무엇인가? 그것은 예수의 형제들 중 지극히 작은 자에게 행한 구제, 영접함, 나누어 줌, 위로, 위문 등이다(35~36, 40절). 여기에 한 가지 놀라운 신비가 있는데, 그들에게 이러한 일을 했을 때, 그것은 곧 예수께 한 것이 된다는 사실이다. 다시 말해 예수는 그 자신을 자기 형제 중 지극히 보잘것없는 자와 동일시하고 있는 것이다(40, 45절). 이 신비는 너무나 엄청난 것이어서 아무도 예기치 못한 그러한 일이다. 그래서 의인들이나 악인들 모두가 언제 자기들이 주님께 그런 선행이나 악행을 하였는가를 반문하고 있는 것이다(37~39절, 44절).

여기서 한 가지 규명해야 할 점은 과연 누가 예수의 지극히 작은 '형제'(40절)인가라는 점이다. 많은 학자들이 여기서 예수께서 '형제'라고 지칭한 대상을 '어려움 중에 있는 모든 인간'이라고 규정하는 데 동의해 왔다.[23] 따라서 그들에 의하면 본 구절의 메시지는 일종의 인간애적 윤리라는 것이다. 다시 말해 어려움 중에 있는 모든 사람들에 대한 선행이 영혼 구원의 기초가 된다는 것이다. 하지만 보다 최근에 들어와서 학자들은 예수께서 어려움 가운데 있는 모든 자들을 '형제'라고 지칭하셨다고 하는 주장에 어려움이 있음을 지적하고 있다. 마태복음 안에서 '형제들'은 예수의 제자들을 지칭하는 것이 분명하기 때문이다(참조. 12:48~50; 28:10). 더욱이 '지극히 작은 자'(40, 45절)라는 표현 역시 마태복음 내에서 일반적인 의미로 사용되기보다는, 예수의 제자들을 지칭하는 전문적 의미로 사용되는 것이 분명하다(10:42; 18:6, 10, 14). 그렇다면 "내 형제들 중 지극히 작은 자"(40절)는 어려움 중에 있는 주님의 제자들을 지칭하는 것이 분명하다. 그럴 경우 본문에서 문제가 되는 심판의 기준은 어려움 가운데 있는 사람들 모두에 대한 선행이라기보다는, 오히려 어려움 중에 있는 제자들에 대한 반응인 것이다.[24] 그래서 어떤 이들은 본 구절이 마태복음 10장 40~42절의 가르침을 확대시켜 놓은 것이라고 보기도 한다.[25] 결국 여기서 문제시되고 있는 심판의 기준은 단순한 인간애라기보다는 예수와의 관계에 기초한 그의 제자들에 대한 자비로운 태도이며, 이는 궁극적으로 예수 자신께 대한 태도와 관계의 문제인 것이다(참조. 41절: "나를 떠나라").

마태복음의 구조상 예수의 마지막 강화 단락의 마지막 가르침으로 주어지고 있는 이 이야기의 분명한 강조점은 열매 맺지 못하는(즉 선행으로 표현되지 않는) 관계는 진정한 것이 아니며, 따라서 그러한 관계에 근거해서는 마지막 심판 때 의롭다고 인정받을 수 없다는 점이다(참조. 7:21~23).

지금까지의 석의적 고찰을 통해 마태복음 24~25장이 오늘날 우리 그리스도인들에게 주는 교훈들을 정리해 보도록 하자.

첫째, 우리는 24장 4~28절에서 기술되고 있는 위기적 상황들(거짓 그리스도의 출현, 난리, 전쟁, 기근, 지진 등)을 인자의 재림에 대한 징조로 간주하여 들뜨거나 조급해 하는 경향을 경계해야 한다. 또한 그러한 현상들에 기초하여 예수의 재림의 때를 계산해 보려는 시도는 더욱 경계해야 한다. 왜냐하면 24장 4~28절은 인자의 재림의 징조가 아니라, 예루살렘 성전의 파괴에 대한 징조이기 때문이다. 더욱이 인자의 재림의 때는 아무에게도 알려져 있지 않을 뿐 아니라, 그에 앞서 아무런 징조도 없이 갑자기 임할 것이기 때문이다(24:36, 24:50, 25:13).

둘째, 현 상황에서 잦은 혼란과 난리에 직면하게 되고 온갖 고난과 시험을 당하게 될지라도 우리는 이를 이상하게 여겨서는 안되며, 오히려 그 모든 것을 끝까지 인내해야 한다(24:13). 왜냐하면 이러한 현상들은 인자의 재림 때까지 계속 반복해서 일어나야 하는 산통(産痛)이기 때문이다(24:8).

셋째, 인자의 때가 아무런 징조도 없이 갑자기 임할 것이기 때문에 우리는 언제나 깨어 준비되어 있어야 한다(24:42~43). 그렇지 않으면 노아의 때 사람들(24:37~39), 불성실한 종(24:45~51), 미련한 다섯 처녀(25:1~12), 한 달란트 받은 종(25:14~30)의 경우처럼, 도적과 같이 갑자기 임하실 인자의 심판을 면할 수 없을 것이기 때문이다. 그런데 인자의 재림의 때를 위한 준비는 주님과의 관계에 기초한 형제 사랑의 실천 가운데서 발견된다(25:31~46). 우리는 행함이 없는 관계란 무의미하며, 무력하다는 사실을 철저히 명심해야 할 것이다(참조. 7:21~23).

14

예수 그리스도의 죽음과 부활

마태복음 26~28장의 주해와 적용

마태복음 26장은 75절에 걸친 가장 긴 장으로 27장과 함께 예수님의 수난기사를 상세히 다루고 있다. 26장은 수난에 대한 예수님의 철저한 준비와 예고, 그리고 유대 법정에서의 예수님의 재판을 다루고, 27장은 빌라도 앞에서 예수의 재판과 십자가 처형을 다루고 있다. 두 장 모두 예수님의 재판과 사형선언이 얼마나 부당한 조치인가를 보여주면서 동시에 예수님의 수난은 성경을 성취하기 위한 대속적인 구원의 사건임을 제시한다. 예수님께서 받는 멸시, 조롱과 처참한 십자가의 처형은 메시아의 고난으로 유대인의 왕 예수님의 역설적인 왕권의 행사이다. 이러한 점을 27장의 기록을 통해서 저자는 드러내고 있다. 28장은 예수님의 부활사건을 기록한다. 여기서 독자들은 여전히 부활하신 예수님의 권세를 대적하는 종교지도자들의 편에 서야 하는지 아니면 여인들과 예수님의 제자들처럼 부활하신 예수님의 편에 서야 하는지 저자로부터 도전을 받는다.

예수님을 죽이려는 종교지도자들의 음모(26:1~5)

이 단락에서 주목할 두 가지 내용은 예수님의 말씀 사역을 이제 모두 마쳤다는 언급(1절)과 이틀 후에 있을 유월절에 인자가 십자가에 처형되기 위해서 배반을 받을 것이란 예수님의 예언이다(2절). 이러한 언급은 마태복음에만 등장하는 것으로 예수께 닥쳐오는 수난은 예수님의 가르침 사역의 완성임을 보여준다. 예수님은 이미 3차례에 걸쳐서 그의 수난과 부활에 대하여 예언하신 바 있다(16:21, 17:22~23, 20:18~19). 2절에 사용된 두 동사 "넘겨주다"와 "십자가에 처형하다"는 2~3차 예언에 사용된 단어를 반영한다(17:22, 20:18~19). 이점은 예수님의 수난 예언이 이제 정확하게 유월절 기간 중에 실현될 것임을 분명하게 한다. 4절에 언급된 "죽이다"는 동사 역시 예수께서 3차례 수난예언에서 반복적으로 사용한 단어이다(16:21, 17:23, 20:18). 이 사실 역시 예수님의 임박한 수난과 죽음이 그의 예언의 실현임을 보여준다.

3~5절에서 저자는 대제사장들과 백성의 장로들이 대제사장 가야바의 관저에 모여서 예수님을 죽이려는 음모를 소개한다. 앞의 내용과 관련하여 놀라운 사실은 이들이 예수님을 은밀한 방법으로 잡아죽이려고 의견을 통일하면서 유월절 기간 중에는 그를 죽이지 말자고 결의했다는 점이다(5절). 2절에서 예수님은 명확하게 당신이 유월절 기간 중에 배반을 받고 십자가에 처형될 것이라고 이미 말씀했는데, 그를 죽이려는 유대의 종교당국자들은 백성들 가운데 민란을 방지하기 위해서 유월절 기간 중에는 그를 죽이지 말자고 결론을 내렸다는 것이다. 여기서 예수님의 예언과 그들의 결의 사이에 모순을 독자들은 발견한다. 독자들은 이중 누구의 말이 옳은지 이어지는 수난기사를 읽음으로 쉽게 판단할 수 있다.

3절에서 저자는 예수님을 죽이려는 종교당국자들을 "대제사장들과 백성의 장로들"이라고 밝힘으로 이들의 음모계획은 예수님의 성전 청결사건과 밀접하게 관련되어 있음을 밝히고(21:23), 동시에 2장에 기록된 예수님의 탄생 시에 있었던 종교지도자들의 단합과 결속을 상기시켜준다. 저자는 이러한 모습을 통하여 예수님의 수난을 일찍이 예고한 바 있다. 예수님의 탄생기사와 수난기사에 등장하는 세 그룹에 차이가 있다면 전자에서 헤롯왕, 대제사장들과 백성의 서기관들이 등장하고(2:4), 후자에는 총독 빌라도,

대제사장들과 백성의 장로들이 나온다는 점이다(26:3, 47). 이러한 대비를 통하여 저자는 예수님의 탄생과 관련한 일련의 사건들 속에 암시된 그의 수난의 예언이 막 실현되어 가고 있음을 보여준다. 결국 저자는 예수님의 수난 기사를 이와 같이 소개함으로 예수님의 수난이 그의 예언대로 진행되어 질 것을 독자들에게 인식시키고 있다.

베다니에서 예수께서 여인에게 기름부음을 받은 사건(26:6~16)

마가복음에는 여인이 가져온 향유의 종류와 그 금전적인 가치에 대하여 구체적으로 밝히고 있는 데 반하여(14:3~5), 마태는 이에 대하여 관심을 기울이지 않는다. 그의 초점은 제자들이 더 이상 함께 할 수 없는 예수님을 위하여 여인이 아름다운 일을 행했다는 데 있다(10~11절). 여인이 예수님의 머리에 향유를 부은 것은 여인의 입장에서 볼 때 예수님에 대한 극적인 사랑과 헌신의 표시이지만, 성경의 가르침에 비추어 볼 때 예수님이 죽음을 위해 기름부음을 받은 왕이심을 보여준다. 다시 말하면 왕이신 예수님의 보좌는 그가 죽임을 당할 십자가임을 암시한다.[1] 예수님의 수난예언은 그의 부활예언과 하나이기 때문에 여인의 행동 속에 예시된 예수님의 죽음과 장례는 그의 부활 역시 예고한다. 이점에서 볼 때 "이 복음이 전 세계에 전파된다"는 그의 말씀은 마태복음 10장 6절과 15장 24절에 언급된 복음전파의 지리적인 한계가 그의 십자가와 부활로 말미암아 제거될 것임을 보여준다. 이것은 예수님의 십자가와 부활 사건으로 실현되었다(28:19). 복음의 세계적인 전파 과정에서 여인의 행동이 언급되어야 할 것을 예수님이 말씀하심으로 여인이 예언적으로 행한 행동이 반드시 역사 속에서 실현될 것을 확증한다.

저자는 돈의 액수에 전혀 관심을 가지지 않고 예수님에 대한 헌신을 보여주는 여인의 기름부름을 기록한 후에, 돈에 온 관심을 기울이고 있는 유다의 은밀한 배반밀약을 기록함으로 두 사람을 대조시킨다. 마가(14:10~11)와 누가(22:4~5)는 돈을 주기로 약속한 것으로 기록하고 있으나, 마태는 유다에게 현장에서 은화 30개를 넘겨준 것으로 기록한다(15절). 마태는 이 언급을 통하여 유다의 관심이 오로지 돈에만 있음을 보여준다. 이 모습은 예수께서 산상수훈과 제자들의 파송교훈에서 돈에 대하여 경고한 것과 정반대이다(6:24, 10:9). 또한 은화 30개에 대한 구체적인 언급은 스가랴 11장 12절의 예언 성취로 예수께서 목자로 배반당함을 보여준다. 다시 말해서 예수님의 죽으심은 버림받은 목자로서의 죽음임을 암시한다. 한 걸음 더 나가서 15~16절에 한 번씩 사용된 동사 "넘겨주다"는 이미 앞서 지적했듯이 예수님의 수난예언에 등장하는 핵심적인 단어이다. 이것도 예수님의 예언이 유다의 배반계획을 통하여 실현을 향해 가고 있음을 보여준다.

예수님의 유월절 만찬과 성례 제정(26:17~30)

마가(14:12~16)와 누가(22:7~13)는 예수님의 유월절 기념 준비에 대하여 비교적 상세하게 기록하고 있는 데 반하여, 마태는 이것을 단지 3절로 간단하게 처리한다(17~19절). 마태의 관심은 예수님이 맞이하는 마지막 유월절이 가지는 새로운 의미에 있다. 특히 마태에만 등장하는 "나의 때(카이로스)가 가까이 왔다"는 그의 말씀은 예수님의 마지막 유월절이 전과 같이 이스라엘 백성의 과거 구원 기념이 아니라, 그를 통하여 이루어질 새로운 구원의 예비적인 기념임을 보여준다(18절).

마태는 여기서 다른 복음서와는 다르게 예수님의 심각한 말씀에 대한 제자들의 반응을 기록한다. 마가는 제자들이 각각 "당신을 배반할 자가 나입니까" 라고 묻는 것으로 기록한다(14:19). 그런데 마태는 두 가지 면에서 독특하게 기록한다. 첫째, 제자들이 이 질문을 할 때 예수님께 주님이란 호칭을 사용했다고 마태는 기록한다(22절). 둘째, 유다는 맨 마지막에 따로 주님이란 호칭대신 "랍비"(선생님)란 칭호를 사용하여 예수님께 질문했다(25절). 다른 제자들이 앞서 11번에 걸쳐서 "주여, 나입니까"라고 질문을 했는데 유다만 홀로 "랍비여 나입니까" 했다는 사실은 유다의 영적인 현주소를 적나라하게 폭로한다. 사실 마태복음에서 제자들은 한 번도 예수님을 이 칭호로 부르지 아니하고 항상 주님이란 명칭을 사용했다. 이 사실은 예수님을 배반하는 유다가 비록 12제자 중의 하나였지만 그럼에도 불구하고 그는 결코 처음부터 한 번도 참된 제자가 아니었음을 말한다. 마태는 이러한 방식으로 예수님을 배반하는 유다가 결코 주님의 진정한 제자가 아니었음을 밝히고 있는 것이다.

26~30절은 예수님의 죽으심이 어떠한 결과를 제자들에게 가져다줄지를 잘 보여준다. 먼저 예수님을 떡을 취하여 축사하신 후에 이를 잘라 제자들에게 주면서 "받아 먹으라 이것은 나의 몸이다"고 말씀했다(26절). 그 다음 이와 비슷하게 잔을 취하여 축사하신 후에 제자들에게 돌리며 "너희들 모두가 마시라"고 했다(27절). 여기서 잘라진 빵은 십자가에서 찢겨진 예수님의 몸을 암시하고, 그가 이어 나누어준 포도주는 그의 찢겨진 몸에서 흘러나온 피를 지시한다. 이 둘은 생생하게 예수님의 죽으심과 피 흘리심을 예시할 뿐만 아니라, 한 걸음 더 나아가서 예수님의 이같은 대속적인 죽으심의 결과로 제자들은 구원의 축복을 누리게 될 것을 보여준다. 특히 28절에서 독자들의 주목을 끄는 것은 마태복음에만 등장하는 "죄 사함을 얻게 하기 위하여"란 구절이다. 이 목적절은 "많은 사람을 위하여"란 구절과 함께 "인자는 섬김을 받으러 온 것이 아니라, 많은 사람을 위하여 대속물로 자신의 생명을 주기 위해 왔다"는 말씀을 좀더 설명한다(20:28). 이것은 예수께서 이 땅에 오신 목적, 곧 자기의 백성들을 그들의 죄에서 구원하기 위함이란 말씀이 예수님의 십자가 죽으심을 통해서 성취될 것임을 분명하게 해준다(1:21).

또한 "나는 포도나무의 열매를 그의 아버지의 나라에서 새롭게 마실 때까지 다시는 마시지 아니하겠다"는 예수님의 말씀은 이 시간 이후로 그는 죽음의 길을 가게될 것을 명확하게 해준다(29절). 그는 십자가 죽음의 길을 갈 것이기 때문에 그가 더 이상 제자들과 함께 포도주의 잔을 들지 못하는 것은 당연하다. 마태는 예수님께서 제자들에게 나누어주신 떡과 포도주의 잔은 곧 성취된 그의 십자가 죽음의 결과로 제자들이 참여하게 될 구원의 축복을 내다보는 언약의 축복으로 본다. 이 점은 예수님의 십자가 죽음이 많은 사람들의 죄 용서를 위해서 부어지는 언약의 피라는 사실에 드러난다(28절). 예수님의 대속적인 십자가 죽음은 모세가 시내 산에서 하나님의 백성을 모아 놓고 희생짐승의 피를 취하여 그들에게 뿌리면서 "이것은 여호와께서 … 너희와 세운 언약의 피니라"고 한 말씀(출 24:8)과 죄 용서를 보장하고 약속하는 새 언약(렘 31:31)과 많은 사람들의 죄를 감당하기 위해서 자신의 영혼을 죽음에 쏟아 놓으신 여호와의 종(사 53:12)에 관한 예언의 최종적인 성취이다.

베드로의 예수 부인 예언(26:31~35)

예수님과 제자들은 만찬 석상에서 일어나 찬양을 하면서 감람산으로 올라갔다(30절). 이 때 그들이 부른 노래는 단지 과거에 출애굽 사건을 노래하는 찬양만이 아니라(시편 113~118편), 예수님의 십자가 죽으심으로 말미암아 이루어질 구원을 예고하는 승리의 찬양이다. 이것은 제자들의 의식 속에는 분명하지 않았지만 그의 십자가 죽임이 가져올 구원에 대하여 명확하게 알고 있는 예수님에게는 엄연한 사실이다.

예수님은 제자들과 함께 감람산으로 가는 노중에 제자들 모두가 그 날 밤(오늘) 그를 버리고 떠나갈 것을 말씀했다(31절). 그 이유는 예수님의 죽으심은 목자 예수님이 여호와 하나님께 심판의 매를 맞는 죽음이기 때문이다. 예수님은 이 사실을 스가랴 13장 7절의 말씀을 인용하여 분명히 했다. 이렇게 목자 예수님이 여호와 하나님께 심판의 매를 맞아 죽게될 때 양의 무리인 제자들의 흩어짐은 피할 수 없는 것이다. 그렇지만 예수께서 죽은 자 가운데서 일어난 후에 예수님은 그의 제자들을 갈릴리에서 볼 것이기 때문에 제자들의 흩어짐은 영원한 것이 아니고 잠정적인 것이다. 32절에 사용된 "일어나다"(살아나다)는 동사는 예수께서 그의 죽음 후 제3일에 그의 부활을 예고할 때 반복적으로 등장하는 단어이다(16:21, 17:23, 20:19). 이 말씀은 예수님은 죽음으로 끝나실 분이 아니라, 그 후에 죽은 자 가운데서 부활하신 것을 확실하게 해준다.

이 때 예수님의 말씀의 참뜻을 제대로 깨닫지 못한 베드로는 자신은 결코 예수님을 버리지 않겠다고 장담했다(33절). 여기서 베드로는 주님을 버릴 수 있는 나머지 제자들 모두와 결코 버리지 않을 자신을 대조시킨다. 이에 예수님은 31절에 이미 언급된 "바로 그 밤에" 표현을 다시 사용하여, 좀더 구체적으로 닭이 울기 전에 그가 세 번 부인할 것이라고 진지하게 예언했다(34절). 이 때 베드로는 예수님의 말씀을 수용하지 않고 고집을 내세워 자신이 그와 함께 죽는다고 할지라도 결코 그를 부인하지 않을 것이라고 했다(35절). 여기서 독자들은 사도 베드로가 예수님의 임박한 대속적인 죽음의 절대적인 필요성을 깨닫지 못하고 있음을 주목하게된다.

겟세마네 동산에서 예수님의 기도(26:36~46)

겟세마네 동산에서 예수께서 행하신 기도의 기록은 제자들과 함께 한 예수님의 마지막 만찬과 긴밀하게 연결되어있다. 마가(14:36)와 누가(22:42)는 각각 예수님께서 행한 기도의 내용을 한 번만 기록하고 있으나 마태는 예수님의 3차례 기도 중에 첫째 기도와 둘째 기도의 내용을 기록한다(39, 41절). 기도에 나타난 "잔"이란 단어와 "마시다"는 동사는 예수께서 마지막 유월절 만찬시 그가 십자가 죽음을 내다보고 제정한 성만찬의 사건에서 포도주 잔과 관련하여 사용된 핵심적인 두 단어이다(27, 29절). 이 사실은 겟세마네 동산에서 예수님이 행하신 기도는 그가 만찬석상에서 제자들에게 포도주 잔을 제자들에게 돌려 마시게 한 사건과 밀접하게 관련되어 있음을 보여준다.

이같은 연결은 예수님의 제자들이 받은 포도주 잔은 그들에게 죄 용서를 가져오는 구원의 잔이지만 예수님에게는 십자가 죽음의 잔, 다시 말해서 하나님의 진노와 저주의 잔임을 암시한다. 겟세마네 동산에서 예수님의 기도는, 그의 제자들은 물론 죄 용서를 받게될 많은 사람들의 구원은 예수님이 하나님 아버지로부터 심판과 저주의 잔을 받지 않고는 절대적으로 불가능함을 보여준다. 이로써 그의 기도와 하나님의 응답은 예수님이 십자가에서 받는 저주와 심판의 잔만이 많은 사람들에게 구원을 가져다주는 유일한 길임을 명확히 한다. 예수께서 많은 사람들의 죄 용서를 위해 반드시 마셔야 하는 이 잔은 그가 요한과 야고보에게 말씀했던 그가 마시려는 잔이요(20:22), 그가 양 무리의 목자로서 하나님께 받는 심판의 매는 그에게 임박한 십자가 죽음의 매이다(26:31). 만일 독자들이 이러한 인식을 바로 하지 못하고, 구원이 마치 이외에 다른 방법으로 가능하다고 생각하면 이것은 성경의 가르침에서 크게 벗어나는 것이다. 독자들은 십자가에서 구원을 완성한 예수님을 믿지 않고 다른 방법으로 하나님을 믿는 종교에도 구원이 있다고 하는 종교다원주의의 사상은 겟세마네 동산의 기도 앞에 호리(毫釐)도 설자리가 없음을 인식할 필요가 있다.

우리는 예수님의 겟세마네 동산 기도에서 기도에 관한 중요한 일곱 가지 교훈을 배운다. 첫째, 기도는 하나님 아버지와 아들 사이에 친밀한 대화와 교제이다. 둘째, 기도의 내용은 기도자의 뜻에 의하여가 아니라, 기도를 받으시는 아버지의 뜻에 의해 결정된다. 셋째, 기도는 아버지의 뜻을 변경시키지 못하고, 오히려 이를 확증한다. 넷째, 같은 내용의 기도를 반복해서 하는 것은 중언부언의 기도가 아니다. 다섯째, 기도의 결과로 하나님 아버지의 뜻을 재차 새롭게 확인하고 이를 실천할 수 있는 힘과 용기를 얻는 것은 기도응답의 중요한 부분이다. 여섯째, 신자가 사탄의 시험에 빠지지 않으려면 적어도 하루 한 시간의 기도가 필요하다. 일곱째, 기도할 마음이 있어도 육신이 피곤하면 제대로 기도할 수 없기 때문에 신자들은 신체적, 정신적으로 피곤하지 않은 시간을 골라서 기도해야 한다. 독자들은 이러한 사실에 비추어 기도의 이론과 실제를 바로 잡아야 할 필요가 있다.

예수님은 기도의 결과로 세 가지 응답을 얻었다. 첫째, 기도하기 전에 죽고 싶을 정도로 마음이 심히 고통스러웠던 예수님(38절)은 기도 후에 마음의 안정과 확신을 얻었다(45절). 둘째, 기도의 결과로 예수님은 그를 향한 하나님 아버지의 뜻은 그가 십자가에서 진노의 잔을 마시는 것임을 강하게 확인했다. 만찬 석상에서 예수께서 사용했던 핵심적인 단어 "배반하다"가 기도 후에도 2번 사용된 것은 이점을 확실하게 해준다(45~46절). 셋째, 그가 인자로서 죄인들의 손에 팔리는 시간이 임박한 것을 알게 되었다(45b절). 유월절 이틀 전에 자신의 때(카이로스)가 가까이 온 것(18절)을 알았던 예수님은 이 때의 구체적인 시간(호라)까지도 알게 되었다(45절). 예수께서 이 말씀과 함께 "나를 파(배반하)는 자가 가까이 왔다"는 말씀을 하고 있을 때 유다가 예수님께 왔던 사실은 예수께서 기도의 결과로 그가 팔리시는 시간까지 얼마나 정확하게 알게 되었나를 확증한다.

유다의 배반과 예수님의 체포와 재판(26:47~56)

본 단락에서 마태의 기록은 다른 복음서의 기록에 비하여 좀더 상세하다.[2] 마태의 초점은 예수님의 체포가 성경의 성취를 위한 것임을 강조하는 데 있다. 이로써 저자는 독자들이 예수님에게 일어나는 일들이 성경예언의 성취임을 깊이 인식하기를 바란다. 이와 관련하여 독자들이 주목할 세 가지 중요한 사실이 있다. 첫째, 마태는 예수님의 유월절 만찬 기사와 겟세마네 동산에서의 기도 기록에 언급된 "배반하다"는 동사를 사용하여 모든 것이 예수께서 고난에 관하여 친히 예언한 대로 진행되고 있음을 보여준다.

둘째, "잡다"(체포하다)는 단어를 반복해서 사용함으로(48, 50절) 마태는 대제사장들과 백성의 장로들이 공회에서 의결했던 대로 모든 것이 실행되었음을 보여준다(4절). 그들은 예수께서 전에 악한 포도원 소작인의 비유를 그들에게 말씀했을 때에 그를 체포하려고 했다가 실패했다(21:46, 26:55). 그러나 이제 그들의 예수 체포가 성사되는 것은 예수님의 때가 도달했기 때문이다. 예수님은 이 사실을 선지자들의 예언을 성취하기 위함이라고 분명히 하셨다(56절). 셋째, 마가는 예수님의 체포와 관련하여 성경의 성취를 한 번만 언급하는 데 반하여(14:49), 마태는 2차례에 걸쳐서 역설한다. 이 단락에서 가장 강조된 부분은 예수님의 성경 예언의 성취라는 점이다. 이 점을 분명히 하기 위해서 마태는 다른 복음서의 기록에 등장하지 않는 내용들을 독특하게 기록했다(52~53절). 예수님은 체포현장에서 하나님께 호소하여 열두 영도 더 되는 천사(72,000명)를 당장에 동원할 수 있는 능력이 있었으나 그렇게 하지 않는 것은, 그렇게 되면 성경 예언의 필연적인 성취가 불가능하게 되기 때문이다(54절). 예수님께서는 그가 날마다 성전에서 가르칠 때는 그들이 체포하지 못했는데 지금에 와서 그를 체포하게 된 것은 선지자들의 성경이 성취되게 하기 위한 것임을 밝혔다(56절). 그의 체포는 이어지는 고난과 부활을 통한 구약의 예언의 최종적인 성취를 위한 필수적인 단계이다. 56절 마지막 부분에서 예수님의 모든 제자들이 그를 버리고 도망갔다는 언급도 예수께서 감람산으로 올라오면서 제자들에게 했던 말씀의 성취임을 독자들은 보게된다(26:31).

산헤드린 법정에서 예수님의 재판(26:57~68)

대제사장 가야바의 관저에서 예수님의 재판 기록의 핵심은 예수께서 어떤 죄 때문이 아니라, 베드로가 신앙을 고백한 대로 살아있는 하나님의 아들 메시아로 재판을 받고 있다는 사실이다. 이 점은 공관복음 중에서 마태가 힘써 강조하는 부분이다. 이와 관련하여 세 가지 내용을 살펴보자. 첫째, 대제사장들과 공회원들이 예수님을 사형에 처할 근거가 되는 거짓 증거를 찾아 많은 거짓 증인들을 세워 증거하게 했으나(59절) 실패하고, 마침내 두 증인이 나서서 예수님을 쳐서 그가 하나님의 성전을 파괴하고 3일 동안에 다시 지을 것이라고 말했다고 했으나 예수님은 일체 대답하지 않으셨다(62~63a절). 그러나 산헤드린의 의장 가야바가 그의 메시아 신분에 대하여 물었을 때(63절) 예수께서 더 이상 잠잠하지 아니했다는 것은 그가 하나님의 아들 메시아로 재판을 받고 있음을 분명히 한다.

둘째, 예수님의 신분에 관한 대제사장의 질문에서 독자들이 주목해야할 세 구절은 "살아 계신 하나님", "하나님의 아들", 그리고 "그리스도"이다(63절). 이 구절을 사용하여 대제사장은 예수께 "내가 너로 살아 계신 하나님께 맹세하게 하노니 네가 하나님의 아들 그리스도인지 우리에게 말하라"고 명했다. 마태만이 세 구절을 이와 같이 긴밀하게 연결하고 있다. 여기서 중요한 세 구절은 산헤드린 법정에서 예수님의 심문을 마태복음 16장 16절에 나오는 베드로의 예수님 고백 사건과 연결하는 역할을 한다. "살아 계신 하나님"이란 표현은 복음서 중에서 마태복음에만 두 번 나온다(16:16, 26:63). 아울러 중요한 점은 마태만이 하나님의 아들 그리스도란 말을 예수님의 재판과정에서 기록하고 있다는 것이다. 오직 마태복음에만 하나님의 아들 그리스도란 말이 연결되어 있다는 사실은 저자가 유대 법정에서 예수님의 심문을 16장 16절에서 "당신은 그리스도시요, 살아 계신 하나님의 아들이라"고 한 베드로의 고백과 연결시키고 있음을 보여준다. 16장에서 베드로의 신앙 고백 이후 예수님은 처음으로 자신이 그리스도이기 때문에 예루살렘에 올라가 많은 고난을 받고 죽임을 당하고 제 삼일에 살아날 것을 예언하기 시작했다(21절). 마태는 이 예언대로 예수께서 하나님의 아들 그리스도의 자격으로 고난을 받으며 사형언도를 받는 모습을 여기서 그려준다. 이를 부언하면, 마태는 이러한 연결을 통하여 독자들에게 그리스도께서는 그가 베드로의 신앙 고백 때 말씀하신 것처럼 구원을 성취하기 위해서 그리스도의 자격으로 산헤드린 법정에서 재판을 받고 있음을 보여준다. 그래서 예수님은 대제사장의 질문을 받고 지금까지 완전한 침묵을 깨고 그가 하나님의 아들 그리스도이심을 간접적으로 인정하실 뿐 아니라, 그가 십자가의 죽음을 당한 다음 그가 부활의 영광을 입어 하나님의 영광의 보좌에 앉게 될 것과 그가 심판 주로 다시 올 것을 증거한 것이다(64절). 예수님은 이러한 증거와 주장 때문에 결국 참람한 자라는 누명을 쓰고, 사형을 받아야 마땅하다는 언도를 받았다(65~66절, 27:1).

셋째, 67~68절에서 마태는 종교지도자들이 예수님의 얼굴에 침을 뱉고, 주먹으로 치고, 그리스도여 우리에게 선지자 노릇 하라고 능욕했다고 기록한다. 여기서 주목해야 할 것은 68절에 등장하는 "그리스도"란 칭호이다. 이 칭호는 마태복음의 기록에만 유일하게 등장한다. 예수께서 자신을 하나님의 아들 그리스도로 인정을 했지만 그들은 그를 그리스도로 인정하지 않고 냉소적인 의미로 사용한 것이다. 그러나 저자의 관점은 예수께서 당하는 조롱과 멸시는 예수께서 예언하신 그대로 고난을 받고 있음을 보여주기 위한 것이다.

베드로가 예수님을 세 번 부인한 사건(26:69~75)

저자는 56절 하반부에서 모든 제자들이 예수님을 버리고 도망갔다고 기록을 했으나, 58절에서는 베드로가 멀찍이 예수님을 대제사장의 관저 뜰까지 따라 왔다고 언급했다. 베드로가 비록 멀찍이 떨어져 따라왔지만 그래도 예수님을 끝까지 따라온 것은 일의 결국을 보고자 함이라고 기록했다(58절). 이 간단한 언급을 통하여 저자는 베드로가 어떻게 자신이 예수님께 호언장담한 말과 상당한 거리가 있음을 보여준다(35절). 이러한 베드로의 모습 다음에 예수님의 재판을 기록하고, 저자는 다시 베드로의 예수님 부인 사건을 기록하고 있다. 그러니까 저자는 샌드위치 구조로 베드로의 두 모

습 사이에 하나님의 아들 그리스도로 고난받는 예수님의 재판을 묘사하고 있는 것이다.[3]

베드로는 3단계로 예수님을 부인했다. 첫째, 비자, 곧 제사장의 여종(어린 소녀)이 베드로에게 "너도 갈릴리 사람 예수와 함께 있었도다"라고 말했을 때(69절)에 그는 "나는 네가 무슨 말하는지 모른다"고 반문했다(70절). 이것은 베드로가 단순히 대제사장의 하찮은 여종의 말뜻을 모른다는 뜻이 아니고, 이 말은 법정에서 사용되는 일종의 맹세이다.[4] 여기서 주목해야 할 점은 여종의 말은 베드로에게 한 것인데, 베드로는 모든 사람들 앞에서 예수님과 관계가 없다고 말했다. 둘째, 자리를 떠나 문 앞에서 만난 다른 여종이[5] 베드로를 보고 둘러선 사람들에게 "이 사람은 나사렛 예수와 함께 있었도다"고 했다(71b절). 이 때 베드로는 첫 번째 부인보다 더 심각하게 맹세를 하면서 "나는 그 사람을 모른다"고 잡아뗐다(72절). 여기서 그 사람이란 말은 베드로가 예수님을 경멸하는 뜻으로 사용한 것이다. 언제 베드로가 예수님을 "그 사람"이라고 부른 적이 있는가! 예수님을 지금까지 부를 때마다, "주님"이라고만 불렀던 그가 예수님을 완전히 부인하고 경멸받아야 할 속된 인간으로 취급한 것이다. 셋째, 같은 장소에서 베드로는 조금 있다가 세 번째로 예수님을 부인한다.[6] 그의 곁에 있던 사람들이 베드로에게 "너도 진실로 그 당이다. 네 말소리가(갈릴리 사투리) 너를 표명한다"고 주장했다(73절). 이 때 베드로는 두 번째 부인보다 한층 더 심각하게 자기 저주의 맹세를 하면서 예수님을 부인했다(74절). 그가 자기를 저주하며 맹세했다는 말은 만일 베드로의 말이 진실이 아니면 하나님께서 그에게 벌 위에 벌을 내리시기를 호소하는 의미를 가진다.

베드로가 예수님을 모른다고 세 번을 부인한 후에 즉시 닭이 울었다(26:74).[7] 저자는 독자들이 베드로가 세 번 예수를 부인한 다음에 바로 즉시 닭이 운 사실을 우연의 사건으로 돌리는 것을 금하기 위해 다른 복음서들의 기록과 같이 베드로가 예수께서 그에게 "닭이 울기 전에 네가 세 번 나를 부인하리라"고 하신 말씀을 기억했다고 밝히고 있다(72절). 이러한 치밀한 기록을 통하여 저자가 강조하고자 하는 것은 베드로가 범한 심각한 죄가 아니고, 베드로의 부인에 관한 예수님의 예언이 정확하게 실현되었다는 사실이다. 이로써 저자는 다시 한 번 예수님의 수난예언이 정확하게 문자 그대로 실현되고 있음을 독자들에게 분명히 함으로 예수님의 수난 예언뿐만 아니라, 이와 하나의 고리로 연결된 부활 예언도 그의 수난과 부활사건 속에 실현될 것을 확신시켜준다. 베드로가 닭이 울기 전에 그를 세 번 부인할 것이라고 예언한 예수님은 그의 고난과 부활에 대하여 크게 세 번 예언하신 분(16:21, 17:22~23, 20:17~19)이다. 베드로의 부인에 관한 예언이 정확하게 실현되었다는 것은 그의 죽으심과 부활에 관한 예언도 정확하게 실현된 것을 한층 강하게 시사한다.

빌라도에게 넘겨진 예수님과 은 30개(27:1~10)

대제사장들과 백성의 장로들은 예수님을 사형에 처하기로 가결하고 이를 성사시키기 위해 그를 결박하여 총독 빌라도에게 넘겨주었다. 1절의 산헤드린 공회의 결정은 마태복음 26장 3절에 언급된 예수님을 체포하여 죽이려는 의도가 실현되고 있음을 보여준다. 이 점에서 그들의 의도대로 모든 것이 되어가고 있음을 저자는 보여준다. 그러나 2절에서 저자는 그들이 예수님을 총독 빌라도에게 넘겨주었다는 사실을 언급함으로 그들은 예수님을 반드시 사형에 처하되 유월절 기간만은 피하자고 했던 의도가 빗나가고 있음을 보여준다. 이로써 종교지도자들의 치밀한 음모는 빗나가고 오히려 그가 유월절 기간 중에 십자가에 처형되기 위해 배반을 받을 것이라고 한 예수님의 예언(26:2)이 정확하게 실현되고 있음을 보여준다.

마태는 이 재판을 언급하기 전에 유다의 사건을 상세하게 기록함으로 빌라도에게 넘겨진 예수님의 무죄성을 강조할 뿐만 아니라, 예수님의 피값으로 산 밭을 예레미아의 예언 성취로 돌림으로 무죄한 예수님의 죽음이 가져올 구원의 혜택을 예고한다. 예수님의 정죄를 지켜본 가룟 유다가 예수님을 넘겨줄 조건으로 받은 돈 은 30개를 돌려주면서 "내가 무죄한 피를 팔고 죄를 범하였도다"라고 한 고백은 산헤드린에 의하여 사형선고를 받은 예수님의 무죄를 강력하게 보여준다(3절). 3절에서 "무죄한 예수님"이란 말 대신 죄 없는 사람이 죽음을 당했을 경우에 사용되는 "무죄한 피"란 표현(신 19:12~13; 21:8; 삼상 25:26; 31; 왕상 2:31~32; 왕하 21:16; 24:4)을 이용함으로 저자는 죄 없이 사형의 선고를 받은 예수님이 결국 피를 흘리게 될 것을 강력하게 암시한다. 더욱이 유다가 돈을 종교지도자들에게 돌려줄 때 그들이 보인 반응은 예수님의 피 흘림을 기정 사실로 받아들이고 있음을 보여준다. 또한 유다로부터 돈을 돌려 받은 대제사장들이 이 돈을 성전의 수입으로 받기를 거절한 행동은 그들 스스로 예수님을 죽이는 행위가 부당함을 간접적으로 인정하는 것이다. 다시 말해서 예수님의 무죄함을 그들 스스로 입증하는 것이다. 유다가 성전에 던진 은 30개를 받기 거절한 이유는 6절에 나와 있듯이 "이것은 피값이라 성전고에 넣어둠이 옳지 않다"고 그들이 판단했기 때문이다. 그래서 그들은 이 돈으로 나그네들의 매장지로 토기장이의 밭을 사기로 결정했던 것이다(7절). 이로써 그들은 예수님께서 자신과 동일시하고 가르치며 신앙의 본으로 간주했던 이방인 나그네들에게 미치는 그의 피 흘림의 진가를 역설적으로 인정한 것이다.[8] 무죄한 예수님이 흘린 피 값으로 부정한 이방인 나그네를 매장하기 위해 피의 밭을 구매했다는 사실은 결국 많은 사람들의 죄용서를 위해 예수께서 언약의 피를 흘릴 것이라고 마지막 만찬석상에서 예언한 진리를 드러내는 역할을 한다.

빌라도 앞에서 예수님의 재판과 십자가 처형 판결(27:11~26)

빌라도의 법정에서 예수님의 재판은 한편으로는 예수님의 무죄성을 확증하고, 다른 한편으로는 예수님의 은밀한 왕권 행사를 나타난다. 먼저 예수님의 무죄성을 강조하는 내용들을 주목해보자. 첫째, 빌라도 자신은 종교지도자들이 예수님을 그에게 넘겨준 것은 시기 때문이라는 것을 알고 있었다(18절). 둘째, 예수님은 빌라도 앞에서 재판을 받을 때에 많은 고소를 받았지만 전혀 자신을 변호하지 않고 그가 크게 놀랄 정도로 침묵으로 일관했다(14절). 셋째, 빌라도는 그의 아내가 보낸 메시지를 통하여 예수께서 무죄하다는 것을 알았다(19절). 넷째, 그는 유월절을 기념하여 백성들이 원하는 죄수를 풀어주는 관례에 따라 예수님을 풀어주고자 했다(17절). 다섯째, 종교지도자들과 백성들이 예수를 십자가에 처형할 것을 요구할 때 그는 폭동이 일어나는 것을 막기 위해서 예수를 십자가에 처형하도록 사형 언도를 내리면서 자신은 예수님의 피에 대하여 무죄하다고 선언했다(24절). 여섯째, 바라바를 석방시킬 것을 요구한 모든 백성은 예수의 피를 그들과 자기들의 후손이 책임질 것이라고 함으로 예수님의 무죄성을 시인했다. 이와 같이 예수님의 무죄성을 보여주는 요소가 집중적으로 등장하고 그의 죄에 관한 구체적인 언급이 하나도 없다는 사실은 예수님의 고난이 어떠한 것인지 잘 보여준다.

예수님의 단 한마디 답변과 본문에서 두 번 사용된 "그리스도라 하는 예수"라는 칭호는 예수님의 고난과 십자가 죽음의 성격을 확연하게 드러낸다. 여기서 저자는 예수께서 은밀하게 역설적인 방법으로 그의 왕권을 행사하고 있음을 조심스럽게 밝히고 있다. 예수께서 유일하게 한 한마디의 말씀은 그가 유대인의 왕이냐는 빌라도의 질문에 "네가 말하였도다"는 것이다(12절). 이 답변은 빌라도가 친히 예수를 유대인의 왕이라고 말한 사실을 강조한다. 이 말씀은 예수께서 산헤드린 법정에서 모든 고소에 대하여 완전 침묵을 지키다가 그의 메시아(그리스도) 신분에 대하여 질문을 받을 때 그의 입을 연 것과 같이 빌라도 앞에서 종교지도자들이 제시하는 수없이 많은 고소에 대하여 완전 침묵을 하는 것과는 큰 대조를 이룬다. 자신의 왕적인 신분을 인정하는 단 한마디 말씀과 모든 고소에도 불구하고 완전 침묵하는 모습은 예수께서 유대인의 왕으로서의 신분과 자격으로 그의 역설적인 왕권을 행사하고 있음을 보여준다.

로마 군인들의 예수님 조롱과 십자가 처형(27:27~44)

빌라도는 백성들의 요구에 따라 바라바를 내어주고 예수님은 채찍질한 후에 그를 십자가에 처형하도록 내어주었다(26절). 이로써 십자가 죽음에 관한 예수님의 예언이 좀더 구체적으로 실현되게 되었다(20:19). 저자와 독자들의 관점에서 볼 때 그들이 예수님을 조롱하는 행위는 역설적으로 예수께서 멸시와 고난 그리고 십자가의 죽음을 통하여 유대인의 왕으로 왕권을 행사하고 있는지를 보여준다. 만일 예수님이 무력을 통해 그의 왕권을 행사해야 참으로 왕이라고 했다면, 그는 결코 유대인의 왕이 아닐 것이다. 그러나 그의 왕권은 고난을 통해서 은밀하게 행사되는 역설적인 왕권이기 때문에 그가 받은 멸시와 천대는 그가 참으로 고난을 통해서 왕의 능력을 나타내고 있음을 보여준다. 더욱이 2번 사용된 동사 "희롱하다"(29, 31절)와 "십자가에 처형하다"는 단어는 예수님의 고난과 부활 예언에 등장하는 용어들이기 때문에 독자들은 예수께서 당하는 일이 전혀 예상밖의 일이 아니라 그가 친히 예언한 사건의 점진적인 성취임을 잘 알고 있다.

33절에서 저자는 해골의 장소란 의미를 가진 골고다란 지역에 예수께서 도달했음을 언급한다. 이 언급을 통하여 십자가에 처형될 예수님의 불가피한 죽음을 독자들에게 예고한다. 로마 군인들이 아마도 예수님의 고통을 줄여주기 위해서 쓸개를 탄 포도주를 마시게 하려고 그에게 주었지만 예수님은 맛보고는 이를 거절했다(34절). 예수께서 이를 거절하신 것은 한편으로 하나님 아버지의 나라가 최종적으로 도래하기 전에는 포도주를 다시 마시지 아니하겠다는 약속을 지키기 위한 것이고(26:29), 다른 한편으로는 그의 마지막 만찬과 겟세마네 동산의 기도에서 그에게 분명하게 드러난 것과 같이 하나님께서 그에게 허락하시는 심판과 저주의 포도주 잔을 마시겠다는 예수님의 결의를 보여준다.

특히 지나가는 행인들과 종교지도자들의 조롱에서 주목을 끄는 표현은 40절과 43절에 등장하는 "하나님의 아들"이란 구절이다. 하나님의 아들이란 칭호는 마태와 병행되는 다른 복음서의 기록에는 전혀 등장하지 않는다. 마태복음에서 하나님의 아들이란 칭호가 한 문단에 두 번 등장하는 곳은 예수님의 광야시험 기사(4:3~6)와 본문밖에 없다. 이러한 사실은 저자가 예수님의 광야시험과 십자가에 달려있는 예수님의 시험을 동일한 시험의 관점에서 기록하고 있음을 보여준다. 예수님의 광야시험 기사에서 사탄은 두 번에 걸쳐서 네가 "하나님의 아들"이어든 이라고 하며 이 명칭을 사용하여 예수님을 시험했다(4:3, 6). 이 동일한 명칭을 사용하여 지나가는 무리들과 종교지도자들은 예수님께 자신을 구원하는 기적을 행할 것을 시험했다. 이같은 사실은 무리들과 종교지도자들은 광야에서 예수님을 시험하던 사탄의 도구가 되어 예수님을 시험하고 있음을 보여준다.

사실상 예수님과 사탄의 전쟁이란 관점에서 볼 때 예수께서 십자가에 처형되어 달려있는 한 예수님에 대한 사탄의 결정적인 승리는 불가능하다. 따라서 그의 승리가 확정되려면 예수께서 사람들 속에서 역사하는 사탄의 간교한 유혹을 받아 십자가를 박차고 내려와야 한다. 그래서 사탄은 지나가는 무리들과 종교지도자들을 교묘하게 이용하여 예수님을 결정적으로 패배시키고자 했던 것이다. 그렇지만 십자가에 달린 예수님께서는 십자가에서 내려오지 않는 것이 그의 왕권이요, 그의 진정한 구원의 능력임을 알고 있었다. 예수님은 광야시험에서부터 그가 사탄의 세력을 결정적으로 패배시키는 방법은 하나님 아버지께서 지정하신 십자가 고난임을 알고 있었다. 그렇기 때문에 공사역이 계속 진행되면서 예수님은 메시아의 사역이 십자가의 죽음과 부활을 통하여 절정에 도달하게 될 것을 여러 차례 예언을 했고, 유월절 만찬과 겟세마네 동산에서 필사적인 전투의 기도를 통하여 최종적으로 확인했다.

이러한 확신 속에서 예수님은 체포되어, 유대 법정과 빌라도의 법정에서 재판을 받고 지금 십자가에 처형되어 달려있는 것이기 때문에 자신이 친히 구원을 받을 뿐만 아니라, 그의 백성이 죄에서 구원을 받는 유일한 방법은 십자가에서 내려오지 않는 것임을 너무나 잘 알고 있었다. 예수님은 이러한 지식과 확신으로 가득 찼기 때문에 그가 마음만 먹으면 십자가에서 당장에 내려올 수 있었지만 내려오지 아니한 것이다. 만일 그가 십자가에서 내려온다면 그를 조롱하는 사람들에게는 승리의 유대인의 왕 메시아로 보이겠지만 실상은 그의 완전한 실패요, 사탄의 결정적인 승리인 것이다. 그가 십자가에 머물러있는 것만이 그가 메시아로서 숨겨진 왕권을 성공적으로 수행하는 길이요, 그의 백성을 죄에서 구원하는 길이었음을 독자들은 지금 잘 알고 있다. 메시아의 진정한 왕권의 능력은 십자가 위에서 고난과 죽음을 통하여 신비롭게 나타난 것이다.

예수님의 십자가 죽음과 그 결과(27:45~66)

45절에서 저자는 제6시부터 9시까지(오후 1~3시) 온 땅에 어두움이 임한 사실을 언급한다. 대낮에 3시간 지속된 어둠의 현상은 예수께서 종말강화에서 친히 말씀하신 해가 어두워진 사건이다(24:29). 십자가에 달린 예수께서 어둠이 끝나는 시점인 제9시쯤에 "엘리 엘리 라마사박다니."라고 크게 외쳤다는 사실은 3시간 동안 지속된 암흑을 통하여 예수께서 그의 백성의 구원을 위해서 그가 대신 받은 하나님의 종말론적인 심판을 경험했음을 보여준다. 이 외침을 통하여 예수님은 마지막 만찬석상에서 제자들에게 축복의 포도주를 돌린 그가 십자가상에서 그들이 마셔야 할 진노와 저주의 포도주를 마시고 있음을 실감하셨을 것이다.

51~54절에서 저자는 예수님의 죽으심의 결과로 있었던 놀라운 사건을 크게 네 가지로 기록한다. 이들 네 사건은 성전의 휘장이 찢어짐(51절), 지진(51, 54절), 잠자던 많은 성도들의 부활과 거룩한 성에 나타남(52~53절), 그리

고 백부장과 그의 군사들의 놀라운 신앙 고백(54절)이다. 이중에 두 번째와 세 번째 사건은 마태복음에만 독특하게 등장한다. 첫째, 성전의 휘장이 위에서부터 아래로 완전히 찢어진 사건은 예수님의 죽음으로 말미암아 옛 성전 시대의 종식을 선언한다. 둘째, 지진 사건과 이와 연결된 많은 성도들의 부활 사건은 옛 시대가 종식되고 부활의 새 시대가 도래하기 시작했음을 보여준다. 셋째, 구약 시대의 많은 성도들이 죽은 자 가운데서 부활을 했으나 그들이 무덤에서 나와 예루살렘 성으로 들어가 많은 사람들에게 나타난 것은 예수님의 부활 이후였다고 언급함으로 저자는 이들의 부활이 예수님의 부활에 기인하고 있음을 보여 준다. 이로써 저자는 예수님을 죽은 자들의 부활의 첫 열매로 제시한다. 넷째, 예수님의 십자가 처형을 총 지휘했던 백부장과 그의 군인들은 지진과 일어난 사건들을 보고 크게 두려워하며 예수님이 참으로 하나님의 아들이었다고 고백하게 되었다(54절). 이들 이방인들의 신앙 고백은 천국의 복음이 예수님의 죽음과 부활로 말미암아 전 세계로 퍼지게 되었음을 예고한다.

아리마대 요셉이 부자란 사실과 그의 무덤에 예수님께서 매장되었다는 사실은 "그의 무덤이 부자와 함께 있었다"는 이사야 53장 9절의 성취를 보여준다. 또한 그의 신분에 관하여 그가 예수님의 제자란 사실만 언급하는 것은 세례 요한의 죽음과 그의 제자에 의한 장례를 예수님의 죽으심과 그의 제자에 의한 장례를 긴밀하게 연결시키기 위함이다. 저자는 세례 요한의 제자들이 와서 그의 시신을 취하여 장례를 지낸 것과 같이(14:12), 예수님의 제자인 아리마대 요셉이 와서 그의 시신을 취하여 장례를 지냈음을 보여준다(58~60절). 이로써 저자는 아리마대 요셉 한 사람이 예수님을 버리고 떠난 모든 제자들을 대신하여 행동하고 있음을 보여준다. 아리마대 요셉은 예수님을 자신의 무덤에 친히 장사지냄으로 무죄한 예수님의 죽음을 자기 자신의 죽음으로 간주하고 있는 것과 같은 인상을 깊게 심어준다. 저자는 예수님의 죽음 후에 즉시 "그의 부활"이란 표현을 사용함으로 예수님이 부활하실 것을 예고했기 때문에 요셉이 예수님의 시신을 자신의 돌무덤에 장례한 것은 그가 거기서 영원히 머무르지 아니할 것을 시사한다.

62~66절은 마태의 기록에만 등장하는 내용으로 예수님의 부활을 방지하려는 대제사장들과 바리새인들의 조치를 보여준다. 그들은 예비일 다음날, 곧 안식일에 빌라도에게 찾아가 예수를 가리켜 사기꾼이라고 하면서 그가 살아있을 때에 삼일 후에 내가 다시 일어날 것이라고 예언한 말씀을 상기시키시며 그의 무덤을 철저히 봉쇄할 것을 그에게 부탁했다. 그들이 염려한 것은 예수님이 예언한 대로 부활할지도 모른다는 것이 결코 아니다. 그들은 이미 예수님을 사기꾼으로 간주하고 있기 때문에 그의 부활 가능성을 전혀 믿지 아니했다. 그들은 예수님의 말씀에 근거하여 그가 죽은 자 가운데서 살아났다는 거짓말을 유포하기 위해 그의 제자들이 와서 그의 시체를 훔쳐갈 지 모른다고 생각했던 것이다. 예수님의 제자들이 와서 그의 시체를 도적질하고 그가 부활했다고 선포할지도 모른다는 종교지도자들의 터무니없는 생각은 예수님의 부활 사건 후에 결국 그들이 친히 조작한 사건이 된다(28:13).

예수님의 부활과 파수꾼들의 보고(28:1~15)

1절에서 저자는 날짜에 관한 중요한 언급을 한다. 예수님께서 십자가 위에서 죽으신 시간은 대략 금요일 오후 3시경이다(27:46~50). 예수님의 매장은 안식일이 막 시작되는 저녁에 있었다(27:57). 종교지도자들 휘하에 있는 유대인 군인들이 예수님의 무덤을 지키는 일은 안식일이 금요일 저녁에 시작하여 다음날(토요일)이 되었을 때이다(27:62). 28장 1절에 언급된 안식일 저녁, 곧 안식일이 끝나는 토요일 저녁이 지나고 다음 날 해가 뜰 무렵은 주일(일요일) 새벽녘이다. 그렇다면 이 날은 27장 64절에 언급된 제3일째 되는 날이다. 두 명의 마리아가 예수님의 무덤에 도착했을 때 무덤의 문에서 굴려낸 돌 위에 앉아있던 천사는 여인들을 향하여 두려워하지 말라고 하면서 예수님의 부활에 관하여 중요한 사실을 알려주었다(5절).

이어서 천사는 예수님의 제자들에게 급히 가서 두 가지 사실을 전해줄 것을 명했다(7절). 하나는 예수께서 부활하셨다는 사실이고, 다른 하나는 부활하신 예수께서 제자들보다 앞서 갈릴리로 가시니 거기서 제자들이 주님을 뵙게될 것이라는 말씀이다. 두 여인은 천사의 말에 즉시 순종하여 제자들에게 이 말씀을 전해주려고 달려가기 시작했다(8절). 그들은 제자들에게로 가는 도중에 놀랍게도 예수님을 만나게 된다. 그들이 노중에서 예수님을 우연히 만난 것이 아니라, 예수께서 친히 제자들을 향해 달려가고 있는 그들을 의도적으로 찾아가 만난 것이다. 예수께서 그들에게 평안하냐고 안부를 물을 때에 그들은 나아가 예수님의 발을 붙잡고 그에게 경배했다(9절). 이 때 예수님은 천사가 그들에게 한 말씀과 동일한 내용으로 말씀했다(10절). 천사의 말과 현저한 차이점을 나타나는 단어는 "그의 제자들"이란 말 대신 "내 형제들"이 예수님의 말씀 속에 등장한다는 점이다. 예수님의 제자들을 가리켜 "나의 형제들"이란 표현을 사용한 것은 예수께서 그를 버린 제자들을 수용하고 화해하는 마음을 가지고 있음을 보여줄 뿐만 아니라, 예수님의 구원사건으로 말미암아 하나님의 가족에 속한 형제가 되었음을 보여준다.

두 여인이 예수님의 부활과 그가 갈릴리에서 제자들을 보게될 것이라는 소식을 전해주려고 가고 있을 때에 예수님의 무덤을 지키던 자들 중에 일부가 도성으로 들어가서 일어난 모든 일을 대제사장들에게 보고했다(11절). 이들의 보고에는 분명히 예수께서 부활하신 사건이 핵심적인 내용으로 들어있었을 것이다. 그러나 보고를 받은 대제사장들은 장로들과 함께 회의를 소집하고 무덤을 지키던 군인들에게 돈을 주고 예수님의 제자들이 밤중에서 와서 그들이 자고 있는 동안에 그의 시신을 도적질해 갔다고 사람들에게 유포하게 했다(12~13절). 그들의 이러한 논의와 예수님의 시신 도난 사건의 조작은 전혀 사실과 다름을 독자들은 잘 알고 있다. 앞에 제시된 모든 증거는 예수님의 부활 사실을 대낮같이 밝게 보여준다. 설사 종교지도자들이 이러한 사실을 모른다고 할지라도 그들은 친히 무덤을 지키던 군인들로부터 사건의 전말에 대한 보고를 받았기 때문에 예수께서 부활하신 사실을 모른다는 것은 전혀 불가능하다.

하늘과 땅의 모든 권세를 부여받은 예수님(28:16~20)

예수님의 열한 제자들은 예수께서 그들에게 지시한 갈릴리에 있는 산으로 갔다(16절). 이 산에서 예수님을 보자 제자들은 두 여인이 부활하신 예수님께 경배한 것과 같이(9절) 그에게 경배했다(17절). 그렇지만 그들 중에는 예수님의 부활을 의심하는 자도 있었다. 예수님의 제자들 중에 그의 부활을 의심하는 자도 있었다는 내용은 예수님이 부활했다고 선포하기 위해 제자들이 그의 시신을 도적질하여 갔다는 종교지도자들의 조작이 얼마나 허무맹랑한가를 보여준다. 또한 부활하신 예수님을 친히 본 후에도 예수님의 제자들 중에서 의심하는 자가 있었다는 말씀은 그의 부활을 믿는 신앙이 쉽지 않다는 것을 보여준다.

부활하신 예수께서는 제자들에게 나와서 그들에게 "하늘과 땅의 모든 권세를 내게 주셨다"고 놀라운 선언을 했다(18절). 불행하게도 이 번역은 저자가 강조하고자 하는 요점을 제대로 살리지 못하고 있다. 이 문장에서 초점이 되는 부분은 문장에 맨 앞에 등장하는 수동태 동사 "주어졌다"(수여 받다)이다. 이것은 예수께서 죽은 자 가운데서 부활로 말미암아 아버지로부터 하늘과 땅의 모든 권세를 수여 받은 사실을 강조한다. 마태복음에서 하늘과 땅의 모든 권세는 원래 사탄이 가지고 있던 것으로 예수님이 그에게 무릎을 꿇고 경배하면 그에게 주겠다고 했던 세상나라 통치의 권세이다(4:8). 부활하신 예수님께서 그가 하늘과 땅의 모든 권세를 부여받은 사실을 선포한 곳이 산이듯이(16절), 사탄이 예수께 모든 세상나라의 권세와 영광을 주겠다고 제안한 곳도 산이다(4:8). 4장에 등장하는 시험의 산에서는 사탄이 세상 나라의 권세를 모두 가지고 있지만 28장에 등장하는 승리의 산에서 사탄에게 속했던 권세가 예수님에게 속하게 됨을 독자들은 주목하게 된다. 예수님의 광야시험이 사탄과의 전쟁의 시작이라고 하면 이 전쟁의 결말은 그의 십자가와 부활사건에 있었다. 사탄과 그의 나라는 예수님의 십자가와 부활 사건에서 결정적으로 패했기 때문에 그에게 속했던 권세는 이제 더 이상 그의 것이 아니라, 부활하신 예수님의 것이 되었음을 예수님은 여기서 드러내고 있다. 따라서 예수님의 제자들은 부활하신 예수님이 아버지로부터 수여 받은 권세에 대하여 절대적으로 순종을 해야한다.

이제 제자들은 예수님의 권세에 순종하여 가서 모든 족속으로 제자를 삼아 아버지와 아들과 성령의 이름으로 세례를 주고 그가 친히 분부한 모든 명령을 그들로 지키게 해야 한다(19절). 부활하신 예수님의 권세는 하늘과 땅에 있는 모든 권세이기 때문에 제자들은 당연히 온 세상으로 나가서 모든 민족을 제자 삼아야한다. 모든 민족을 제자로 삼는 제자들의 선교사역은 부활하신 예수님의 우주적인 권세의 구체적인 실현이다. 부활하신 예수께서는 그의 이러한 권세에 순종하는 자들과 세상 끝날까지 항상 함께 할 것이라고 약속했다(20절). 부활하신 예수님은 하늘과 땅의 권세를 가지고 세상의 끝날까지 선교의 현장에서 그의 제자들과 함께 하실 것이다. 저자는 예수님의 이러한 동행의 영구성을 강조하기 위해 이 말씀 이후에 예수께서 하늘로 승천하신 사건을 의도적으로 기록하지 않고 있다. 마태복음의 결론을 대하는 독자들은 하늘과 땅의 모든 권세를 가지신 부활하신 예수님께, 아니면 여전히 그의 권세를 도전하고 배격하며 그에 대하여 거짓을 유포하는 사탄에게 순종해야 할지를 도전 받는다. 독자들은 이러한 양자택일의 도전 앞에 어떠한 선택이 진정한 선택인지를 잘 안다.

주(註)

1부

1장

1. 본 논문에서 필자는 본 주제에 대한 필자 자신의 신학적 사고에 지대한 영향을 주었던 필자의 은사인 R. T. France 교수의 가르침과 그의 저서들에 크게 빚지고 있음을 밝혀 두는 바이다.

2. 예를 들어, G. Strecker, Der Weg Gerechtigkeit: Untersuchungen zur Theologie des Mattheus (FRLANT, 82; Göttingen: Vandenhoeck & Ruprecht, 1962); R. H. Gundry, The Use of the Old Testament in St. Matthew's Gospel with Special Reference to the Messianic Hope (NovTSup, 18; Leiden: Brill, 1967); K. Stendahl, The School of St. Matthew, and its Use of the Old Testament (ASNU, 20; Lund: Gleerup, 2nd edn, 1968); R. S. McConnell, Law and Prophecy in Matthew's Gospel (Basel: Friedrich Reinhardt Kommi- ssionsverlag, 1969); R. T. France, Matthew: Evangelist and Teacher (Exeter: Paternoster, 1989), chs 4, 5; et al.

3. 하지만 2:23의 경우는 그 도입구의 형식이 약간 다르다는 점을 주목하라(ὅπως πληρωθῇ τὸ ῥηθὲν διὰ τῶν προφητῶν ὅτι). 사실 이러한 도입구의 차이는 그 인용구를 해석하는 데 열쇠를 제공해 준다. 참조. R. T. France, Matthew (TNTC, 1; Leicester: IVP, 1985), pp. 88~89.

4. 참조. G. M. Soares Prabhu, The Formula Quotations in the Infancy Narrative of Matthew (Rome: Biblical Institute Press, 1976), pp. 46~63; G. N. Stanton, 'Matthew's Use of the Old Testament', in idem, A Gospel for a New People: Studies in Matthew (Edinburgh: T. & T. Clark, 1992), p. 359.

5. 참조. W. D. Davies and D. C. Allison, A Critical and Exegetical Commentary on the Gospel according to Saint Matthew I (3 vols; ICC; Edinburgh: T. & T. Clark, 1988, 1991, 1997), p. 212.

6. H. Frankem lle, Jahwe – Bund und Kirche Christi: Studien zur Form – und Traditionsgeschichte des "Evangeliums" nach Mattheus (Munster: Aschendorff, 2nd edn, 1984), S. 388.

7. 21:4~5에서 인용된 슥 9:9은 요 11:14~15에서도 인용되고 있다. 하지만 그 인용구의 형태는 상당히 다르다는 점을 주목하라. 참조. Stanton, 'Use', p. 363.

8. Soares Prabhu, Formula Quotations, pp. 83~84; France, Evangelist, pp. 179~81; Stanton, 'Use', pp. 360~361; Davies and Allison, Matthew III, pp. 575~77; pace Strecker, Weg, pp. 50, 82~85; U. Luz, Matthew 1~7 (trans. W. C. Linss; Edinburgh: T. & T. Clark, 1990), pp. 159~161.

9. 유일한 예외가 있다면 아마도 2:18일 것이다. 이 인용구는 히브리어 본문을 약간 줄여 번역

한 것으로 보인다.

10. 이와 관련된 다양한 설명들에 대해서는 Gundry, Use, pp. 125~26; D. P. Senior, *The Passion Narrative according to Matthew: a Redactional Study* (BETL, 39; Leuven: Leuven University Press, 1975), pp. 367~369; France, *Matthew*, pp. 386~387; D.A. Hagner, *Matthew 14~28* (WBC, 33b; Dallas: Word Books, 1995), pp. 813~815; Davies and Allison, *Matthew* III, pp. 568~569 등을 보라.

11. 이러한 상황에 대한 France, *Matthew*, pp. 88~89의 해석은 매우 흥미롭고 설득력이 있다.

12. 마태의 이런 인용 방식은 1세기 당시 유대인들의 탈바꿈 기법과 무관한 것으로 보이지 않는다; 참조. France, *Evangelist*, pp. 180~181.

13. Davies and Allison, *Matthew* III, pp. 576~577.

14. '성취 형식 인용구들'의 보다 구체적인 신학적 의미들에 대해서는 「그말씀」 2001년 3월호에 게재될 필자의 "마태복음 1~2장에 대한 본문 주해와 적용"을 보라.

15. 본 구절들에 대한 자세한 논의에 대해서는 필자의 「예수와 안식일 그리고 주일」(서울: 이레서원, 2000), 제4장을 보라.

16. France, *Jesus and the Old Testament* (London: Tyndale Press, 1971), p. 40; idem, *Matthew*, p. 40.

17. 이 책의 논점에 대한 유용한 요약이 리치스, 「마태복음」(신약성경 가이드 1; 양용의 역; 서울: 이레서원, 2000), pp. 144~154에서 발견된다.

18. Allison, *New Moses*, ch. 2.

19. Allison, *New Moses*, pp. 140~165.

20. 참조. France, *Evangelist*, p. 187; 리치스, 「마태복음」, pp. 152~154.

21. 예수께서 성전을 대체하시는 것과 관련한 이 말씀의 중요성에 대해서는, B. Gartner, *The Temple and the Community in Qumran and the New Testament: A Comparative Study in the Temple Symbolism of the Qumran Texts and the New Testament* (SNTSMS, 1; Cambridge: Cambridge University Press, 1965), p. 114를 보라.

22. 지금까지 살펴본 모형론들 이외에도 마태복음 안에는 몇몇 다른 의미심장한 모형론들이 있다: 이스라엘 - 예수 모형론(2:15; 4:1~11 등); 이스라엘 - 교회 모형론(8:11~12; 19:28 등). 이 모형론들에 대해서는 France, *Evangelist*, pp. 207~213을 보라.

23. 예. McConnell, *Law*, pp. 6~58; R. Banks, *Jesus and the Law in the Synoptic Tradition* (SNTSMS, 28; Cambridge: Cambridge University Press, 1975), pp. 204~226; J. P. Meier, *Law and History in Matthew's Gospel: A Redactional Study of Mt. 5:17~48* (AnBib, 71; Rome: Biblical Institute Press, 1976), pp. 41~124.

24. Meier, *Law*, pp. 41~124, 160~61; Banks, *Jesus*, pp. 203~26, 229~35; France, *Matthew*, pp. 113~17; 참조. Hagner, *Matthew 1~13*, p. 105.

25. R. H. Guelich, *Sermon on the Mount* (Waco: Word Books, 1982), p. 140.

26. Banks, *Jesus*, p. 226.

27. France, *Evangelist*, p. 196는 율법의 '권위'와 '기능' 사이의 구분을 제안한다; 그리고 비록 율법이 예수께서 메시아로서 오신 후에도 하나님의 계시로서의 그 '권위'는 계속 유지하지만, 그러나 그 '기능'은 예수의 성취로 말미암아 변화되었다고 제안한다.

28. 본 구절을 이러한 과장법적 의미로 이해하는 학자들의 목록에 대해서는 Meier, *Law*, pp. 49~50 n. 27을 보라; 보다 최근의 학자들로는 France, *Matthew*, p. 115; Luz, *Matthew 1~7*, pp. 265~266.

29. 18 d절(즉, 두 번째 ἕως 종속절)의 사건은 19절의 시점에서 이미 일어났다는 점을 주목하라.

30. Meier, *Law*, p. 99.

31. Meier, *Law*, pp. 109~110.

32. 하지만 마태의 모든 구약 사용이 그렇다는 주장은 결코 아니다. 예를 들어, 24:20의 '안식일에도'의 삽입은 신학적이라기보다는 현실적인 것으로 보인다.

2장

1. 이 수치는 계보를 연결하는 세대만을 계산한 것이다. 계보에 들어있는 실제 이름들, 즉 아내의 이름 등을 합치면 수치는 더 늘어난다.

2. 예수님을 실제로 만난 이방인들의 경우를 신학자들은 특수한 경우, 즉 이 조항들의 예외로 인정하고 있다. 즉 이방인들이 예수님을 만나러 오셨을 때는 예수님께서 굳이 거부하지는 않으셨다는 설명이다.

3. 10장 1절의 본문은 열두 명을 제자로 임명한 사건은 아니다. 마태가 사용한 단어는 "가까이 부르다"로 이미 열두 명이 예수님의 제자였음을 전제하고 있다.

4. 12장 49~50절에서 "내 아버지의 뜻대로 행한다"는 것은 마태복음의 다른 곳, 예를 들어 7장 21절에서처럼 '하나님의 말씀대로 살아가는 것'을 의미할 수도 있다. 그러나 49절에서 손을 내밀어 제자들을 가리키시며 "나의 모친과 나의 동생들을 보라"고 말씀하신 것을 감안하면 제자들은 이미 하나님의 뜻대로 행하는 자들로 인정받았다고 해야 할 것이다. 이 때 하나님의 뜻이란 다름 아닌 자기 백성을 구원하러 오신 하나님의 아들 예수 그리스도를 믿고 따르는 것을 의미한다.

3장

참고문헌

1. R. E. Brown, *An Introduction to the New Testament* (New York: Doubleday, 1997), p. 212.

2. John Riches, *Matthew, NT Guides* (Sheffield: Sheffield Academic Press, 1996), p.53.

3. Graham N. Stanton, *A Gospel for a New People: Studies in Matthew* (Edinburgh: T&T Clark, 1992), Overman, *Matthew's Gospel and Formative Judaism: The Social World of the Matthean Community* (Minneapolis: Fortress, 1990).

4. Ulrich Luz, *Matthew 1~7*, trans. Wilhelm C. Lines (Mineapolis: Augsburg, 1989), p. 84.

5. David Balch, ed., *Social History of the Matthean Community: Cross~Disciplinary Approaches* (Minneapolis: Fortress, 1991), xxi, p. 265.

6. Edward Schweizer, *Matthew's Church in The Interpretation of the Matthew*, ed. G.

Stanton (Philadelphia: Fortress, 1983), p. 134.

7. Schweizer, *Matthew's Church*, p.138, James P. Martin, *The Church in Matthew in Interpreting the Gospels*, ed. J. L. Mays (Philadelphia: Fortress, 1981), p. 105.

8. James P. Martin, *The Church in Matthew*, pp. 110~112.

4장

1. 허주, "The Unity, Genre & Purpose of Luke–Acts Revisited", 『고려신학』 3집 (2000): 236~43을 참조하라.

2. 이에 대한 수정된 견해로서, 후베르트 프랑케뮐레의 '신명기적 오중구조' (1974)도 참조.

3. 1974: 이것은 이미 1961년 C. H. Lohr에 의해 마태복음에 담긴 구전적 서술에 대한 연구와 관련하여 주장된 것이다; H. J. B. Combrink 1983; D. C. Allison 1992; D. A. Hagner 1993.

4. 마 16:18의 '내(예수)가 이 반석 위에 내(예수) 교회를 세우리니'와 18:20의 '내(예수) 이름으로 모인 곳'의 의미가 '교회'라는 단어가 나오는 문맥 속에서 나타나고 있음을 보라.

5. 여기에는 '하늘 나라'와 같은 유대적 용어, 구약의 빈번한 인용, 모세–기독론의 특징이 함께 고려될 수 있음.

6. 여기에는 특히 예수님 족보(1:2~17)에 등장하는 4명의 이방 여인들, 23장의 유대 지도자들에 대한 저주 선언들, 이방인 백부장에 대한 칭찬(8:10)과 바른 증언(27:54)이 고려됨.

7. 필자는 이런 관점이 누가복음과 사도행전의 내러티브(narrative)를 이끌어 가고 있는 나레이터(narrator)에게 나타난다고 주장한 바 있는데, 이같은 신학적 관점은 성경에서 특히 이야기 형식으로 쓰여진 문서들에서 매우 효과 있는 수사적 어법을 통해 동일하게 나타난다고 할 수 있다: J. Hur, *A Dynamic Reading of the Holy Spirit in Luke–Acts* (JSNTSup, 211; Sheffield: Sheffield Academic Press, 2001/7월 출간 예정), pp. 74~94

참고문헌

1. Bauer, D. R., *The Structure of Matthew's Gospel: A Study in Literary Design* (JSNTSup, 31; Sheffield: Almond/Sheffield Academic Press, 1988).

2. Burridge, R. A., *What Are the Gospels? A Comparison with Greco–Roman Biography* (SNTSMS, 70; Cambridge: Cambridge University Press, 1992).

3. France, R. T., 『마태신학』 (이한수 옮김; 서울: 엠마오, 1995).

4. Lohr, C. H., "Oral Techniques in the Gospel of Matthew," *Catholic Biblical Quarterly 23* (1961): pp 403~435.

5. Hagner, D. A., *Matthew 1~13* (WBC, 33A; Dallas: Word Books, 1993).

6. Kingsbury, J. D., *Matthew: Structure, Christology, Kingdom* (Philadelphia: Fortress Press, 1975).

7. Matthew as Story (Philadelphia: Fortress Press, 1986).

8. McKnight, S., "Matthew, Gospel of," in *Dictionary of Jesus and the Gospels* (J.B. Green, S McKnight, I. H. Marshall eds., Leicester, IVP, 1992): 526~41.

· Powell, M. A., *What is Narrative Criticism?* (Minneapolis: Fortress Press, 1990).

9. Powell, M. A., *Fortress Introduction to the Gospels* (Minneapolis: Fortress Press, 1998).

10. Riches, J., 「마태복음」 (양용의 옮김; 서울: 이레서원, 2000).

11. Senior, D., 「최근 마태신학 동향」 (홍찬혁 옮김; 서울: 기독교문서선교회, 1992).

5장
참고문헌

1. Albright, W. F. and Mann, C. S. , *Matthew* (New York: Doubleday, 1971).
2. Beare, F. W., *The Gospel according to Matthew: A Commentary* (Oxford: Blackwell, 1981).
3. Blomberg, C. L. *Matthew* (Nashville: Broadman, 1992).
4. Calvin, John, *Commentary on a Harmony of the Gospels.* 3 vols. (Grand Rapids: Eerdmans, 1956~1957).
5. Gundry, R. H., *Matthew: A Commentary on His Literary and Theological Art* (Grand Rapids: Eerdmans, 1982).
6. McNeile, A. H., *The Gospel according to St. Matthew* (London: Macmillan, 1915).
7. Morris, L., T*he Gospel according to Matthew* (Grand Rapids: Eerdmans, 1992).
8. Mounce, R. H., *Matthew* (Peabody: Hendrickson, 1991).
9. Plummer, A, *An Exegetical Commentary on the Gospel according to St. Matthew* (London: Stock, 1909).
10. Donaldson, T. L. *Jesus on the Mountain: A Study in Matthean* Theology (Sheffield: JSOT, 1985).
11. Hahn, F., *The Titles of Jesus in Christology* (New York: World, 1969).
12. Hengel, M., *The Son of God* (Philadelphia: Fortress, 1976).
13. Kynes, W. L., *A Christology of Solidarity: Jesus as the Representative of His People in Matthew* (Lanham: University Press of America, 1991).
14. Nolan, B., *The Royal Son of God: The Christology of Mt 1~2* (Goettingen: Vandenhoeck & Ruprecht, 1979).
15. Ridderbos, H., *Matthew's Witness to Jesus Christ* (New York: Association Press,1958).
16. Suhl, A., *Christology and Law in Matthew's Gospel* (Cambridge: Harvard University, 1970).

7장

1. 영어로 유대주의를 뜻하는 Judaism은 또한 '유대교' 란 말로도 번역되어 쓰인다. 1세기 당시 유대교에 대한 최근의 새로운 이해, 즉 유대교가 단지 율법 준수에 따르는 인간의 행위를 강조하는 신학이 전부가 아니라, 유대교 역시 하나님의 은혜를 강조한다는 사실에 대하여는 다음의 문헌들을 참고하기 바란다. K. Stendahl, *Paul Among Jews and Gentiles* (London: SCM, 1977), E. P. Sanders, *Paul and Palestinian Judaism* (London: SCM,

1977), *Paul, the Law, and the Jewish People* (London: SCM, 1985). Cf. John Ziesler, *The Epistles to the Galatians* (London: Epworth, 1992), xv; *Pauline Christianity* (Oxford: University Press, 1992), p. 104.

2. 여기서 마태공동체라고 할 때 의도되는 것은, 마태가 그 복음서를 저술할 때 일차적으로 대상으로 삼았던 교회를 가리키는 것이다. 즉, 교회의 일원이었던 마태는 아마도 그가 속했던 교회를 염두에 두고 그 교회의 상황을 반영하면서, 그 교회 공동체의 구성원들을 대상으로 하여 그 복음서를 기록하였을 것이라고 전제하는 것이다. 따라서 이를 '마태교회' 라고 부를 수도 있고, 혹은 '마태 신앙공동체', 아니면 단지 '마태공동체' 라고 부를 수 있을 것으로 생각한다.

일부 학자들은 복음서 배후에 존재하였을 이러한 공동체 개념에 반대한다(Richard Bauckham, "For Whom Were Gospels Written?" in *The Gospels for All Christians* (Grand Rapids: Eerdmans, 1998), pp. 9~48, Graham N. Stanton, *A Gospel for a New People* (Edinburgh: T & T Clark, 1992, pp. 50~51). 당시 교회가 주로 집에 모였기에 그 숫자가 50여 명을 초과하지 않았을 것으로 추정한다면, 어떻게 복음서기자들이 그 정교한 복음서를 그 소수를 위하여 저술하였겠느냐는 주장이다. 이런 맥락에서 그들은 복음서를 특정한 교회를 위해 저술된 바울서신과 같은 차원에서 이해해서는 안될 것으로 주장한다.

이런 견해에 대하여, 나는 두 가지 반론을 제기하고자 한다. 첫째, 그러면 어찌하여 동일한 인물인 예수 그리스도에 대한 사역과 교훈을 소개하고 있는 복음서들 사이에 수많은 차이점들이 발견되면서 각 복음서 나름대로의 독특한 특징을 나타내 보이고 있는가? 둘째, 복음서가 소수의 무리들을 위해서 기록되기에는 너무도 정교하다는 주장은 바울의 로마서나 고린도전후서에도 동일하게 적용될 수 있지 않을까? 다시 말하면 로마 교회나 고린도교회 역시 가정교회라고 했을 때, 그런 교회들에게 그처럼 정교한 서신을 바울이 기록하였다면, 마태 역시 그처럼 정교한 복음서를 그 자신의 교회를 위하여 기록하였다는 것이 그렇게 큰 문제가 될 것인가?

이런 반론에 근거하여 나는 각 복음서들이 여전히 그 배경이 되는 공동체의 상황을 반영한 채 기록되었다고 보는 것이 보다 적절한 이해라고 생각한다(김경진, 「누가신학의 제자도와 청지기도」 (서울: 솔로몬, 1996, p. 59). Cf. 존 리치스, 「마태복음」, 양용의 역(서울: 이레서원, 2000), pp. 80~82.

이와 함께 여기서 공동체란 용어를 사용한다 해서 이것이 스탕달이 주장하는 것처럼 마태복음을 개인 저자 마태가 아닌 마태공동체의 산물이라고 보는 견해를 반영한 것이 아님을 밝혀두고자 한다; cf. K. Stendahl, *The School of Matthew and its Use of Old Testament* (Philadelphia: Fortress, 1968), pp 24~27, 29, 33. 스탕달의 견해에 대한 비판에 대해서는, W. Marxsen, *Introduction to the New Testament* (Philadelphia: Fortress, 1980), pp. 152~153을 참고할 것.

3. D. A. Carson, *Matthew 1~12* (Grand Rapids: Zondervan, 1995), pp. 21~22; W. G. Kmmel, *Introduction to the New Testament* (London: SCM, 1972), p. 84; E. Schweizer, "Matthew's Church", in *The Interpretation of Matthew*, ed. by G. Stanton (London: SPCK, 1983), pp. 129~130; Donald A. Hagner, *Matthew 1~13* (WBC 33A; Dallas: Word Books, 1993), lxxv(한역; 채천석 역, 「마태복음 1~13」, [서울: 솔로몬, 1999], pp

78~79); 룩 존슨, 「최신 신약개론」, 채천석 역(서울: 크리스챤다이제스트, 1998), p. 243. Cf. 도날드 시니어, 「최근 마태신학 동향」, 홍찬혁 역(서울: 기독교문서선교회, 1992), pp. 28~31.
한편, 최근 들어 오버맨은 마태공동체와 유대교 사이의 갈등이 마태복음의 이해의 관건으로 해석하며, 마태공동체를 수리아가 아니라 갈릴리에 위치시키고 있다(J. Andrew Overman, Matthew's Gospel and Formative Judaism [Minneapolis: Fortress, 1990], pp. 56~62). 그러나 설령 유대주의적 요소가 많이 발견된다해서 반드시 그 배경이 갈릴리일 필요는 없을 것으로 생각된다.

4. 참조. 행 8:1~3; 11:19~26.

5. 참조. 시니어, 「마태신학 동향」, pp. 25~28.

6. Hagner, Matthew, lxv - lxxi; 이러한 마태복음의 특징에 대한 보다 자세한 논의는, 랄프 마틴, 「신약의 초석」, 정충하/원광연 역(서울: 크리스챤다이제스트, 1997), pp. 293~302 을 참고할 것. Cf. 존슨, 「최신 신약개론」, p. 243.

7. 이런 주장을 강력하게 제시하는 학자는 데이비스이다. W. D. Davies, The Setting of the Sermon on the Mount (Cambridge: University Press, 1966); cf. Stanton, A Gospel, pp. 124~131.

8. 이런 이유로, 주후 70년 이후로 유대인들은 율법을 더욱 열심히 연구하되, 아울러 이제까지 전승을 통하여 전해 내려오던 구전, 즉 랍비들의 교훈과 율법 해석들을 문서화하여 정리하기 시작했다. 따라서 역사상 이때부터 많은 유대교의 문헌들, 예를 들면 미쉬나, 미드라쉬, 탈무드 등이 저술되어 오늘날 우리가 말하는 유대교가 본격적으로 제 모습을 드러내게 되었던 것이다. 참고, 김경진 "공관복음의 새로운 이해", 「한국개혁신학」 3권 (1998/5), pp. 402~420.

9. "For apostates let there be no hope, and the kingdom of insolence mayest uproot speedily in our days; and let the Nazarenes(noserim) and the heretics(minim) perish in a moment, let them be blotted out of the book of life and let them not be written with the righteous. Blessed art thou, O Lord, who humblest the insolent" (Stanton, A Gospel, 143). Cf. Davies, The Setting of the Sermon on the Mount, p. 275.

10. 리차드 A. 버릿지, 「네 편의 복음서, 한 분의 예수」, 김경진 역(서울: 기독교연합신문사, 2000), pp. 144~146; Overman, Formative Judaism, pp. 48~56; 존슨, 「최신 신약개론」, pp. 241~243. 한편 스탠턴은 Birkath ha - minim과 마태복음의 기원과의 관련성에 대하여 매우 조심스런 태도를 취하면서도, 그 가능성을 높이 인정하고 있다(A Gospel, pp. 142~144). 이런 맥락에서, 마태복음에서는 회당(συναγωγή)이란 말 뒤에(한글 번역에서는 앞에) "저희" 혹은 "너희"라는 말이 추가되어 나타난다. 이는 회당이 더 이상 우리 회당이 아니란 말이고, 결과적으로 회당과 교회의 분리를 암시하는 유력한 증거일 수 있는 것이다(4:23; 9:35; 10:17; 12:9; 13:54; 너희=23:34). Cf. 리치스, 「마태복음」, pp. 69~70.
그렇다면 마태복음은 주후 85년 이후에 기록되었을 것이다. 그러나 사실 복음서의 저작 연대를 산정하기란 매우 어려운 작업이어서 정확한 연대를 제시하는 것이 불가능한 일이지만, 특별히 마태복음의 경우는 더욱 그러하여, 일부에서는 예루살렘 성전의 멸망 전으로 보는가 하면, 또 일부에서는 멸망 후로 보기도 한다(이에 대한 자세한 논의는, Hagner, *Matthew*, lxxiii‐lxxv; Carson, *Matthew*, pp. 19~21; D. A. 카슨, D. J. 무, L. 모리스, 「신약개론」, 노진준 역 [서울: 은성, 1994], pp. 78~82을 참조할 것). 그러나 어떠한 연대를 택하든지 간에, 이로 인해 마태복음의 본래의 메시지가 바뀌거나 달라지는 것이 아님은 분명하다. 그렇다면 이 저작 연대 문제가 마태복음 이해의 결정적인 요소가 아니라고 생각된다. cf. 로버트 G. 헐버, 「이해를 위한 신약성서 연구」, 김영봉 역 (서울: 컨콜디아사, 1994), p. 32. 그러나 대체로 마가복음과의 연계성에서 예루살렘 멸망 후로 보는 견해가 지배적이다(리치스, 「마태복음」, pp. 68~70; 존슨, 「최신 신약개론」, p. 243; K mmel, *Introduction*, p. 84; cf. 카슨, 무, 모리스, 「신약개론」, p. 78).

11. Cf. Overman, *Formative Judaism*, pp. 777~778.

12. Hagner, *Matthew*, lxii‐lxiii, pp. 110~113.

13. Overman, *Formative Judaism*, pp. 77~78; cf. Hagner, *Matthew*, pp. 193~194; R. T. 프란스, 「마태신학」, 이한수역 (서울: 엠마오, 1995), pp. 290~294.

14. "The Five Books of Matthew against the Jews", *ExpT* 8/15(1918), pp. 56~66.

15. 시니어, 「마태신학 동향」, pp. 83~85; cf. R. Banks, "Matthew's Understanding of the Law: Authenticity and Interpretation in Matthew 5:17~20", *JBL* 93(1974), pp. 243~262; *Jesus and the Law in the Synoptic Tradition* (Cambridge: University Press, 1975).

16. 베이컨의 이론에 대한 또 다른 반론에 대하여는, K mmel, *Introduction*, p 75; Hagner, Matthew, li를 참고할 것.

17. 바울이 전한 복음의 이런 특징이 가장 두드러진 책이 바로 갈라디아서이다. 여기서 바울은 율법의 행위가 아닌 오직 믿음으로 말미암은 구원 및 칭의를 강조하고 있다(갈 2:14~16; cf. Ziesler, *Galatians*, pp. 21~27.

18. 마 5:20; 6:33; 13:43, 49; 25:46.

19. 알렌 버히, 「신약성경 윤리」, 김경진 역(서울: 솔로몬, 1997), pp. 180~185. Cf. Overman, Formative Judaism, pp. 78~82.

20. 이 문제와 관련하여 게하르트 바르트는 두 전선(two fronts) 이론을 제시하였다. 즉 마태는 외부의 적인 회당 유대교와 내부의 적인 이방 그리스도인들 모두에 대항하여 그 공동체를 파수하기 위하여 투쟁한 것으로 간주하는 것이다(Gerhard Barth, "Matthew's Understanding of the Law", in *Tradition and Interpretation in Matthew* [Philadelphia: Westminster, 1963], pp. 62~76; pp. 159~164; cf. Stanton, *A Gospel*, pp. 47~49).
한편, 이 문제와 관련하여 마태복음을 유대 그리스도인 공동체로 규정하는 오버맨은 구약의 성취와 율법의 유효성(마 5:17~20) 등은 마태공동체가 율법을 파괴하는 것이 아니라 오히려 율법을 성취한다는 것을 보여줌으로써 유대교의 공격에 대응하기 위함이라고 주장한다 (Overman, *Formative Judaism*, pp. 86~90).

21. 1:22; 2:5, 15, 17, 23; 3:3; 4:14; 8:17; 12:17; 13:14, 35; 21:4; 26:56; 27:9. 어떤 이들은 직접 인용구절이 10개라고 하는데, 이처럼 정확한 숫자에 대하여는 이견(異見)이 존재한다(Overman, *Formative Judaism*, p. 74). Cf. R. E. Brown, *The Birth of the Messiah*

(Garden City, N.Y.: Doubleday, 1979), p. 98; U. Luz, *Matthew 1~7: A Commentary* (Minneapolis: Augsburg, 1989), pp. 156~164.

22. 마틴, 「신약의 초석」, p. 295. Cf. 존슨, 「최신 신약개론」, p. 258; 카슨, 무, 모리스, 「신약개론」, p. 88.

23. Overman, *Formative Judaism*, pp. 74~75. Cf. 리치스, 「마태복음」, p. 97.

24. Overman, *Formative Judaism*, pp. 74~78. Cf. 리치스, 「마태복음」, pp. 96~99.

25. 버히, 「신약성경 윤리」, pp. 188~189; 존슨, 「최신 신약개론」, pp. 254~257.

26. Overman, *Formative Judaism*, p. 79.

27. 해그너는 율법의 해석의 문제와 관련하여 마태가 속한 유대계 그리스도인 공동체가 '모세의 진정한 후계자'가 되었다고 주장한다(Hagner, *Matthew*, lxii). See also, C. F. D. Moule, *The Birth of the New Testament* (London: A & C Black, 1978), pp. 73~74; Stanton, *A Gospel*, p. 125.

28. 이 문제에 대하여 좀더 자세히 알고자 하면, 김경진, "마태복음의 제자도", 「제자와 제자의 길」(서울: 솔로몬, 1997), pp. 201~227을 참고하기 바란다.

2부

1장

1. K. Stendahl, 'Quis et Unde? An Analysis of Mt 1~2', in W. Eltester (ed.), *Judentum Urchristentum Kirche* (Berlin: T pelmann, 1960), pp. 94~105.

2. R. T. France, *The Gospel according to Matthew: An Introduction and Commentary* (TNTC; Leicester: IVP, 1985), p. 75; 참조. W. D. Davies and D. C. Allison, *A Critical and Exegetical Commentary on the Gospel according to Saint Matthew I* (3 vols; ICC; Edinburgh: T. & T. Clark, 1988, 1991, 1997), p. 186; D. A. Hagner, *Matthew 1~13* (2 vols; WBC, 33a; Dallas: Word Books, 1993), pp. 5~9.

3. Davies and Allison, *Matthew I*, pp. 163~165. 하지만 Hagner, *Matthew 1~13*, p. 7은 이러한 가능성에 대해 회의적이다.

4. 안타깝게도 한글 개역성경은 이 계보의 인클루지오(inclusio) 구조를 보여주지 못한다.

5. 사실 앞의 형식을 따르자면, '요셉은 마리아에게서 예수를 낳으니라'라고 기술되어야 할 것이다.

6. 1:16에서 형식이 바뀌어 야곱이 예수를 낳았다고 기술되지 않고 마리아에게서 예수가 나셨다고 기술된 것은 마태의 이러한 관점을 입증해 준다.

7. 유대 전승들은 이 아이를 히스기야와 일치시키기도 한다; 참조. *Exod. Rab.* on 12:29.

8. 흥미롭게도 예수의 세 가지 대답 모두 이스라엘의 광야 시험 주제를 다루는 신명기 6~8장에서서 온 것이다.

9. 다양한 제안들에 대해서는 Davies and Allison, *Matthew I*, pp. 276~281을 보라.

10. 참조. France, *Matthew*, pp. 88~89.

4장

1. 예수님의 치유와 귀신축출뿐만 아니라, 그의 모든 사역을 거룩한 전쟁의 관점에서 좀더 구체적으로 이해하기 위해 필자의 *Jesus' Holy War against Satan: The Gadarene Demoniac Story* (Seoul: Solomon Press, 1999), pp. 160~240을 참고하기 바람.
2. Leon Morris, *The Gospel According to Matthew* (Grand Rapids: Eerdmans, 1992), pp. 202~203.
3. 불행하게도 우리말 개역성경은 이것을 단지 '큰 놀'로 번역하고 있다.
4. 군대귀신 축출 사건에 대한 누가의 독특한 관점과 교훈에 대하여는 필자의 「설교를 돕는 분석 누가복음」(서울:규장, 1999), pp. 145~48을 참고하기 바람.
5. 「설교를 돕는 분석 누가복음」, pp. 99~100.
6. 식탁교제가 누가복음에서 어떠한 비중을 차지하는지에 대하여는 「설교를 돕는 분석 누가복음」 pp. 98~99, 134~35, 228~230을 참고하기 바람.
7. 「설교를 돕는 분석 누가복음」, pp. 64~66.
8. 9장과 12장에 기록된 두 귀신축출 사건 사이에 긴밀한 연관성에 대하여 *Jesus' Holy War against Satan*, pp. 219~20을 참고하기 바람.

5장

1. cf. Strack – Billerbeck, *Kommentar zum Neuen Testament aus Talmud und Midrasch*, I, p. 571.
2. 바알세불'에 대해서는 W. Hendriksen, *The Gospel of Matthew*, (Edinburgh, 1973), p. 468 n. 450을 참조하라.

7장

1. 예수님의 비유와 하나님 나라, 그리고 이 두 관계에 대한 전반적 이해를 위해서는 블름버그(Blomberg)의 「비유해석학」과 리델보스(Ridderbos)의 「하나님 나라」를 참고할 것.
2. 허주, "마태복음의 문학적 성격," (그말씀) 2001년 2월호, pp. 58~59 참조할 것
3. 실제로 헤그너「1993: p. 365」는 이 비유를 후자의 이름으로 제목화하였다; 블름버그(1996: pp.286~291)는 이 비유가 다소 '복합적인 세 요점을 담고 있는' (씨 뿌리는 자/열매 맺는 씨/열매 맺지 못하는 씨) 비유들 속에 범주화 시켰다.
4. 18절의 첫 단어는 강조적 표현으로 되어있는 '너희들은 그러므로 들으라' (ὑμεῖς οὖν ἀκούσατε로, 이 비유 해설의 청중이 11절의 '저희들' (ἐκείνοις)과 대조를 이룬다.
5. 사 55:6~13, 특히 10~11절과 에스드라 2서 4:26~32와 후대 유대 랍비 문헌 아보트 랍비 나단 8:2가 고려될 수 있음.
6. 마 4:17; 5:1~20, 45~48; 6:9~13, 33; 9:35; 10:7; 11:4~6; 10:28; '하늘 나라의 말씀'은

예수님께서 선포하신 '하늘 나라 복음'(마 4:23; 9:35; 24:14)으로 이해할 수 있음

7. 누가는 단지 백 배의 결실만을, 마가는 삼십 배, 육십 배, 백 배의 순서로 증언하고 있는데, 여기서 순서의 차이는 큰 신학적 의미가 없는 것으로 보이며, 그 강조점은 역시 '큰 결실/수확'에 있다고 보여진다.

8. "나더러 주여 주여 하는 자마다 다 천국에 들어갈 것이 아니요…"의 마 7:21~23절과 8:10~13절을 참조해 보라.

9. 특히, 예수님으로부터 이미 시작된 종말론적 현재로서의 하늘 나라와 이 세상 마지막 심판 때에 온전하여질 하늘 나라, 그리고 이 구속사적 과정 속에서 의인과 악인이 공존하는 이 세상에서의 잠정적인 하늘 나라를 의미한다

참고문헌

1. Blomberg, C. L.,「비유해석학」(김기찬 옮김; 서울: 생명의말씀사, 1996).
2. Brown, R.E., *An Introduction to the New Testament* (New York: Doubleday, 1997).
3. Davies, W. D. & D. C. Allison, *A Critical and Exegetical Commentary on the Gospel according to Saint Matthew* (vol. 2; ICC; Edinburgh: T. & T. Clark, 1991).
4. Gerhardsson, B., "*The Seven Parables in Matthew* XIII," New Testament Studies 19 (1972~73): pp 16~37.
5. Hagner, D. A., *Matthew 1~13* (WBC, 33A; Dallas: Word Books, 1993).
6. Kingsbury, J. D.,「마태복음 13장에 나타난 예수의 비유」(김근수 옮김; 서울: 도서출판 나단, 1991).
7. Kistemaker, S.,「예수님의 비유」(김근수, 최갑종 옮김; 서울: 기독교문서선교회, 1986).
8. Morris, L., *The Gospel according to Matthew* (Grand Rapids: Eerdmans, 1992).
9. Ridderbos, H. N.,「하나님 나라」(오광만 옮김; 서울: 엠마오, 1988).
10. Wenham, D., "*The Structure of Matthew* XIII," New Testament Studies 25 (1978~1979),: pp 516~22.

8장

1. cf. W. Hendriksen, *The Gospel of Matthew*, (Edinburgh, 1976), p. 586.
2. J. Keulers, *Het evangelie volgens Mattheüs*, (Roermond en Maaseik, 1950, p. 201.
3. F. W. Grosheide, Het heilig evangelie volgens Mattheus, Amsterdam 1922, p.191.

11장

1. F.W. Beare, *The Gospel according to Matthew* (New York: Harper & Row, 1981).
2. Donald A. Hagner, *Matthew 14~28* (WBC 33a; Dallas: Word Books, 1995), p. 547.
3. Hagner, *Matthew 14~28*, 550.
4. E. Schweizer, *The Good News according to Matthew* (Atlanta: John Knox, 1975), p. 383.

5. 마태복음에서 "구원받는 것"과 "천국에 들어가는 것"은 서로 동의어로 사용되고 있다. 참조, Richard A. Edwards, Matthew's Narrative Portrait of Disciples (Harrisburg: Trinity Press International, 1997), p. 89.

6. Beare, The Gospel according to Matthew, p. 397.

7. Edwards, Matthew's Narrative Portraits of Disciples, p. 92.

8. 보다 자세한 분석은 최갑종, 「예수님의 비유연구」 (서울: 기독교문서선교회, 1993), pp. 110~114를 보라.

9. Jan Lambrecht, Out of the Treasure. The Parables in the Gospel of Matthew (Grand Rapids: Eerdmans, 1998), pp. 79~80.

10. Arland J. Hultgren, The Parables of Jesus (Grand Rapids: Eertdmans, 2000), pp. 42~43.

11. Schweizer, The Good News according to Matthew, p.393.

12. 최갑종, 「예수님의 비유연구」, pp. 119~120.

13. 첫 번째 수난 예고는 16장 21절에, 두 번째 수난 예고는 17장 23절에 수록되어 있다.

14. 이 점은 바울도 빌립보서 2장 5~11절에서 밝히고 있다.

15. 누가의 경우(18:35~43) 한 익명의 소경에 관하여 언급하고 있다.

16. Schweizer, The Good News according to Matthew, p.399.

17. Hagner, Matthew 14~28, p.588.

13장

1. 5~7장, 10장, 13장, 18장, (23)24~25장. 이 단락들은 각각 유사한 결론 형식구로 끝난다: "예수께서 이 말씀을 마치시고"(Καὶ ἐγένετο ὅτε ἐτέλεσεν ὁ Ἰησοῦς τοὺς λόγους τούτους 7:28, 11:1, 13:53, 19:1, 26:1).

2. 마태가 이 두 단락을 연결시키고자 한 관심은 마가복음(12:41~44)과 누가복음(21:1~4)에서 공히 본 단락의 도입으로 자리잡고 있는 과부의 두 렙돈 이야기가 생략되고 있다는 점에 의해서도 엿보인다. D. A. Hagner, Matthew 14~28 (WBC, 33b; Dallas: Word Books, 1995), p. 686.

3. '재림'이라는 표현은 헬라어 παρουσία('임재', '옴', '돌아옴')를 편의상 의역한 것으로서, 이후의 논의에서는 별도의 언급 없이 '오심'과 혼용할 것이다.

4. R. T. France, The Gospel according to Matthew (TNTC, 1; Leicester: IVP, 1985), pp. 334~336. 하지만 모든 해석자들이 France의 이러한 입장에 동의하는 것은 아니다. 다양한 다른 입장들에 대해서는 G. R. Beasley – Murray의 Jesus and the Last Days: The Interpretation of the Olivet Discourse (Peabody: Hendrickson, 1993); W. D. Davies and D. C. Allison, The Gospel according to Saint Matthew III (3 vols.; ICC; Edinburgh: T. & T. Clark, 1988, 1991, 1997), pp. 328~33을 보라.

5. 헤롯 성전의 건물의 웅장함과 아름다움에 대해서는 Josephus, Ant. 15.pp. 391~402, 410~420을 보라.

6. 문자적으로 '사람이 거주하는 영역'을 의미하는 οἰκουμένη는 원래 야만인들에 대응하는

헬라 세계를 지칭하는 데 사용되었지만, 예수 당시에는 로마 제국의 전영역을 의미하였던 것으로 보인다. France, *Matthew*, p. 339.

7. Hagner, *Matthew 14~28*, p. 695.

8. '세상'과 '온 민족'에 대한 21세기의 이해와 1세기 당시의 이해 사이에는 상당히 큰 차이가 있음을 주목해야 하며, 따라서 오늘날 이해에 근거해서 그 영역을 너무 정확하게 규정하려는 시도는 시대착오적일 수 있음을 기억해야 할 것이다.

9. 27절에서 세상 끝(즉, 인자의 임함)이 번개의 번쩍임같이 갑작스럽게 임할 것이라는 언급은 전조의 불가능성을 전제하며, 또한 세상 끝에는 도망갈 겨를도 없을 것임을 보여준다(비교. 16~20절).

10. 본 단락에 제시된 예수의 경고와 실제 역사적 상황 사이의 관계에 대해서는 필자의 「예수와 안식일 그리고 주일」(서울: 이레서원, 2000), pp. 358~369를 보라.

11. Davies and Allison, *Matthew* III, p. 352.

12. 다양한 해석적 가능성에 대해서는 Davies and Allison, *Matthew* III, pp. 355~356을 보라.

13. France, *Matthew*, pp. 342~43; Hagner, Matthew 14~28, p. 707.

14. 문자적으로는 '그 날들의 환난 후 즉시'(εὐθέως δὲ μετὰ τὴν θλῖψιν τῶν ἡμερῶν).

15. France의 이러한 제안은 그의 *Jesus and the Old Testament: His Application of Old Testament Passages to himself and his Mission* (London: Tyndale Press, 1971), pp. 231~239에서 발견된다; 참조. idem, *Matthew*, pp. 343~346.

16. 다양한 해석 가능성들에 대해서는 Davies and Allison, *Matthew* III, pp. 359~360을 보라.

17. 슥 12:10~14은 통곡하는 주체가 세상의 모든 민족들이라기보다는 이스라엘의 모든 지파들임을 보여준다. 참조. France, *Jesus and the Old Testament*, pp. 237, 257.

18. 하지만 오늘날 독자들에게 이 구절이 예수의 재림과만 연관된 것으로 간주되는 것은 그들이 구약의 이러한 배경적 이해를 충분히 공유하고 있지 못하기 때문일 것이다. 실제로 복음서 안에서 '인자의 오심' 언어는 다양한 상황들에 적용되고 있으며(예. 변화산 사건, 십자가 죽음, 부활, 승천, 오순절 성령강림, 성전파괴, 재림 등), 재림은 그 다양한 적용들 중 한 경우일 뿐이다; 참조. R. T. France, *Divine Government: God's Kingship in the Gospel of Mark* (London: SPCK, 1990), pp. 64~84.

19. 마태는, 그의 다른 가르침 단락들에서와 마찬가지로, 24:36과 관련된 다양한 교훈들을 이 단락 안에 수집해 놓은 것으로 보인다 - 마 24:37~41/ 눅 17:26~36; 마 24:43~51/ 눅 12:39~46; 마 25:1~13은 평행구 없음.

20. 본 단락에서 반복적으로 나타나는 '날'과 '시'의 목록이 Davies and Allison, *Matthew* III, p. 377에서 발견된다.

21. 영어의 talent('재능', '탤런트')라는 말은 바로 이 비유로부터 유래된 것으로 보인다. 그러나 영어의 의미로 이 비유의 의미를 규정하려 해서는 안될 것이다. 그 유래야 어떻든지 이 단어는 후일에 다양한 의미의 발전을 가져왔기 때문이다.

22. France, *Matthew*, pp. 352~353.

23. 예를 들어, Chrysostom, J. Jeremias, D. Hill, E. Schweizer, J. Gnilka, W. D. Davies

and D. C. Allison 등.

24. S. W. Gray, *The Least of My Brothers, Matthew 25:31~46: A History of Interpretation* (SBLDS, 114; Atlanta: Scholars Press, 1989), p. 358; G. N. Stanton, 'Once More: Matthew 25:31~46', in idem, *A Gospel for a New People. Studies in Matthew* (Edinburgh: T. & T. Clark, 1992), pp. 214~28.

25. France, *Matthew*, p. 355; Hagner, *Matthew 14~28*, pp. 744~745.

14장

1. Davies and Allison, *Matthew 3*, ICC (Edinburgh: T & T Clark, 1997), p. 452.

2. 체포 시의 예수님의 독특한 행동을 공관복음과는 다르게 기록하고 있는 요한복음의 기록을 이해하기 위해 필자의 「설교를 돕는 분석 요한복음」(서울: 규장문화사, 1999)에서 예수님의 체포기사를 참고하기 바람.

3. 마태와 마가복음에서 베드로의 예수님 부인 사건의 배치는 동일하나 누가복음과 요한복음에는 이와는 각기 다르게 배치되었다. 이에 대하여 필자의 「설교를 돕는 분석 누가복음」과 「설교를 돕는 분석 요한복음」의 관련된 부분을 참고하기 바람.

4. 미쉬나 샤부오트(Shabuot) 8:2.

5. 마가복음에는 같은 여종으로 나옴(14:69).

6. 마태는 막연하게 "조금 있다가"라고 말하지만 누가복음에는 "한 시간쯤 후"라고 나온다 (22:59).

7. 마가복음은 베드로가 예수님을 세 번 부인한 후에 닭이 두 번째 울은 것만 기록하고 (14:72), 첫 번째 울음에 대하여는 침묵하고 있다.

8. John P. Heil, *The Death and Resurrection of Jesus: A Narrative~Critical Reading of Matthew 26~28* (Minneapolis: Fortress Press, 1991), p. 69.

원어 일람표(히브리어/헬라어)

P. 12
히나 플레로쎄 토 레쎈 휘포 투 퀴리우
디아 투 프로페투 레곤톤스
　ἵνα πληρωθῇ τὸ ῥηθὲν ὑπὸ τοῦ κυρίου
　διὰ τοῦ προφήτου, λέγοντος
히나 헤 그라페 플레로쎄
　ἵνα ἡ γραφὴ πληρωθῇ
토 레쎈 τὸ ῥηθὲν
호 프로페테스 ὁ προφήτης
디아 διά
플레로오 πληρόω

P. 14
게 유다 γῆ Ἰούδα
우다모스 οὐδαμῶς

P. 20
메이존 μείζων
플레이온 πλεῖον
엠마누엘 Ἐμμανουήλ

P. 23
톤 노몬 헤 투스 프로페타스
　τὸν νόμον ἢ τοὺς προφήτας
프로페튜에인 προφητεύειν
플레로사이 πληρῶσαι

P. 24
헤오스 ἕως
기노마이 γίνομαι
판타 πάντα

P. 25
톤 엔톨론 투톤 τῶν ἐντολῶν τούτων
노모스 νόμος
엔톨라이 ἐντολαί
클레쎄세타이 κληθήσεται

P. 26
휘몬 헤 디카이오쉬네
　ὑμῶν ἡ δικαιοσύνη

P. 77
디에게시스 διήγησις

P. 80
카이 에네게토 호테 쉬네텔레센 호 예수스
　Καὶ ἐγένετο ὅτε συνετέλεσεν ὁ Ἰησοῦς

P. 81
바실레이아 투 우라누
　βασιλεία τοῦ οὐρανοῦ
아포 토테 에룩싸토 호 예수스
　Ἀπὸ τότε ἤρξατο ὁ Ἰησοῦς

418

P. 207
세이스모스 메가스 σεισμὸς μέγας

P. 214
에게이로 ἐγείρω

P. 219
프로스칼레사메노스 προσκαλεσάμενος

P. 223
에디두 ἐδίδου

P. 224
키톤 χιτών

P. 225
아스파조마이 ἀσπάζομαι

P. 227
프로니모이 φρόνιμοι

P. 262
엔 테 헤메라 에케이네
  Ἐν τῇ ἡμέρᾳ ἐκείνῃ
엑셀쏜 테스 오이키아스
  ἐξελθὼν τῆς οἰκίας

P. 263
엘쎈 에이스 텐 오이키안
  ἦλθεν εἰς τήν οἰκίαν

오클로이 폴로이 ὄχλοι πολλοί
파라볼레 παραβολή

P. 264
엑셀쎈 호 스페이론 투 스페이레인
  ἐξῆλθεν ὁ σπείρων τοῦ σπείρειν
텐 파라볼렌 투 스페이론토스
  τὴν παραβολὴν τοῦ σπείροντος
아쿠온토스 톤 로곤
  ἀκούοντος τὸν λόγον
톤 로곤 아쿠온 τὸν λόγον ἀκούων

P. 265
호 톤 로곤 아쿠온 카이 쉬니에이스
호스 데 카르포포레이
  ὁ τὸν λόγον ἀκούων καὶ συνιείς,
  ὃς δὴ καρποφορεῖ
톤 로곤 테스 바실레이아스
  τὸν λόγον τῆς βασιλείας
쉬니에이스 συνιείς
메 쉬니엔토스 μὴ συνιέντος

P. 267
알렌 파라볼렌 파레쎄켄
아우토이스 레곤
  ἄλλην παραβολὴν παρέθηκεν
  αὐτοῖς λέγων
호모이아 에스틴(호모이오쎄)
헤 바실레이아 톤 우라논
  ὁμοία ἐστὶν(ὡμοιώθη)
  ἡ βασιλεία τῶν οὐρανῶν

P. 269
사타 트리아 σάτα τρία

P. 270
쎄사우로 θησαυρῷ
폴루티몬 마르가리텐
　πολύτιμον μαργαρίτην
휴론 εὑρὼν
휘파게이 ὑπάγει
아펠쏜 ἀπελθὼν
판타 호사 에케이 πάντα ὅσα ἔχει
에이켄 εἶχεν
아고라제이 ἀγοράζει
에고라센 ἠγόρασεν

P. 271
판토스 게누스 παντὸς γένους
아포리우신 투스 포네루스 에크 메수
톤 디카이온
　ἀφοριοῦσιν τοὺς πονηροὺς ἐκ μέσου
　τῶν δικαίων

P. 272
쉬네카테 타우타 판타
　συνήκατε ταῦτα πάντα

P. 273
디아 투토 διὰ τοῦτο
그라마튜스 마쎄튜쎄이스
테 바실레이아 톤 우라논
　γραμματεὺς μαθητευθεὶς
　τῇ βασιλείᾳ τῶν οὐρανῶν

에크 투 쎄사우루 ἐκ τοῦ θησαυροῦ
팔라이아 παλαιά
카이나 καινὰ
오이코데스포테스 οἰκοδεσπότης

P. 276
바실류스 βασιλεύς

P. 285
프레스뷔테로이 πρεσβύτεροι

P. 288
퀴온 κύων
퀴나리온 κυνάριον

P. 290
익쑤디온 ἰχθύδιον
익쑤스 ἰχθύς

P. 291
스퓌리스 σπυρίς
코피노스 κόφινος

P. 300
페트라 πέτρα

P. 301
에피티만 ἐπιτιμᾶν
데이 δεῖ
우 메 οὐ μὴ

420

P. 302
마떼인 μαθεῖν
마떼테스 μαθητής

P. 312
파이디온 παιδίον
미크로스 μικρός
미크로이 μικροί

P. 313
스칸달리조 σκανδαλίζω
스칸달론 σκάνδαλον

P. 314
게엔나 γέεννα

P. 365
아르케이 오디논 ἀρχὴ ὠδίνων

P. 366
엔 홀레 테 오이쿠메네
  ἐν ὅλῃ τῇ οἰκουμένῃ

P. 370
투스 앙겔루스 아우투
  τοὺς ἀγγέλους αὐτοῦ
판타 타우타 πάντα ταῦτα

P. 372
테스 헤메라스 에케이네스 카이 호라스
  τῆς ἡμέρας ἐκείνης καὶ ὥρας

판타 타우타 πάντα ταῦτα

P. 373
엔 헤메라 헤 우 프로스도카 카이
엔 호라 헤 우 기노스케이
  ἐν ἡμέρᾳ ᾗ οὐ προσδοκᾷ καὶ
  ἐν ὥρᾳ ᾗ οὐ γινώσκει

P. 374
탈란톤 τάλαντον

P. 382
카이로스 καιρός

P. 387
카이로스 καιρός
호라 ὥρα

P. 403
호포스 플레로쎄 토 레쎈
디아 톤 프로페톤 호티
  ὅπως πληρωθῇ τὸ ῥηθὲν
  διὰ τῶν προφητῶν ὅτι

P. 405
헤오스 ἕως

P. 409
쉬나고게 συναγωγή

P. 412

휘메이스 운 아쿠사테
  ὑμεῖς οὖν ἀκούσατε
에케이노이스 ἐκείνοις

P. 414

카이 에게네토 호테 에텔레센
호 예수스 투스 로구스 투투스
  Καὶ ἐγένετο ὅτε ἐτέλεσεν
  ὁ Ἰησοῦς τοὺς λόγους τούτους
파루시아 παρουσία
오이쿠메네 οἰκουμένη

P. 415

유쑤스 데 메타 텐 쏠립신 톤 헤메론
  Εὐθέως δὲ μετὰ τὴν θλῖψιν
  τῶν ἡμερῶν

*θ는 원칙적으로 'ㅆ'으로 음역했으나, 필자가 'ㅌ' 혹은 'ㄸ'를 선호한 경우 필자의 의견을 존중했습니다.
*υ는 원칙적으로 'ㅟ'로 음역했으나, 필자가 'ㅜ'를 선호한 경우 필자의 의견을 존중했습니다.